国家社科基金
GUOJIA SHEKE JIJIN HOUQI ZIZHU XIANGMU
后期资助项目

河西汉简所见
汉代西北民族关系研究

Research on Ethnic Relations in Northwest China of
Han Dynasty Reflected by Hexi Slips

孙占鳌　张瑛　著

社会科学文献出版社
SOCIAL SCIENCES ACADEMIC PRESS (CHINA)

国家社科基金后期资助项目
出版说明

后期资助项目是国家社科基金设立的一类重要项目，旨在鼓励广大社科研究者潜心治学，支持基础研究多出优秀成果。它是经过严格评审，从接近完成的科研成果中遴选立项的。为扩大后期资助项目的影响，更好地推动学术发展，促进成果转化，全国哲学社会科学规划办公室按照"统一设计、统一标识、统一版式、形成系列"的总体要求，组织出版国家社科基金后期资助项目成果。

全国哲学社会科学规划办公室

凡　例

1. 本书所引简牍，除特别说明者，出处如下：

简号以"1234"形式标示者，皆为敦煌汉简，根据出土情况分别引自《敦煌汉简》《敦煌马圈湾汉简集释》等论著；

简号以"Ⅱ90DXT0114③：404"形式标示者，皆为敦煌悬泉汉简，引自《敦煌悬泉汉简释文选》《敦煌悬泉汉简释粹》《悬泉汉简研究》《简牍学论稿——聚沙篇》等论著；

简号以"1·2"形式标示者，皆为20世纪30年代出土之居延汉简，引自《居延汉简释文合校》；

简号以"EPT1：2"形式标示者，皆为20世纪70年代甲渠候官遗址、甲渠塞第四燧遗址出土之居延新简，引自《居延新简——甲渠候官》《居延新简集释》；

简号以"73EJT1：2"形式标示者，皆为1973年肩水金关遗址出土之肩水金关汉简，引自《肩水金关汉简》；

简号以"2002ES11SH1：1"形式标示者，皆为1999～2002年内蒙古自治区额济纳旗出土之汉简，引自《额济纳汉简》《额济纳汉简释文校本》。

2. 本书所引简牍中，无法辨识的文字，以"□"表示；简牍残断，以"☑"表示。同一文书由多枚简牍组成时，各枚简牍间以"〕〔"表示分隔。

目　录

绪 论

近百年来，随着河西简牍、考古资料等新材料的问世，新的研究方法、研究思路的拓展，为西北民族关系史研究提供了良好的机遇。

一 选题缘由

汉代是中国统一多民族中央集权国家确立的时期。在此时期，汉民族最终形成，华夏文化圈不断向外辐射，汉民族与周边民族建立起频繁联系。以汉族为中心的各民族间的交往、融合最终对大一统的政治格局产生了深远影响。而汉王朝处理民族关系的得失成败也直接影响了帝国的兴衰，其经验教训同样值得总结。

《史记》卷15《六国年表》称，"做事者必于东南，收功实者常于西北"，以河西和西域地区为主要舞台展开的汉王朝与西北诸民族的关系可谓汉代民族关系的重中之重。河西地区在汉武帝时期被正式纳入中原王朝的版图，成为汉王朝处理西北民族关系的前沿阵地。这一地区既是汉族民众持续涌入的移民输入地，也是中原与西域交通的咽喉地带，更是汉匈、汉羌以及匈羌等各民族交流、联系的纽带地区。在此地域上发生的各民族的悲欢离合，深刻影响了汉帝国的盛衰兴亡，更影响了河西地区乃至整个中国历史的发展走势。

历史研究的进步，主要表现在研究领域的拓展、研究方法的创新和新史料的发掘上，而新史料的发掘对研究领域拓展和研究方法创新又具有推动作用。陈寅恪《陈垣敦煌劫余录序》称："一时代之学术，必有其新材料与新问题。取用此材料，以研求问题，则为此时代学术之新潮流。治学之士，得预于此潮流者，谓之预流。其未得预者，谓之未入流。此古今学术史之通义，非彼闭门造车之徒，所能同喻者也。"① 而陈寅恪所说的新材料主要即指王国维所说的包括"敦煌塞上及西域各处之汉晋木简"在内的20世纪中国文化四大发现。

① 陈寅恪：《陈垣敦煌劫余录序》，《金明馆丛稿二编》，生活·读书·新知三联书店，2015，第266页。

　　关于汉代西北民族史的研究，长期以来只能借助于前四史中有关匈奴、西域、西羌的相关传记和《水经注》等史地书的零星记载。利用这些传世文献进行民族史研究，存在一些不可回避的问题：第一，文献不足正是研究中面临的主要困难，直接制约了研究工作的深度和广度；第二，传世文献多是官方或史家有意识地对原始史料的再加工，"官方意识"和主观倾向明显，是"有意的史料"，在一定意义上成为控制、引导和限制后人认识过去的工具，并大体操纵了人们的历史记忆，而真正的第一手资料文书档案却往往被主动或被动销毁。正如侯旭东先生《"史书"出，"史料"亡》所说，中国古代存在着"'史书'出，'史料'亡"的情况，传世文献无法全面、准确地传递时代信息。① 具体到中国古代民族史研究领域，这个问题就更为突出。由于相关书写者和材料"加工者"大都是受正统"儒家思想"强烈影响的汉族统治者和知识分子，故今天的研究者依据传世文献展开相关研究，很难突破汉族中心论、民族冲突论等藩篱，在研究视角、研究方法方面会受到很大的限制。

　　幸运的是20世纪以来，西北地区，尤其是河西走廊上大批汉简的出土，为汉代民族史的研究提供了新的第一手史料，开拓了新的视野。

　　河西简牍主要包括今酒泉市境敦煌市、玉门市和肃州区出土的28000多枚有字敦煌汉简（含悬泉置遗址出土的23000多枚汉简），酒泉市金塔县和内蒙古额济纳旗出土的32000多枚居延汉简，及武威、永昌水泉子、临泽黄家滩和高台骆驼城等地出土的零星简牍2000多枚。河西简牍总计63000枚左右，其中绝大多数是汉简，占全国出土汉简的80%以上。河西简牍以汉代河西走廊上的军事屯戍行政文书为主，由于汉代河西军事屯戍的主要目的即"隔绝羌胡"，故其中多有关于汉匈、汉羌等民族关系的记录。而敦煌作为中西交通的孔道，是西北各族与汉王朝正常交往的门户，因此敦煌汉简，尤其是20世纪90年代出土于汉代悬泉置这一交通要津的敦煌悬泉汉简中，有大量关于中原王朝与西北各族政治、经贸、文化交往的信息，有较多关于汉代管辖西北诸族各军政机构运转的文书档案。这些材料作为未经史家"有意"加工过的第一手档案资料，对汉代西北民族史研究来说，更是异常珍贵。通过这些材料，我们可以突破前人的研究窠臼，可以拓宽研究广度，挖掘研究深度，可以描绘两千年前河西地区各民族交往的细节，可以更加客观地看待中原王朝的民族政策，可以深化对丝绸之路文化带建设和河西地方，尤其是敦煌、酒泉地

---

① 侯旭东：《"史书"出，"史料"亡》，《历史教学》2007年第10期。

方开发史的认识。

百年来，河西汉简研究取得了较大成果，但毋庸讳言的是成果多集中在汉代文书行政、军事屯戍研究领域，而关于汉代民族关系的研究则颇显匮乏。除了个别探讨具体问题的零星论文外，系统、综合利用河西汉简，从总体上把握汉代西北民族关系，并通过民族关系反馈河西地方史的研究则非常少见。

近年来，国家提出了"一带一路"建设的倡议。在河西走廊这一多民族地区建设丝绸之路文化发展带，更应从历史中汲取经验。利用河西简牍这一特色资源，研究汉代西北民族关系这一特色问题，具有较强的学术和现实意义，其成果不但有利于推动简牍学、汉代民族关系史、汉代河西地方史等学术研究的进步，更对丝绸之路经济文化带建设有着重要的促进作用。

二　西北民族关系史研究现状

汉代西北民族关系史的研究，历来是秦汉史研究的重要领域之一。从目前来看，研究此问题的史料大概有以前四史为代表的传世文献，近代出土的简牍材料和相关墓葬、遗址出土的其他考古材料。简牍材料和考古材料大都出土于近现代，故20世纪前的研究多以传世文献为依据。20世纪后的研究虽有兼重传世文献与出土文献、考古资料者，但总体来说，在宏观视野、史料综合运用等方面仍有缺陷，尤其是河西简牍材料中的相关内容尚未被全面、深入发掘，阻滞了简牍学和汉代西北民族关系史的开展，其教训值得反思。

（一）以传世文献为主要材料的汉代西北民族关系史研究

汉代的西北民族关系，尤其是汉匈关系，早在汉代就已被学者关注。汉初贾谊《新书》有《匈奴》一篇，是关于匈奴习俗及汉王朝对匈政策的政论。晁错有《言兵事疏》《募民实塞书》，也都是针对汉初汉匈关系提出的应对措施。桓宽《盐铁论》反映了西汉中期汉王朝内部关于汉匈及汉王朝与西域关系的争论。东汉许慎《说文解字》虽是文字学著作，但其释字也反映了汉代中原民众关于西北诸族的认识。稍后的《论衡》《风俗通义》等子书也都涉及汉王朝与西北民族的关系，尤其是汉末生长于西北边地饱受羌乱困扰的王符所著《潜夫论》，更是有大量关于汉羌关系、东汉御羌政策的内容，其中《劝将》《救边》《边议》《实边》诸篇皆针对东汉羌乱而作，反映了生活于斯时斯地之汉族知识分子对周边少数民族之看法，极具参考价值。

除了汉代子书，前四史中皆有匈奴、西域及西羌诸传，可见早在汉晋时期，中原王朝与西北民族之关系就已是当时史家关注的热点问题。司马迁、班固皆论"圣王制御蛮夷之常道"，《史记》《汉书》中分别有《大宛列传》《匈奴列传》和《西域传》《匈奴传》。范晔生长于南北朝动乱之际，抚今感昔，更是满怀感情评点"二汉御戎之方"，《后汉书》之《西羌》《西域》《南匈奴》诸传，论及两汉在处理西北民族关系问题上的得失成败，"经纶失方"，可谓一代宏文。

此后，历代学者皆着眼于自己所处的时代，利用各种传世文献，研究汉代西北民族关系问题。郦道元《水经注·河水》有关于汉代河西地理和西北民族迁徙的记载。唐代杜佑《通典·边防典》中"北狄""西戎"部分收集有大量秦汉时期西北诸族发展的材料，杜佑研究历史立足现实，认真考评汉代西北民族政策得失，探寻"始皇恃百胜之兵威，既平六国，终以事胡为弊。汉武资文景之积蓄，务恢封略，天下危若缀旒。王莽获元始之全实，志灭匈奴，海内遂至溃叛"① 的问题。唐宋时代的类书中，也收录有不少关于汉代西北民族的史料，《太平御览》"四夷部"、《册府元龟》"外臣部"皆有较多汉王朝与西北民族交往的记录，值得重视。宋代之后，学术笔记盛行，其中不乏有关汉代西北民族问题的论述。《容斋随笔》"羌戎畏服老将"，顾炎武《日知录》"夷狄"，赵翼《廿二史札记》"汉使立功绝域"诸条，皆是对两汉西北民族问题的论述。乾嘉之后，西北舆地学大盛，徐松结合传世文献、立足实际考察，撰《西域水道记》《汉书西域传补注》等著，探讨新疆地理与汉王朝与西域诸国之关系，成就最大。

近代以来，民族史成为历史学的一重要分支学科，故汉代西北民族关系的研究也更为民族史及秦汉史学者关注。王国维《鬼方昆夷猃狁考》，蒙文通《古代民族迁徙考》《周秦少数民族研究》，黄文弼《古代匈奴民族问题之研究》《论匈奴族之起源》《大月氏故地及西徙》《汉西域诸国之分布及种族问题》，冯家昇《匈奴民族及其文化》《大月氏民族及其研究之结论》，任乃强《羌族源流探索》，曹怀玉《商周秦汉时期甘肃境内的氐羌月氏和乌孙》，杨建新《关于汉代乌孙的几个问题》，王炳华、王明哲《乌孙研究》，余太山《古族新考》，王宗维《西戎八国考》《秦汉之际河西地区的民族及其分布》，郝树声《论月氏在河西的几个问题》，管东贵《汉代的羌族》，钱伯泉《西域的羌族》和日本学者白鸟库吉《匈奴民族考》、羽田亨《大月氏及贵霜》等著述研究匈奴、

---

① 杜佑：《通典》卷185，中华书局，1988，第4980页。

羌、月氏、乌孙等西北民族族属，有许多真知灼见；① 张耀庚《汉代之边患》，余嘉锡《汉武伐大宛为改良马政考》，黄文弼《古楼兰国历史及其在西域交通上之地位》《佛教传入鄯善及西域文化的输入问题》，王德昭《汉匈关系史初稿》，孙毓棠《汉与匈奴西域东北及南方诸民族的关系》，方豪《中西交通史》，余太山《两汉魏晋南北朝与西域关系史研究》，黎虎《汉唐外交制度史》，驹井义明《前汉匈奴与西域的关系》，苏治光《东汉后期至北魏对西域的管辖》，李开元《论汉代大宛和汉朝的西方政策》，林幹《乌孙及其与西汉王朝的关系》，王力、王希隆《东汉时期羌族内迁探析》，余英时《汉代的贸易与扩张》，林梅村《汉唐西域与中国文明》《古道西风——考古新发现所见中外文化交流》，宋超《汉匈战争三百年》等著述重点考察了汉王朝与西北诸族之政治、军事关系与经贸往来、文化交流；②

---

① 王国维：《鬼方昆夷猃狁考》，《观堂集林》卷 13，中华书局，1959。蒙文通：《古代民族迁徙考》，《禹贡》1936 年第 7 期。蒙文通：《周秦少数民族研究》，上海龙门联合书局，1958。黄文弼：《古代匈奴民族问题之研究》，《边政公论》1943 年第 3～5 期。黄文弼：《论匈奴族之起源》，载《西北史地论丛》，上海人民出版社，1981。黄文弼：《大月氏故地及西徙》，载《西北史地论丛》，上海人民出版社，1981。黄文弼：《汉西域诸国之分布及种族问题》，载《西北史地论丛》，上海人民出版社，1981。冯家昇：《匈奴民族及其文化》，《禹贡》1937 年第 7 期。冯家昇：《大月氏民族及其研究之结论》，《禹贡》1936 年第 8～9 期。任乃强：《羌族源流探索》，重庆出版社，1984。曹怀玉：《商周秦汉时期甘肃境内的氏羌月氏和乌孙》，《西北师范大学学报》1964 年第 1 期。杨建新：《关于汉代乌孙的几个问题》，《新疆大学学报》1980 年第 2 期。王炳华、王明哲：《乌孙研究》，新疆人民出版社，1983。余太山：《古族新考》，中华书局，2000。王宗维：《西戎八国考述》，载西北大学历史系编《西北历史研究》，三秦出版社，1987。王宗维：《秦汉之际河西地区的民族及其分布》，《兰州大学学报》1985 年第 3 期。郝树声：《论月氏在河西的几个问题》，《甘肃社会科学》1994 年第 6 期。管东贵：《汉代的羌族》，《食货月刊》（复刊）1971 年第 1 期。钱伯泉：《西域的羌族》，《西北史地》1984 年第 1 期。〔日〕白鸟库吉：《匈奴民族考》，何健民译，中华书局，1939。〔日〕羽田亨：《大月氏及贵霜》，《日法会馆公报》1933 年第 13 期。
② 张耀庚：《汉代之边患》，《新亚细亚》1934 年第 4 期。余嘉锡：《汉武伐大宛为改良马政考》，《辅仁学志》1940 年第 1 期。黄文弼：《古楼兰国历史及其在西域交通上之地位》，载《黄文弼历史考古论集》，文物出版社，1989。黄文弼：《佛教传入鄯善及西域文化的输入问题》，载《西域史地考古论集》，商务印书馆，2015。王德昭：《汉匈关系史初稿》，《治史杂志》1937 年第 1 卷第 1 期。孙毓棠：《汉与匈奴西域东北及南方诸民族的关系》，《孙毓棠学术论文集》，中华书局，1995。方豪：《中西交通史》，岳麓书社，1987。余太山：《两汉魏晋南北朝与西域关系史研究》，商务印书馆，2011。黎虎：《汉唐外交制度史》，兰州大学出版社，1998。〔日〕驹井义明：《前汉匈奴与西域的关系》，《字纸篓》1931 年第 1 期。苏治光：《东汉后期至北魏对西域的管辖》，《中国史研究》1984 年第 2 期。李开元：《论汉代大宛和汉朝的西方政策》，《西北史地》1985 年第 1 期。林幹：《乌孙及其与西汉王朝的关系》，《新疆社会科学》1981 年第 4 期。王力、王希隆：《东汉时期羌族内迁探析》，《中国边疆史地研究》2007 年第 3 期。余英时：《汉代的贸易与扩张》，邬文玲译，上海古籍出版社，2014。林梅村：《汉唐西域与中国文明》，文物出版社，1998。林梅村：《古道西风——考古新发现所见中外文化交流》，上海三联书店，2000。宋超：《汉匈战争三百年》，华夏出版社，1996。

安作璋《汉代西域都护的建置及其作用》，李大龙《两汉时期中央王朝派往匈奴的使者述论》《汉唐藩属体制研究》《两汉的边吏与边政》，王宗维《汉代的属国》等著述则以汉王朝对西北诸族的管理为主要研究对象，探讨了汉代政治、军事管理西北民族的行政、军事机构建置。① 此外，马长寿《北狄和匈奴》《氐与羌》，林干《匈奴通史》，陈序经《匈奴史稿》，余太山《塞种史研究》《西域通史》，冉光荣等《羌族史》，胡小鹏《中国西北少数民族通史·东汉、三国卷》，藤田丰八《西域研究》，杨建新《中国西北少数民族史》，王钟翰《中国民族史》，田继周《秦汉民族史》等著作，或以匈奴、西域、羌族为专门研究对象，或综论汉代西北少数民族，其中也有不少关于汉王朝与西北诸族关系的讨论，值得参考。② 尤其是武沐《中国西北少数民族通史·秦、西汉卷》尽可能地结合国内外学术界的相关研究，运用考古学、历史学、民族学、民俗学以及宗教学等多学科的研究方法，较为系统地对秦、西汉时期西北少数民族进行了深入的研究。该书辨析了秦、西汉时期西北少数民族的族源、迁徙状况，提出了较多新见，如认为匈奴族并不起源于中国史书中的"薰鬻""猃狁"，而是起源于蒙古草原上的一支游牧部落。并着重对秦、西汉时期西北少数民族的生产力发展水平进行总体评估，考辨和论述了秦、西汉时期西北少数民族的各项制度，并以匈奴为代表，深入探讨了此时期西北少数民族政治制度中的王位继承制，法律制度中的刑法、司法制度，亲属组织中的婚姻制度。同时还概述了秦、西汉时期西北少数民族的宗教、文化、风俗习惯、文学艺术，以及秦汉中央王朝与西北各少数民族的关系，是近年来有关汉代西北少数民族史研究的力作。③

上述论著从各层次、各角度探讨了汉王朝与西北少数民族的关系及汉王

---

① 安作璋：《汉代西域都护的建置及其作用》，收入《汉史初探》，上海人民出版社，1957。李大龙：《两汉时期中央王朝派往匈奴的使者述论》，载中国民族史学会编《中国民族史学会第四次学术讨论会论文集》，中央民族学院出版社，1993。李大龙：《汉唐藩属体制研究》，中国社会科学出版社，2006。李大龙：《两汉的边吏与边政》，黑龙江教育出版社，1996。王宗维：《汉代的属国》，载《文史》第20辑，中华书局，1983。

② 马长寿：《北狄和匈奴》，广西师范大学出版社，2006。马长寿：《氐与羌》，广西师范大学出版社，2006。林干：《匈奴通史》，人民出版社，1986。陈序经：《匈奴史稿》，中国人民大学出版社，2007。余太山：《塞种史研究》，中国社会科学出版社，1992。余太山主编《西域通史》，中州古籍出版社，2003。冉光荣、李绍明、周锡银：《羌族史》，四川人民出版社，1984。胡小鹏：《中国西北少数民族通史·东汉、三国卷》，民族出版社，2009。〔日〕藤田丰八：《西域研究》，杨炼译，山西人民出版社，2015。杨建新：《中国西北少数民族史》，民族出版社，2003。王钟翰主编《中国民族史》，中国社会科学出版社，1994。田继周：《秦汉民族史》，四川民族出版社，1996。

③ 武沐：《中国西北少数民族通史·秦、西汉卷》，民族出版社，2009。

朝的西北民族管理制度，取得了较大成果。但遗憾的是它们主要是从传世文献、西域语言等角度展开的研究，由于种种原因，大都未采用近代出土的简牍资料，不能不说是巨大遗憾。由于传世文献相关内容较少，故上述涉及汉王朝与西北诸族关系的著作，多是罗列前四史相关传记所述汉匈、汉羌、汉与西域诸国交往的史实，相互间内容多有重复，整体上创新性不强。

（二）结合传世文献和简牍材料展开的汉代西北民族关系史研究

以河西汉简为主要材料，结合传世文献，开展的汉代西北民族史研究是与简牍学同步发生的。罗振玉、王国维《流沙坠简》以敦煌、罗布泊、尼雅出土汉晋简牍为主要材料，即有关于汉王朝西北民族关系，尤其是与西域关系的讨论。① 1930 年居延汉简出土，劳榦率先展开研究。氏著《居延汉简考证》中即有"西域"（1 - 3）、"羌人"四则，分别利用相关汉简考证了傅介子杀楼兰王、宣帝时期西域都护郑吉活动、乌孙小昆弥与汉的交往、汉王朝抚恤羌乱死事者等问题；《两汉政府在西域的经营》一文则结合汉简与传世文献探讨汉王朝的西域政策，拉开了以居延汉简研究汉代西北民族问题的帷幕。② 此后，陈直《汉书赵充国传与居延汉简的关系》利用居延汉简材料研究《汉书·赵充国传》中的汉羌军事行动，③ 金少英《汉简臆谈》中重点论述了西域都护一职，④ 陈梦家《汉简所见居延边塞与防御组织》、日本学者伊藤道治《汉代居延战线的展开》和市川任三《汉代居延甲渠战线的展开》等文探讨汉王朝针对匈奴的西北军事防御体系，都取得了较大的成就。⑤

1972～1974 年甲渠候官、肩水金关等遗址大量简牍，1979 年马圈湾汉简，2000 年左右额济纳汉简的出土，更大大激发了学界利用河西汉简研究汉代西北少数民族史的热情，尤其是甲渠候官汉简"甲渠言部吏毋作使属国秦胡卢水士民"书、额济纳汉简王莽始建国二年分封十五单于诏书和马圈湾汉简王莽天凤年间西域战争的内容更引起了学界的高度关注。居延汉简的"秦胡"

① 罗振玉、王国维：《流沙坠简》，中华书局，1993。
② 劳榦：《居延汉简考证》，中研院历史语言研究所专刊之 40，1960；劳榦：《两汉政府在西域的经营》，收入《劳榦学术论文集甲编》，艺文印书馆，1976。
③ 陈直：《汉书赵充国传与居延汉简的关系》，载《西北大学二十五届校庆学术论文集》，西北大学编印，1963。
④ 金少英：《汉简臆谈》，《简牍学研究》第 4 辑，甘肃人民出版社，2004。
⑤ 陈梦家：《汉简所见居延边塞与防御组织》，载《汉简缀述》，中华书局，1980。〔日〕伊藤道治：《汉代居延战线的展开》，《东洋史研究》第 12 号 1953 年第 1 期。〔日〕市川任三：《汉代居延甲渠战线的展开》，《大东文化大学汉学会志》1963 年第 1 期。

称谓曾引起大家关注，方诗铭《释"秦胡"——读新出居延汉简"甲渠言部吏毋作使属国秦胡卢水士民书"札记》，初师宾《秦人、秦胡蠡测》，王宗维《秦胡别议》，吴礽骧、余尧《居延新获建武秦胡册再析》，邢义田《"秦胡"小议——读新出居延汉简札记》，李志敏《支胡考——兼谈秦胡在史册消失的原因》，胡小鹏、安梅梅《"秦胡"研究评说》等文探讨了"秦胡"的内涵，有认为"秦胡"是对汉人、胡人并称的，有认为是已归化之胡人的，也有认为是汉时已归化之月氏胡者。① 王宗维《居延与朐衍之戎》、赵永复《关于卢水胡的族源与迁移》、赵向群《卢水胡起源考论》、王青《也论卢水胡以及月氏胡的居处和族源》等文利用居延汉简分析汉代河西地区诸胡的起源、迁徙情况，也多有建树。② 汪桂海则较重视居延汉简在汉匈关系研究方面的重要价值，氏著《从汉简看汉人逃亡匈奴之现象》《汉简所见匈奴对边塞的寇掠》等文探讨了汉匈边塞地区的战争与交往。③ 罗新《始建国二年诏书册与新莽分立匈奴十五单于》、邬文玲《始建国二年与匈奴关系史事考辨》等文以额济纳出土新莽始建国二年分封匈奴十五单于诏书册为主要研究对象，探讨了新莽初期与匈奴的关系，论述了王莽的民族政策。④ 王庆宪《从两汉简牍看匈奴与中原之间的经济文化交流》，张忠炜《额简"购赏科条"再研究》，特日格乐《简牍所见汉匈关系史料概述》《简牍所见王莽对匈奴采取的政策》等文利用居延汉简研究了汉匈政治、经济、文化关系。⑤ 尤其是特日格乐《简牍所见汉

① 方诗铭：《释"秦胡"——读新出居延汉简"甲渠言部吏毋作使属国秦胡卢水士民书"札记》，《中国历史博物馆馆刊》1979 年第 1 期。初师宾：《秦人、秦胡蠡测》，《考古》1983 年第 3 期。王宗维：《秦胡别议》，《西北历史资料》1984 年第 1 期。吴礽骧、余尧：《居延新获建武秦胡册再析》，《西北师院学报》1984 年第 4 期。邢义田：《"秦胡"小议——读新出居延汉简札记》，载《傅乐成教授纪念论文集：中国史新论》，学生书局，1985。李志敏：《支胡考——兼谈秦胡在史册消失的原因》，《西北民族研究》1995 年第 1 期。胡小鹏、安梅梅：《"秦胡"研究评说》，《敦煌研究》2005 年第 1 期。
② 王宗维：《居延与朐衍之戎》，《西北历史资料》1984 年第 2 期。赵永复：《关于卢水胡的族源与迁移》，《西北史地》1986 年第 4 期。赵向群：《卢水胡起源考论》，《西北历史资料》1984 年第 1 期。王青：《也论卢水胡以及月氏胡的居处和族源》，《西北史地》1997 年第 2 期。
③ 汪桂海：《从汉简看汉人逃亡匈奴之现象》，《史学月刊》1993 年第 6 期。汪桂海：《汉简所见匈奴对边塞的寇掠》，载《简帛》第 3 辑，上海古籍出版社，2008。
④ 罗新：《始建国二年诏书册与新莽分立匈奴十五单于》，载《周秦汉唐文化研究》第 5 辑，三秦出版社，2007。邬文玲：《始建国二年与匈奴关系史事考辨》，《历史研究》2006 年第 2 期。
⑤ 王庆宪：《从两汉简牍看匈奴与中原之间的经济文化交流》，《中央民族大学学报》（哲学社会科学版）2004 年第 3 期。张忠炜：《额简"购赏科条"再研究》，载《额济纳汉简释文校本》，文物出版社，2007。特日格乐：《简牍所见汉匈关系史料概述》，《内蒙古大学学报》（人文社会科学版）2006 年第 4 期。特日格乐：《简牍所见王莽对匈奴采取的政策》，《中央民族大学学报》（哲学社会科学版）2006 年第 6 期。

匈关系史料整理与研究》一书，综合利用居延汉简和敦煌汉简材料，全面探
讨了汉代对匈奴的预警体系，重点分析了汉匈关系中的一些重要事件，内容
翔实，是近年来利用汉简研究汉匈关系的一篇力作。① 马圈湾汉简中的新莽与
西域战事，也是学界关注的焦点。吴礽骧、张俊民《新获马圈湾汉简中的西域
资料》，胡平生《敦煌马圈湾木简中关于西域史料的辨证》，孙占宇《马圈湾汉
简所见一次发生在车师的战争》《敦煌汉简王莽征伐西域战争史料研究综述》，
汪桂海《敦煌汉简所见汉朝与西域的关系》，张俊民《秦汉简牍文书反映的少数
民族资料》等文根据简牍资料，对天凤年间的汉匈战争予以复原，进一步论述
了王莽政权与西域及匈奴的关系。② 李炳泉较注意马圈湾汉简中有关汉王朝西域
职官的研究，《关于汉代西域都护的两个问题》等文讨论了汉代西域都护等职的
设置、执掌情况和汉王朝对西域地区的管理方略，内容有较大突破，结论值得
重视。③ 此外，贾丛江《关于西汉时期西域汉人的几个问题》《两汉时期西域
人汉式姓名探微》等文从文化方面探讨汉王朝与西域关系，也有较大意义。④

　　悬泉汉简出土后，有关汉王朝与西域、羌族关系的研究更成为学界关注
的焦点。利用悬泉汉简研究西域问题开始于对一些代表性简册的研究，后来
随着研究的逐步深入，视角则转向西域各国，如对乌孙、康居、大宛、车师、
楼兰、于阗等国的研究都有学者关注。张德芳《〈长罗侯费用簿〉及长罗侯与
乌孙关系考略》结合史传记载对简文史实做了疏理，认为该册书与神爵二年
长罗侯常惠送少主与乌孙和亲事件有关。⑤ 袁延胜也关注过《过长罗侯费用

①　特日格乐：《简牍所见汉匈关系史料整理与研究》，北京交通大学出版社，2015。
②　吴礽骧、张俊民：《新获马圈湾汉简中的西域资料》，《西北史地》1991 年第 1 期。胡平生：
　　《敦煌马圈湾木简中关于西域史料的辨证》，载《胡平生简牍文物论集》，文津出版社，
　　2000。孙占宇：《马圈湾汉简所见一次发生在车师的战争》，《敦煌学辑刊》2006 年第 3 期。
　　孙占宇：《敦煌汉简王莽征伐西域战争史料研究综述》，《西域研究》2006 年第 3 期。汪桂
　　海：《敦煌汉简所见汉朝与西域的关系》，载《简帛》第 1 辑，上海古籍出版社，2006。张
　　俊民：《秦汉简牍文书反映的少数民族资料》，《甘肃民族研究》1998 年第 1 期。
③　李炳泉：《关于汉代西域都护的两个问题》，《民族研究》2003 年第 6 期。
④　贾丛江：《关于西汉时期西域汉人的几个问题》，《西域研究》2004 年第 4 期；贾丛江：
　　《两汉时期西域人汉式姓名探微》，《西域研究》2006 年第 4 期。
⑤　张德芳先生此文简称该简册为“《长罗侯费用簿》，王子今先生《〈长罗侯费用簿〉应为
　　〈过长罗侯费用簿〉》提出该简册应命名为《过长罗侯费用簿》，其中“过”是“招待”的
　　意思，袁延胜《也谈〈过长罗侯费用薄〉的史实》认为该说更为准确。今天，“过长罗侯
　　费用簿”已成为学界对本简册的通行看法，本书提到此简册时简称《过长罗侯费用簿》。
　　参张德芳《〈长罗侯费用簿〉及长罗侯与乌孙关系考略》，《文物》2009 年第 9 期；王子今
　　先生《〈长罗侯费用簿〉应为〈过长罗侯费用簿〉》，《文物》2001 年第 6 期；袁延胜《也
　　谈〈过长罗侯费用薄〉的史实》，《敦煌研究》2003 年第 1 期。

簿》，氏著《也谈〈过长罗侯费用薄〉的史实》对该册书的性质提出了新的看法，认为该册书是汉王朝为打击匈奴、安定西域而派长罗侯增兵西域、加强西域屯田力量路过悬泉置时的开支账目。① 乌孙是两汉时西域最大的国家，也是为数不多的游牧国家，与南北两道绿洲农业国家有不小区别。悬泉汉简中与乌孙相关的简文，引起了学术界的高度关注。除了对《过长罗侯费用簿》简册的研究外，还有一些学者利用其他简牍资料对汉与乌孙的交往进行阐述。何双全《西汉与乌孙交涉史新证——悬泉汉简所见西域关系史之一》结合长罗侯常惠的材料对汉与乌孙关系进行了考证。② 袁延胜《西汉分立两昆弥为甘露二年辨》探讨了乌孙分立两昆弥事件，认为西汉分立两昆弥应是甘露二年（前52），而不是甘露元年。③ 氏著《悬泉汉简所见汉代乌孙的几个年代问题》集中讨论了乌孙大小昆弥的设立，卑爰疐杀乌日领后归义西汉以及被孙建袭杀的事件。④ 何海龙《从悬泉汉简谈西汉与乌孙的关系》对悬泉汉简中有关乌孙的简文做了整理，分析了汉与乌孙交往的历史过程，尤其提出了西域都护的设置是西汉与乌孙关系转变重要标志的观点。⑤ 康居是两汉时的中亚大国，留下的史传资料较少，悬泉汉简中与康居相关的材料也引起了学界注意。张德芳《悬泉汉简和西域诸国》结合《康居王使者册》论述了西汉与康居交往的历史。⑥ 王素《悬泉汉简所见康居史料考》综合考察了悬泉汉简中甘露二年（前52）送康居使者文书、黄龙元年（前49）送康居诸国文书、永光五年（前40）康居等使诉讼文案、阳朔四年（前21）送康居王质子书等简册，重点阐释了汉与康居交往的文化影响。⑦ 王旺祥《敦煌悬泉置汉简所记永光五年西域史事考论》也对《康居王使者册》做了考证，分析了汉元帝时西汉与康居、于阗的正常交往关系。⑧ 郝树声《简论敦煌悬泉汉简〈康居王使者册〉及西汉与康居的关系》考察了康居五小王都城等诸多问题，阐述了《康居王使

① 袁延胜：《也谈〈过长罗侯费用薄〉的史实》，《敦煌研究》2003 年第 1 期。
② 何双全：《西汉与乌孙交涉史新证——悬泉汉简所见西域关系史之一》，载《台北第一届简帛学术讨论会论文集》，中国文化大学，1999。
③ 袁延胜：《西汉分立两昆弥为甘露二年辨》，《洛阳工学院学报》2002 年第 3 期。
④ 袁延胜：《悬泉汉简所见汉代乌孙的几个年代问题》，《西域研究》2005 年第 4 期。
⑤ 何海龙：《从悬泉汉简谈西汉与乌孙的关系》，《求索》2006 年第 3 期。
⑥ 张德芳：《悬泉汉简和西域诸国》，载郝树声、张德芳著《悬泉汉简研究》，甘肃文化出版社，2009。
⑦ 王素：《悬泉汉简所见康居史料考》，载荣新江、李孝聪主编《中外关系史：新史料与新问题》，科学出版社，2004。
⑧ 王旺祥：《敦煌悬泉置汉简所记永光五年西域史事考论》，《西北师范大学学报》（社会科学版）2009 年第 1 期。

者册》等简文在认识中国与西亚交往史上的重要价值。① 车师是西域北道的重要城国，楼兰是西域南道的咽喉，后改名为鄯善，这两国与汉王朝一直保持着密切的往来关系，悬泉汉简中反映汉与车师、楼兰交往的简文也为学界关注。何双全《汉与楼兰（鄯善）车师交涉史新证》对汉与楼兰、车师关系进行了考述。② 张德芳《从悬泉汉简看楼兰（鄯善）同汉朝的关系》结合悬泉汉简分析了楼兰（鄯善）与汉王朝交往逐步加深的过程，认为西汉时期楼兰与汉朝的关系主要是以汉与匈奴势力的消长和汉朝对西域的政策为转移，早在西域都护府建立之前，鄯善就已经在政治上接受了汉朝的管理，汉王朝在鄯善的屯田活动对维护西域的稳定具有重要意义。该文注意到了利用简牍材料对汉与西域国家关系做动态化观察，有较大学术价值。③ 大宛是与汉王朝交往较早的西域国家，张德芳《敦煌悬泉汉简中的"大宛"简以及汉朝与大宛关系考论》对悬泉汉简中涉大宛史料全面收集，从总体上论述了汉与大宛关系的演变。④ 前揭张德芳《悬泉汉简与西域诸国》一文除考述了汉与康居的交往外，还综合考证了汉与大月氏、罽宾、乌弋山离等国交往的情况，使我们认识到两汉时期中原与西域交往的范围之广，补充了史书记载的不足。同时，张德芳《郑吉"数出西域"考论》重点探讨了宣帝时期汉王朝与西域交往的总体情况，也有较大价值。⑤ 关于利用悬泉汉简研究西域的状况，李炳泉《十年来大陆两汉与西域关系史研究综述》一文有较全面的论述，可以参看。⑥

汉王朝在西域长期驻兵屯田，悬泉汉简中也有不少与此相关的内容。张德芳《从悬泉汉简看两汉西域屯田及其意义》考察了西汉在轮台、渠犁、伊循、赤谷城、车师的屯田状况，以及东汉三通时期在西域的屯田活动，指出了西域屯田在政治、经济、军事诸方面的重要意义，重点对两汉在车师的屯田活动进行了历史性的探讨。⑦ 张俊民《"北胥鞬"应是"比胥鞬"》从简文

① 郝树声：《简论敦煌悬泉汉简〈康居王使者册〉及西汉与康居的关系》，《敦煌研究》2009年第1期。

② 何双全：《汉与楼兰（鄯善）车师交涉史新证》，载《国际简牍学会会刊》第4号，兰台出版社，2002。

③ 张德芳：《从悬泉汉简看楼兰（鄯善）同汉朝的关系》，《西域研究》2009年第4期。

④ 张德芳：《敦煌悬泉汉简中的"大宛"简以及汉朝与大宛关系考论》，载《"丝绸之路上的哈萨克斯坦"国际学术讨论会论文集》，阿拉木图，2009。

⑤ 张德芳：《郑吉"数出西域"考论》，《西域研究》2011年第2期。

⑥ 李炳泉：《十年来大陆两汉与西域关系史研究综述》，《西域研究》2009年第4期。

⑦ 张德芳：《从悬泉汉简看两汉西域屯田及其意义》，《敦煌研究》2001年第3期。

出发，提出《汉书·西域传》所载的"北胥鞬"应为"比胥鞬"之讹，校正了史书之误。① 李炳泉《西汉西域渠犁屯田考论》结合悬泉汉简对渠犁屯田的进程进行了考证，强调了渠犁屯田的意义。② 刘国防《西汉比胥鞬屯田与戊己校尉的设置》对比胥鞬与戊己校尉的屯田状况进行了考证，指出了西汉中期西域屯田的变化趋势。③

戊己校尉是汉王朝负责西域屯田、戍兵事务的重要职官，关于其执掌、设置，两《汉书》记载有相互矛盾的地方，悬泉汉简中有较多关于"戊己校尉"的资料，也引起了学界的兴趣，取得了丰硕成果。高荣《汉代戊己校尉述论》较早指出了悬泉汉简对戊己校尉研究的重要性。④ 李炳泉《两汉戊己校尉建置考》认为西汉元帝至哀帝和东汉明帝时所设的戊己校尉，实际上均为戊校尉和己校尉二职，后又合并为戊己校尉一职，无论是分设二职，还是仅设一职，其属官都分别有校尉丞、部司马、曲候及校尉史、司马丞、候令史等。⑤ 孟宪实《西汉戊己校尉新论》对戊己校尉的设置及隶属问题做了讨论。⑥ 王素《高昌戊己校尉的设置》系列文章是研究戊己校尉的力作，结合悬泉汉简对戊己校尉设立的背景、隶属、性质、设置员数、组织机构、罢废等问题展开广泛讨论。⑦ 贾丛江《西汉戊己校尉的名和实》则对历史上戊己校尉的诸种解释给予了评价，并对戊己校尉的职能做了考析。⑧ 李蕾《汉代戊己校尉隶属问题再探》认为政治上敦煌太守负责管理戊己校尉的日常事务，在军事上北军中垒校尉对其实行统领，是对戊己校尉管理的进一步认识。⑨ 而贾丛江《西汉伊循职官考疑》则考论了伊循屯田及其隶属关系，认为西汉所设伊循都尉是属于敦煌郡的部都尉，伊循地区除存在隶属于敦煌郡候望系统的都尉职官外，还存在隶属于中央大司农屯田系统的职官。⑩

西域都护是汉朝设在西域的监护机构，刘国防《汉西域都护的始置及其年代》对西域都护设立的年代及其职掌进行了考察。⑪ 殷晴《悬泉汉简和西域

① 张俊民：《"北胥鞬"应是"比胥鞬"》，《西域研究》2001 年第 1 期。
② 李炳泉：《西汉西域渠犁屯田考论》，《西域研究》2002 年第 1 期。
③ 刘国防：《西汉比胥鞬屯田与戊己校尉的设置》，《西域研究》2006 年第 4 期。
④ 高荣：《汉代戊己校尉述论》，《西域研究》2000 年第 2 期。
⑤ 李炳泉：《两汉戊己校尉建置考》，《史学月刊》2002 年第 6 期。
⑥ 孟宪实：《西汉戊己校尉新论》，《广东社会科学》2004 年第 1 期。
⑦ 王素：《高昌戊己校尉的设置》，《新疆师范大学学报》（哲学社会科学版）2005 年第 3 期。
⑧ 贾丛江：《西汉戊己校尉的名和实》，《中国边疆史地研究》2006 年第 4 期。
⑨ 李蕾：《汉代戊己校尉隶属问题再探》，《淮南师范学院学报》2006 年第 6 期。
⑩ 贾丛江：《西汉伊循职官考疑》，《西域研究》2008 年第 4 期。
⑪ 刘国防：《汉西域都护的始置及其年代》，《西域研究》2002 年第 3 期。

史事》也考证了西域都护和戊己校尉的相关史事。① 此外，李炳泉《西汉中垒校尉"外掌西域"新证》从悬泉汉简的材料出发，确认了西汉中垒校尉外掌西域的事实。② 谢彦明《西汉中垒校尉"外掌西域"考辨》从文献入手，肯定了中垒校尉外掌西域的事实，并就相关原因做了分析，氏著《西汉中垒校尉职掌考辨》一文又对前说做了进一步阐述。③

除了有关西域的史料外，悬泉汉简中还有丰富的关于羌人活动和反映羌汉关系的材料。张德芳《悬泉汉简羌族资料辑考》首先对有关汉羌关系的简文做了全面辑录，并就汉代羌人的职官、羌人的反叛情况、羌人的部落、羌汉关系等问题做了考述，奠定了此后学者利用悬泉汉简研究汉羌关系的基础。④ 此后，初世宾《悬泉汉简羌人资料补述》进一步对羌人的种族、西汉时羌人的叛乱、敦煌郡羌人的管理等诸多问题做了详细考证。⑤ 薛海波《试论敦煌悬泉汉简中的羌》也就西汉对羌人的管理以及羌人叛乱问题做了探讨。⑥ 王力《两汉时期西羌内迁浅析》一文结合悬泉汉简，从中原的政治形势、西羌的人口压力、气候变化和中原王朝的对羌政策等方面分析了西羌内迁的动因，对于研究羌族的变迁有重要认识价值。⑦ 李正周《从悬泉简看西汉护羌校尉的两个问题》对护羌校尉的设立过程及其属吏做了考证，有助于了解汉代边疆民族的管理体制。⑧ 汪桂海《从出土资料谈汉代羌族史的两个问题》结合羌人名籍册和其他相关简文，就羌人的种落分布和得名状况进行分析，考证了汉代的民族压迫及羌人的反抗状况，特别是对羌人的斗争策略分析细致入微，揭示了诸多历史信息。⑨ 刘国防《西汉护羌校尉考述》结合悬泉汉简对护羌校尉的设立过程进行了探索，对护羌校尉的职权进行了考证，认为护羌校尉的前身是汉政府临时派出的使者，宣帝神爵二年（前60）后成了固定的官职。⑩

---

① 殷晴：《悬泉汉简和西域史事》，《西域研究》2002 年第 3 期。
② 李炳泉：《西汉中垒校尉"外掌西域"新证》，《西域研究》2004 年第 3 期。
③ 谢彦明：《西汉中垒校尉"外掌西域"考辨》，《晋阳学刊》2007 年第 1 期；谢彦明：《西汉中垒校尉职掌考辨》，《中南民族大学学报》（人文社会科学版）2008 年第 1 期。
④ 张德芳：《悬泉汉简羌族资料辑考》，载《简帛研究二〇〇一》，广西师范大学出版社，2001。
⑤ 初世宾：《悬泉汉简羌人资料补述》，载《出土文献研究》第 6 辑，上海古籍出版社，2004。
⑥ 薛海波：《试论敦煌悬泉汉简中的羌》，《通化师范学院学报》2004 年第 3 期。
⑦ 王力：《两汉时期西羌内迁浅析》，《青海民族研究》2004 年第 3 期。
⑧ 李正周：《从悬泉简看西汉护羌校尉的两个问题》，《鲁东大学学报》（哲学社会科学版）2009 年第 5 期。
⑨ 汪桂海：《从出土资料谈汉代羌族史的两个问题》，《西域研究》2010 年第 2 期。
⑩ 刘国防：《西汉护羌校尉考述》，《中国边疆史地研究》2010 年第 3 期。

此外，郝树声《从西北汉简和朝鲜半岛出土〈论语〉简看汉代儒家文化的流布》，郝树声、张德芳《悬泉汉简研究》"悬泉汉简与敦煌早期佛教的传播"一节重点探讨了汉王朝与西域地区的文化交往。① 尤其是"悬泉汉简与敦煌早期佛教的传播"，考证了悬泉置出土的东汉浮屠简，认为其时代应在东汉明帝以后的半个世纪之内，因而证明了早在公元 1 世纪下半叶，佛教就已传入敦煌。石云涛《汉代外来文明研究》一书充分利用传世文献和包括河西汉简在内的考古资料，对汉王朝与中亚、西亚地区的物质和精神文明交往状况全面考察，所获较大。②

王子今先生长期关注简牍资料中的西北地区社会生活和民族史资料，氏著《秦汉边疆与民族问题》对汉王朝的"北边"经营、民族意识，以及匈奴经济生活、匈奴南下季节性等问题进行了专题讨论。③ 近年来，王子今先生又结合汉简资料，研究了匈奴经营西域的问题，出版了《匈奴经营西域研究》一书，对"西域"名义、匈奴对西域的开发、匈奴控制西域方式等问题进行了专题研究。其跳出汉族中心视角，选择了以匈奴为主体考察汉代民族史，为学界考察汉代民族史提供了新视角，意义重大。④

三 汉代西北民族关系史研究的反思

汉代西北民族关系史研究在最近一个世纪取得了较大成果，但毋庸讳言，其研究仍存在较多缺陷。一方面，大部分研究尚未充分重视简牍材料和考古资料；另一方面，已利用简牍材料开展的研究，还存在利用简牍材料不够全面，思考问题过于零碎、不够宏观等问题。具体来说，当今的汉代西北民族关系史研究尚存在以下问题。

第一，研究民族史者多，但专门研究汉代西北民族关系的有分量论著较少。近年来，西北民族史研究是民族史研究的重点，以匈奴、羌、西域为主要对象的研究成果不可谓少，但目前的研究多是对某一民族全景式的描述，其中虽涉及汉王朝与某民族的交往，但往往只是作为论著的一小节予以论述，研究在深度、广度方面都有较大限制，往往是人云亦云、创获不大。近年关于秦西汉时期西北民族史研究的力作当属武沐的《中国西北少数民族通史·

---

① 郝树声：《从西北汉简和朝鲜半岛出土〈论语〉简看汉代儒家文化的流布》，《敦煌研究》2012 年第 3 期。郝树声、张德芳：《悬泉汉简研究》，甘肃文化出版社，2009。
② 石云涛：《汉代外来文明研究》，中国社会科学出版社，2017。
③ 王子今：《秦汉边疆与民族问题》，中国人民大学出版社，2011。
④ 王子今：《匈奴经营西域研究》，中国社会科学出版社，2016。

秦、西汉卷》，该书全面、系统，但其汉与西北少数民族交往部分，篇幅非常小，内容上多是对前人的承袭，不能不说是一大缺憾。只有将汉代西北民族关系史作为一专门研究对象，跳出为某一或某些民族撰写民族志的藩篱，才可能真正推进民族关系史研究深入发展。

第二，史料运用上尚存在缺陷，传世文献和简牍资料、考古材料的使用未能充分结合，尤其是当今的研究很多未有效利用河西汉简材料。正史关于汉代西北民族关系的记载简单、系统，是汉代西北民族关系史研究的基础。但正史的记载，基本集中在一些重大政治事件、军事行动上，而汉民族与西北各族的交往就像连绵不断的溪水，其中不仅有旋转剧烈的漩涡，更有如平缓水流般的正常政治、文化、经济交往。河西简牍和考古材料既可以反映汉代西北各民族战争、和平、交往的细节，也可以反映各民族间的经济文化交往，与传世文献恰可互补。目前有关汉代西北民族关系史研究的系统论著，多注重正史中关于汉羌、汉匈、汉与西域各国交往的内容，忽略河西汉简这一汉代西北民族关系史研究的资料渊薮，基本形式是对正史相关记载的翻译、阐释，由于缺乏可以参证的新材料，故无论是从内容观点还是从使用材料上来看，整体创新性都不强，比起传统著作，多无大的突破。

第三，近代学者利用传世文献研究汉代西北民族关系史，虽取得了较大成就，但思路上条块分割的模式过于明显，整体性不强。大多数成果只关注到了汉与匈奴、羌、西域关系的某一方面，尚未有将汉王朝与西北各族关系作为一有机联系体浑然整体把握的重量级著作。如前所述，林幹、陈序经、特日格乐在汉匈关系史方面，余太山、林梅村在汉与西域诸国关系、中西文化交流方面，王明珂在汉羌关系方面都有重要论著，国内目前也有比较全面的《中国西北少数民族通史》，但无论是关于单一民族史的著作，还是所谓的通史，大都未注意到汉王朝与各民族的关系相互关联、相互制约这一历史现象，未能从总体上把汉与西北各民族的交往当成一个问题看待。其实，汉与西域关系和汉羌关系很长一段时间以来既受汉匈关系制约，也反作用于汉匈关系，它们之间的内在联系应得到重视。

第四，目前虽有利用居延、敦煌尤其是悬泉汉简研究汉代西北民族关系的研究成果，但总体说来，目前的研究多是对具体问题的研究，多是利用个别具体简牍资料对康居、乌孙、大宛、车师、匈奴等具体政权与汉王朝的交往分别研究和对西域都护、戊己校尉等官职的个案分析。这种细碎研究不利于我们从总体上宏观把握汉代西北民族关系史。

第五，目前的研究，基本完全以汉王朝的视角为中心，是站在中原王朝视角下观察的西北民族关系史。这种视角固然有其合理性，但如果完全以此视角观察问题，无疑会遗漏掉很多民族交往现象，最终必然会制约汉代西北民族关系史研究的深度。其实，河西、西域地区是各民族交融的舞台，汉王朝与西北各族的交往，除了受汉朝中央政策影响外，还受各族的地理位置、发展情况和各族间关系的影响。如果我们能突破汉族中心的观点，对匈羌关系、匈奴与西域关系也给予特殊的关注，会促进我们更好、更全面地思考汉代西北民族间错综复杂的联系和交往。

总之，由于缺乏对 20 世纪出土的相关河西简牍材料的总体把握和有效梳理利用，有关汉代西北民族关系史研究还存在条块分割化、视角单一化、史料局限化、研究细碎化等问题，需要进一步思考和解决。

第一章 河西汉简：两汉西北民族史研究的史料渊薮

简牍是重要的秦汉史研究资料，也是两汉时期民族关系研究的重要史料。利用简牍材料关注汉代西北民族关系，早在 1000 多年前的宋代就已开始。宋黄伯思《东观余论·汉简辨》载："近岁关右人发地得古瓮，中有东汉时竹简甚多，往往散乱不可考。独永初二年讨羌符文字尚完，皆章草书，书迹古雅可喜。其词云：'永初二年六月丁未朔二十日丙寅，得车骑将军莫府文书：上郡属国都尉中二千石、守丞廷义县令三水，十月丁未到府受印绶，发夫讨畔羌。急急如律令。（马四十匹，驴二百头，日给。）'"该简北宋时出土，是汉安帝永初二年（108）车骑将军邓骘所发布的讨羌檄文，其内容反映了东汉中期先零羌叛乱的情况，补充了《后汉书》的记载。

1901 年，斯坦因和斯文·赫定分别在新疆尼雅遗址和楼兰遗址发现简牍，拉开了近代中国简牍大规模出土的序幕。此后，敦煌、居延等地不断有大宗简牍出土，其中包括不少有关汉代西北民族关系史的材料。

第一节 居延汉简中的两汉民族史料

居延汉简泛指近代以来黑河流域居延地区（在汉代主要是张掖郡居延都尉府和肩水都尉府辖区）出土的 3 万余枚汉代简牍。具体出土地点有 30 个左右，大都是长城烽燧、城鄣、关卡遗址，其中汉代甲渠候官遗址——破城子（编号 A8）出土近 13000 枚，肩水金关遗址（编号 A32）出土 12000 余枚，肩水都尉府遗址——大湾（编号 A35）出土 1500 余枚，肩水候官遗址——地湾（编号 A33）出土 3000 余枚，卅井候官遗址——博罗松治（编号 P9）出土 346 枚，是其中出简数量较多者。还有其他多个遗址出土的零星汉简，总计有 2000 枚左右。

近百年中，居延汉简主要有四次大规模发掘，分别是 20 世纪 30 年代中瑞西北科学考察团、20 世纪 70 年代甘肃省居延考古队、1986 年甘肃省文物考古研究所、1999~2002 年内蒙古自治区文物考古研究所的发掘。

中瑞西北科学考察团成员贝格曼等人于 1930 年 4 月 27 日到 1931 年 3 月

27 日的 11 个月内，踏查了黑河流域 410 多处遗址，在 30 个不同地点 486 个坑位出土了 1 万多枚汉代简牍，该批简牍于 1931 年 5 月运抵北平，先后由傅振伦、傅明德、马衡、刘半农、向达、贺昌群、余逊、劳榦等学者开展整理、释读工作。目前该批简牍藏于台湾中研院史语所，其图版见于台北出版的《居延汉简·图版之部》《居延汉简补编》，大陆出版的《居延汉简甲编》《居延汉简甲乙编》等书，最新红外线照片可在台湾中研院史语所网站线上申请查阅，释文则见于劳榦《居延汉简考释·释文之部》、谢桂华等《居延汉简释文合校》等著作。

1972 年至 1976 年，甘肃省居延考古队沿黑河流域，南起金塔县双城子，北至额济纳旗居延海，进行了全面的考古调查和试掘工作，取得了丰硕成果。1973 年至 1974 年，居延考古队对甲渠候官（即破城子）、甲渠塞第四燧（编号 P1）、肩水金关等三处不同类型的汉代烽燧遗址进行了全面发掘，其中甲渠候官遗址出土 7933 枚，第四燧出土 195 枚，肩水金关出土 11577 枚，总计新出简牍 19700 余枚。如果算上 1972 年考古调查时采集的近 800 枚和 1976 年对额济纳旗布肯托尼以北地区考古调查时采集的 173 枚，总数则超过 2 万枚。这 2 万余枚汉简，不仅在数量上超出 20 世纪 30 年代居延汉简近一倍，是我国历来发现汉简最多的一次，而且其发掘严格按照科学要求进行，在出土地点、层位、断代、编缀等方面均取得了系统的资料，具有重大学术价值。与 20 世纪 30 年代出土居延汉简相比，新居延汉简最显著的特点是有大量较完整的简册出土。在甲渠候官遗址一个不足 6 平方米的小室内发现近 900 枚汉简，从中整理出从王莽天凤到东汉建武初年四十余册完整或基本完整的文书简册，不能不说是汉简发现史上的一个奇迹。20 世纪 70 年代出土之居延汉简，保存于今天的甘肃简牍博物馆，其整理考释工作得到了国家的重视，由豪亮、初师宾、谢桂华、李均明、朱国炤等学者参与，其中甲渠候官、甲渠塞第四隧出土和相关采集简已整理完毕，其图版、释文见于《居延新简——甲渠候官》一书，红外照片也将在近期出版。肩水金关汉简的整理工作目前也已结束，出版完毕。《肩水金关汉简》不仅包括 11000 余枚汉简的彩色照片和释文，还包括了珍贵的红外线照片，学术研究价值巨大。

1986 年甘肃省文物考古研究所对地湾遗址的发掘，出土简牍近 1000 枚，其资料至今尚未公布。1999 年至 2002 年内蒙古自治区文物考古研究所对额济纳旗汉代烽燧遗址（主要是甲渠塞下辖部分烽燧）的调查、发掘，所获汉简 500 余枚，照片和释文收录于魏坚主编的《额济纳汉简》一书。

居延汉简中有较多关于汉代西北民族关系，尤其是汉匈关系的史料。其主体内容是汉王朝在黑河流域针对匈奴的军事防御和屯戍文书，其中呼韩邪单于依附汉朝对郅支单于展开军事行动，汉光武帝时期甲渠塞"甲渠言部吏毋作使属国秦胡卢水士民"书，击匈奴降者赏令，捕斩匈奴虏反羌购赏科别，针对"匈奴人昼入"之烽火品约，有关胡虏入寇攻隧之战争报告，始建国二年新莽分匈奴十五单于及发兵诏书等内容，对汉匈关系史的研究相当重要。

第二节　敦煌汉简中的两汉民族史料

敦煌汉简，是1907年以来在今敦煌、瓜州、玉门、肃州、金塔北部边塞烽燧遗址出土简牍的总称，因汉代敦煌郡出土简牍占大多数，故被学界概称为"敦煌汉简"。

近百年来，敦煌汉简有十余次集中发现，其中以1907年斯坦因第二次中亚考察、1979年甘肃省博物馆在马圈湾遗址和1990～1992年甘肃省文物考古研究所在悬泉置遗址的发现最为重要。英籍匈牙利人斯坦因在1901年第一次中亚考察时就曾发掘了新疆尼雅遗址，获得大量佉卢文、汉文文书。1906年4月，他开始了第二次中亚探险的旅程，于1907年在敦煌以北的疏勒河流域汉塞烽燧遗址中盗掘近3000枚简牍，拉开了敦煌汉晋简出土的大幕。这批简牍后交由法国著名汉学家沙畹整理，1913年出版了《斯坦因在东土耳其斯坦考察所获汉文文书》一书，刊布了其中702枚汉文木简的照片。1914年流寓日本的中国学者罗振玉和王国维根据沙畹提供的533枚简牍照片潜心研究，出版了《流沙坠简》这部中国近代简牍学的开山之作。2004年7月，大英图书馆和伦敦大学联合召开了"斯坦因未刊敦煌汉简国际学术研讨会"，会后由上海辞书出版社出版了《英国国家图书馆藏斯坦因所获未刊汉文简牍》，最终公布了未被斯坦因和沙畹刊布的2300余枚汉简。这样，在出土近百年之后，这批珍贵的文化遗产方完整呈现在中国研究者面前。

1913年斯坦因开始第三次中亚探险，1914年3月来到敦煌汉塞遗址，对前次考察时遗漏的地段进行调查、发掘。此后，又来到安西（今瓜州）、玉门、金塔等地进行考察，共计获得简牍200多枚。这批简牍先交沙畹整理，沙畹逝世后，又转交其高足马伯乐。其时，中国学者张凤正受业于马伯乐，回国时带回了这批简牍的照片和出土编号。1931年，他将这批材料连同斯坦因第二次考察所获简牍的图版在国内刊布，并对文字进行了考释，撰成《汉晋西陲木简汇编》一书。而马伯乐《斯坦因第三次中亚考察所获汉文文书》一书，则在其去世十年后，于1953年由大英博物馆刊布。至1993年，郭锋所撰

《斯坦因第三次中亚探险所获甘肃新疆出土汉文文书——未经马斯伯乐刊布的部分》又公布了马伯乐未刊布的 4 枚简牍。1920 年周炳南在敦煌小方盘城外之沙滩中掘得汉代木简 17 枚，现藏敦煌研究院。1944 年由当时的中央博物馆、中央研究院和北京大学文科研究所共同组成的西北科学考察团，赴甘肃河西地区进行考古调查。11 月，成员夏鼐、阎文儒等人在敦煌小方盘城附近掘得木简 76 枚，现藏台湾中研院史语所，其中较完整 49 枚的释文、照片可参看 1948 年发表在《中央研究院历史语言研究所集刊》第十九本的夏鼐《新获之敦煌汉简》一文。1998 年台湾中研院史语所简牍整理小组编辑《居延汉简补编》一书，完整公布了 76 枚简的图版和释文。

1977 年 8 月嘉峪关市文物保管所在玉门市花海农场附近一座汉代烽燧遗址中发现木简、木觚、削衣 93 枚，无字素简 12 枚，主要是酒泉郡北部都尉下属机构的文书档案，现藏嘉峪关市长城博物馆，释文及部分照片已经公布。1979 年 6 月，甘肃省博物馆文物队（即甘肃省文物考古研究所的前身）与敦煌县文化馆组成的汉代长城调查组，在敦煌县西北 95 千米，北距疏勒河 8 千米处的马圈湾发现了一座被斯坦因遗漏的烽燧遗址（编号 D21）。之后文物队对此遗址进行了科学发掘，共出土简牍 1217 枚，主要是西汉后期至新莽时期之物，现藏甘肃简牍博物馆。1981 年敦煌西北 57 千米酥油土以北汉代烽燧遗址出土汉简 76 枚，1986～1988 年敦煌博物馆在文物普查中采集汉简 137 枚左右，1990 年 4 月敦煌马迷兔西北 11.6 千米的清水沟汉代烽燧遗址出土汉简 41 枚，1999 年敦煌博物馆在小方盘城获木简 300 余枚，皆藏于敦煌博物馆。此外，1990～1998 年，安西县（今瓜州）在文物普查中采集简近百枚，藏于瓜州县博物馆。近百年来，敦煌汉晋简多次出土，其中相当一部分保存在国外，对我们综合利用敦煌简牍带来了不便。1949 年后，部分学者尝试对其汇集整理。1984 年，林梅村、李均明合编《疏勒河流域出土汉简》一书，收录并校订了斯坦因第二、第三次中亚考察所获和 1944 年夏鼐、阎文儒所获汉简之已刊部分。1990 年，李均明、何双全合编《散见简牍合辑》则收录了 1920 年周炳南所得汉简、玉门花海汉简和敦煌酥油土汉简。

1991 年，甘肃省文物考古研究所编《敦煌汉简》一书正式出版。不仅公布了马圈湾汉简的发掘报告及全部简牍照片和释文，还收录有斯坦因第二、第三次中亚考察和 1944 年夏鼐、阎文儒所获汉简之已刊部分，1920 年周炳南所得、玉门花海、敦煌酥油土、敦煌博物馆 1986～1988 年采集所得全部简牍的释文和其中大部分简牍的照片，是今天研究敦煌汉晋简牍最全面、最权威的资料。

　　敦煌汉简最大规模的出土，当属 1990～1992 年甘肃省文物考古研究所在敦煌悬泉置遗址发掘的悬泉汉简。"置"即邮驿。应劭《风俗通义》："汉改邮为置。置者，度其远近之间置之也。"《广雅·释诂四》："置，驿也。"《汉书·文帝纪》："太仆见马遗财足，余皆以给传置。"颜师古注曰："置者，置传驿之所，因名置也。"悬泉置遗址位于敦煌市以东 64 千米处，位于丝绸之路的交通孔道上，是迄今为止我国发现的保存最为完整、出土物最多的一处汉魏驿置机构。该遗址共出土木简 35000 多枚，有字简 23000 多枚。其中最早纪年是汉武帝元鼎六年（前 111），最晚为汉安帝永初元年（107），以西汉后期简为多。这批简牍按内容可分为诏书、律令、科品、檄记、爰书、簿籍、符传、历谱、术数、医方、古籍残篇。它们或可补史籍之阙载，或可正史载之讹误，拓宽了汉代邮驿制度、汉羌关系和中西交通研究的视野和思路，对进一步深入研究两汉的政治、经济、军事、外交、交通、民族、文化、习俗等至为重要。悬泉汉简的出土，引起了学界的极大关注。《文物》2000 年第 5 期发表了《甘肃敦煌汉代悬泉置遗址发掘简报》和何双全所撰《敦煌悬泉汉简内容概述》，对悬泉汉简的出土情况及主要内容做了介绍。由于悬泉汉简数量巨大，故整理工作尚未完全结束，全部简牍的公布尚需时日。2001 年胡平生、张德芳合著《敦煌悬泉汉简释粹》一书，收录了诏书、律令、司法文书与政治类、经济地理类、使节往来与周边关系类、典籍文化类、四时月令诏条类等重要文献 272 件。2009 年郝树声、张德芳出版《悬泉汉简研究》一书，除专题研究外，还披露并汇释了部分简牍、帛书材料，其中包括 12 件较完整的簿籍文书。

　　敦煌汉简，尤其是马圈湾、悬泉置出土汉简，丰富了我们对汉代边疆军事屯戍和河西历史地理的认识。与作为军事重镇的居延相比，敦煌除起到"隔绝羌胡"的军事作用外，还具有交通要道的特殊地位，其简牍不仅代表了边塞防御制度的一般概况，更较多地反映了中原王朝与羌族及西域各国的关系，反映了中西文化交流的实情，为我们探索汉代的民族关系、中西关系提供了第一手资料，有特殊意义。除了一般反映汉代西北民族关系及汉王朝西北民族管理的资料外，马圈湾汉简中有 100 余枚较为完整的新莽时期进军西域的奏记抄件，是研究新莽与西域战争的重要史料。酥油土汉简"击匈奴降者赏令"是捕斩匈奴购赏令的具体条文，对研究汉匈关系和边疆防御有重要价值。至于悬泉汉简本身即出土于中西交通咽喉悬泉置遗址中，其中有关羌族和西域诸国的史料更为丰富。据统计，悬泉汉简中有近百枚关于羌人活动和羌汉关系的简牍，涉及汉王朝管理羌人的数种职官、制度，大都不见于两

《汉书》的记载。《汉敦煌归义羌人名籍》《西汉羌人斗殴册》等简册的出土，反映了活跃在河西的羌人种落与羌人的关系，及汉政府对羌人的实际管理情况，补充了正史的记载。在汉代，悬泉置的主要职能是接待汉王朝与西域各国互派之使者，因而悬泉简中保留了大量西域各国使者途经悬泉置的有关记录，是研究丝路贸易和汉与西域关系的珍贵资料。据郝树声、张德芳《悬泉汉简研究》一书统计，悬泉汉简中直接反映汉与西域国家使者往来的简文有500多条，所涉及的西域国家有楼兰（鄯善）、且末、小宛、精绝、扜弥、渠勒、于阗、蒲犁、皮山、大宛、莎车、疏勒、乌孙、姑墨、温宿、龟兹、仑头、乌垒、渠犁、危须、焉耆、狐胡、山国、车师、罽宾、乌弋山离、大月氏、康居、祭越、折垣等国。几乎汉与西域诸国交往中的重要环节，在悬泉汉简中都有反映，尤其是汉与西域大国乌孙、康居的交往，在简中更为常见。《悬泉置元康五年正月过长罗侯费用簿》等完整简册，记载了长罗侯常惠、解忧公主、冯夫人、破羌将军辛武贤处理乌孙内乱、公主和亲等问题时途经悬泉置的情况。《康居王使者册》反映了西域各国与汉王朝朝贡贸易、经济文化交往的生动细节。《神爵二年悬泉厩佐迎送日逐王禀食册》是宣帝神爵二年（前60）匈奴日逐王降汉后，汉王朝迎接其至长安，途经悬泉置时的禀食记录。匈奴日逐王降汉是汉王朝西域都护设立的前提，此简册对西域都护、汉匈关系的研究都会有重要推动作用。悬泉汉简中相当多的涉及汉、车师、匈奴交往的资料，对我们了解汉、匈奴、车师相互间的交往、斗争，匈奴的西域政策也同样有重要意义。此外，悬泉简中有不少有关汉代西北各族文化、经济交流的简牍，对相关问题的研究也会有较大裨益，如"浮屠简"等资料已引起学界关于佛教东传等问题的再认识，意义巨大。

河西简牍，除居延、敦煌汉简中有较集中的汉代西北民族关系史资料外，武威、永昌水泉子等地出土简牍中也有间接反映汉代西北民族关系的材料，可供参考。

第二章　西汉前期西北地区民族关系

西北地区地域辽阔，春秋战国时期秦国位于华夏文明圈的西部，关中平原和陇山东南是其统治重心。其间，虽有秦穆公"伐戎王，益国十二，开地千里，遂霸西戎"[①]之壮举，但直接效果仅是"西戎八国服于秦"，即秦的统治势力渗透进入陇西和岐、梁山、泾、漆之北的陇东、宁夏东南部地区，而远未渗透到河西走廊。[②]进入战国之后，随着秦国国力的暂时下降，此前臣服于秦的绵诸诸族，尤其是义渠叛服不定，直至周赧王四十三年（前272），秦昭襄王方彻底征服义渠，置"陇西、北地、上郡，筑长城以拒胡"[③]。秦统一后，秦帝国西部疆域大概保持在这一区域。在秦始皇三十三年（前214），秦"悉收河南地。因河为塞，筑四十四县城临河"之后，秦的西北边境扩展到黄河沿岸，但也未延及河西走廊地区，因此与当时生活在河西走廊至新疆东天山一代的月氏、乌孙诸族并未发生官方间的密切联系。[④]至于生活在河湟之间的羌人，虽在战国之世"秦献公初立，欲复穆公之迹，兵临渭首，灭狄䝠戎"之际，已与秦人发生联系，[⑤]但由于当时秦"务并六国，以诸侯为事，兵不西

---

① 《史记》卷5《秦本纪》，中华书局，1982，第194页。
② 据《史记》卷110《匈奴列传》，"西戎八国"应指绵诸、绲戎、翟、䝠之戎、义渠、大荔、乌氏、朐衍之戎。据徐日辉《古代西北民族"绵诸"考》（载《西北民族学院学报》1984年第1期），绵诸主要活动于今天水市麦积区社棠镇附近。薛方昱《义渠戎国新考》（载《西北民族大学学报》1988年第2期）、徐卫民《西戎所在地域及与秦的关系论》（载《秦文化论丛》第七辑，西北大学出版社，1999）认为"义渠地跨陇山东西及宁夏陕北黄土高原"，地望大致在今甘肃平凉、定西、庆阳，宁夏固原、吴忠，陕西延安和咸阳市北部的彬县、长武、旬邑等地。陶兴华《秦早期文明追迹》（甘肃教育出版社，2016）认为翟、䝠之戎主要活动于洮河中游到渭水上游之间。《汉书·地理志》安定郡下有乌氏县，《括地志》云"乌氏故城在泾州安定县东三十里。周之故地，后人戎，秦惠王取之，置乌氏县也"，乌氏戎的活动范围也在今宁夏南部。《汉书·地理志》北地郡下有朐衍县，《括地志》云："盐州，古戎狄居之，即朐衍戎之地，秦北地郡也。"由此可知，"西戎八国"大概不出今天甘肃中部和宁夏的范围。
③ 《史记》卷110《匈奴列传》，中华书局，1982，第2885页。
④ 陶兴华曾探讨过"秦人势力缘何未及河西走廊"的问题，相关论述参氏著《秦早期文明追迹》，甘肃教育出版社，2016。
⑤ 据《后汉书》卷87《西羌传》，中华书局，1965，第2876页。同传称"秦孝公雄强，威服羌戎"，也指出秦与羌人曾有较密切的联系。

行"，① 故羌人仍能保持较大独立性，其所主要生活的"河关之西南羌地"并未被秦人郡县化。总体来说，由于秦的疆域并未深入河西走廊和河湟之间地区，故秦时的西北民族问题主要是秦人与西境传统戎、狄部落间的问题，与汉时主要是汉与匈奴、羌、卢水胡、西域诸族间的民族关系有较大差别。汉王朝在西北民族关系方面突破秦之藩篱，与汉初东亚和中亚大陆政治秩序的变化及汉王朝的西向扩张，有着密切联系。

第一节　秦及汉初匈奴的向西发展

在赵武灵王北破林胡、楼烦，秦昭襄王进击义渠的同时，北方蒙古草原上有一个民族也开始强大，并走进了华夏文明圈诸国的视野之中，这就是匈奴。② 关于匈奴的族属、人种，学界从传世文献和考古所得匈奴墓葬人骨遗存鉴定出发，各有不同看法，争论很多，目前并无结论。但大体上，大家认为，匈奴并非一单一民族，而是以北方草原上的某一强大部落为主，吸收了北狄、山戎等各部落，经过长期融合而形成的一个北亚蒙古种族。③ 后来以这一种族为中心建立了一游牧帝国，其下属各族有时也被称为"匈奴"，这就进一步增加了"匈奴"称谓的复杂性。

战国后期，秦、赵、燕三国与匈奴相邻，在构建长城等防御体系的同时，也尝试向北方扩张领土、建立郡县，如赵国曾"筑长城，自代并阴山下，至高阙为塞，而置云中、雁门、代郡"④，燕"亦筑长城，自造阳至襄平，置上谷、渔阳、右北平、辽西、辽东郡以拒胡"⑤，总体说来匈奴在华夏族面前并未取得明显优势。当然，"当是之时，冠带战国七，而三国边于匈奴"⑥，匈奴联盟因游牧性质而囊括北方草原的大片土地也是事实。

秦统一后，为保证中原地区的安定，曾大举进攻匈奴，"使蒙恬将十万之

①　《后汉书》卷87《西羌传》，中华书局，1965，第2876页。
②　《逸周书·王会解》中有"匈奴"之名，近人丁谦在《〈汉书·匈奴传〉地理考证》中据此认为，"匈奴"的名称可追溯到夏商时代，然《逸周书·王会解》的具体成书时代尚有疑问，且汉魏丛书本《逸周书》此处作"匈戎"，故丁谦观点不可尽从。从目前所见较可靠的传世文献看来，《新书》《史记》《战国策》较早使用"匈奴"称谓，故本书认为中原政权与"匈奴"的交往接触应开始于战国时期。关于"匈奴"一名的使用，可参陈序经《匈奴史稿》，中国人民大学出版社，2007，第111~115页。
③　武沐：《中国西北少数民族通史·秦、西汉卷》，民族出版社，2009，第54~57页。
④　《史记》卷110《匈奴列传》，中华书局，1982，第2885页。
⑤　《史记》卷110《匈奴列传》，中华书局，1982，第2886页。
⑥　《史记》卷110《匈奴列传》，中华书局，1982，第2886页。

众北击胡，悉收河南地。因河为塞，筑四十四县城临河，徙適戍以充之。而通直道，自九原至云阳，因边山险埑溪谷可缮者治之，起临洮至辽东万余里。又度河据阳山北假中"①，此时，东胡强而月氏盛，匈奴头曼单于"不胜秦，北徙"，匈奴在当时东亚大陆政治经济环境中的地位并不突出。然而随后秦亡汉兴，"中国扰乱，诸秦所徙適戍边者皆复去，于是匈奴得宽，复稍度河南与中国界于故塞"②，匈奴在冒顿单于带领下，东击东胡，西逐月氏，北服浑庾、屈射、丁零、鬲昆、薪犁之国，南并楼烦、白羊河南王，迅速成为东亚政治舞台上的重要一极，奠定了此后近300年匈奴帝国的强盛局面。

此时的匈奴"尽服从北夷，而南与中国为敌国"③。张家山汉简《二年律令·秩律》罗列汉初中央直辖诸郡，除了九原、咸阳、原阳、北輿、旗陵、西安阳、武都等云中、九原郡诸县外，不见《汉书》卷28《地理志》所载北地、安定等郡位于秦昭襄王长城之外的县邑。由此可知，汉初匈奴势力强盛后，确如《史记》卷110《匈奴列传》所载"复收秦所使蒙恬所夺匈奴地者，与汉关故河南塞，至朝邶、肤施"④，恢复了战国后期与中原王朝以秦昭襄王长城和赵武灵王长城为界的基本形势。

匈奴势力与汉塞紧邻，占有河南地，不断以这些区域为基地，对汉王朝展开侵扰。汉高祖曾试图抗衡匈奴，然白登一战，最终使汉王朝确立了对匈奴妥协的和亲政策。文景时期，由于汉王朝内部诸侯王势力的强大和离心力的加强，和亲政策一直得以强化。然而尽管汉初诸帝对匈奴采取了守势，包羞忍辱，但并未杜绝匈奴对西汉边郡的侵袭。据《史记》《汉书》所载，从西汉建立到汉武帝元光二年（前133）马邑之谋，汉匈战事达数十次，其中主要是匈奴对汉的入侵，而匈奴人选择的入侵地点虽有狄道、萧关，但主要攻击目标无疑是代、雁门、云中等郡，攻击上郡以西者并不多见，正如《史记·匈奴列传》所言"匈奴日已骄，岁入边，杀略人民畜产甚多，云中、辽东最甚，至代郡万余人"⑤，匈奴人的目标以云中、辽东、代郡、雁门为主，有时会为配合威胁西汉中央的战略需要而攻击上郡，以利用直道制造"烽火通于甘泉"的效果对汉王朝施加压力，除此之外，基本对上郡以西汉境很少骚扰，究其原因，当与当时匈奴的统治中心尚主要在蒙古草原中东部，对其西境尚

① 《史记》卷110《匈奴列传》，中华书局，1982，第2886页。
② 《史记》卷110《匈奴列传》，中华书局，1982，第2886页。
③ 《史记》卷110《匈奴列传》，中华书局，1982，第2887页。
④ 《史记》卷110《匈奴列传》，中华书局，1982，第2887页。
⑤ 《史记》卷110《匈奴列传》，中华书局，1982，第2888页。

不够重视有关。

匈奴虽以游牧为主要生产方式，但并非完全没有定居生活，其部落虽逐水草移徙，但"各有分地"。《史记》卷110《匈奴列传》载冒顿单于时，"诸左方王将居东方，直上谷以往者，东接秽貉、朝鲜。右方王将居西方，直上郡以西，接月氏、氐、羌。而单于之庭直代、云中"。由此可知，尽管当时匈奴已有辽阔疆域，但统治中心所对应的地区仍在偏东方向，且不说"单于之庭直代、云中"，就是管理西境的右方诸王，也仅"直上郡以西"，南侵重心在今陕北一带。但这一情况在文景之后则发生了变化。根据汉文帝前元四年（前176）冒顿单于遗汉书的内容可知，在该年前不久，匈奴已驱逐月氏，定楼兰、乌孙、呼揭及其旁二十六国，完成了对河西走廊和西域北道的初步征服。此后，"匈奴以河西作为其重要的后勤军事基地，向东威胁关陇，向西挟制西域，向南交联羌氏"，匈奴"右臂大大得以加强"①，右部势力有逐渐西移的趋势。《史记》卷123《大宛列传》载元狩二年（前121）霍去病两征河西，重创匈奴浑邪、休屠王事，称："是岁汉遣骠骑破匈奴西域数万人，至祁连山。"《史记》卷111《卫将军骠骑列传》载，汉武帝奖励霍去病受降浑邪王，天子嘉骠骑之功曰："骠骑将军去病率师攻匈奴西域王浑邪，王及厥众萌咸相奔，率以军粮接食，并将控弦万有余人，诛猃狋，获首虏八千余级，降异国之王三十二人，战士不离伤，十万之众咸怀集服，仍与之劳，爰及河塞，庶几无患，幸既永绥矣。"两处皆称今河西走廊中部为"匈奴西域"。《史记》卷123《大宛列传》还载有乌孙复兴之事，载乌孙昆莫被匈奴"收长"，

> 及壮，使将兵，数有功，单于复以其父之民予昆莫，令长守于西域。昆莫收养其民，攻旁小邑，控弦数万，习攻战。单于死，昆莫乃率其众远徙，中立，不肯朝会匈奴。

匈奴单于令乌孙昆莫"长守于西域"，可见当时匈奴已有明确的疆域观念，认为河西地区是其"西域"。

匈奴并非一单一民族，而是一游牧民族部落联合体。在其发展过程中，同化了大量其他血统的游牧民族。这些游牧民族首领往往以小王的形式，加入匈奴这一部落联合体。匈奴占据河西后，征服了河西地区的其他民族部落，在其"西域"地区由诸王分领牧地，河西各民族及匈奴部落由诸王分辖，总统于休屠和浑邪二王。其中浑邪部可能在血统上与战国时期的义渠戎有关，

---

① 李并成：《河西走廊历史地理》，甘肃人民出版社，1995，第12页。

战国时期秦破义渠后，一部分义渠人归化于秦，但可能也有一部分义渠人投向匈奴。贾谊《新书·匈奴》称："匈奴当今遂嬴，此其示武昧利之时也。而隆义渠东胡诸国，又颇来降。"① 既然汉初有义渠脱离匈奴联盟降汉之事，则可推知战国时期确有义渠部落投靠匈奴之事。据《汉书·公孙贺传》，汉景帝时有北地义渠人典属国公孙浑邪。公孙浑邪担任掌管"蛮夷降者"的典属国，则一定不是汉人，据其籍贯，当为义渠人。由此可推知，浑邪当为义渠语。匈奴在河西走廊有浑邪王，其所统率则应是以义渠人为主体的部落。应是匈奴势力进入河西走廊后，迁徙至此处助匈奴控制河西者。后来，霍去病两伐河西，浑邪王之所以有投降之想，除了怕单于责罚外，血统上的疏离也应是重要原因。而汉武帝接受浑邪王投降后，将其民众迁至北地、陇西等故塞外，也应有使其返乡保家卫国的褒扬之意。据李并成研究，河西匈奴人口总数可达 10 万～15 万口，仅在河西地区就筑有休屠王城、盖臧城、觻得城和两座西城（一座在汉敦煌县及其以北方向，一座即民乐八卦营古城）计五座城池。这些古城规模宏大，入汉后都成为当地政治、军事中心，如休屠王城汉时成为休屠县城，盖臧城即今武威三摞城，汉时成为姑臧县城，后又成为武威郡城；觻得城即今张掖黑水国北城，汉时成为张掖郡城；而民乐八卦营古城周长 1600 米左右，墙体厚实，结构复杂，南面正对扁都口，控扼穿越祁连山的南北通道，具有重要的军事交通意义。②

匈奴在占领河西、控制西域后对河西地区的经营，既显示了河西走廊军事交通价值的重要，也体现了匈奴势力向西发展的趋势。西汉文景之后，匈奴右贤王入侵汉境开始选择突击北地、朔方等地，也同样彰显了右贤王统治重心的西移。

汉武帝即位后，开始改变对匈政策，开始从军事、外交各个领域抗衡并力图制服匈奴。在匈奴势力已向西挺进、越来越重视西境经营的情势下，对匈奴战略已采取攻势的汉王朝也开始将目光投向西方，开始经略包括河西在内的西北部地区。汉武帝大举征伐匈奴，汉匈双方在河西甚至张掖、祁连、居延等地交兵，卫青、霍去病等将领多次出陇西、朔方，西向进攻匈奴主力。元狩二年（前121），霍去病发动河西之战，汉朝军队竟至"万骑出陇西，过焉支山千余里"，"数万骑出陇西、北地二千里，击匈奴。过居延，攻祁连山"，③ 兵锋已

① 贾谊：《新书》卷4《匈奴》，阎振益、钟夏校注，中华书局，2000，第153页。
② 李并成：《河西走廊历史地理》，甘肃人民出版社，1995，第17～30页。
③ 《史记》卷110《匈奴列传》，中华书局，1982，第2890页。

抵甘肃西北部至新疆东天山一带。当年,屯驻于今张掖、武威地区的匈奴浑邪、休屠王降汉,部众号称十万。《史记·匈奴列传》载,元狩四年(前119)汉匈大战后,幕南无王庭,"汉度河自朔方以西至令居,往往通渠置田,官吏卒五六万人,稍蚕食,地接匈奴以北",则说明匈奴西移,不仅在军事上诱导了汉王朝的西进,甚至促使汉王朝在边防和行政上也日益关注此前并不太着意的西部地区。武帝即位后派遣张骞出使西域,试图联络被匈奴驱逐的大月氏,更说明汉王朝的视野也被匈奴吸引到了更遥远的西方。

总之,公元前2世纪中叶匈奴的西进不仅是匈奴史上的重大事件,其连锁反应更引起了东亚大陆政治秩序的变更。河西走廊、西域被纳入匈奴,尤其是河西绿洲与西域城邦诸国在经济上的价值,引起了匈奴势力向西挺进。而匈奴的西进,更诱导汉王朝从对匈战略出发,不断向西推进,开始了将河西走廊甚至西域地区纳入帝国范围的历程。也正是在此基础上,汉王朝官方开始了与西羌及月氏、乌孙、楼兰等西域诸国的交往,河西走廊、西域地区开始成为中原王朝处理西北民族关系的主要舞台,羌、西域诸族开始成为汉王朝处理西北民族关系的重要组成部分。

第二节　乌孙、月氏西迁前后的河西、西域形势

河西走廊南依祁连,北接大漠,新疆东部连接河西走廊、蒙古高原、天山、阿尔泰山系和塔克拉玛干沙漠,作为联系中西交通的孔道和种族交融汇聚的枢纽,地理位置非常重要。在汉通西域前,河西走廊西部地区与新疆东部联系密切,基本同属于一大地理单元,种族间交流频繁。①

一　乌孙、月氏西迁前河西、西域地区的民族分布

据考古发现,河西走廊地区史前即有人类活动的踪迹,肃北蒙古族自治县马鬃山区明水乡霍勒扎德盖一带就曾发现过3件旧石器时代末期的打制石器。②此后,马家窑文化、齐家文化等河湟地区文化也都曾影响河西地区的文化面貌,尤其是马家窑文化马厂类型在河西地区有较多遗存,分布范围较广。而进入青铜时代后,河西地区以四坝文化、沙井文化和骟马文化最具特色。四坝文化主要分布于河西走廊中西部,存续年代约为公元前20至前17世纪,

---

① 王宗维:《汉代河西与西域之间的相互关系》,《新疆社会科学》1985年第3期。
② 谢俊义:《甘肃西部和中部旧石器考古的新发现及其展望》,《人类学学报》1991年第1期。

大概与中原的夏王朝时代相当。从出土器物来看，当地民众生活虽受北方草原影响，但确已具备一定程度的农业经济模式。沙井和骟马文化基本与中原的周代接近，一东一西，共同构成了河西走廊青铜时代晚期文化。沙井文化集中分布在民勤、永昌一带，相比于齐家文化、四坝文化，畜牧业更加发达，与北方草原民族关系密切。骟马文化则主要分布于玉门、敦煌等河西走廊西部地区。在相当于中原地区战国至汉初的时间范围内，在河西北部的古休屠泽一带仍分布有处于铁器时代的沙井文化。① 由此可知，在公元前 2 世纪初匈奴控制河西之前，沙井文化、骟马文化的主人应是河西地区的主要居民。

《史记》卷27《天官书》载，中国"西北则胡、貉、月氏诸衣旃裘引弓之民"。《史记》卷110《匈奴列传》载，匈奴"右方王将居西方，直上郡以西，接月氏、氐、羌"。同传又载，匈奴破月氏后，定楼兰、乌孙、呼揭。由此可知，秦汉之际到西汉前期河西走廊和新疆东部主要居民是月氏、乌孙和羌人。

《汉书》卷 96 上《西域传上》载："大月氏本行国也，随畜移徙，与匈奴同俗。控弦十余万，故强轻匈奴。本居敦煌、祁连间"，而"乌孙本与大月氏共在敦煌间"。② 且同书卷 61《张骞传》也称："（乌孙）昆莫父难兜靡本与大月氏俱在祁连、焞煌间，小国也。"因此，在秦汉之际，大月氏与乌孙居地相近，皆在"敦煌、祁连间"。然关于大月氏生活的"敦煌、祁连间"的具体所指，学界则争论较大，至少从唐人颜师古、司马贞、张守节始，学界就有分歧。有认为"祁连山"即河西走廊南山，敦煌即汉代敦煌郡者，也有认为今天的祁连山在汉代被称为"南山"，新疆东天山才是汉代的祁连山，③ 而敦煌则是"敦薨"异称，是《山海经·北山经》中的"敦薨山"和《水经注》中"出焉耆之山"的"敦薨之水"，即今罗布泊一带。④ 笔者认为，无论是汉代的敦煌郡，还是"敦薨山""敦薨水"，其地理位置相差并不算大，对我们判断大月氏、乌孙的早期方位并无太大影响。⑤ 关键还在于对汉代祁连山地望的判断。如果祁连山主要指东天山，那么"敦煌、祁连间"主要即在今天的甘肃西部到新疆东部一带，其东境勉强可至今敦煌、马鬃山一带，但应不包括

---

① 吴礽骧：《河西汉塞调查与研究》，文物出版社，2005，第 12 页。
② 《汉书》卷 96 下《西域传下》，中华书局，1962，第 3902 页。
③ 如王建新即认为位于东天山北麓的巴里坤县城西南的岳公台—西黑沟遗址群和位于东天山南麓的哈密市乌拉台遗址即是月氏西迁前的王庭。参王建新《新疆巴里坤岳公台—西黑沟遗址群调查》，《考古与文物》2005 年第 2 期。
④ 参李正宇《"敦薨之山"、"敦薨之水"地望考——兼论"敦薨"即"敦煌"》，载新疆龟兹学会《龟兹学研究》（第五辑），新疆大学出版社，2012。
⑤ "敦煌"既与"祁连"对称，则作为郡名的可能性不大，更应该为今新疆东部的山水名。

酒泉、张掖以东的地区。如果祁连山主要指河西走廊南山，那么"敦煌、祁连间"的地域范围就将大为扩充，不仅包括与"敦薨"有关的罗布泊、东天山等新疆东部地区，也可向东延伸至河西走廊东部。

"祁连"是音译词，北方少数民族语言中称"天"为"祁连"，颜师古曾指出："匈奴谓天为祁连。祁音巨夷反。今鲜卑语尚然。"① 汉代文献中常见"祁连""祁连山"地名，其中"祁连"当即来源于北方游牧民族"天"的音译。笔者认为，匈奴等族种族复杂、地域辽阔，因此匈奴人所说的"祁连山"（即高耸入天之山）应该也不止一处，从《史记》《汉书》的记载来看，河西走廊南部之"南山"和蒙古草原的燕然山，甚至包括新疆东天山在内的其他高山在汉代都有被称为"祁连山"的可能。河西走廊南山在汉代可被称为"祁连山"，除了可征诸《史记》《汉书》，还被《魏书》《西河旧事》等早期文献和近出悬泉汉简所证明。《魏书》卷102《西域传》追述康国历史，称："康国者，康居之后也。迁徙无常，不恒故地，自汉以来，相承不绝。其王本姓温，月氏人也。旧居祁连山北昭武城，因被匈奴所破，西逾葱岭，遂有其国。"其中"昭武"即汉代的昭武县，其位于"祁连山北"，则只能是河西走廊南部的"祁连山"。《西河旧事》载祁连山"在张掖、酒泉二界上，东西二百余里，南北百里"，位于张掖、酒泉界上的祁连山显系河西走廊南山。

悬泉汉简载：

> 仓松去绡乌六十五里，绡乌去小张掖六十里，小张掖去姑臧六十七里，姑臧去显美七十五里☐
>
> 坚池去觟得五十四里，觟得去昭武六十二里，昭武去祁连置六十一里，祁连置去表是七十里☐
>
> 玉门去沙头九十九里，沙头去乾齐八十五里，乾齐去渊泉五十八里。
>
> 右酒泉郡县置十一，六百九十四里。　　Ⅱ90DXT0214①：130A②

该简记录了西汉中后期河西走廊地区邮路里程，其中祁连置在昭武和表是之间。《汉书·地理志》载，昭武属张掖郡，表是属酒泉郡。据李并成研究，今临泽县鸭暖乡昭武村东北黑河岸边古城即为汉昭武县城，今酒泉市肃州区屯

---

① 《汉书》卷6《武帝纪》颜师古注，第203页。关于北方民族称"天"为"祁连"，还见于《魏书》卷74《尔朱荣传》："秀容界有池三所，在高山之上，清深不测，相传曰祁连池，魏言天池也。"杨守敬《水经注疏》卷13《漯水》称："《隋志》静乐有天池。又《元和志》，天池在静乐县北，燕京山上，周围八里。《环宇记》：天池俗名祁连。"

② 胡平生、张德芳：《敦煌悬泉汉简释粹》，上海古籍出版社，2001，第56页。

升乡沙山村北 15 千米的新墩子古城即为汉表是县城。如此，则汉昭武、表是二县皆在今张掖市西北，分别是汉代张掖郡西界线和酒泉郡东界线，① 而位于两者之间的祁连置之得名显然应与其南部依偎的祁连山有关。由这些史例可知，汉代河西走廊南山确实可被称为"祁连山"，部分学者认为河西走廊南山在汉代称"南山"不称"祁连山"的观点是站不住脚的。

当然，同样需指出的是，汉代文献中的"祁连山"虽多指河西走廊"南山"，但在某些场合下仍可指其他地区。《艺文类聚》卷 59《武部》引班固《窦将军北征颂》称，窦宪"遂逾涿邪，跨祁连，籍□庭，蹈就疆"，而根据永元元年（89）窦宪北征行军路线，该"祁连"当指匈奴中地名，有学者认为就是匈奴之燕然山。② 此外，汉宣帝时，五将军伐匈奴，田广明被任命为"祁连将军"，由五将军中的蒲类将军赵充国攻击目标是匈奴蒲类海可知当时"将军"封号与其主攻地区有关，田广明既以"祁连将军"为号，则其攻击目标应为匈奴"祁连山"地区。③ 据《汉书》之《匈奴传》《田广明传》，田广明行军路线出西河，经受降城，出塞千六百余里，且东天山蒲类海已有蒲类将军赵充国主攻，因此此处的"祁连"肯定不是河西走廊南部的祁连山或新疆东天山，而应是匈奴中之另一祁连山，很可能仍是蒙古草原上的燕然山。

汉代文献中，"祁连山"所指有较大争议的是元狩二年（前 121）夏霍去病西征途经之"祁连"。《史记》卷 110《匈奴列传》载，元狩二年夏，"骠骑将军复与合骑侯数万骑出陇西、北地二千里，击匈奴。过居延，攻祁连山"。④ 颜师古认为此"祁连山"实为今东天山而非河西走廊南部的"祁连山"，颜氏注《汉书》卷 55《霍去病传》曰"祁连山即天山也，匈奴呼天为祁连"，明确指出霍去病所至"祁连山"即"天山"，就是今新疆东部的"东天山"而非河西走廊南山。如果与元狩二年春霍去病的另一次军事行动结合起来考察的话，颜说似有一定道理。元狩二年春，霍去病西征，"将万骑出陇西，过焉支山千余里，击匈奴，得胡首虏万八千余级，破得休屠王祭天金人"，⑤ 显然

① 李并成：《河西走廊历史地理》，甘肃人民出版社，1995，第 56～58、88～89 页。
② 《新唐书》卷 43 下《地理志七下》"东皋兰州"条下载："东皋兰州以浑部置，初为都督府，并以延陀余众置祁连州，后罢都督，又分东、西州，永徽三年皆废。后复置东皋兰州，侨治鸣沙。"其中以延陀余众所置祁连州，可能与汉代燕然山可称祁连山的历史有关。
③ 《汉书》卷 8《宣帝纪》颜师古注引应劭曰："祁连，匈奴中山名也。诸将分部，广明值此山，因以为号也。"
④ 《史记》卷 110《匈奴列传》，中华书局，1982，第 2908 页。
⑤ 《史记》卷 110《匈奴列传》，中华书局，1982，第 2908 页。

走的是河西走廊，"过焉支山千余里"，当已进入今酒泉界。如果夏天"祁连山"这一军事目标与春天进攻目标一致是河西走廊的话，且不说出北地、过居延距离河西走廊越来越远，即使是考虑到军事路线多选择熟悉线路而言，似乎也不应这样行军，因此此处"祁连山"可能不是河西走廊南山。但需注意的是，如严格依据文献所载该次军事行动的路线，颜说也并非无懈可击。按正常行军路线，霍去病经居延西进过今马鬃山再向西则可抵新疆东天山，因此"祁连山"确如颜师古所说可能指东天山。但《汉书》卷55《霍去病传》又载汉武帝犒赏霍去病"票骑将军涉钧耆，济居延，遂臻小月氏，攻祁连山，扬武乎鲦得"，则指出居延、小月氏、祁连山在一条交通线上，且最后战果是"扬武乎鲦得"。居延，大致在今天的黑河下游，基本无争议，关键是对"小月氏"的理解。《汉书》卷96《西域传》载："大月氏本居敦煌、祁连间，余众保南山，遂号小月氏。"则小月氏似乎主要生活在河西走廊南山，再联系汉代"鲦得"县位于今张掖市甘州区的事实，故此次作战也有霍去病至居延后沿黑河南下，至酒泉、张掖郡之祁连山，经过小月氏人地区，而决战于今祁连山之鲦得的可能。

总之，汉代"祁连山"并不专指一山，除了可指河西走廊南山外，还可指今蒙古国境内的燕然山。当然由于河西走廊南山距中原地区较近，因此在汉人文献史籍中更多代的应是河西走廊南山。至于指后来被称为"天山""白山"的新疆东天山，则似乎不见于汉代文献。故笔者认为，"敦煌、祁连间"之"祁连"不可能是东天山，而应是河西走廊南山。至于"敦煌、祁连间"的核心地区，就应指祁连山与"敦煌"之间的地区，具体当指东至河西走廊东部，南至河西走廊南山，西到新疆东部的广大区域，既包括汉代敦煌郡以东的祁连山地区，也包括汉代敦煌郡及其西部的"敦薨"水流域。《西河旧事》讲到汉武威郡置姑臧城的来源，称："姑臧城，秦月氏戎所据，匈奴谓之盖藏城，语讹为姑臧也。"可见汉初月氏人的势力范围是可以延伸到河西走廊东部的今武威地区的。张骞第二次出使西域，劝说乌孙东居"故地"，此"故地"据《史记·大宛列传》即匈奴浑邪王地。这些材料，也都从不同的角度证明了月氏、乌孙生活的"敦煌、祁连之间"确实应包括河西走廊中东部的地区在内。

西汉初年之前的月氏、乌孙应主要生活在此区域，他们活动的考古文化表现可能就是前述骟马文化和沙井文化。多数学者认为，沙井文化的主人就是战国时期的月氏，骟马文化则与乌孙关系密切。1979年，甘肃省文物考古研究所发掘了位于金昌双湾乡的三角城沙井文化遗址，发掘者也认为沙井文化就是月氏文化。① 戴春阳称："史籍所载月氏在河西地区活动的时间，驻牧的区域和文化属性正与上述沙井文化的分布范围、文化特征以及活动时限相吻合，因此可以认为沙井文化是古代月氏在河西驻牧时期的文化遗存。"② 高荣也说："分布于河西走廊东西部的沙井文化和骟马文化就是月氏和乌孙活动的遗存。"③ 而目前考古在甘肃西北马鬃山地区发现和新疆东部东天山北麓巴里坤县境内的岳公台—西黑沟遗址文化相近的文化面貌，也说明月氏人的活动区域可能已达今甘肃西北部和新疆东部。余太山称："其地东起今祁连山以北，西抵今天山、阿尔泰山东麓；极盛时其势力范围在东方到达河套内外，在西方准噶尔盆地和塔里木盆地应在它控制之下。"④ 应该说是符合历史实际的。

　　除了月氏、乌孙外，秦汉之际居于河西走廊和新疆地区的还有羌人、氐人、各种戎人及包括塞种人、焉支人等白色人种在内的西域各国人。据王宗维研究，仅河西走廊地区，除月氏、乌孙外还分布有居于祁连山和弱水流域的羌人，由黄河东边迁徙而来的居延（即朐衍）和义渠戎、焉支人、卢水胡、猪野人、敦薨人、龙勒人、氐人、塞种人和一些匈奴部落。⑤ 这些种族中，羌人数量较多、地域分布较广、种落复杂。《说文解字》称"羌"为"西戎牧羊人"。关于其在秦汉之际的活动区域，《后汉书·西羌传》称："河关之西南羌地是也，滨于赐支，至乎河首，绵地千里。赐支者，《禹贡》所谓析支者也。南接蜀、汉徼外蛮夷，西北接鄯善、车师诸国。"

二　乌孙、月氏西迁后的西域和河西走廊

　　羌人种落众多，但一直未形成统一的政权组织，故力量较为分散。而西域地区塞人建立的各城邦、绿洲国家，由于军事力量薄弱，距离匈奴和中原腹地较远，故在汉初的东亚民族舞台上也未留下太多印记。唯大月氏和乌孙是河西走廊和西域地区的强国。尤其是月氏，可能在先秦时期就已与中原地区建立过某种政治、经济联系，《逸周书·王会解》中有"禺氏"，《穆天子传》中有"禺知"（"禺氏"），一般认为"禺知"和"禺氏"就是后来"月

①　甘肃省文物考古研究所：《永昌三角城与蛤蟆墩沙井文化遗存》，《考古学报》1990 年第 2 期。

②　戴春阳：《月氏文化族属、族源刍议》，《西北史地》1991 年第 1 期。

③　高荣：《月氏、乌孙和匈奴在河西的活动》，《西北民族研究》2004 年第 3 期。

④　余太山：《月氏在河西的几个问题》，《西北民族研究》1989 年第 1 期。

⑤　参王宗维《秦汉之际河西地区的民族及其分布》，《兰州大学学报》1985 年第 3 期。

氏"音译的不同写法。

乌孙、月氏以游牧作为主要生产方式，势力较为强大。但二者在秦汉之际和汉初都遭到了外部势力的严重打击，势力受挫，为匈奴的西进创造了条件。

乌孙"不田作种树，随畜逐水草，与匈奴同俗"①，"于西域诸戎，其形最异。今之胡人，青眼赤髭鬓，状类猕猴者，本其种也"②。在秦汉之际，遭遇了一次严重打击。《史记》卷123《大宛列传》载张骞在匈奴中所得传闻：

> 乌孙王号昆莫，昆莫之父，匈奴西边小国也。匈奴攻杀其父，而昆莫生，弃于野。乌嗛肉蜚其上，狼往乳之。单于怪以为神，而收长之。及壮，使将兵，数有功，单于复以其父之民予昆莫，令长守于西域。

如此，则乌孙为匈奴攻破。然《汉书》卷61《张骞传》同样记载张骞在匈奴中所得传闻，则是：

> 乌孙王号昆莫。昆莫父难兜靡本与大月氏俱在祁连、焞煌间，小国也。大月氏攻杀难兜靡，夺其地，人民亡走匈奴。子昆莫新生，傅父布就翎侯抱亡置草中，为求食，还，见狼乳之，又乌衔肉翔其旁，以为神，遂持归匈奴，单于爱养之。及壮，以其父民众与昆莫，使将兵，数有功。

破乌孙者又为大月氏。《史记》《汉书》关于此事的史源一致，内容却不同，显然当有一误。笔者认为，根据文献所记月氏、乌孙、匈奴、中原的地理关系，以及汉初的匈奴与月氏、乌孙关系，尤其是从后来匈奴羽翼昆莫的记载来看，破乌孙者似乎当以大月氏为是。乌孙被破后，丧失独立地位，人民亡走匈奴，成为匈奴之附庸。

消灭乌孙、杀"难兜靡，夺其地"之后，已基本占据河西走廊全部地区的月氏势力更为强大，与逐渐向西进取的匈奴矛盾开始尖锐。匈奴冒顿单于为太子时曾为质于月氏，既说明了月氏的强大，也说明二者之间较为紧张的外交关系。双方的竞争，以军事组织能力更强大的匈奴的胜利告终。至少在汉文帝前元四年（前176）前，匈奴已击灭月氏，"老上单于杀月氏，以其头为饮器，月氏乃远去，过大宛，西击大夏而臣之"③。月氏西徙，匈奴占据河

---

① 《汉书》卷96下《西域传下》，中华书局，1962，第3901页。
② （唐）杜佑：《通典》卷192《边防典八》，中华书局，1988，第5227页。
③ 《汉书》卷96上《西域传上》，中华书局，1962，第3890页。

西走廊。

大月氏被匈奴击破后，除一些残余部落作为"小月氏"留在了祁连山中，大部分民众则在故王夫人的带领下离开故土，向西发展，先是"破走塞王，塞王南越县度，大月氏居其地"，停留在了今新疆伊犁河西北部至哈萨克斯坦、吉尔吉斯斯坦境内。

大月氏西迁后，匈奴采取了扶持乌孙的政策，将昆莫之父难兜靡的民众给予昆莫，"使将兵，数有功"，并最终令其作为匈奴藩属"长守于西域"。此后，昆莫势力强大，又逐渐脱离匈奴。《史记》卷123《大宛列传》载："昆莫收养其民，攻旁小邑，控弦数万，习攻战。单于死，昆莫乃率其众远徙，中立，不肯朝会匈奴。匈奴遣奇兵击，不胜，以为神而远之，因羁属之，不大攻。"关于"昆莫乃率其众远徙"，《汉书》卷96下《乌孙传》所述更为详细："后乌孙昆莫击破大月氏，大月氏徙西臣大夏，而乌孙昆莫居之，故乌孙民有塞种、大月氏种云。"由此可知，大月氏被匈奴击破后西迁，"破走塞王"，占据了塞王所在的伊犁河西北地区。而受匈奴羽翼的乌孙则为复仇及独立发展，继续追击大月氏，最终大月氏又离开塞王之地继续向西南方向迁徙，攻击并臣属大夏，"大夏在大宛西南二千余里妫水南。其俗土著，有城屋，与大宛同俗。无大君长，往往城邑置小长。其兵弱，畏战。善贾市。及大月氏西徙，攻败之，皆臣畜大夏。大夏民多，可百余万"[1]。臣属大夏后的大月氏最终定居在今阿富汗及塔吉克斯坦、乌兹别克斯坦一带，成为中亚强国。而乌孙在驱逐大月氏后，则迁至塞王故地，在伊犁河西北地区逐渐发展为西域强国。至此，定居于伊犁河流域的乌孙，凭借自身实力以及远离匈奴核心地区的地缘优势，逐渐脱离与匈奴的臣属关系，"中立"起来。匈奴对此不满发兵进攻，但未能成功，只能与其保持"羁属"关系。

综上，在公元前2世纪初期，随着匈奴势力的强大（当然匈奴势力的强大，应有中原地区统一帝国形成对其造成压力这一动力驱动），引发了河西走廊和新疆、中亚地区的一系列政治动荡、军事行为和民族迁徙。匈奴扶持乌孙打击大月氏，大月氏破乌孙后又被匈奴所破，西迁破塞王，导致塞王南徙县度。不久，乌孙又追击大月氏，大月氏被迫再南迁，臣属大夏后，成为中亚强国。而乌孙留居塞王故地，保持其游牧经济，最终发展为西域地区的军事强国。伴随着对乌孙的利用和对大月氏的军事胜利，匈奴势力大为扩充，迅速控制了河西走廊全境和新疆东北部。并通过其强大军事实力，一方面

---

[1] 《史记》卷123《大宛列传》，中华书局，1982，第3168页。

"羁属"乌孙，影响力渗透进入新疆西北部和今哈萨克斯坦一带；另一方面则在河西走廊、新疆东北部分设诸王，在同化当地部分部落的同时，也率领匈奴部落联合体的各个组织进入河西走廊及新疆东北部，完成了对此地区的实际控制。并以对乌孙的"羁属"和对河西走廊的控制为基础，开始对西域城邦诸国保持强大的军事压力。当时，匈奴休屠王、浑邪王驻牧河西，日逐王"置僮仆都尉，使领西域，常居焉耆、危须、尉犁间，赋税诸国，取富给焉"[1]，匈奴对西北地区的控制，进一步加剧了对汉王朝的威胁。

可以说，匈奴西进，月氏、乌孙西徙，造成了河西走廊和新疆乃至中亚地区政治军事形势的极大变动。就汉匈关系来说，匈奴薄弱的游牧经济得到了河西走廊畜牧经济和西域诸城邦国家绿洲农业经济的补充，奠定了其在以后几十年中与汉王朝对抗的经济基础。就西域内部来说，匈奴势力的渗透，最终使西域各国，尤其是北道诸国被纳入匈奴主导的政治秩序中，内政、外交、经济受到匈奴霸权的控制、影响。对汉朝廷来说，匈奴势力先期进入河西、控制西域，对抵御、反击匈奴的事业带来了极大的阻碍，汉王朝在与匈奴对抗中处于不利地位。但匈奴势力先期进入西域和月氏、乌孙等河西走廊国家西徙，也极大促进了丝绸之路沿线国家政权间的认识、交往，并且随着日后汉匈对抗的升级，汉王朝的视野将不可避免地被匈奴人、月氏人、乌孙人吸引至西域地区，为以后东西交通丝绸之路的开辟同样奠定了基础。此外，与匈奴已有离心倾向的强大的乌孙政权在西域北部的存在，同样也为汉王朝此后对匈战略、西域战略留下了重要的棋子。可以说，公元前2世纪中期的西域政治、军事格局，就如一安排妥当的舞台，只等汉王朝、匈奴这些主角粉墨登场，纵横捭阖。

第三节　西北民族的早期交往

《新语·术事》和《史记·六国年表》中都有关于禹出于西羌的记载，《史记·匈奴列传》中且有匈奴本夏后氏之苗裔的说法。而商代甲骨文中多见"伐羌"等与羌人有关的记载。殷墟妇好墓，出土古玉700余件，"其中相当一部分是产自新疆昆仑山的籽玉"[2]，正如李济所说，商代后期的安阳吸收融

---

[1] 《汉书》卷96上《西域传上》，中华书局，1962，第3872页。

[2] 林梅村：《帝辛甲骨所见殷宫秘史》，载氏著《汉唐西域与中国文明》，文物出版社，1998，第32页。

合有西伯利亚，甚至遥远的西亚的文化因素，"成了一个国际性文化交流中心，成了青铜时代东方的一个极具特色的世界性城市"①。由此可见，早在夏商时期中原王朝与匈奴和西羌一直保持有较密切的联系。西汉建立以后，南越北胡一直是汉王朝面临的主要外患，与匈奴关系成为汉王朝的最主要对外关系，其间既有白登之围等战争，也存在和亲、通使等正常外交行为。除了与匈奴的交往外，汉王朝和羌也一直保持有官方交往。战国晚期，秦主要战略目标在于中原，西羌"得以繁息"。秦统一后，"西逐诸戎，北却众狄，筑长城以界之，众羌不复南度"，羌人与中原王朝的交往一度中断。至汉初，匈奴强大，"破东胡，走月氏，威震百蛮，臣服诸羌"，羌人主要种落与汉王朝的交往受限。②但至景帝时，部分羌人，开始主动投向日渐强大的汉王朝，双方的官方交往日渐增多。《后汉书》卷87《西羌传》载："研种留何率种人求守陇西塞，于是徙留何等于狄道、安故，至临洮、氐道、羌道县。"景帝时，羌人主动内附陇西塞，汉王朝对其予以安置。但除了匈奴和羌，汉王朝似乎与河西走廊及西域诸族交往不多。

　　《尚书·禹贡》中有对若（弱）水、黑水的记载，《山海经》中曾提及禹氏，《大唐西域记》中也收录有东国王子与于阗建国的传说。可见早期传世文献对中原王朝与西北民族的交往早有关注。征诸考古材料，殷墟妇好墓中出土有新疆和田玉料制成的玉器，阿勒泰地区公元前5世纪的墓葬中出土有从内地输入的青铜镜和绣花丝织品，河西走廊更是西亚小麦、牛羊、冶金技术向东传播的通道。由此可知，中原与西域、河西走廊地区的经贸文化交往确是源远流长，但双方间有明确记载的官方间交往，除了《穆天子传》中颇具神话色彩的周穆王西游外，确实在先秦典籍中没有太多反映。春秋战国时期，秦与西北羌戎诸族有较多交往。但战国后期秦消灭绵诸、义渠诸戎后，由于力量及需求限制，并未进一步与河西和西域诸族发展关系。故河西和西域地区长期以来虽与中原保持着紧密的经济、文化交往，但在汉武帝之前，政治上基本独立于中原王朝之外，稳定而持续的外交往来并不常见。

　　《史记》卷27《天官书》载，中国"西北则胡、貉、月氏诸衣旃裘引弓之民"。《史记》卷110《匈奴列传》载，匈奴"右方王将居西方，直上郡以西，接月氏、氐、羌"。在西汉前期，中原人对河西走廊及更西方的种族的认

---

①　Li Chi，"Ancient：Chinese Civiliazition"，转引自林梅村《帝辛甲骨所见殷宫秘史》，载氏著《汉唐西域与中国文明》，文物出版社，1998，第32页。

②　《后汉书》卷87《西羌传》，中华书局，1965，第2876页。

识，主要限于匈奴（即"胡"）、貉、月氏、氐、羌等游牧或半游牧民族民族，而对更西方的西域地区的绿洲城邦则认识极少。

西汉建立之后，经济上残破凋敝，不得不采取无为而治、与民休息的治国方略，政治上致力于解决诸侯王和国内功臣问题，无暇顾及外事，军事上也以安定自保、维护与南越北胡的和平关系为主要目的，故在对外交往上基本采取守势，和亲匈奴，安抚诸越，放弃西南夷、朝鲜。在西北民族关系方面，则致力于维护与匈奴的和平关系，放弃秦新征服的河南地，而以维护战国时期形成的秦、赵故塞为主要目的。在这种情况下，汉王朝西部疆域局限于秦昭襄王和赵武灵王故塞，不能占有新秦，已不太可能与河西走廊民族和西域发生大规模交往活动。正因如此，目前所见文献中反映汉初与河西走廊和西域交往的材料确实非常有限。

但非常有限，并非毫无交往，从传世文献中，我们似乎还可以发现汉初与西域诸族若即若离的联系。自秦帝国建立以来，中原王朝的统治者们从内心来讲，都有"远近毕理，咸承圣志""六合之内，皇帝之土"的雄图壮志。[1] 西汉建立后，受限于国力，虽不能大肆向外扩张，但"帝之威德，内行外信，四方悦服"[2] 仍是汉初君臣的理想。

汉文帝时，贾谊曾在《新书》卷4《匈奴》篇中提到汉征服匈奴后，可以考虑利用匈奴降人"备月氏、灌窳之变"的设想，可见汉初士人是了解匈奴之外存在月氏、灌窳等强大政权的。其中月氏是河西走廊和西域东部的强国。[3] 由于汉初与匈奴交往较为密切，故汉王朝可能通过匈奴而了解一些远在西北地区的政权。《史记》卷110《匈奴列传》载匈奴致汉文帝书："今以小吏之败约故，罚右贤王，使之西求月氏击之。以天之福，吏卒良，马强力，以夷灭月氏，尽斩杀降下之。定楼兰、乌孙、呼揭及其旁二十六国，皆以为匈奴。诸引弓之民，并为一家。北州已定，愿寝兵休士卒养马，除前事，复故约，以安边民，以应始古，使少者得成其长，老者安其处，世世平乐。"汉王朝通过匈奴此书，至少会对月氏、楼兰、乌孙、呼揭及其旁二十六国等西域政权有所了解。同传载："后北服浑庾、屈射、丁零、鬲昆、薪犁之国。于

① 《史记》卷6《秦始皇本纪》，中华书局，1982，第245页。
② 贾谊：《新书》卷4《匈奴》，阎振益、钟夏校注，中华书局，2000，第153页。
③ 阎振益、钟夏《新书校注》："灌窳，未详。卢文弨曰：'灌窳，疑当作窳浑，县名，在朔方郡。一说，窳乃瓜字之讹，灌瓜即《退让篇》所云者。'夏案：窳浑故地在今内蒙古杭锦后旗一带。"参贾谊《新书》卷4《匈奴》，阎振益、钟夏校注，中华书局，2000，第153页。

是匈奴贵人大臣皆服，以冒顿单于为贤。"张守节《正义》："已上五国，在匈奴北。"① 这些匈奴以北的国家能为汉所熟知，可能也与匈奴有关。

《尚书·禹贡》"雍州"条称："织皮昆仑，析支、渠搜，西戎即叙。"伪《孔传》以织皮、昆仑、析支、渠搜为四国，认为此四国在荒服之外，流沙之内。《史记》卷2《夏本纪》司马贞《索隐》引王肃曰："昆仑在临羌西，析支在河关西，西戎在西域。"这些地名也反映了战国秦汉人对西域政权的认知。

当然，对西域政权有认知，不代表当时和这些西域政权间就有交往。但据《史记》《汉书》关于"康居"的记载，我们还是有一定理由相信汉初曾与西域国家有一定交往。《汉书》卷96上《西域传上》载："康居国，王冬治乐越匿地。到卑阗城。去长安万二千三百里。不属都护。至越匿地马行七日，至王夏所居蕃内九千一百四里。"同传又称："北道西逾葱岭则出大宛、康居、奄蔡焉。"可见康居远在葱岭之外，与大宛等国相邻，是西域诸国中距离汉境非常遥远者。然《史记》卷117《司马相如列传》载汉武帝时司马相如告巴蜀太守："蛮夷自擅不讨之日久矣，时侵犯边境，劳士大夫。陛下即位，存抚天下，辑安中国。然后兴师出兵，北征匈奴，单于怖骇，交臂受事，诎膝请和。康居西域，重译请朝，稽首来享。"此事在唐蒙通西南夷后不久，至少在"汉兴七十有八载"（即元光六年，前129）之前。② 当时汉王朝与匈奴尚未进行大规模战争，张骞第一次出使西域尚未返回，从正史记载来看，此前汉朝并未与西域有何关联。但司马相如已称"康居西域，重译请朝"，可见汉与西域关系确有超出我们今天所认知者。无独有偶，《汉书》卷56《董仲舒传》载董仲舒《天人三策》中有"夜郎、康居，殊方万里，说德归谊"语，董仲舒上《天人三策》在汉武帝即位之初，《汉书·武帝纪》系之于元光元年（前134），《董仲舒传》系之于武帝即位后不久，《资治通鉴》系之于建元元年（前140）。无论谁是谁非，皆在张骞第一次出使西域归来之前。《史记·司马相如列传》和《汉书·董仲舒传》讲的是两件事，但都谈到了张骞之前汉王朝与"康居"已有外交联系，恐怕不能都以误记来解释。据上述史料，我们有理由相信，在张骞出使西域归来之前，汉王朝已与远在今哈萨克斯坦境内的康居有外交联系。既然当时汉王朝已可与绝远的康居发生联系，那么推测汉王朝在张骞出使西域前可能与其他西域国家已发生过外交联系恐怕也不会

---

① 《史记》卷110《匈奴列传》，中华书局，1982，第2893页。

② 《史记》卷117《司马相如列传》，中华书局，1982，第3049页。

是绝对无据。

　　当然，从总体来说，张骞出使西域之前，汉王朝由于国力所限及对匈政策的影响，应不会与西域地区有较大规模、常规的联系。汉王朝与河西走廊和西域的交往局面的真正打开，还要等到汉王朝对匈策略发生变化后的张骞凿空之举。

第三章　西汉中后期的西北民族关系

汉王朝势力西拓，是帝国西北经略逐步深入的过程。在这一过程中边塞烽燧线不断西延，郡县及军事屯田机构不断建立、巩固，中原王朝与匈奴、羌、戎等少数民族的交往不断增多，中西经济、文化交流不断加强。在这一历史进程中，机构的运转、制度的推行、战争的硝烟、吏卒的活动都产生了不少文书、簿籍。两千年后这些当时实际使用的、参与创造历史的简牍文书簿籍在河西土地上不断涌现，极大补充了《史记》《汉书》中的记载，为我们了解和研究那段历史提供了最为珍贵的鲜活资料。

第一节　汉王朝对匈奴政策的转变

西汉初期，高祖刘邦在遭平城之围后，便采取刘敬的和亲之策，其后惠帝、吕后、文帝、景帝都遵循之，至武帝即位还"明和亲约束，厚遇关市，饶给之。匈奴自单于以下皆亲汉，往来长城下"[1]。在这期间，除岁给匈奴各种物品外，还于高帝时、惠帝三年（前192）、文帝六年（前174）、景帝五年（前152）四次以宗室女为公主嫁与单于。和亲政策执行了60余年，汉武帝即位后则开始改变"和亲"方略，积极准备对匈战争，正如武帝所言："朕饰子女以配单于，金币文绣赂之甚厚，单于待命加嫚，侵盗亡已。边境被害，朕甚闵之。今欲举兵攻之。"[2]

关于汉王朝对匈战略的转变，学界一般认为是从武帝即位开始。造成态度转变的原因，一般认为是匈奴的侵扰、双方不平等外交关系对汉朝统治者造成了刺激，在国力强大后，汉王朝最终决定开展反击。这些观点立足传世文献，都有一定道理。但笔者认为，汉王朝反击匈奴，除了有安定边境、扭转不平等外交关系的意义外，还与大一统帝国抚化四夷等政治理念的影响有关。汉王朝虽然在对匈战略上曾发生变化，即由"和亲"转向战争，但使其臣服的态度至少在文帝之后是一以贯之的。

---

① 《史记》卷110《匈奴列传》，中华书局，1982，第2904页。
② 《汉书》卷6《武帝纪》，中华书局，1962，第162页。

游牧民族本身不容易形成强大的统一政权，故先秦历史上，虽有猃狁、义渠等西戎、北狄部落侵扰华夏，但一直未出现强大的游牧帝国。匈奴作为一部落联合体出现于战国晚期，强盛于秦汉之际，应该说与汉族地区统一王朝的刺激有密切关联。据《史记》卷110《匈奴列传》，匈奴部族联合体的形成及强大，主要始于冒顿单于时期，此前秦王朝派遣蒙恬"将十万之众北击胡"，从文献记载来看，此战仅持续一年左右，却取得了"悉收河南地"①，设"四十四县，城河上为塞。又使蒙恬渡河取高阙、阳山、北假中"②的辉煌战果。观此战投入与收获，无论是与汉武帝经略匈奴，还是与秦始皇经营南越相比，其成功都是惊人的，究其原因当与匈奴此前受刺激不足，未形成强大集权有关。但秦对匈奴用兵，应加速了匈奴部落联合体的集权化。故汉初，在冒顿单于带领下，匈奴"大破灭东胡王，而虏其民人及畜产。既归西击走月氏，南并楼烦、白羊河南王。悉复收秦所使蒙恬所夺匈奴地者，与汉关故河南塞，至朝郍、肤施，遂侵燕、代"③，臻于极盛。此时，匈奴对新建立的汉王朝采取咄咄逼人之势，曾"为书嫚吕后，不逊"④。《汉书》卷94上《匈奴传上》对此记载较为详细：

> 孝惠、高后时，冒顿浸骄，乃为书，使使遗高后曰："孤偾之君，生于沮泽之中，长于平野牛马之域，数至边境，愿游中国。陛下独立，孤偾独居。两主不乐，无以自虞，愿以所有，易其所无。"高后大怒，召丞相平及樊哙、季布等，议斩其使者，发兵而击之。樊哙曰："臣愿得十万众，横行匈奴中。"问季布，布曰："哙可斩也。前陈豨反于代，汉兵三十二万，哙为上将军，时匈奴围高帝于平城，哙不能解围。天下歌之曰：'平城之下亦诚苦。七日不食，不能彀弩。'今歌唫之声未绝，伤痍者甫起，而哙欲摇动天下，妄言以十万众横行，是面谩也。且夷狄譬如禽兽，得其善言不足喜，恶言不足怒也。"高后曰："善。"令大谒者张泽报书曰："单于不忘弊邑，赐之以书，弊邑恐惧。退日自图，年老气衰，发齿堕落，行步失度，单于过听，不足以自污。弊邑无罪，宜在见赦。窃有御车二乘，马二驷，以奉常驾。"冒顿得书，复使使来谢曰："未尝闻中国礼义，陛下幸而赦之。"因献马，遂和亲。

---

① 《史记》卷110《匈奴列传》，中华书局，1982，第2886页。
② 《史记》卷6《秦始皇本纪》，中华书局，1982，第263页。
③ 《史记》卷110《匈奴列传》，中华书局，1982，第2890页。
④ 《史记》卷100《季布栾布列传》，中华书局，1982，第2730页。

由此可见，由于秦末动乱造成的破坏，至少在吕后统治时期，汉朝在面对匈奴威胁时仍处于弱势、守势。此时双方存在军事力量差距，汉王朝为应对这种军事力量差距而采取了较嫌"屈辱"的和亲政策，但笔者认为军事力量的差距和和亲政策本身，并不能说明双方政治地位不平等。李大龙曾认真分析过《史记》《汉书》中有关汉初和亲的史料，从汉匈统治者以"兄弟""昆弟"相称、来往书信称"书"不称"诏"，赠送物品称"遗"不称"赐"等角度证明了汉初汉匈"和亲约"从性质上并非不平等之约，"双方统治者的观念和实际联系的过程中并没有将对方视为自己藩属的现象"，和亲其实是"平等关系的反映"。[①]

李先生的分析非常精彩。笔者认为，汉初的汉匈关系基础是平等，汉王朝的对匈政策受汉朝国力所限，是以守势为主，以获取和平发展环境为主要目的；匈奴的对汉政策，则以经济上的掠夺为主要目的。在这种情况下，双方以"和亲"为纽带保持了20多年的和平状态。但这样的双边关系，不是汉王朝所乐于看到的，一方面"和亲"政策对于军事力量弱势一方有不小的心理压迫；另一方面，作为受"内诸夏而外夷狄"思想影响，并有着强烈"大一统"政治文化诉求的中原王朝，存在扭转汉匈形势、"攘夷"甚至臣服匈奴的政治动力。这一政治动力最终引起了汉王朝对匈政策的转变。关于这一转变，如前所述学界通常认为是发生在武帝时期，而笔者认为从汉王朝建立之初，汉王朝就有潜在的驱逐或征服匈奴的意识，这一意识在平城之围后受到了扼制，但随着经济状况的好转，至少在文帝时期汉廷的对匈政策转变已逐渐露出端倪。

李大龙曾指出汉初和亲政策从目的性上来说"不是妥协的、屈辱的、缓和双方矛盾的政策，更不是企图通过联姻来建立一种罢战言和的政治关系的政策，而是一种凭借西汉经济、文化优势去臣服匈奴的进攻性政策"[②]。李大龙认为，汉初和亲政策首建于建信侯刘敬，其背景虽是汉王朝在平城遭遇失败，但其具体内容则具有攻击性。《史记》卷99《刘敬列传》载刘敬的和亲提议，主要有三点内容：（1）"以適长公主妻之"，将公主嫁与匈奴单于，这样做的结果是"生子必为太子。代单于……外孙为单于。岂尝闻外孙敢与大父抗礼者哉？兵可无战以渐臣也"；（2）"以岁时汉所余彼所鲜数问遗"，用财富、物品诱惑匈奴，使匈奴对汉在经济上产生依赖感；（3）"使辩士风谕以礼

①　李大龙：《汉代中国边疆史》，黑龙江教育出版社，2014，第29页。
②　李大龙：《汉代中国边疆史》，黑龙江教育出版社，2014，第32~33页。

节"，在文化上同化匈奴。总之，汉王朝的"和亲"，"企图通过'岁奉'在经济上控制匈奴，通过遣'辩士'改变匈奴的风俗，以求在经济、文化上同化匈奴，最终不用通过战争手段就达到臣服匈奴的目的"①。笔者认为，李大龙对汉初和亲政策的分析非常精彩。由于汉匈在经济上实力差距悬殊，故即使是在汉初百废待兴、匈奴军事实力强大的背景下，匈奴也不可能对汉王朝保持绝对优势，因此汉初二者的关系是平等的，而非不平等。匈奴并没有与汉王朝建立不平等关系的战略目的，相反统一意识高涨的汉王朝，即使在军事行动受匈奴压制的情况下，仍幻想臣服匈奴。《史记》卷99《刘敬列传》载：

> 刘敬曰："天下初定，士卒罢于兵，未可以武服也。冒顿杀父代立，妻群母，以力为威，未可以仁义说也。独可以计久远子孙为臣耳，然恐陛下不能为。"上曰："诚可，何为不能。顾为奈何？"

从这段话可以发现，刘邦的想法是"服"匈奴，令匈奴称臣。西汉一建立，刘邦即组织三十万军队出兵平城，显然是要重现秦始皇在匈奴的成功。但结果却是兵败平城，遭白登七日之围。但即使是在"武服"幻想破灭的情况下，仍热烈盼望匈奴单于"子孙为臣"。刘敬的战略"利用了西汉王朝在经济、文化上的长处和匈奴游牧经济、文化的短处"，"是一种较和平性的缓慢发挥作用的且很难抵御的进攻政策"②，也获得了一些成效，如中行说在匈奴极力反对匈奴重汉"缯絮"、受汉风俗影响，就是为了降低汉王朝和亲政策中"以岁时汉所余彼所鲜数问遗""使辩士风谕以礼节"策略的影响。

但和亲政策力图从文化、经济角度控制匈奴，毕竟不如战争征服直接，其效果缓慢也逐渐超出了西汉统治者的耐力。故汉文帝时尝试改变对匈政策。史称汉文帝"无为而治"，但其实汉王朝改礼乐、兴太平的很多做法都始于文帝，除了手段、个性不同外，在政治理想上，文帝和武帝差别不大。《史记》卷10《孝文帝纪》载，汉文帝前元三年（前177）：

> 五月，匈奴入北地，居河南为寇。帝初幸甘泉。六月，帝曰："汉与匈奴约为昆弟，毋使害边境，所以输遗匈奴甚厚。今右贤王离其国，将众居河南降地，非常故，往来近塞，捕杀吏卒，驱保塞蛮夷，令不得居

---

① 李大龙：《汉代中国边疆史》，黑龙江教育出版社，2014，第27、33页。
② 李大龙：《汉代中国边疆史》，黑龙江教育出版社，2014，第33页。

其故，陵轹边吏，入盗，甚敖无道，非约也。其发边吏骑八万五千诣高
奴，遣丞相颍阴侯灌婴击匈奴。"匈奴去，发中尉材官属卫将军军长安。

辛卯，帝自甘泉之高奴，因幸太原，见故群臣，皆赐之。举功行赏，
诸民里赐牛酒。复晋阳中都民三岁。留游太原十余日。

济北王兴居闻帝之代，欲往击胡，乃反，发兵欲袭荥阳。于是诏罢
丞相兵，遣棘蒲侯陈武为大将军，将十万往击之。

可见，汉文帝即位后不久，就准备放弃和亲方略，大举与匈奴开战。究
其原因，恐怕不仅是匈奴"为寇"这么简单，而当与皇帝臣服四夷的思想有
关。贾谊《新书·匈奴》称："今汉帝中国也，宜以厚德怀服四夷，举明义，
博示远方，则舟车之所至，人迹之所及，莫不为畜，又且孰敢份怒然不承帝
意。"① 显然是对汉文帝心理揣测后的判断。当然，由于内部诸侯王的离心力，
汉文帝进攻匈奴的计划不得已终止。并且由此事，汉文帝认识到在汉王朝内
部诸侯王问题未解决前，匈奴问题不可能被真正解决。此后，汉文帝对待匈
奴方略又回到了和平角度。除了继续实行"和亲"政策外，贾谊还向汉文帝
提出了外交和"三表五饵"等各式方略，并且在一定程度上为汉文帝采纳。
贾谊在《新书》之《势卑》《匈奴》和《治安策》中，都曾对比汉匈实力。
《新书》卷4《匈奴》称："匈奴控弦大率六万骑，五口而出介卒一人，五六
三十，此即户口三十万耳，未及汉千石大县也。而敢岁言侵盗，屡欲亢礼，
妨害帝义，甚非道也。"将匈奴民众比作汉之大县。王子今先生认为，贾谊的
统计可能偏低，甚至过于乐观了。② 且不论贾谊对匈奴实力的分析是否客观，
至少作为对匈战略的参与者，贾谊对制服匈奴则相当乐观，甚至考虑了匈奴
降附后，安置匈奴人以备月氏的可能。这些也都反映了在文帝时期，汉匈力
量对比，绝不是匈奴强汉弱，而是汉强匈奴弱。汉王朝未大举进攻匈奴，而
徘徊在战争与和平手段之间，一则与文帝的谨慎有关，更多的则是国内诸侯
离心倾向对汉中央王朝的制约。

汉景帝镇压七国之乱，彻底解除了同姓诸侯王问题。景帝后元三年（前
141），16岁的汉武帝即位，求治心切，对"怀服四夷"充满幻想。观武帝初
期之贤良对策，我们可以发现汉武帝对大一统的追求异常强烈。汉武帝经常
策问贤良，如元光五年（前130）五月，诏贤良：

① 贾谊：《新书》卷4《匈奴》，阎振益、钟夏校注，中华书局，2000，第135页。
② 王子今：《论贾谊〈新书〉"备月氏、灌窳之变"》，载《社会科学》2010年第3期，第152～
153页。

> 朕闻昔在唐虞，画象而民不犯，日月所烛，莫不率俾。周之成康，刑错不用，德及鸟兽，教通四海。海外肃眘，北发渠搜，氐羌徕服。星辰不孛，日月不蚀，山陵不崩，川谷不塞。麟凤在郊薮，河洛出图书。呜虖，何施而臻此与！[①]

很显然，怎么做到"日月所烛，莫不率俾""德及鸟兽，教通四海"，像前贤一样做到"海外肃眘，北发渠搜，氐羌徕服"，已成为青年汉武帝的最高理想。当时汉王朝国力鼎盛，而和亲方略既嫌软弱，又长期不见成效。在这种客观局面和青年汉武帝"求治"理念的影响下，汉王朝最终决定采取战争手段解决匈奴问题，实现真正的大一统理想。第二年，汉武帝便发动马邑之谋，汉匈关系发展进入了新阶段。

汉武帝即位以来，开始在外交、军事、养马、财政、将领选择培养等各方面为攻击匈奴积极准备。元光六年（前129），"匈奴入上谷，杀掠吏民"，汉武帝强硬反击，虽未获胜，但武帝下诏曰："夷狄无义，所从来久。间者匈奴数寇边境，故遣将抚师。古者治兵振旅，因遭虏之方入，将吏新会，上下未辑，代郡将军敖、雁门将军广所任不肖，校尉又背义妄行，弃军而北，少吏犯禁。用兵之法：不勤不教，将率之过也；教令宣明，不能尽力，士卒之罪也。将军已下廷尉，使理正之，而又加法于士卒，二者并行，非仁圣之心。朕闵众庶陷害，欲刷耻改行，复奉正义，厥路亡繇。其赦雁门、代郡军士不循法者。"该诏书先以"夷狄"斥责匈奴，后称要为军士"刷耻改行，复奉正义"留下道路，不啻向中外宣布了对匈战略的重大调整，宣告了从此之后汉匈关系将进入持续战争状态，直到"日月所烛，莫不率俾"盛世景象的重新到来。

第二节　西汉中后期的汉匈关系

关于西汉中后期的汉匈关系，学界一般以呼韩邪降汉为标志划分为两大阶段，前一阶段以战争为主要特征，后一阶段则以"塞北与中原的统一"为特点。[②] 陈序经观察仔细，划分更为详细，有"匈奴开始为汉所败""匈奴退

---

① 《汉书》卷6《武帝纪》，中华书局，1962，第160页。类似表述，在《汉书·董仲舒传》《公孙弘传》中都有体现，在此不赘。

② 参林幹《匈奴史》，内蒙古人民出版社，2007；武沐著《中国西北少数民族通史·秦、西汉卷》第六篇第一章第二节，民族出版社，2009。

居漠北，西汉用兵西域""匈汉互相叛臣与降将""匈奴内乱之始与四面受敌"
"匈奴五单于争立的动乱时代""匈奴初分两部，呼韩邪单于降汉称臣""国内
稳定，四境相安时期"等阶段。① 李大龙也曾将西汉中后期汉匈关系的发展以
甘露二年（前52）为界分为两大阶段，第一阶段以"武力征伐"为主要特
点，第二阶段则是助呼韩邪单于统一匈奴后的羁縻统治政策。②

一　西汉中后期的汉匈战争

如前所述，终西汉之世，汉王朝对匈的基本政策并未发生实质性变化，
都是以臣服匈奴为基本目的。只是在具体操作方法上发生过变化。大体来说，
汉武帝元光年间之后，主要采取的手段是战争。战争方式直接，如果进行顺
利，进展会比较迅速，但存在的问题是成本过高，尤其是草原作战，对战马
的依赖性很大。汉武帝即位时，"都鄙廪庾皆满，而府库余货财。京师之钱累
巨万，贯朽而不可校。太仓之粟陈陈相因，充溢露积于外，至腐败不可食。
众庶街巷有马，阡陌之间成群，而乘字牝者傧而不得聚会"③，从经济基础方
面来看已有了较好的保障，故汉武帝决定调整政策，对匈用兵。

关于从武帝之世到宣帝甘露年间的汉匈战争关系，李大龙也有进一步的
分析，他认为："这一时期西汉王朝对匈奴虽然采取的是武力征伐为主的政
策，但期间也曾休战而用劝降之策，而且前后武力征伐的方式和目的也略有
不同。"④ 从元光二年（前133）到元狩四年（前119）是第一个以武力征伐为
主的阶段，从元狩四年至元封六年（前105）则是休战阶段，西汉王朝的对匈
政策开始以劝降为主，汉匈双方围绕"和"与"臣"在外交上展开交锋。从
元封六年至甘露二年（前52）是西汉王朝对匈奴采取的第二个以武力征伐政
策为主的阶段，这一阶段汉王朝的征伐政策以征和三年（前90）、甘露元年
（前53）为界大体沿着"主动出击—非主动出击—助呼韩邪单于统一匈奴"
的轨迹发展。⑤

笔者认为，李大龙的分析比起以往的研究来说更加细致、精准，有很多
观点值得重视。但如果利用出土简牍，结合传世文献，我们似乎也可以在李
先生的大框架之内对汉匈近80年战争史中的某些细节予以进一步的分析与

---

① 陈序经：《匈奴史稿》第二编"匈奴与中国"，中国人民大学出版社，2007。
② 李大龙：《汉代中国边疆史》，黑龙江教育出版社，2014，第18～57页。
③ 《史记》卷30《平准书》，中华书局，1982，第1425页。
④ 李大龙：《汉代中国边疆史》，黑龙江教育出版社，2014，第35页。
⑤ 李大龙：《汉代中国边疆史》，黑龙江教育出版社，2014，第35～45页。

补充。

这80年中，汉王朝对匈奴的主体政策是连续的，就是以强大综合国力支撑下的武力迫使匈奴臣服。但受制于汉王朝国力的波动和国内政局的安定与否，汉王朝曾在武力为主的框架内间有调整，如辅以外交手段、拉拢西域、乌桓等。这80年中汉匈关系的变化，笔者认为大概可以分为以下几个阶段：第一，汉匈大规模战争期，从元朔元年（前128）至元狩四年（前119）；第二，战争中止，外交手段得到重视，双方积聚力量积极备战期，从元狩四年到太初三年（前102）；第三，汉王朝对匈奴施压，汉匈再次进入持续战争状态，从太初三年至天汉四年（前97）；第四，匈奴对汉王朝施压，汉王朝以守势为主，积蓄力量，从太始元年（前96）至汉昭帝元凤三年（前78）；第五，汉王朝组织乌孙、乌桓各方面力量攻击匈奴时期，从元凤四年（前77）至宣帝神爵四年（前58）；第六，匈奴分裂，汉王朝支持呼韩邪单于，最终呼韩邪单于向汉称臣，亲自朝汉，从五凤元年（前57）至甘露三年（前51）。

元光年间汉匈关系破裂，双方互有征伐。从元朔元年（前128）开始，大规模战争拉开帷幕。其中元朔二年收复河南地之战、元狩二年霍去病两征河西、元狩四年卫青霍去病联合北征，一般被认为是汉匈早期战争的三次大战。经过三次大战，汉王朝收复了河南地，控制了河西走廊，封狼居胥，将匈奴主力驱逐至漠北，"漠南无王庭"，应该说取得了辉煌的战果，向匈奴展示了实力。但客观来说，为了这三次大战，汉王朝付出的代价也是惊人的。汉武帝由于在军权上不信任其他人，而重用卫青、霍去病等外戚，这种选将方式对战争当有一定负面影响，至少加剧了战争消耗。除了战争消耗，对匈奴降众的赏赐、安置都对汉王朝财政造成了极大压力。如《汉书》卷55《霍去病传》载，元狩四年战事，"两军之出塞，塞阅官及私马凡十四万匹，而后入塞者不满三万匹"。《史记》卷30《平准书》载："天子为伐胡，盛养马，马之来食长安者数万匹，卒牵掌者关中不足，乃调旁近郡。而胡降者皆衣食县官，县官不给，天子乃损膳，解乘舆驷，出御府禁藏以赡之。"可见在元狩四年之后，"县官大空"①，汉王朝的经济压力已经非常之大，汉初积累60余年的财富，至此挥霍殆尽。我们发现元狩四年后，汉匈直接对抗暂时缓和，相反汉王朝的各项经济改革如盐铁官营、算缗告缗、币制改革，在此期间集中出台，显然与集中民间财富、重振国家力量有密切关联。军事关系暂缓之后，汉王朝一方面通过外交手段试图劝匈奴称臣，另一方面开始发展与西域和乌桓的

---

① 《史记》卷30《平准书》，中华书局，1982，第1425页。

关系，力图从东、西两方面制约匈奴。其中发展与西域关系以"断匈奴右臂"成为汉王朝的主要外交目标。元狩四年，张骞第二次出使西域，就以此为历史背景。

由于汉匈双方的目的差距过于悬殊，汉王朝不会放弃臣服匈奴的理想，匈奴也不会甘心对汉降服。因此汉王朝与匈奴间的使节谈判注定不会有结果。

经过杀鸡取卵式的对民间财富掠夺，汉王朝的经济实力在元鼎年间得到补充，但为满足汉武帝封禅的理想，元鼎之后汉王朝用兵的主要方向在闽越、南越、朝鲜，未与匈奴再开启大规模战端。元封元年（前110），封禅泰山前，汉武帝又把目光转向自己最大的对手——匈奴：

> 诏曰："南越、东瓯咸伏其辜，西蛮北夷颇未辑睦，朕将巡边垂，择兵振旅，躬秉武节，置十二部将军，亲帅师焉。"行自云阳，北历上郡、西河、五原，出长城，北登单于台，至朔方，临北河。勒兵十八万骑，旌旗径千余里，威震匈奴。遣使者告单于曰："南越王头已县于汉北阙矣。单于能战，天子自将待边；不能，亟来臣服。何但亡匿幕北寒苦之地为。"匈奴詟焉。①

这一举动，显然是汉武帝希望在封禅泰山前能得到匈奴"臣服"的一次尝试，但这一尝试未得到匈奴回应，最终失败。而汉武帝亲临前线，却未下决心在封禅前对匈奴用兵，也说明此前汉匈战争给汉王朝留下的印象绝非仅是成功与辉煌。

封禅泰山之后，汉武帝更加注重从西域角度打开经略匈奴的缺口，开始不断对西域展开外交，甚至军事攻势。其中最主要的战争就是李广利大宛之役，为保证这次战争顺利进行，防止匈奴乘机对汉用兵，太初三年（前102），汉武帝"遣光禄勋徐自为筑五原塞外列城，西北至卢朐，游击将军韩说将兵屯之。强弩都尉路博德筑居延"。汉王朝的这种举动，引起匈奴的强烈警觉，双方又开战端。当年，"匈奴入定襄、云中，杀略数千人，行坏光禄诸亭障。又入张掖、酒泉，杀都尉"②，战争从东线蔓延至西线。此阶段汉王朝的国力已远远不能与此前相比，之所以还要经营西域、进攻匈奴，应与汉武帝希望在自己有生之年彻底解决匈奴问题的目标有关。《资治通鉴》"征和二年"条载：

---

① 《汉书》卷6《武帝纪》，中华书局，1962，第189页。
② 《汉书》卷6《武帝纪》，中华书局，1962，第201页。

皇后、太子宠浸衰，常有不自安之意。上觉之，谓大将军青曰："汉家庶事草创，加四夷侵陵中国，朕不变更制度，后世无法；不出师征伐，天下不安；为此者不得不劳民。若后世又如朕所为，是袭亡秦之迹也。太子敦重好静，必能安天下，不使朕忧。欲求守文之主，安有贤于太子者乎！闻皇后与太子有不安之意，岂有之邪？可以意晓之。"大将军顿首谢。皇后闻之，脱簪请罪。太子每谏征伐四夷，上笑曰："吾当其劳，以逸遗汝，不亦可乎！"

此条为追述，虽置于"征和二年"下，但此事发生的时间一定在元封五年（前106）卫青去世之前。很可能即在元封年间或此前不久。① 汉武帝对卫青和卫太子说得很清楚，他希望能够自"当其劳"，而"以逸遗"后世。太初之后，汉匈再起战端，即是汉武帝这一思想的体现。《汉书》卷94上《匈奴传上》载："汉既诛大宛，威震外国，天子意欲遂困胡，乃下诏曰：'高皇帝遗朕平城之忧，高后时单于书绝悖逆。昔齐襄公复九世之仇，《春秋》大之。'是岁，太初四年也。"汉武帝在大宛之役胜利后，重申与匈奴恩怨，并罗列高帝、高后受困、受辱于匈奴的事例，高举《春秋》经义，"欲遂困胡"，显然是对匈政策的重大调整。

此后，天汉二年（前99）与四年，汉王朝在贰师将军李广利带领下与匈奴展开激战，但都没有取得重大战果。此时，汉王朝内部财政危机加剧，各地民变四起，统治阶层内部也有深刻矛盾。天汉年间的战争对汉王朝来说，已是勉力支撑。天汉四年对匈战争，汉王朝"发天下七科谪及勇敢士"②，应该说是抱了极大期望，希望能以此战解决匈奴问题，但结果却是无功而返。第二年，武帝改元"太始"，应劭曰："言荡涤天下，与民更始，故以冠元。"③ 其中与民"更始"，应有暂时停止战争、休养生息之意。然而尽管汉廷有停战之意，但太始之后，在汉王朝疲态尽显的情势下，匈奴却开始主动挑战，汉王朝不得不奋力应战。征和二年（前91）九月，巫蛊之祸后不到两个月，匈奴"入上谷、五原，杀略吏民"。征和三年春正月，匈奴又入"五原、酒泉，杀两都尉"④。在这种情况下，汉武帝不得不组织反击。该年三月，"贰

---

① 参田余庆《论轮台诏》，收入氏著《秦汉魏晋史探微》（重订本），中华书局，2004，第33页。
② 《汉书》卷6《武帝纪》，中华书局，1962，第205页。
③ 《汉书》卷6《武帝纪》，中华书局，1962，第205页。
④ 《汉书》卷6《武帝纪》，中华书局，1962，第209页。

师将军广利将七万人出五原，御史大夫商丘成二万人出西河，重合侯马通四万骑出酒泉。成至浚稽山，与虏战，多斩首。通至天山，虏引去，因降车师。皆引兵还。广利败，降匈奴"①。汉王朝在对匈战争中再次遭遇严重挫折。关于这次战争起因，除了反击匈奴的需要外，汉武帝在《轮台诏》中，还曾指出：

> 以军候弘上书言"匈奴缚马前后足，置城下，驰言'秦人，我匄若马'"，又汉使者久留不还，故兴遣贰师将军，欲以为使者威重也。②

武帝形象描述了匈奴挑衅之景象，其实这正反映了太始之后，汉王朝欲休息而匈奴主动挑战的境况。

学界很重视汉武帝后元年间的轮台罪己诏，部分学者认为该诏代表了汉武帝晚年由进取向"守文"的政策转变，并对昭帝朝的对匈政策产生了较大影响。③ 但也有学者认为《轮台诏》充其量是对征和三年军事行动教训的反思，非但不代表政策转向，甚至是在"为重新征战而预作准备"④。辛德勇认为，不但武帝不存在政策转向，昭帝时期也没有政策转向，"汉武帝临终前精心安排的托孤诸臣，不管是霍光，还是桑弘羊、上官桀、车千秋这些人，后来实际上都是在继续执行汉武帝一以贯之的施政方针，看不出市村瓒次郎和田余庆等人所说的路线转变"⑤。笔者认为，如辛德勇所说武昭时期并不存在由进取向"守文"的历史转变，非但武帝和昭帝前期没有政策转变，即使是在"盐铁会议"上，桑弘羊和霍光之间也只有权力之争，而无路线之争。但路线没有变化，并不代表某一时段的具体政策不发生变化。如前所述，为休养生息、重聚力量，武帝可能在太始元年（前96）就暂时停止了对匈的进攻，后元年间《轮台诏》只是此政策的延续。该诏强调"当今务在禁苛暴，止擅赋，力本农，修马复令以补缺，毋乏武备而已"，并要求"郡国二千石各上进畜马方略补边状养马"，因此该诏是强化了太始元年的休息政策，正如班固所说，"以明休息，思富养民也"⑥，而非对匈基本路线的转变。休养生息的目的

---

① 《汉书》卷6《武帝纪》，中华书局，1962，第209页。
② 《汉书》卷96下《西域传下》，中华书局，1962，第3913页。
③ 参吕思勉《秦汉史》，上海古籍出版社，1983，第120~121页；徐复观《两汉思想史》，华东师范大学出版社，2001，第73~75页；田余庆《论轮台诏》，收入氏著《秦汉魏晋史探微》（重订本），中华书局，2004，第49~55页。
④ 辛德勇：《制造汉武帝》，生活·读书·新知三联书店，2015，第25页。类似观点又见陈苏镇《汉代政治与〈春秋〉学》，中国广播电视大学出版社，2001，第284~286页。
⑤ 辛德勇：《制造汉武帝》，生活·读书·新知三联书店，2015，第27~28页。
⑥ 《汉书》卷96下《西域传下》，中华书局，1962，第3914页。

是积聚力量，进行更大规模的战争。

昭帝即位后，一方面休养生息的任务很重，另一方面上层统治集团内部的政治斗争异常尖锐，因此未对匈奴大规模用兵。这一时期，汉匈双方都在战和之间徘徊。汉王朝是以"和"赢取重振军备的时间，匈奴则是对恢复汉初"和亲"状态抱有幻想。故在此阶段，匈奴小规模的骚扰虽然不断，但汉王朝秉持积极防御策略，积极应对匈奴入侵。因此，在双方摩擦中能保持一定胜算，逐渐扭转武帝后期以来对匈奴的颓势。当时"汉边郡烽火候望精明，匈奴为边寇者少利，希复犯塞"①。

元凤四年（前77）正月，昭帝加冠，经过多年的雌伏，汉王朝国力重振。此年前后，在霍光主导下，对外关系又开始发生重大调整。先是，元凤三年（前78），汉兵至辽东攻击匈奴，因匈奴已去而大举攻击乌桓。元凤四年，傅介子斩楼兰王。宣帝本始二年（前72），汉王朝联合乌孙，五将军主动出击匈奴。这一段时间汉王朝对匈政策强硬，对羌和对西域政策也非常积极，这既与汉王朝国力的提升有关，也和气候变迁、匈奴内部矛盾尖锐力量严重削弱有关。关于昭宣之际，汉王朝对匈奴态度的变化，在汉简中也有体现，就是汉匈边塞战争的增多。居延汉简载：

> 本始元年九月庚子，虏可九十骑入甲渠止北隧，略得卒一人，盗取官三石弩一、稿矢十二、牛一、衣物去。城司马宜昌将骑百八十二人从都尉追。
>
> 57·29②

本始元年（前73），匈奴骑兵入甲渠塞河南道上不侵部止北隧略得士卒、兵器、衣物，既反映了匈奴连遭打击后物资的紧缺，更反映了当时双方边境上的紧张气氛。匈奴骑兵掳掠后退还，居延都尉亲自率军追赶，仅其下城司马就率骑兵182人，可见汉王朝对匈奴此次入侵的重视。居延都尉的这种态度应与大环境的变化——汉王朝决定对匈奴大举用兵的形势有关。

此外，居延汉简271·9号简载"本始二年闰月乙亥虏可七九骑入卅井辟非"，记载了本始二年（前72）闰八月匈奴骑兵进入卅井辟非隧被候望戍卒发现之事。本始二年八月的时间，恰与五将军出击匈奴的时间一致，不排除是匈奴趁汉兵大出之际，欲入侵汉塞。客观来说，居延汉简中直接关于汉匈交

---

① 《汉书》卷96下《西域传下》，中华书局，1962，第3784页。
② 谢桂华、李均明、朱国炤：《居延汉简释文合校》，文物出版社，1987，第102页。本书引用20世纪30年代居延汉简，无特殊说明者，简号及释文皆据此书，下不出注。

战的简数量不多，有纪年者更是寥寥无几，然而在居延汉简连续出现有"本始元年""本始二年"纪年的汉匈对抗简，看来并非偶然，而应是这一时期汉匈关系极度紧张的真实体现。

此外，敦煌马圈湾出土汉简载：

> 六月甲戌，玉门候丞予之谓西塞候长可得，将候侯长福、将□候长□等记到，课□望府檄惊备多，虏党来重正甚数，毋令吏卒离署，持七月府记将卒稟，毋忽，臧记令可课。　　　　　　　483A
>
> 西塞以记遣　　　　　　　　　　　　　　　483B①

记载了"多虏入塞"，进犯敦煌玉门边塞的情况。该简没有具体年月，但马圈湾汉简主要是西汉中后期和新莽简，因此其反映的军情不排除与宣帝前期汉匈间紧张形势有关。

在汉王朝的强大压力下，神爵二年（前60）匈奴虚闾权渠单于死后，上层统治集团内部分裂。日逐王先贤掸欲降汉，派使者告知郑吉，于是郑吉"发渠黎、龟兹诸国五万人迎日逐王，口万二千人、小王将十二人随吉至河曲，颇有亡者，吉追斩之，遂将诣京师。汉封日逐王为归德侯"②。当时随日逐王降汉的匈奴部众有12000人，小王12人，接收日逐王的是驻西域的郑吉，日逐王在郑吉的护领下到达长安，受封归德侯。日逐王降汉对西汉王朝管控西域诸国起了很大作用。"吉既破车师，降日逐，威震西域，遂并护车师以西北道，故号都护。都护之置自吉始焉。"③ 西域都护府正式建立，而匈奴在日逐王降汉后，便废除了设在西域的管理机构——僮仆都尉。1987～1989敦煌汉代烽燧采集简：

> 神爵二年十一月癸卯朔乙丑，县泉厩佐广德敢言之，爰书：厩御、千乘里畸利谨告曰：所葆养传马一匹，骓，牡，左剽，入坐肥，齿二岁，高六尺一寸，□头，送日逐王来至冥安，病亡。即马起张乃始冷定，杂诊。马死，身完，毋兵刃、木索迹，病死审，证之。它如爰书。敢言之。
> 　　　　　　　　　　　　　　　　　　1301④

---

① 张德芳：《敦煌马圈湾汉简集释》，甘肃文化出版社，2013，第259页。本书引用马圈湾汉简，无特殊说明者皆据此书，下不出注。

② 《汉书》卷70《郑吉传》，中华书局，1962，第3005～3006页。

③ 《汉书》卷70《郑吉传》，中华书局，1962，第3006页。

④ 参胡平生《匈奴日逐王归汉新资料》，《文物》1992年第2期。

这是一份调查传马死亡原因的文书。其中传马恰是匈奴王降汉后，送日逐王所用，该文书发于"神爵二年十一月癸卯朔乙丑"，与传世文献记载相符。悬泉汉简《案问助御禀食悬泉事册》：

> 广至移十一月谷薄（簿），出粟六斗三升，以食县（悬）泉厩佐广德所将助御效谷广利里郭市等七人，送日逐王，往来] [三食，食三升。桉（案）广德所将御□禀食县（悬）泉而出食，解何？

I90DXT0309③：167－168①

是关于迎送日逐王者禀食的记录，记录了悬泉厩佐迎送日逐王路过广至时提供膳食的情况。上述两简是日逐王降汉时途经敦煌的真实记录，是研究中原与西域关系和汉朝大一统局面形成的重要物证，具有重大的历史价值。匈奴日逐王降汉，直接促成了西域都护府的建立，这样重大的政治事件，竟以这种形式反映在边塞简牍中，让人不得不感叹西北汉简内容的丰富多彩。胡平生《匈奴日逐王归汉新资料》一文对悬泉汉简揭露的日逐王降汉史实多有发挥，② 可以参考。

五凤元年（前57），匈奴彻底分裂，五单于争立，不少贵族投降汉廷。《汉书》卷94下《匈奴传下》："呼韩邪单于左大将乌厉屈与父呼邀累乌厉温敦皆见匈奴乱，率其众数万人南降汉。封乌厉屈为新城侯，乌厉温敦为义阳侯。"记载了当时匈奴贵族降汉的情况。经过一段时间的动乱，五单于之乱最终演变为呼韩邪单于和郅支单于两大势力的对立。悬泉汉简载：

> 初元四年十月庚戌，居延都尉调、丞博敢告酒泉☑　VT1211③：72A
> 贤王别去自立为郅支单于，人民六万余人今移☑　VT1211③：72B
> 斩驱屠台。愿留弓、间车、马、牛□□☑　VT1211③：72C③

该简虽是初元四年（前45）之简，但文书中回顾了郅支单于的崛起之路，称其为"贤王别去自立为郅支单于，人民六万余人"，这段内容可与《汉书》卷94下《匈奴传下》"呼韩邪单于兄左贤王呼屠吾斯亦自立为郅支骨都侯单于"的记载参看，VT1211③：72B号简"贤"前显然当为"左"字。

---

① 胡平生、张德芳：《敦煌悬泉汉简释粹》，上海古籍出版社，2001，第150页。
② 胡平生：《匈奴日逐王归汉新资料》，《文物》1992年第2期。
③ 张俊民：《敦煌悬泉出土汉简所见人名综述（二）——以少数民族人名为中心的考察》，《西域研究》2006年第4期。

分裂后的匈奴，各级贵族纷纷降汉。汉匈力量的校量迅速转向汉王朝一边。甘露元年（前53），呼韩邪单于南移近塞，遣子朝汉。同时郅支单于为获得汉朝支持，也遣子朝汉。甘露三年（前51），呼韩邪单于更是亲自诣阙朝汉，向宣帝称臣。从汉初白登之围至此整整150年，历代西汉皇帝"怀集四夷"、迫使匈奴称臣的宏伟蓝图最终得以实现。此时，距离武帝元光二年（前133）马邑之谋，也已过去了80多年。

二　呼韩邪降汉后的汉匈关系

甘露三年（前51），呼韩邪单于朝汉，象征着汉匈关系新阶段的开始。从此之后，直到西汉灭亡，汉匈关系以建昭三年（前36）郅支单于之死又大体可分为两个阶段，第一阶段汉王朝支持呼韩邪单于抗衡郅支单于，虽然呼韩邪单于已降汉，但由于三方利益独自存在，互相之间仍保留微妙关系，第二阶段则是匈奴依附汉朝、真正作为汉之藩属的阶段。

由于郅支单于仍占有单于庭，故呼韩邪单于降汉后，先是保塞而居。甘露四年，在呼韩邪单于已朝汉后，郅支单于仍遣使朝汉，希望西汉能重新考虑与他的关系。此次尝试失败后，郅支单于开始向西发展，灭坚昆、丁令、乌揭，给乌孙以强大压力。元帝初年，呼韩邪单于北还，而郅支单于远去康居。此后，可能原属郅支单于但距离康居较远的一些匈奴小王，也开始投降西汉。悬泉汉简载：

> 出粟五斗二升，以食安远侯副卫司马遣假千人尊所将送匈奴归义㧊类王使十一人，质子三人，凡十三人，人一食四升。东。　　ⅡT0115④：39[1]

该简是送匈奴归义㧊类王使及质子的假千人尊的廪食记录，由于假千人尊是安远侯副卫司马所遣，则该简的时代当在郑吉任西域都护、封安远侯之后，且必在郑吉卸任西域都护之前，也就是在神爵三年（前59）至元帝初年。其中"匈奴归义㧊类王"当即《汉书·西域传》中的"蒲类王"。[2]《汉书》卷96上《西域传上》载："至元帝时，复置戊己校尉，屯田车师前王庭。是时匈奴东蒲类王兹力支将人众千七百余人降都护，都护分车师后王之西为乌贪

---

①　张俊民：《敦煌悬泉出土汉简所见人名综述（二）——以少数民族人名为中心的考察》，《西域研究》2006年第4期。

②　张俊民：《敦煌悬泉出土汉简所见人名综述（二）——以少数民族人名为中心的考察》，《西域研究》2006年第4期。

訾离地以处之。"在日逐王降汉之后，占据西域军事重地车师后部蒲类海地区的匈奴拘类王再次降汉，标志着汉王朝对西域核心地区的完全掌控，"五争车师"至此可以说画上了圆满的句号。本简补充了这一史实细节，价值巨大。

呼韩邪和郅支单于分裂后，虽然汉王朝坚定地支持呼韩邪单于，但汉、匈之间的互相猜忌仍然存在。韩昌、张猛护卫呼韩邪单于及与呼韩邪单于立约，汉廷因谷吉事责问呼韩邪单于，都是双方仍互存戒心的表现。居延汉简载：

> ☑候者言，有虏兵匈其惊☐
> ☑初元五年四月辛亥，下   227·5

该简出自甲渠候官 A8 遗址，记载了甲渠塞候望戍卒在初元五年（前44）四月发现"虏兵"的情况，其中"虏兵"显然指呼韩邪单于之匈奴部队。可见，呼韩邪单于北返后，虽臣服汉朝，但汉匈之间仍互相防备、存在戒心，正如李大龙所说："匈奴呼韩邪单于成为西汉的藩属，但在西汉王朝内部依然存在着严重的防范心理。"[1]

建昭三年（前36），郅支单于被汉廷消灭，呼韩邪单于成为匈奴唯一的合法统治者。从此之后，作为汉王朝藩属的不再是一部分匈奴，而是匈奴全部，汉匈关系进入新阶段。关于郅支单于灭亡，据《汉书》卷70《陈汤传》等传世文献记载，是西域都护甘延寿、副校尉陈汤矫诏，组织西域各国军队，最终攻灭郅支单于。其间似乎呼韩邪单于完全不知情，但通过河西汉简，我们可以发现事情的经过可能要比我们所知的复杂得多。日本学者大庭脩曾复原一部变事书册残篇：

> 肩水候官令史，穌得敬老里公乘，粪土臣意，昧死再拜，上言变事书
> 387·12，562·17
> 十二月乙酉，广地候   407·2，562·9
> □檄日，甲申，候卒望见塞外东北   407·3，564·13
> 火四所，大如积薪，去塞百余里，臣意恩
> 403·19，433·40，564·28
> 皇帝陛下，车骑将军，下诏书曰，乌孙小昆弥乌   387·19，562·27
> 就屠与匈奴呼韩单于谋   562·4

---

[1] 李大龙：《汉代中国边疆史》，黑龙江教育出版社，2014，第140页。

夷狄贪而不仁，怀侠二心，请为	387·7，564·15
郅支为名，未知其变	387·24，387·25
塞外诸节谷呼韩单于	387·17，407·14
往来技表是乐	387·16
小月氏柳羌人	387·1
愚戆触讳忘言顿首	387·22，407·4①

这份简册残断严重，准确文意已无法知晓，但大体应该与呼韩邪单于、郅支单于、乌就屠有关。乌就屠是乌孙肥王翁归靡胡妇子，母家为匈奴人，后虽受汉廷册封为乌孙小昆弥，但由于其母家身份，并不为汉廷信任。《汉书》卷94下《匈奴传下》载：

> （郅支单于）闻汉出兵谷助呼韩邪，即遂留居右地。自度力不能定匈奴，乃益西近乌孙，欲与并力，遣使见小昆弥乌就屠。乌就屠见呼韩邪为汉所拥，郅支亡虏，欲攻之以称汉，乃杀郅支使，持头送都护在所，发八千骑迎郅支。郅支见乌孙兵多，其使又不反，勒兵逢击乌孙，破之。

可见在宣元之际，汉廷已明确支持呼韩邪单于后，乌就屠为"称汉"目的，即与呼韩邪单于合作，并曾攻击郅支单于。但呼韩邪单于在郅支单于被消灭后，曾上书言曰："常愿谒见天子，诚以郅支在西方，恐其与乌孙俱来击臣，以故未得至汉。"② 又称对郅支单于与乌孙联合攻击自己的可能性一直担忧。三者关系颇耐人寻味。而从前述变事书引用的诏书可知，乌孙小昆弥乌就屠与匈奴呼韩邪单于曾以"郅支为名"共同进行过某种活动，笔者认为不排除有《汉书》卷94下《匈奴传下》所载乌就屠与郅支单于互攻之事的可能。即使不是此次军事活动，也当与此相距时间不远。因为元帝初年郅支单于西迁康居后，无论是乌就屠，还是呼韩邪可能都没有能力组织如此长距离的军师远征。乌就屠与呼韩邪都已向汉称臣，但两者针对郅支单于的军事行动，仍为汉廷所怀疑，所谓"夷狄贪而不仁，怀侠二心""郅支为名，未知其变"。汉简提到的汉廷之怀疑，恰可与传世文献中关于乌就屠、呼韩邪单于、郅支单于三者间的复杂关系相印证。正是汉廷与乌就屠、呼韩邪单于之间的猜疑，可能才给了郅支单于西迁康居的机会，使其又存在将近15年，直至陈汤、甘

---

① 〔日〕大庭脩：《秦汉法制史研究》，林剑鸣等译，上海人民出版社，1991，第254~255页。
② 《汉书》卷94下《匈奴传下》，中华书局，1962，第3803页。

延寿矫诏将其攻灭。可以说，这份汉简册书为我们理解宣元之际的汉匈关系有重要价值。

郅支单于被陈汤、甘延寿消灭，悬首稿街，对呼韩邪单于造成了极大的震动，不但在竟宁元年（前33）再次诣阙朝觐，并娶王昭君与汉和亲，还上书汉廷："愿保塞上谷以西至敦煌，传之无穷，请罢边备塞吏卒，以休天子人民。"① 汉元帝下有司商议，议者皆以为便。唯郎中侯应提出反对意见：

> 周秦以来，匈奴暴桀，寇侵边境，汉兴，尤被其害。臣闻北边塞至辽东，外有阴山，东西千余里，草木茂盛，多禽兽，本冒顿单于依阻其中，治作弓矢，来出为寇，是其苑囿也。至孝武世，出师征伐，斥夺此地，攘之于幕北。建塞徼，起亭隧，筑外城，设屯戍，以守之，然后边境得用少安。幕北地平，少草木，多大沙，匈奴来寇，少所蔽隐，从塞以南，径深山谷，往来差难。边长老言匈奴失阴山之后，过之未尝不哭也。如罢备塞戍卒，示夷狄之大利，不可一也。今圣德广被，天覆匈奴，匈奴得蒙全活之恩，稽首来臣。夫夷狄之情，困则卑顺，强则骄逆，天性然也。前以罢外城，省亭隧，今裁足以候望通烽火而已。古者安不忘危，不可复罢，二也。中国有礼义之教，刑罚之诛，愚民犹尚犯禁，又况单于，能必其众不犯约哉，三也。自中国尚建关梁以制诸侯，所以绝臣下之觊欲也。设塞徼，置屯戍，非独为匈奴而已，亦为诸属国降民，本故匈奴之人，恐其思旧逃亡，四也。近西羌保塞，与汉人交通，吏民贪利，侵盗其畜产妻子，以此怨恨，起而背畔，世世不绝。今罢乘塞，则生嫚易分争之渐，五也。往者从军多没不还者，子孙贫困，一旦亡出，从其亲戚，六也。又边人奴婢愁苦，欲亡者多，曰"闻匈奴中乐，无奈候望急何！"然时有亡出塞者，七也。盗贼桀黠，群辈犯法，如其窘急，亡走北出，则不可制，八也。起塞以来百有余年，非皆以土垣也，或因山岩石，木柴僵落，溪谷水门，稍稍平之，卒徒筑治，功费久远，不可胜计。臣恐议者不深虑其终始，欲以壹切省繇戍，十年之外，百岁之内，卒有它变，障塞破坏，亭隧灭绝，当更发屯缮治，累世之功不可卒复，九也。如罢戍卒，省候望，单于自以保塞守御，必深德汉，请求无已。小失其意，则不可测。开夷狄之隙，亏中国之固，十也。非所以永持至安，威

制百蛮之长策也。①

侯应反对撤除候望亭障，罢备塞戍卒，从示夷狄大利、防止属国降民背叛、防止汉人越塞逃亡、汉羌关系、匈奴复叛可能性等角度分析了在匈奴降汉后仍要保留郯塞戍卒的必要性，最终为汉元帝采纳。居延、敦煌汉简中有近三分之一的简牍是侯应上书后到西汉灭亡前之简。在这些简中，我们可以发现汉匈边塞仍保持有完善的日迹、候望系统，这显然与侯应上书发挥了效用有关。可以说，如果没有侯应的上书，今天所见居延、敦煌等西北汉简中至少有四分之一到三分之一是不可能存在的。而侯应反对撤销边境郯塞的理由，从居延汉简看确实也是成立的。如他提出边塞不仅有防御匈奴进攻的作用，也有防止汉人外逃的作用，从居延汉简来看，确是真知灼见。汉简关于天田日迹的记录，多有"毋阑越塞天田出入迹"之语，很多学者认为天田就是用来观察敌人踪迹的沙地。其实，如匈奴大队人马入侵，天田又能发挥什么作用？相反天田主要是防止汉人外逃，一旦外逃，人马会在天田上留下痕迹，帮助追捕。"阑越塞"之"阑"本就是"无符传出入"② 之意，显然是针对汉人所说。近些年有些学者已注意到了边塞长城的"内防意义"，如黄永美、徐卫民《西汉西北地区长城内防功能初探》一文对此问题有深入讨论，③可以参看。

郅支单于被消灭后，呼韩邪单于彻底臣服汉朝，此后 40 余年，匈奴作为汉朝藩属，再没有对汉王朝用兵。从汉简来看，这一时期双方也进入了和平交往的阶段，没有匈奴等胡虏入寇的记录。

第三节　西汉中后期的汉羌关系

羌族是生活在我国西北地区的一个古老民族。尽管《汉书》和《后汉书》对羌族的历史有所记载，但非常粗略，尤其是对西汉时期羌族的记载，则更为零散。近世以来随着考古资料的日益丰富，我们对羌族的族源、分布、社会形态以及两汉时期汉羌关系等有了更深入的了解。敦煌悬泉置遗址出土了近百枚关于河西羌人的简牍，居延汉简中也有关于羌人的零星记录，都为研究西汉后期河西羌族史提供了珍贵的资料。

---

① 《汉书》卷 94 下《匈奴传下》，中华书局，1962，第 3803～3804 页。
② 《汉书》卷 50《汲黯传》颜师古注引臣瓒曰，中华书局，1962，第 2320 页。
③ 黄永美、徐卫民：《西汉西北地区长城内防功能初探》，《社会科学战线》2012 年第 10 期。

一　秦汉时期的羌人

《后汉书》卷87《西羌传》载："西羌之本，出自三苗，姜姓之别也。其国近南岳。及舜流四凶，徙之三危，河关之西南，羌地是也。滨于赐支，至乎河首，绵地千里。"学界一般认为，甘青地区是古羌人的主要活动地区。

《史记》卷6《秦始皇本纪》载，秦地"西至临洮羌中"。可见，至秦汉时期今甘肃甘南、临夏地区的羌人已归属中央政权。《汉书》卷96《西域传》载，天山南路诸国从东至西，都"南与婼羌接"，说明东自祁连山、西至昆仑山、帕米尔南面都是羌人的活动范围。

羌人种落众多，各部落互不统属，内部并未形成统一政权。据《后汉书》卷87《西羌传》记载，"其俗氏族无定，或以父名母姓为种号"。爰剑曾孙忍后时，"其后子孙分别，各自为种，任随所之。或为牦牛种，越巂羌是也；或为白马种，广汉羌是也；或为参狼种，武都羌是也。忍及弟舞独留湟中，并多娶妻妇。忍生九子为九种，舞生十七子为十七种，羌之兴盛，从此起矣"。羌人种落众多，据前后《汉书》记载就有四十九种之多：烧当、烧何、留何、先零、滇零、封养、封何、牢姐、东羌、岸尾、摩鳌、牢羌、累姐、乡姐、勒姐、卑湳、吾良、钟羌（钟存）、陇西种羌号良、当煎、号多、当阗、效功种、虔人种、全无种、沈氏、且冻、傅难种、巩唐、罕种、开种、煎巩、黄羝、离湳、狐奴、零吾、鸟吾种、滇那、封僇、良多、句就种、参狼、牦牛、白马、大牂夷种、龙桥、薄申、唐旄、发羌。[①] 当然，其实际数量当不止上举四十九种，悬泉汉简中就有许多为史籍所不载的居于河西地区的羌人种，如：

> 移护羌使者移刘危种南归责藏耶茈种零虞马一匹、黄金耳（珥）县（悬）青碧一，会月十五日，已言决。　　　　ⅡO122①B：63[②]

简中"南归"和"零虞"均为人名。刘危种、藏耶茈种为羌人种名。

羌人在不断发展的过程中，一些其他民族部落逐渐融入羌人社会，这些融入的部落亦称作羌。秦末汉初，匈奴联合乌孙驱走在河西走廊的月氏，迫使月氏大部西迁至大夏。其中有些小种和老弱者并没有西迁，他们仍在河西走廊地区游牧，有的则向南移徙到湟中地区生活，史称"湟中月氏胡"。《后汉书》卷87《西羌传》载：

---

① 马智全：《从出土汉简看汉代羌族部族》，《丝绸之路》2011 年第 6 期。
② 胡平生、张德芳：《敦煌悬泉汉简释粹》，上海古籍出版社，2001，第 159 页。

> 湟中月氏胡，其先大月氏之别也，旧在张掖、酒泉地。月氏王为匈奴冒顿所杀，余种分散，西逾葱领。其赢弱者南入山阻，依诸羌居止，遂与共婚姻。及骠骑将军霍去病破匈奴，取西河地，开湟中，于是月氏来降，与汉人错居。虽依附县官，而首施两端。其从汉兵战斗，随势强弱。被服饮食言语略与羌同，亦以父名母姓为种。其大种有七，胜兵合九千余人，分在湟中及令居。又数百户在张掖，号曰义从胡。

月氏中的一部分赢弱者向南迁移至诸羌生活的南山中，月氏人与诸羌互通婚姻，而且其生活饮食习惯语言交流逐渐与诸羌种相近。霍去病开湟中之时，月氏内附汉朝，与汉人杂居相处。融入诸羌的月氏慢慢形成七个大种，有数百户生活在张掖，被称作义从胡。月氏种有九千兵力，散居于湟中和令居（今甘肃省永登）。还有一部分迁到了塔里木盆地南缘直至葱岭一带，融入羌人社会，也被称作"羌种"。《魏略·西戎传》载：

> 燉煌、西域之南山中，从婼羌西至葱岭数千里，有月氏余种葱茈羌、白马、黄牛羌，各有酋豪，北与诸国接，不知其道里广狭。[1]

可见，西域和敦煌之南的祁连山间有数量不少的月氏余种在此生活，他们多与当地的羌人种落生活，而融入羌人社会中，被称作"羌"。这些生活在河西走廊和祁连山南北的月氏羌种归附汉王朝后，在汉朝平羌乱等军事行动中常见他们的身影。如《汉书》卷69《赵充国传》载宣帝诏令酒泉太守辛武贤为破羌将军，由"长水校尉富昌、酒泉侯奉世将婼、月氏兵四千人"[2]。其时酒泉侯冯奉世手下就有小月氏兵数千。居延汉简387.1号简载，"□小月氏柳羌人"，表明小月氏与羌人之间有密切的联系。

羌人生产方式以游牧为主，《说文·羊部》："羌，西戎牧羊人也。"[3] 羌人以牧羊为业，故称羌。《后汉书》卷87《西羌传》说赐支羌人，"所居无常，依随水草。地少五谷，以产牧为业"，"河湟间少五谷，多禽兽，以射猎为事"。《后汉书》卷87《西羌传》载宣帝时，先零种豪曰："愿得度湟水，逐人所不田处以为畜牧。"悬泉汉简载：

---

① 《三国志》卷30《魏书·乌丸鲜卑东夷传》注引《魏略·西戎传》，中华书局，1982，第859页。

② 《汉书》卷69《赵充国传》，中华书局，1962，第2980页。

③ 许慎著、徐铉校定《说文解字》，中华书局，1963，第78页下。

羌人逐水草移徙☐   Ⅱ 90DXT0114③：440

指出居于河西敦煌地区的羌人当时是以畜牧为主要经济生产方式。羌人虽以
游牧为主，但也从事农业生产。《汉书》卷69《赵充国传》载神爵元年（前
61）六月宣帝斥赵充国书："羌人当获麦，已远其妻子，精兵万人欲为酒泉、
敦煌寇。"

二 "隔绝羌胡"战略下的汉羌关系——以《西汉羌人斗殴册》为中心

汉初，匈奴强大，冒顿单于"破东胡，走月氏，威震百蛮，臣服诸羌"①，
应该是匈奴在驱逐月氏、占有河西后，臣服了河西走廊南部的部分羌人。之
后不久，可能部分羌人不愿接受匈奴统治，有投向汉王朝者。《后汉书》卷87
《西羌传》载："景帝时，研种留何率种人求守陇西塞，于是徙留何等于狄道、
安故，至临洮、氐道、羌道县。"

汉武帝时，汉匈战争爆发。由于羌人与匈奴在生产方式上较为接近，此
前的经济、生活联系较为密切，故汉王朝也加强了对羌人的提防。"隔绝羌
胡"，使匈奴与羌人不能轻易联合，成为汉王朝的重要战略目标。元狩二年
（前121），汉军占领河西走廊，西汉王朝在河西走廊修筑长城要塞，置郡列
关，打通西域，移民屯戍，一部分目的就在于使北边匈奴与南边羌人、月氏
隔绝不通。《史记》卷110《匈奴列传》载：汉王朝"西置酒泉郡以鬲绝胡与
羌通之路"。《后汉书》卷87《西羌传》载："隔绝羌胡，使南北不得交关。"

《后汉书》卷87《西羌传》载，武帝元鼎五年（前112），"先零羌与封养
牢姐种解仇结盟，与匈奴通，合兵十余万，共攻令居、安故，遂围枹罕"。
《汉书》卷6《武帝纪》载："西羌众十万人反，与匈奴通使，攻故安，围枹
罕。匈奴入五原，杀太守。"居青海的先零羌与河湟地区的封养牢姐种化仇而
结盟，窜通匈奴，合兵十余万，进攻西汉的令居、安故，围困枹罕。匈奴则
从北呼应，寇略五原，杀太守。《后汉书》卷87《西羌传》载："汉遣将军李
息、郎中令徐自为将兵十万人击平之。始置护羌校尉，持节统领焉。羌乃去
湟中，依西海、盐池左右。汉遂因山为塞，河西地空，稍徙人以实之。"西汉
王朝派将军李息将兵十万人最终平定了此次羌、匈奴联合叛乱，并占据了羌
人世居的湟中，叛羌逃至西海、盐池地区。由此可见，羌、匈奴勾结确实能
对汉王朝造成较大的威胁。

---

① 《史记》卷110《匈奴列传》，中华书局，1982，第2889页。

《汉书》卷69《赵充国传》载："征和五年，先零豪封煎等通使匈奴，匈奴使人至小月氏，传告诸羌曰：'汉贰师将军众十余万人降匈奴。羌人为汉事苦。张掖、酒泉本我地，地肥美，可共击居之。'以此观匈奴欲与羌合，非一世也。"在汉武帝晚期，羌与匈奴仍尝试互通消息，联合反汉。

宣帝时期，羌人大规模反汉之前，也尝试与匈奴联合。羌侯狼何遣使至匈奴借兵，欲击鄯善、敦煌以绝汉道。赵充国听闻此消息后以为："狼何，小月氏种，在阳关西南，势不能独造此计，疑匈奴使已至羌中，先零、罕、开乃解仇作约。到秋马肥，变必起矣。"并建议汉王朝派遣"使者行边兵豫为备，敕视诸羌，毋令解仇，以发觉其谋"①，防止羌人与匈奴的进一步结合。赵充国曾经判断，丧失河西之后的匈奴沟通羌人的路线："道从沙阴地，出盐泽，过长坑，入穷水塞，南抵属国，与先零相直。"②该路线就是绕行今新疆东部，从罗布泊东行，进入祁连山区，与羌人沟通。为防止羌人与匈奴利用这一交通路线沟通，汉王朝在祁连山北部设鄣塞、烽燧，敦煌阳关都尉、张掖属国都尉至少有一部分职能当与此有关。在此后神爵年间，镇压羌乱的过程中，赵充国仍十分担心匈奴与羌的结合，担心汉羌在河西走廊南部和河湟地区交战的同时，匈奴人会配合羌人从武威县、张掖日勒等北塞入侵河西。

汉王朝为防止羌人与匈奴交通的可能性，在占有河西、设立四郡之后，仍然采取了军事上设鄣塞候望、行政上派使者巡视等多种方式，以防止羌胡结合。可见，对汉王朝来说，在汉匈关系作为考量与其他民族关系基础的情况下，"隔绝羌胡"已成为汉王朝处理汉羌关系的基本准则。

汉王朝在对匈战争取得优势后，也加强了对河湟地区的控制。但从汉景帝时期至新莽末，诸羌豪与中央政权摩擦不断，曾多次反叛，寇略汉西北边郡县。其中较大规模的反叛有如下几次。第一次是在景帝时，《汉书》卷54《李广传》载李广任陇西太守时，"羌尝反，吾诱降者八百余人，诈而同日杀之，至今恨独此耳"。第二次是武帝元鼎五年（前112）之叛。第三次是在神爵元年（前60）的先零羌种叛乱。汉朝派义渠安国巡行边境，义渠安国采取镇压羌人政策，致诸降羌及归义羌侯杨玉等又恐又怒，于是他们胁迫小羌种，攻汉塞，杀长吏。安国退守令居，并上报朝廷。情势危急之下，时已年迈的赵充国主动向宣帝请缨，赵充国至金城后，对当时的战局做出了正确的判断，顶住朝廷中反对派压力，采取一系列措施，最终在神爵二年（前59）平定羌

①　《汉书》卷69《赵充国传》，中华书局，1962，第2973页。
②　《汉书》卷69《赵充国传》，中华书局，1962，第2973页。

乱，胜利班师。随后，西汉设置金城属国以安置投降的羌人。在此次与先零羌豪的征战中，配合赵充国军事行动的主要将领还有赵充国之子中郎将赵卬、酒泉太守破羌将军辛武贤、侍中乐成侯强弩将军许延寿、敦煌太守快等。第四次是在元帝永光二年（前42），陇西的乡姐等七种羌反叛，寇陇西，汉朝派遣右将军冯奉世击破诸羌种，诸羌种归顺西汉。自乡姐羌归顺西汉之后数十年，诸羌没有出现大规模的反抗行为。《汉书》卷69《辛庆忌传》载："山西天水、陇西、安定、北地处势迫近羌胡，民俗修习战备，高上勇力鞍马骑射。"将迫近"胡"的地区与迫近"羌"的地区同时并称，可见羌人的强烈反叛精神。

关于西汉中后期羌人反叛的情况，除史籍有所记载外，悬泉汉简中也有反映。在属西汉宣帝时期的悬泉汉简中既有小月氏种的狼何羌贡献汉朝的记录，又有汉王朝讨伐羌人的记载。

> 敦煌太守快使守属充国送牢羌、□□羌侯人十二。神爵二年十一月
> 癸卯朔……琅何羌□君彊藏奉献，诣行在所。以令为驾二乘传。十一月
> 辛未皆罢。为驾。当舍传舍，从者如律令。　　　　Ⅰ90DXT0210③：6①
> 讨羌人入徼盗发数移。　　　　　　　　　　　　　Ⅱ90DXT0215④：7②

《汉书》卷69《赵充国传》载："后月余，羌侯狼何果遣使至匈奴借兵，欲击鄯善、敦煌以绝汉道。充国以为'狼何，小月氏种，在阳关西南……'"简文"琅何羌"即《汉书·赵充国传》中的"狼何"羌。该羌元康、神爵年间曾通使匈奴，欲从匈奴借兵攻敦煌诸地，断西汉通西域之路，以配合先零诸羌反叛。而至简文的时期，琅何羌已经臣服汉朝，遣使贡献。

> 闻羌人买谷民间，持出塞甚众。长史废不为意，未有坐者，务禁防之。
> 　　　　　　　　　　　　　　　　　　　　　　Ⅱ90DXT0215②：39③

该简记载了羌人在汉边郡民间大量购买谷物后出塞的情况。汉王朝担心羌人聚谷为乱故下发通告要严厉制止。

悬泉汉简载：

---

① 胡平生、张德芳：《敦煌悬泉汉简释粹》，上海古籍出版社，2001，第162页。个别释文据郝树声、张德芳《悬泉汉简研究》修订。郝树声、张德芳：《悬泉汉简研究》，甘肃文化出版社，2009，第167页。

② 郝树声、张德芳：《悬泉汉简研究》，甘肃文化出版社，2009，第167页。

③ 郝树声、张德芳：《悬泉汉简研究》，甘肃文化出版社，2009，第167页。

御史中丞臣彊、守侍御史少史臣忠，昧死言，尚书奉御史大夫吉奏
丞相相上酒泉太守武贤、敦煌太守快书，言二事，其一事，武贤前书穬
麦皮芒厚，以廪当食者，小石三石少不足，丞相请郡当食廪穬麦者石加☐

I 91DXT0309③：221①

简文言酒泉太守辛武贤上书言由于穬麦皮芒过厚，以小石三石标准廪食明显不够
吃，故求增加粮食数量，而敦煌太守快所言之事由于简残不明。但我们根据御史大
夫丙吉、酒泉太守辛武贤和敦煌太守快的任期可以推知，其所上书言事可能与神爵
元年（前60）、二年间平羌乱有关。神爵元年的先零羌种叛乱情况在悬泉汉简中也
有所反映。神爵元年先零羌种反叛，朝廷先派遣了赵充国任后将军平羌乱。时任酒
泉太守的辛武贤上书提出郡兵带上三十日粮，在七月上旬从张掖、酒泉出兵合击在
鲜水（今青海湖）的老弱羌人及虏略其畜产。宣帝采纳其意见，拜辛武贤为破羌
将军、乐成侯许延寿为强弩将军，并再下诏书责让赵充国不迅速出兵围剿罕羌，致
内郡烦于转输粮草之费。又下令："破羌将军武贤将兵六千一百人，敦煌太守快将
二千人，长水校尉富昌、酒泉侯奉世将婼、月氏兵四千人，亡虑万二千人。赍三十
日食，以七月二十二日击罕羌，入鲜水北句廉上。"② 宣帝在诏书中特别提出：
"今五星出东方，中国大利，蛮夷大败。太白出高，用兵深入敢战者吉，弗敢
战者凶。"③ 要赵充国将兵西进鲜水，以呼应辛武贤，达到瓦解羌人的目标。赵
充国抗旨不从，上书宣帝陈其合击罕羌之弊。赵充国六月二十八日上书，至七
月五日就收到宣帝取消合击罕羌的计划，批准以赵充国的计划实施。

在此次平羌乱中，敦煌太守快是重要人物。除上简外，悬泉汉简中还有
不少关于敦煌太守快在平羌乱前后的活动记载：

神爵二年三月丙午朔甲戌，敦煌太守快、长史布施、丞德谓县、郡
库：太守行县归，传车被具多敝，坐为论易☐☐☐☐☐遣吏迎受输敝被
具郡库，相与校计如律令。

I 91DXT0309③：236A④

神爵二年（前59）三月，敦煌太守行县检查统计各县库传车破损情况，要求

---

① 胡平生、张德芳：《敦煌悬泉汉简释粹》，上海古籍出版社，2001，第52~53页。个别释文
据郝树声、张德芳《悬泉汉简研究》修订。郝树声、张德芳：《悬泉汉简研究》，甘肃文化
出版社，2009，第169页。
② 《汉书》卷69《赵充国传》，中华书局，1962，第2980页。
③ 《汉书》卷69《赵充国传》，中华书局，1962，第2981页。
④ 郝树声、张德芳：《悬泉汉简研究》，甘肃文化出版社，2009，第170页。

各县库将破损的传车送至郡库校计。此举当与神爵二年春天仍在进行的平羌战争有关。神爵元年秋至神爵二年五月前后，赵充国正以步兵屯田湟中，在此期间破羌将军辛武贤、强弩将军许延寿、赵充国之子赵印正在率汉军与叛羌进行战斗。传车作为保证军事文书及时传达的重要交通工具，自然需要严格查验。

此外，悬泉汉简：

> 一封长史私印，诣广校候，趣令言羌人反状。☑□在广至。闰月庚子昏时，受遮要御杨武行东☑江趣令言羌反状。博望候言：羌王唐调言檄发兵，在澹水上。　　　　　　　　　　　　　　Ⅱ90DXT0216②：80①

也应是与镇压羌乱有关的简牍材料。该简是邮书记录，所传递邮书的内容与"言羌人反状"有关，可见应对应某次羌人叛乱。张德芳《悬泉汉简羌族资料辑考》认为该简反映的是元帝永光二年（前42）的陇西㟓姐羌人反叛事件。② 而胡平生、张德芳《敦煌悬泉汉简释粹》又认为此简"所记羌人起事，似当系于神爵元年（前61）闰四月"③。汪桂海《从出土资料谈汉代羌族史的两个问题》认为该简"闰月"是神爵元年闰三月，简文内容与《汉书》卷69《赵充国传》羌人反叛时间为"神爵元年春"的记载相吻合。④ 三位学者观点不一，未知孰是。笔者认为，本简所反映的羌乱，似乎发生在敦煌当地。元帝永光二年（前42）陇西㟓姐羌叛乱，不能蔓延至此。神爵年间先零羌在湟水上游发动叛乱，声势浩大，且有阳关西南琅何羌参与，与匈奴连谋，不排除有波及敦煌郡的可能性。然而这种可能性也不能过高估计。传世文献所载羌乱，一般是声势浩大、造成深远影响者。而悬泉简中的这次叛乱，也可能并未被载入正史。在目前条件下，未必一定要将其与传世文献对照。我们凭其知道当时敦煌地区汉羌民族的冲突情况，就可以了。

据传世文献和河西简牍，元帝永光之后直到王莽时期，再未见大规模羌乱的爆发。究其原因，当与匈奴势力的急剧下降，汉王朝基本实现了对河西走廊和河湟地区的有效管理有关。除了神爵年间羌乱外，悬泉汉简也有关于其他羌乱的材料，悬泉汉简有一则记载，值得我们注意：

---

① 郝树声、张德芳：《悬泉汉简研究》，甘肃文化出版社，2009，第167页。
② 张德芳：《悬泉汉简羌族资料辑考》，载《简帛研究二〇〇一》，广西师范大学出版社，2001。
③ 胡平生、张德芳：《敦煌悬泉汉简释粹》，上海古籍出版社，2001，第163页注释①。
④ 汪桂海：《从出土资料谈汉代羌族史的两个问题》，《西域研究》2010年第2期。

年八月中，徙居博望万年亭傲外归蔽谷，东与归何相近。去年九月中，驴掌子男芒封与归何弟封唐争言斗，封唐][以股刀刺伤芒封二所。驴掌与弟嘉良等十余人共夺归何马册四、羊四百头。归何自言官，官为收得马廿四、羊五十][九头，以畀归何。余马羊以使者条相犯傲外在赦前不治、疑归何怨恚，诬言驴掌等谋反。羌人逐水草移徙▨（Ⅱ90DXT0214①：124、Ⅱ90DXT0214①：26、Ⅱ90DXT0114③：440）

郝树声、张德芳认为这三枚简内容连贯，虽头尾残缺，但可以连读，当为一份文书的中间部分，可复原为一册，并命名之为《西汉羌人斗殴册》。① 该简册记录了两部分羌人因争言而斗，夺取牲畜的事件，被夺牲畜一方（即归何）求官府为自己做主，汉朝地方政府裁决将部分被夺牲畜还给了他。由于未获得全部被夺牲畜，归何向汉廷告发夺牲畜者驴掌等谋反，汉廷怀疑归何是因怨恚而诬陷。这则材料虽不完整，但对我们了解汉羌关系非常有意义。据此材料，我们至少可以有以下认识：第一，如传世文献所载，羌人种落众多，但并不团结、统一，易于为汉廷分化瓦解、控制利用；第二，汉廷此时已对河西走廊羌人有管理之权，羌人内部纠纷不能自行解决而应由汉朝官府裁决；第三，汉朝重视对羌人管理，有专门的"使者"和"使者条"规范羌人活动；第四，汉廷在管理羌人、解决羌人纠纷中故意制造矛盾，使争议双方难以团结，如驴掌、嘉良等夺归何马四十四、羊四百头，但官府仅为其收得马二十四、羊五十九头，这样就使归何继续仇视驴掌，便于汉廷对他们的控制与掌握；第五，羌人内讧，有互相向汉廷告发对方谋反者，反映了羌人也知道汉廷对谋反行为严厉镇压的态度，汉人如此重视羌人反叛，可见在控制羌人未久的情况下，汉羌关系仍处于紧张状态。总之，这枚简生动地描述了汉代已接受汉廷管理的羌人的生活状况和政治生态，反映了当时微妙的汉羌关系，很多细节可与《汉书·赵充国传》提到的"驭羌"策略对读，极具史料价值。

居延汉简中关于羌人的记载较零散，其中虽无直接镇压羌乱的记载，但有赏赐在镇压羌乱中牺牲者的文书：

各持。下吏为羌人所杀者，赐葬钱三万；其印绶吏五万，又上子一人名尚书。卒长▨

奴婢二千，赐伤者各半之，皆以郡见钱给。长吏临致，以安百姓也。早取以见钱▨

267·19

---

① 郝树声、张德芳：《悬泉汉简研究》，甘肃文化出版社，2009，第267页。

此简反映了汉王朝为镇压羌人反叛，下发了一系列奖励措施。

通过传世文献和河西汉简可知，作为汉王朝西北部的一个颇有力量的种族，羌人是汉王朝处理西北民族关系，尤其是汉匈关系时极为重视的一支力量。

三 西汉中后期对羌人的管理——以悬泉汉简《归义羌人名籍册》为中心

虽然居住在河西走廊周围的羌人部落，其语言生活习俗与汉人迥异，如《后汉书》卷87《西羌传》载建武九年（33）司徒掾班彪上书言"今凉州部皆有降羌，羌胡被发左衽，而与汉人杂处，习俗既异，言语不通"，但随着汉羌关系的发展，缺乏统一组织的羌人还是大量归附汉朝。面对大量的归义羌众，神爵二年（前60），西汉王朝在平定羌乱后，设置金城属国以安置降羌。

西汉中后期，时有羌豪反叛，西汉王朝每次镇压之后即采取措施安抚归顺的羌人，他们被称作"归义羌人"，汉朝政府对归义羌人采取羁縻统治。悬泉置出土有记录敦煌郡归义羌人的简册《归义羌人名籍册》及其他散简，它们的出土具有重大意义，使我们知道在敦煌郡也居住有归义羌人。这些归义羌人由政府登记在册，证明汉代敦煌郡、酒泉郡对归附朝廷的羌人实施了有效管理。悬泉汉简载：

> 归义聊臧耶芘种羌男子东怜
> 归义聊卑为芘种羌男子唐尧
> 归义聊卑为芘种羌男子蹵当
> 归义垒卜芘种羌男子封芒
> 归义檇良种羌男子落蹵
> 右檇良种五人　　　　　　　Ⅱ90DXT0214①：1－6

上述六简为一完整简册，郝树声、张德芳名之为《汉敦煌归义羌人名籍》。[①]东怜、唐尧、蹵当、封芒、落蹵，为羌人名。聊臧耶芘种、聊卑为芘种、垒卜芘种，均为羌人种落名。此简最后统计标题计"檇良种五人"，则上简中的聊臧耶芘种、聊卑为芘种、垒卜芘种应该同属于盖良种。可能盖良种是大种，而聊臧耶芘种、聊卑为芘种、垒卜芘种则为盖良种下所分之小种。《后汉书》卷87《西羌传》载，汉桓帝延熹二年（159）"烧当八种寇陇右"，被护羌校尉段颎所败。这里的烧当种羌，至少有八个部落组成。每个部落自成一个分支，故称"烧当八种"。简中"檇良种羌男子落蹵"中的落蹵本人属于盖良种

---

①　郝树声、张德芳：《悬泉汉简研究》，甘肃文化出版社，2009，第171页、266～267页。

这一大种，故仅称“榼良种”。西汉朝廷为归义羌人制定名籍，既反映了羌人归义、臣服汉王朝的史实，也是汉王朝对其加强管理的体现。

> 归义垒渠蹏种羌男子奴葛　　Ⅱ90DXT0114②：180
> 归义聊榼良种羌男子芒东　　Ⅱ90DXT0114②：181
> 归义垒甬种羌男子潘朐　　Ⅱ90DXT0114③：423
> 归义垒卜茈种羌男子狼颠　　Ⅱ90DXT0114③：459①

上述四枚简也是归义羌人名籍，由于编绳朽坏而错乱。其中，垒渠蹏种、聊盖良种、垒甬种、垒卜茈种皆为羌人种落名。仅从悬泉汉简的部分记载中，我们就可以知道，羌人种落众多，至少有刘危种、垒羌龙耶种、盖良种（聊臧耶茈种、聊卑为茈种、垒卜茈种）、垒渠蹏种、聊盖良种、垒甬种等。

此外，悬泉汉简中亦有如下记载：

> 酒泉归义垒羌龙耶种男子轂芒自言：今年九月中□▨
> Ⅱ90DXT0214②：195②

垒羌龙耶种，羌人种名。轂芒，羌人名。归义，指归顺于西汉王朝的羌人。

> 归义敦隗种留良等辞曰：以诏书冬十月入徼，就草常居广至。
> Ⅱ T0114②：194③

归义羌人每年冬十月入塞而居，在敦煌郡广至县境内可能有较固定驻地，这既反映了汉王朝对其管理的加强，也反映了羌人归义汉廷的动机和原因。羌人经济生产方式受季节影响较大，冬天可能需要到自然条件更好的地区越冬，汉王朝经略河西后占据了河西走廊上大量适合游牧民族过冬的地区，因此，为重新获取在这些地区越冬的权利，羌人种落不得不选择归附汉廷。

归义羌人有“王”对其种落进行统治。如甘青地区出土的“汉羌王印”“归义羌侯印”，是汉朝对羌人实行羁縻政策的明证。悬泉汉简载：

---

① 郝树声、张德芳：《悬泉汉简研究》，甘肃文化出版社，2009，第171页。

② 郝树声、张德芳：《悬泉汉简研究》，甘肃文化出版社，2009，第171页。胡平生、张德芳《敦煌悬泉汉简释粹》第168页引此简，“酒”作“渊”，“轂”作“榦”。张俊民《敦煌悬泉出土汉简所见人名综述（二）——以少数民族人名为中心的考察》（《西域研究》2006年第4期）释“轂”作“韩”。今据前者。

③ 张俊民：《敦煌悬泉出土汉简所见人名综述（二）——以少数民族人名为中心的考察》，《西域研究》2006年第4期。

> ☑归义聊羌王使者男子，初元五年七月☑
> ☑馀输皆奉献诣，仁行长史事☑
> ☑乘传，当舍传舍☑　　　　　　　　　V92DXT1210④：3①

该简上下皆残，从残存简文来看当是"归义聊羌王"遣使奉献乘传的记录，其中"归义聊羌王"应是元帝时归顺于朝廷的聊羌王。

> 出粟一石，马五匹。送羌王索卢掾东，元始五年十一月癸丑，县泉
> 置佐马嘉付敦煌御任昌。　　　　　　　Ⅱ90DXT0113①：4②

该简所记羌王虽未言归义，但从简文来看，羌王由西汉官府负责迎送，提供沿途所需的粮食和马匹，可能也与"归义"有关。

归义的羌人，在汉王朝统治下生活，接受汉王朝的管理，并为汉王朝行政机构服务。据悬泉汉简，汉代敦煌郡有不少羌人在交通、驿置和亭等部门如悬泉置中担任御者、邮卒，从事杂役劳作。如悬泉汉简载：

> 入东绿纬书一封，敦煌长上诣公车。元始五年二月甲子日平旦，受
> 遮要奴铁柱，即时使御羌行。　　　　　Ⅱ90DXT114②：165③

御羌，即驾车马的羌人。

前述归义羌人简，反映了经过多年的征战、融合，至西汉后期，随着汉王朝在东亚政治秩序中绝对主导地位的建立及匈奴势力的衰落，汉廷基本实现了对河西走廊和河湟地区羌人的控制。这些羌人归附汉廷，接受西汉地方行政系统和军事防御系统的管辖，与中原汉人移民一起，成为西汉王朝控制下的河西居民。

第四节　西汉中后期与西域诸国的交往

《史记》《汉书》中的西域，开始只是西部疆土之意，并不指代具体地区。并且最初主要用来指匈奴"西域"，即汉初受匈奴管辖的河西走廊和新疆东部地区。汉武帝征服河西、张骞两出西域之后，"西域"才开始逐渐指汉之西

---

①　郝树声、张德芳：《悬泉汉简研究》，甘肃文化出版社，2009，第171～172页。
②　郝树声、张德芳：《悬泉汉简研究》，甘肃文化出版社，2009，第172页。
③　郝树声、张德芳：《悬泉汉简研究》，甘肃文化出版社，2009，第175页。

域，即玉门关、阳关以西的地区。更具体一点，狭义上的西域指玉门关、阳关以西，葱岭以东的区域，西汉时期对这一区域能够实施较有效的管理。广义西域，则主要是从经济、文化交通角度来说，只要是玉门关、阳关以西，汉王朝所了解的地区皆可谓之"西域"，也就是"丝绸之路"意义上的西域。传统学界从政治史、军事史、外交史出发，一般较关注狭义的"西域"，但敦煌、悬泉等汉简出土后，我们发现汉王朝与广义"西域"通过丝绸之路确有很多经济文化交往，其内容也值得重视。

一　汉匈关系视野下的"西域"

《汉书》卷96上《西域传序》："西域以孝武时始通，本三十六国，其后稍分至五十余，皆在匈奴之西，乌孙之南。南北有大山。中央有河，东西六千余里，南北千余里。东则接汉，陜以玉门、阳关，西则限以葱岭。"这里的"西域"即狭义西域。

（一）西汉中期之后"西域"的交通、地理形势

汉初，匈奴击走月氏占据河西走廊，并将西域诸国控制在自己的势力范围内。而此时汉王朝虽对康居等个别西域国家有一定认知，但由于双方相距遥远，故关系并不密切。西域真正进入汉王朝统治者的视野之中，则是武帝初为抗衡匈奴欲联络大月氏之时。此后，张骞出使西域，虽未完成联合大月氏攻击匈奴的使命，却代表汉中央加强了与西域国家的联系、沟通。张骞返汉后，汉匈大战已爆发。元狩四年（前119），汉匈第一阶段大战告一段落，汉武帝发现，单凭汉之实力，很难在短时间内实现令匈奴臣服的战略目标，因此开始考虑联合乌孙等西域国家。当然汉王朝联合西域国家的战略目标，其实也是有过调整的。最开始汉王朝优先考虑的是"隔绝羌胡"的战略。元狩二年（前121）汉王朝已占据河西走廊，河西走廊既是中西交通的东西孔道，又是北胡、南羌联合接触的南北通道，具有重要的战略意义，但由于河西走廊距中原过于遥远，汉王朝如直接统治，成本太高，故希望乌孙能够东返，重新居住在河西，亲汉抗匈，"隔绝羌胡"。元狩四年，张骞第二次出使西域，主要目的就是要劝乌孙东归，实现这一战略构想，但这次使命也未完成。最终汉武帝决定由汉王朝直接管理、郡县化河西。元鼎二年（前115），渡河置令居塞，汉王朝拉开了经营河西的帷幕。利用乌孙实现"隔绝羌胡"的战略虽未成功，但汉武帝并未放弃对西域、对乌孙的重视。不久，汉武帝就发现，即使不能劝说乌孙东归、"隔绝羌胡"，也可以尝试拉拢以乌孙为代

表的西域诸国，联合对抗匈奴。这就是所谓"断匈奴右臂"战略。从此战略出发，汉王朝开始以河西走廊为基础，"列四郡，开玉门，通西域"①，积极开展与西域各国的关系。

　　西汉中期，西域有 36 国。主要沿南道、北道两交通线分布，如《汉书》卷 96 上《西域传上》所载："自玉门、阳关出西域有两道。从鄯善傍南山北，波河西行至莎车，为南道。南道西逾葱岭则出大月氏、安息。自车师前王廷随北山，波河西行至疏勒，为北道。北道西逾葱岭则出大宛、康居、奄蔡焉。"其中南道诸国分布在昆仑山下，塔克拉玛干沙漠南缘，主要包括鄯善、且末、精绝、扜弥、于阗、皮山、莎车，再向西可通大夏、大月氏、安息、难兜、罽宾等国，南道诸国南面今昆仑山中，还有婼羌、小宛、戎卢、渠勒、子合、西夜、依耐、无雷等国。北道诸国分布在天山脚下，大部分处于塔克拉玛干沙漠北缘，北道开始也应经过楼兰（即鄯善），由楼兰至渠犁、尉犁、焉耆、危须、轮台（又称"仑头"）、龟兹、姑墨、温宿、尉头、疏勒等国，向西可至捐毒、休循、大宛、康居诸国，北道经龟兹、温宿可至乌孙国都赤谷城。此外，东天山地区有与匈奴临近的车师六国，这六国可经天山峡谷孔道与危须、焉耆等国交通，会入北道。可能也有道路可沿天山北麓向西循今伊犁河谷进入乌孙。西汉后期，随着车师前后国地位的重要，可能已逐渐开拓出由车师勾连玉门关的道路。此外，南道莎车与北道疏勒有道路连通，因此也可以说南北两道会于疏勒。西域各国的地理、交通大体如此。而生产方式大体可分为两种，北部地区以乌孙为代表，应主要是游牧生产方式，军队较多，战斗力强，所谓"不田作种树，随畜逐水草，与匈奴同俗。国多马，富人至四五千匹。民刚恶，贪狼无信，多寇盗，最为强国"② 者。南北两道诸国则主要是城邦国家，以绿洲农业为主要生产方式，"大率土著，有城郭田畜，与匈奴、乌孙异俗"③，由于绿洲面积有限，故国家规模较小，虽繁荣富庶，但作为个体国家实力较弱，相对来说龟兹、莎车、于阗、楼兰（鄯善）、焉耆可勉强称得上小国中的"大国"。汉初，匈奴势力进入西域，各绿洲小国无力对抗，"故皆役属匈奴"④。而乌孙由于军事强大、距匈奴较远，且游牧经济与匈奴同质，对匈奴来说经济意义不大，故游离于匈奴统治。虽曾"服匈奴"，但"后盛大，取羁属，不肯往朝会"，具有一定独立性。匈奴为控制西域城邦

---

①　《汉书》卷 96 下《西域传下》，中华书局，1962，第 3928 页。
②　《汉书》卷 96 下《西域传下》，中华书局，1962，第 3901 页。
③　《汉书》卷 96 上《西域传上》，中华书局，1962，第 3872 页。
④　《汉书》卷 96 上《西域传上》，中华书局，1962，第 3872 页。

诸国，安排日逐王居西边实施统治，日逐王"置僮仆都尉，使领西域，常居焉耆、危须、尉犁间，赋税诸国，取富给焉"①。匈奴控制西域的官员既称"都尉"，则当是受汉制影响所设官职，而以"僮仆"为名，则反映了匈奴以"僮仆"视西域诸国，压迫、奴役的性质。焉耆、危须、尉犁诸地在北道边缘，靠近天山山谷，是匈奴在西域统治的核心地区。天山山脉横亘西域中部，其庞大山体可起到阻碍南北交通的作用。今新疆境内西有天山，东部楼兰一带则有白龙堆、戈壁滩阻碍。在河西归属匈奴时，匈奴既可利用河西控制楼兰，威胁西域东部南北两道国家，又可以东天山为基地，渗透车师，掌握吐鲁番盆地绿洲，进而控制天山峡口的焉耆、危须、尉犁诸国。并利用楼兰、焉耆、危须、尉犁等国而掌控、剥削整个西域。但汉王朝占有河西走廊后，匈奴控制楼兰只能依靠蒲类、车师等东天山国家，因此在楼兰等西域东部地区的控制能力大为下降，也大大降低了其对西域南道诸国的羁縻控制程度。对楼兰控制力的下降，可能促使匈奴更加重视东天山地区和焉耆、危须、尉犁等天山峡口国。焉耆盆地农业繁荣，经济价值巨大；地当联系东、北天山的孔道，已成为匈奴联系西域的核心区域，交通、军事价值巨大，因此匈奴"僮仆都尉"才会置于此处。在失去对楼兰的绝对控制后，除了"焉耆、危须、尉犁"外，匈奴更重视的当是其在西域的大后方——位于今吐鲁番盆地的车师诸国。以上西域地区的地理、经济形势是我们理解汉匈争夺下的"西域"的基础。

（二）汉匈西域之争

西汉中期后，汉王朝势力从河西走廊进入西域。这样在西域东部和北部，就分别存在匈奴、西汉两大对立政权。西汉主要是从东部渗透西域，匈奴则主要是以焉耆、危须、尉犁为突破口，由北向南渗透西域。可以说，公元前2世纪至前1世纪的西域政治，即是汉匈之争映射下的投影。至少对汉王朝来说，西域政策的核心无疑是服务于汉匈关系。汉朝降服匈奴之前，要争取西域诸国以联合打击、压迫匈奴势力；汉朝降服匈奴之后，则要利用西域孤立匈奴，使其不能死灰复燃。

汉王朝西域政策的立足点在于匈奴，正如扬雄所说："图西域，制车师，置城郭都护三十六国，费岁以大万计者，岂为康居、乌孙能逾白龙堆而寇西边哉？乃以制匈奴也。"② 由于西域各国生产方式、实力、地理位置、军事价

---

① 《汉书》卷96上《西域传上》，中华书局，1962，第3872页。
② 《汉书》卷94下《匈奴传下》，中华书局，1962，第3816页。

值，及与匈奴关系程度千差万别，汉王朝对西域各国的重视程度，显然也有较大差异。总体来说，在对西域各国的态度上，汉王朝一直重视乌孙的军事实力，比较重视楼兰（鄯善）、尉犁、焉耆、车师等地的军事意义，为保证汉、乌交通的畅通，汉朝也对龟兹、温宿等国有一定关注。至于其他各国，可能在汉王朝的西域战略中并无特别的意义。

在武昭时期的西域经略中，虽然爆发过大宛之役这样的长距离、大规模战争，但其意义主要在于宣扬国威、震动西域，打开汉王朝在西域地区的外交困境。大宛之役并不能说明，汉王朝经营西域的重点是悬隔万里的大宛，相反乌孙、楼兰、车师等国才是当时西域战略中的重中之重。其中乌孙是潜在的可以合作、制衡匈奴的重要力量，而楼兰、车师作为汉和匈奴经营西域的交通中枢具有极重要的战略地位。

由于天山东端和北麓仍为匈奴所控制，西汉派往西域的使者不得不自楼兰沿昆仑山、喀喇昆仑山北麓西走，或自楼兰沿今孔雀河到渠犁后，沿天山南麓西走。楼兰、车师二国摄于匈奴力量，又苦于接待，故经常拦劫西汉使者。因此，元封三年（前108）汉武帝派赵破奴虏楼兰王，击破车师，列亭障至玉门，进一步加强了河西走廊与西域东部的联系。太初元年（前104）至四年，西汉发动大宛之役，此后，西域各国纷纷遣使进贡或遣子为质，西汉使者也不断西行诸国，宣扬汉威，寻求珍奇之物。同时，西汉王朝设使者校尉，在渠犁、轮台一带屯田积谷，供应往来使者。昭帝即位后，又遣将刺杀亲匈奴的楼兰王安归，立亲汉的尉屠耆为王，并改楼兰国名为"鄯善"。由于鄯善附汉，沿昆仑山和喀喇昆仑山北麓向西的道路（西域南道）从此畅通。可以说武昭时期，汉王朝西域战略中取得的最大成就就是控制了鄯善，确立了对西域南道诸国的影响力。

西域各国中，汉王朝最为重视乌孙。虽然张骞劝乌孙返回河西走廊未果，但汉王朝并未放弃对乌孙的争取。元封年间，汉宗室女江都公主细君嫁至乌孙，以为昆莫猎骄靡右夫人。所谓"以公主妻乌孙王，以分匈奴西方之援国"[1]。同时，匈奴也不愿失去乌孙，而以女嫁给昆莫，为左夫人。乌孙昆莫猎骄靡娶细君公主后，因年事已高，又使其孙军须靡以公主为妻。不久，军须靡立为昆莫。后细君公主去世，汉又以楚王之女解忧为公主嫁于军须靡。军须靡死后，解忧公主按乌孙国俗嫁给继位的肥王翁归靡。在西汉与周边国家的交往史上，唯有汉初曾嫁公主于匈奴单于，而中期之后中断与匈奴和亲，却连续以两位公主和亲乌孙，可见乌孙在西汉统治者心目中的分量。应该说，

---

[1] 《史记》卷110《匈奴列传》，中华书局，1982，第2913页。

武昭时期,汉王朝由于势力所限,尚不能深入西域腹地,但已将乌孙作为一支潜在联盟力量而予以笼络。据《汉书》卷96下《西域传下·乌孙》所载,细君公主嫁给昆莫猎骄靡,"昆莫年老,欲使其孙岑陬尚公主。公主不听,上书言状,天子报曰:'从其国俗,欲与乌孙共灭胡。'"可见武帝时即有利用乌孙以灭胡的宏伟蓝图。至宣帝时期,乌孙终于在汉王朝的西域经略中占据重要地位,帮助汉王朝实现了"断匈奴右臂"甚至"共灭胡"的战略构想。

元凤四年(前77)之后,汉王朝对匈政策转向强硬,开始积极开拓、经营西域。昭帝末宣帝初,匈奴侵犯乌孙,乌孙昆莫和公主一再上书告急。宣帝遣五将军和乌孙联兵夹击匈奴,大获全胜。其中常惠监领之乌孙兵战果尤丰,战后常惠被封为长罗侯。此后,乌孙完全倒向西汉一边,成为汉的盟国。元康二年(前64),乌孙为进一步加强与汉的联系,防止匈奴反扑,拟立汉之外孙元贵靡为嗣,并请求"得令复尚汉公主,结婚重亲,畔绝匈奴"①。汉宣帝答应了此次和亲,"以乌孙主解忧弟子相夫为公主"②,神爵二年(前60)遣之赴乌孙,并派出以长罗侯光禄大夫常惠为首的使团。但和亲队伍尚未出塞,乌孙昆弥翁归靡去世,岑陬子泥靡代为昆弥(即狂王),而元贵靡未立。随着乌孙内政发生重大变故,常惠上书:"愿留少主敦煌,惠驰至乌孙责让不立元贵靡为昆弥,还迎少主。"③希望尽力挽回局面,使和亲能顺利进行,但大鸿胪萧望之以为:"乌孙持两端,难约结。前公主在乌孙四十余年,恩爱不亲密,边竟未得安,此已事之验也。今少主以元贵靡不立而还,信无负于夷狄,中国之福也。少主不止,繇役将兴,其原起此。"④宣帝最终接受萧望之意见,停止了这次和亲行动。

狂王泥靡即位后,"复尚楚主解忧"⑤,仍与汉保持和亲关系。之后,汉乌关系中连续发生解忧公主与汉使谋杀狂王、乌就屠刺杀狂王自立为昆弥等事,解忧公主、冯夫人、长罗侯常惠、西域都护郑吉、破羌将军辛武贤,或从外交,或用军事,最终稳定了乌孙局面。甘露元年(前53),汉乘平定乌孙内乱之机将其国一分为二,立解忧子元贵靡为大昆弥,立匈奴女所生子乌就屠为小昆弥,使"长罗侯惠将三校屯赤谷,因为分别其人民地界,大昆弥户六万余,小昆弥户四万余"⑥,汉乌关系得以正常发展。此后,乌孙大小昆弥均受

---

① 《汉书》卷96下《西域传下·乌孙》,中华书局,1962,第3905页。
② 《汉书》卷96下《西域传下·乌孙》,中华书局,1962,第3905页。
③ 《汉书》卷96下《西域传下·乌孙》,中华书局,1962,第3906页。
④ 《汉书》卷96下《西域传下·乌孙》,中华书局,1962,第3906页。
⑤ 《汉书》卷96下《西域传下·乌孙》,中华书局,1962,第3906页。
⑥ 《史记》卷110《匈奴列传》,中华书局,1982,第3907页。

西域都护领护，没有大变，但大小昆弥时有斗争，为管理带来不少困难，所谓"自乌孙分立两昆弥后，汉用忧劳，且无宁岁"①。哀帝元寿二年（前1），乌孙大昆弥伊秩靡与匈奴单于并朝汉，象征着汉王朝国力的鼎盛。

汉乌关系是汉王朝经营西域战略的重中之重，不但在《汉书》卷96《西域传》中有详细记载，在出土汉简中也有相当多相关内容。尤其是宣帝时期，解忧公主、长罗侯常惠、冯夫人、破羌将军辛武贤的相关活动在悬泉汉简中都有记录。张德芳《〈长罗侯费用簿〉及长罗侯与乌孙关系考略》，袁延胜《也谈〈过长罗侯费用薄〉的史实》《悬泉汉简所见汉代乌孙的几个年代问题》，何海龙《从悬泉汉简谈西汉与乌孙的关系》，李炳泉《甘延寿任西域使职年代考——兼及冯嫽在册封乌孙两昆弥事件中的活动》，郝树声、张德芳《悬泉汉简研究》等著述都利用敦煌汉简、悬泉汉简对汉乌关系中的重大事件，如少主和亲、常惠五出西域、大小昆弥分治、解忧公主归汉、赤谷城屯田、孙建诛卑爰疐、段会宗甘延寿等西域都护活动等问题进行了考证，获得了很多新的认识，大大促进了汉乌关系史研究。② 如悬泉汉简《悬泉置元康五年正月过长罗侯费用簿》（Ⅰ90DXT0112：③61－78）是神爵元年悬泉置招待长罗侯军吏的记录，张德芳先生认为长罗侯此次经过悬泉置去西域目的是至乌孙为元贵靡和少主的和亲迎聘礼，③ 袁延胜则认为其目的是至西域屯田、加强对西域的控制，以应对元康神爵之际匈奴与西羌联合对汉廷造成的压力。④ 虽然这一问题至今尚无定论。但新史料的出土无疑加深了我们对相关史事的认识，提出了新的问题。

虽然元康五年（即神爵元年，前61）长罗侯常惠率军吏出西域的目的，我们尚不能断定一定与少主和元贵靡的和亲有关。但悬泉汉简确有与此次和亲有关的材料。

　　　　□县泉置度侍少主长罗侯用吏。　　　　　　　　　Ⅱ90DXT0214②：298⑤

① 《汉书》卷96下《西域传下》，中华书局，1962，第3910页。
② 张德芳：《〈长罗侯费用簿〉及长罗侯与乌孙关系考略》，《文物》2000年第9期；袁延胜：《也谈〈过长罗侯费用薄〉的史实》，《敦煌研究》2003年第1期；袁延胜：《悬泉汉简所见汉代乌孙的几个年代问题》，《西域研究》2005年第4期；何海龙：《从悬泉汉简谈西汉与乌孙的关系》，《求索》2006年第3期；李炳泉：《甘延寿任西域使职年代考——兼及冯嫽在册封乌孙两昆弥事件中的活动》，《西域研究》2013年第3期。
③ 张德芳：《〈长罗侯费用簿〉及长罗侯与乌孙关系考略》，《文物》2000年第9期。
④ 袁延胜：《也谈〈过长罗侯费用薄〉的史实》，《敦煌研究》2003年第1期。
⑤ 郝树声、张德芳：《悬泉汉简研究》，甘肃文化出版社，2009，第229页。

其中"侍少主长罗侯"恰可与《汉书·西域传》长罗侯常惠送少夫公主和亲事对读。甘露年间，大小昆弥分治事是乌孙历史上的重要事件，也是汉乌关系史上的大事，关于其过程，《汉书》卷96下《西域传下》中有详细记载：

> 初，肥王翁归靡胡妇子乌就屠，狂王伤时惊，与诸翎侯俱去，居北山中，扬言母家匈奴兵来，故众归之。后遂袭杀狂王，自立为昆弥。汉遣破羌将军辛武贤将兵万五千人至敦煌，遣使者案行表，穿卑鞮侯井以西，欲通渠转谷，积居庐仓以讨之。
>
> ……（冯夫人）为乌孙右大将妻，右大将与乌就屠相爱，都护郑吉使冯夫人说乌就屠，以汉兵方出，必见灭，不如降。乌就屠恐，曰："愿得小号。"宣帝征冯夫人，自问状。遣谒者竺次、期门甘廷寿为副，送冯夫人。冯夫人锦车持节，诏乌就屠诣长罗侯赤谷城，立元贵靡为大昆弥，乌就屠为小昆弥，皆赐印绶。破羌将军不出塞还。

然而，悬泉汉简的出土为我们认识此事提供了很多新材料，也促使了学者的进一步思考。悬泉汉简载：

> 上书二封。其一封长罗侯，一乌孙公主。甘露二年二月辛未日夕时受平望译骑当富，悬泉译骑朱定付万年译骑。　Ⅱ90DXT0113③：65①
>
> 使乌孙长罗侯惠遣斥候恭，上书诣行在所。以令为驾一乘传。甘露二年二月甲戌，敦煌骑司马充行大守事，库令贺兼行丞事，谓敦煌以次为，当舍传舍，如律令。　V92DXT1311③：315②
>
> 甘露二年二月庚申朔丙戌，鱼离置啬夫禹移县泉置，遣佐光持传马十匹，为冯夫人柱，廪穧麦小卅二石七斗，又茭廿五石二钩。令写券墨移书到，受薄入，三月报，毋令缪，如律令。　Ⅱ90DXT0115③：96③
>
> 甘露二年四月庚申朔丁丑，乐官令充敢言之：诏书以骑马助传马，送破羌将军、穿渠校尉、使者冯夫人。军吏远者至敦煌郡。军吏晨夜行，吏御逐马前后不相及，马罢亟，或道弃，逐索未得，谨遣骑士张世等以物色逐各如牒，唯府告部、县、官、旁郡，有得此马者以与世等。敢言之。　V92DXT1311④：82④

①　郝树声、张德芳：《悬泉汉简研究》，甘肃文化出版社，2009，第234页。
②　郝树声、张德芳：《悬泉汉简研究》，甘肃文化出版社，2009，第234~235页。
③　郝树声、张德芳：《悬泉汉简研究》，甘肃文化出版社，2009，第234页。
④　郝树声、张德芳：《悬泉汉简研究》，甘肃文化出版社，2009，第232~233页。

此记录可与《汉书》"冯夫人锦车持节，诏乌就屠诣长罗侯赤谷城，立元贵靡为大昆弥，乌就屠为小昆弥，皆赐印绶"的记载参看。Ⅱ90DXT0115③：96号简即为鱼离、悬泉置送冯夫人返回乌孙的传车记录，说明甘露二年（前52）二月庚申朔丙戌（二十七日）使者冯夫人正在赶赴乌孙的路上。袁延胜根据上述简牍，指出辛武贤任破羌将军至敦煌、汉廷分立大小昆弥事不在清代学者指出的甘露元年，而应在甘露二年。① 笔者认为，V92DXT1311④：82号简载破羌将军、穿渠校尉、使者冯夫人等西去事属于追述，并不能据此肯定辛武贤任破羌将军不在甘露元年。相反，Ⅱ90DXT0115③：96号简载冯夫人在长安见过宣帝领受分治乌孙令后，返回乌孙经过悬泉置的时间是甘露二年二月庚申朔丙戌（二十七日）。此前，冯夫人已完成了受都护郑吉指令劝降乌就屠、由乌孙至长安面见皇帝、接受皇帝指令、返至敦煌等事，这一番事务，尤其是由乌孙往返长安，所费时日很可能超过两个月。而冯夫人在第一次劝降乌就屠时，就曾语以"汉兵方出，必见灭，不如降"②，且当时汉已遣"破羌将军辛武贤将兵万五千人至敦煌，遣使者案行表，穿卑鞮侯井以西，欲通渠转谷，积居庐仓以讨之"③。因此，笔者认为辛武贤任破羌将军出军敦煌一定在甘露元年（前53），徐松在此点上并无错误。悬泉V92DXT1311④：82号简只是追述了此前军情紧急，各方使者奔走道路时曾抛弃了很多马匹，直到甘露二年四月军情渐息之后，敦煌地方才腾出手来追逐被抛弃马匹，而非甘露二年四月破羌将军才途经敦煌。且据《汉书》记载，冯夫人和破羌将军、穿渠校尉并未同时出发，V92DXT1311④：82号简却写"送破羌将军、穿渠校尉、使者冯夫人"，也说明这不是一次送使行为，而是对多次送使行为遗失马匹情况的总述。当然，尽管徐松在辛武贤任破羌将军事的时间判定上并无错误，但其认为大小昆弥分立也在甘露元年，现在看来确实是站不住脚的。既然Ⅱ90DXT0115③：96号简载甘露二年二月庚申朔丙戌（二十七日）使者冯夫人还在赶赴乌孙的路上，则乌就屠接受宣帝诏令、大小昆弥分治自当在甘露二年二月之后，因此此事当发生在甘露二年。

　　悬泉Ⅱ90DXT0113③：65号简指出，在乌孙危机爆发时或此后不久，长罗侯常惠就来到了乌孙，并积极参与了对此事的处理，恰可为《汉书》"诏乌就屠诣长罗侯赤谷城"的记载作注脚。Ⅱ90DXT0113③：65号简还指出，就在冯夫人返

　① 袁延胜：《悬泉汉简所见汉代乌孙的几个年代问题》，《西域研究》2005年第4期，第9～15页。
　② 《汉书》卷96下《西域传下·乌孙》，中华书局，1962，第3907页。
　③ 《汉书》卷96下《西域传下·乌孙》，中华书局，1962，第3907页。

回乌孙的同时，乌孙公主和常惠都在向皇帝上书。据悬泉 V92DXT1311③：315号简，在上次上书半个月后，常惠又派属下赴行在所面见皇帝，由此可见当时乌孙情况的紧张程度。

悬泉汉简以其特有的形式，为我们补充了乌孙大小昆弥分立时，汉王朝的反应，其中许多生动细节，补充了《汉书》记载的不足，纠正了清人考证的失误。此外，悬泉汉简中还有关于常惠赤谷城屯田、解忧公主返汉，以及西汉后期汉乌交往的许多材料，如：

> 甘露三年十月辛亥朔，渊泉丞贺移广至、鱼离、县泉、遮要、龙勒，厩啬夫昌持传马送公主以下过，禀糜麦各如牒，今写券墨移书到，受薄入，十一月报，毋令缪，如律令。　　　　　　Ⅱ90DXT0114③：522①

就是解忧公主返汉时，敦煌地区迎送招待的记录，可与《汉书》卷96下《西域传下》"公主上书言年老土思，愿得归骸骨，葬汉地。天子闵而迎之，公主与乌孙男女三人俱来至京师。是岁，甘露三年也"的记载对读。

除了重视与乌孙的关系外，宣帝时期还特别重视对车师的争夺。如前所述，在丧失楼兰后，车师已成为匈奴控制西域的最后据点。因此汉匈在车师的争夺异常激烈，有所谓"五争车师"。武帝元封三年（前108）、天汉二年（前99）、征和四年（前89）曾三次进攻车师，反映了汉廷对车师军事价值的重视。天汉二年之役，由于车师得到匈奴之援，汉兵不利。征和四年，"遣重合侯马通将四万骑击匈奴，道过车师北，复遣开陵侯将楼兰、渠犁、危须凡六国兵别击车师，勿令得遮重合侯。诸国兵共围车师，车师王降服，臣属汉"②，汉王朝取得一定优势。但昭帝时，匈奴再次反扑，"复使四千骑田车师"③，也屯田车师，与汉争夺。宣帝继位后，五将军同伐匈奴，匈奴"车师田者惊去，车师复通于汉"④。但不久车师又建立了亲匈政权，"与匈奴结婚姻，教匈奴遮汉道通乌孙者"⑤。地节二年（前68），汉侍郎郑吉、校尉司马憙师将免刑罪人屯田渠犁，积蓄粮谷，准备再次与匈奴展开对车师的争夺。当年秋，汉军进攻车师，破交河城，但由于粮草不足，汉军撤出，归田渠犁。第二年，郑吉等再次进攻车师，车师王先

---

① 郝树声、张德芳：《悬泉汉简研究》，甘肃文化出版社，2009，第236页。
② 《汉书》卷96下《西域传下·车师》，中华书局，1962，第3922页。
③ 《汉书》卷96下《西域传下·车师》，中华书局，1962，第3922页。
④ 《汉书》卷96下《西域传下·车师》，中华书局，1962，第3922页。
⑤ 《汉书》卷96下《西域传下·车师》，中华书局，1962，第3922页。

降后逃，汉王朝令郑吉"还田渠犁及车师，益积谷以安西国，侵匈奴"①。郑
吉先是令三百人屯田车师，主力屯田渠犁，然匈奴以为"车师地肥美，近匈
奴，使汉得之，多田积谷，必害人国，不可不争也"②，因此进攻汉王朝安置
在车师的屯田者。郑吉为应对此情况，"尽将渠犁田士千五百人往田"③。由于
此地对匈奴太过重要，匈奴不断派兵侵扰此地，势在必得。郑吉上书："车师
去渠犁千余里，间以河山，北近匈奴，汉兵在渠犁者势不能相救，愿益田
卒。"④汉廷面对此困境，元康二年（前64）决定罢车师田者，郑吉返回渠
犁。元康四年，汉立车师故太子军宿为王，"尽徙车师国民令居渠犁，遂以车
师故地与匈奴。车师王得近汉田官，与匈奴绝，亦安乐亲汉"⑤，以迁民徙地
的方式解决车师问题，将车师土地弃于匈奴。由于此前匈奴已"以车师王昆
弟兜莫为车师王，收其余民东徙"⑥，故至此车师正式分裂。一部分东迁依附
匈奴，应即后来的车师后国，一部分南迁至渠犁依附汉朝，可能就是后来的
车师前国。由此可见，由于车师对匈奴的重要军事、交通意义，在汉匈力量
对比未发生重大变化之前，汉王朝要完全占有车师难度极大。

悬泉汉简中有汉、匈争夺车师的记载：

> 元康元年十月乙巳，前将军臣增、大仆臣延年，承制诏侍御史曰：
> 将田车师军候强将士诣田所，为驾二封轺传，载从者一人。传第二百卅
> 御史大夫吉下扶风厩，承书以次为驾，当居传舍。如律令。

ⅡT0214③：45⑦

元康元年（前65）十月，正是匈奴攻击郑吉车师屯田士的关键时刻，大概在
此时，郑吉上书汉廷，要求"益田卒"。《汉书》载，公卿议论决定"罢车师
田者"，然而该简却记录了皇帝下诏"将田车师军候强将士诣田所"，与《汉
书》所载不同。推测汉廷在接到郑吉要求"益田卒"的上奏后，确实曾增益
田卒，但由于匈奴争夺车师的决心很大，所增田卒不能解决问题，故最终决
定放弃车师屯田。《汉书》只记载了最后结果，而未及其详细经过。悬泉汉简

① 《汉书》卷96下《西域传下·车师》，中华书局，1962，第3923页。
② 《汉书》卷96下《西域传下·车师》，中华书局，1962，第3923页。
③ 《汉书》卷96下《西域传下·车师》，中华书局，1962，第3923页。
④ 《汉书》卷96下《西域传下·车师》，中华书局，1962，第3923页。
⑤ 《汉书》卷96下《西域传下·车师》，中华书局，1962，第3924页。
⑥ 《汉书》卷94上《匈奴传上》，中华书局，1962，第3788页。
⑦ 张俊民：《简牍文书所见汉代"长安"资料辑考》，收入氏著《简牍学论稿——聚沙篇》，
　甘肃教育出版社，2014，第425页。

的出土，补充了《汉书》失载的内容，让我们认识到了汉王朝为保卫车师屯田所做的努力，有益于我们进一步理解车师在汉、匈西域之争中的重要意义。

车师居民内迁后，一直臣服汉朝，与汉王朝保持了良好的关系，悬泉汉简载：

> 五凤四年六月丙寅，使主客散骑光禄大夫田扶韦制诏御史曰：使云中太守安国、故□未央仓龙□卫司马苏□武疆，使送车师王、乌孙诸国客，与军候周充国载先俱，为驾二封轺传，二人共载。御史大夫延年□□□□承书以次为驾，当舍传舍，如律令。　　　Ⅱ0113③：122A①

记录了乌孙、车师等国与汉通使、友好交往的情况。《汉书》卷19下《百官公卿表下》载，五凤三年（前55）"六月辛酉，西河太守杜延年为御史大夫。三年以病赐安车驷马免"。故简中御史大夫"延年"为杜延年。简中的车师王则应是驻于渠犁附近车师王军宿，或其后人。

此后，汉在车师屯田，并自元帝初元元年（前48）起，置戊己校尉，主管屯田事宜。

二　汉简所见汉王朝在西域的管理机构

西汉王朝为对抗匈奴，从武帝开始经略西域，其间与匈奴在西域展开激烈争夺，汉匈互有得失胜负。至宣帝时期，汉王朝基本确立了在西域的优势，设置西域都护，加强了对西域南北道诸国的管理和对境内丝绸之路的保障。此后直至王莽天凤三年（16）兵败西域，西汉王朝一直对西域保持有强大的控制力。

在西汉王朝100多年对西域的经略过程中，汉朝或为屯田，或为屯戍，或为军事，或为政治，在西域地区设置了一系列军事、屯田、行政机构，如西域都护、使西域副校尉、伊循都尉、戊己校尉等等。关于这些机构的吏员设置、执掌秩别，传世文献虽有记载，但往往比较粗疏，甚或有史料自相矛盾处，如学界围绕戊校尉与己校尉等问题，具讼多年而难以达成共识。但随着20世纪敦煌汉简、罗布淖尔汉简、马圈湾汉简，尤其是悬泉汉简的出土，我们对汉王朝所设西域各机构的设置、运转都有了较清晰的认识，学界在戊己校尉、西域都护、伊循都尉等官职研究方面取得了丰硕的成果。

可以说，西北汉简的出土不仅对汉王朝与西域关系史的研究提供了大量史料，更揭示了汉王朝对西域管理的细节。1931年斯坦因在尼雅遗址曾发掘

---

① 胡平生、张德芳：《敦煌悬泉汉简释粹》，上海古籍出版社，2001，第151页。

过一枚书有"汉精绝王承书从"的木简，这种文句是典型的下行文书，其在尼雅出土，说明了汉王朝利用文书管理精绝国的细节。简中直称精绝国统治者为"汉精绝王"，应该反映了西域都护府设置后，汉王朝强化对西域国家管理的情况。① 对于西域都护及屯田、屯戍各系统的管理、运行情况，本书后续相关章节还会有详细论述，故在此不赘。仅以关于伊循都尉的简例，做一例证。悬泉汉简载：

> 甘露三年四月甲寅朔庚辰，金城太守贤、丞文，谓过所县、道官，遣浩亹亭长泰（漆）贺，以诏书送施刑伊循。当舍传舍，从者如律令。
>
> Ⅱ0114④：338②

简文中的"施刑"为罪徒，是伊循城屯田的主要劳动力。"伊循"即"伊循城"，西汉王朝曾在伊循城屯田。《汉书》卷96《西域传》载，元凤四年（前77），傅介子诛杀楼兰王后，楼兰在汉质子尉屠耆归国为王，临行前称："身在汉久，今归，单弱，而前王有子在，恐为所杀。国中有伊循城，其地肥美，愿汉遣将屯田积谷，令臣得依其威重。"汉王朝接受其请求，"于是汉遣司马一人、吏士四十人，田伊循以填抚之。其后更置都尉。伊循官置始此矣"③。据此可知，伊循城其地肥美，宜于屯田积谷。汉朝最初遣司马一人、吏士四十人至伊循城屯田。后来随着汉朝在伊循城屯田规模的扩大，汉朝于宣帝地节二年（前68）或地节三年间设置了伊循都尉。④ 悬泉汉简出土后，我们知道该"都尉"全称实为"敦煌伊循都尉"：

> 敦煌伊循都尉臣大仓上书一封。甘露四年六月庚子上囗
>
> Ⅱ90DXT0216③：111⑤

简文称"敦煌伊循都尉"表明伊循都尉受敦煌太守节制。

三　丝绸之路上的西域

《史记·大宛列传》称张骞有凿空西域之功。近代以来，自德国学者李希

---

① 林梅村：《汉代精绝国与尼雅遗址》，原载《文物》1996年第12期，后收入氏著《汉唐西域与中国文明》，文物出版社，1998，第247~250页。

② 胡平生、张德芳：《敦煌悬泉汉简释粹》，上海古籍出版社，2001，第39页。

③ 《汉书》卷96上《西域传上·鄯善》，中华书局，1962，第3878页。

④ 李炳泉：《西汉西域伊循屯田考论》，《西域研究》2003年第2期。

⑤ 郝树声、张德芳：《悬泉汉简研究》，甘肃文化出版社，2009，第244页。

霍芬提出丝绸之路概念后，人们更是经常把丝绸之路开辟的贡献与汉人张骞联系起来。但客观来说，秦汉传世文献中关于中原王朝与广义"西域"上的国家在丝绸之路上进行友好经贸往来、文化交流的记载，却是凤毛麟角。这种史料局限，导致大家往往更关注汉王朝经略"狭义"西域之史实，而忽略丝绸之路上汉王朝与广义"西域"国家的经贸、文化交往。甚至不少学者认为，汉王朝的西域政策完全是以军事、政治为目的，并没有开辟丝绸之路、加强与西方国家经济文化交流的意义。然而20世纪敦煌、新疆汉简，尤其是20世纪90年代悬泉汉简的出土，则部分改变了这一认识。

悬泉汉简中有大量汉王朝与大月氏、康居等西域国家经济、文化交往的记录，据郝树声、张德芳统计，"悬泉汉简中，有关西域方面的资料500多条"①。这些材料描绘了2000多年前丝绸之路上东、西方国家以经济为目的交往的细节，对丝绸之路和中西交通史研究具有重要意义。而其中最重要的意义，就是使大家清晰地认识到：开辟、保障丝绸之路，与中亚、西亚国家进行经济贸易和文化交流，即使不是汉王朝经营西域的核心目的，也是汉王朝经营西域的重要目的之一。两汉时期，汉王朝与丝绸之路上的西域各国，尤其是中亚、西亚国家间存在以朝贡贸易形式为主导的经济文化交往现象。

关于悬泉汉简反映的中外经济文化交往现象，学界已倾注了极大的兴趣。郝树声、张德芳《悬泉汉简研究》一书，及郝树声《简论敦煌悬泉汉简〈康居王使者册〉及西汉与康居的关系》《汉简中的大宛和康居——丝绸之路与中西交往研究的新资料》，张德芳《从悬泉汉简看楼兰（鄯善）同汉朝的关系》《悬泉汉简中若干西域资料考论》《西北汉简中的丝绸之路》，王素《悬泉汉简所见康居史料考释》，袁延胜《悬泉汉简所见康居与西汉的关系》，刘春雨《从悬泉汉简中的使者看西域与内地的关系》等文已有极丰硕的研究成果。② 本书在借鉴上述研究成果的基础上，对汉王朝与一些典型国家的交往，予以论述。

---

① 郝树声、张德芳：《悬泉汉简研究》，甘肃文化出版社，2009，第194页。
② 郝树声：《简论敦煌悬泉汉简〈康居王使者册〉及西汉与康居的关系》，《敦煌研究》2009年第1期；郝树声：《汉简中的大宛和康居——丝绸之路与中西交往研究的新资料》，《中原文化研究》2015年第2期；张德芳：《从悬泉汉简看楼兰（鄯善）同汉朝的关系》，《西域研究》2009年第4期；张德芳：《悬泉汉简中若干西域资料考论》，载荣新江、李孝聪主编《中外关系史：新史料与新问题》，科学出版社，2004，第129～161页；张德芳：《西北汉简中的丝绸之路》，《中原文化研究》2014年第5期；王素：《悬泉汉简所见康居史料考释》，收入氏著《汉唐历史与出土文献》，故宫出版社，2011；袁延胜：《悬泉汉简所见康居与西汉的关系》，《西域研究》2009年第2期；刘春雨：《从悬泉汉简中的使者看西域与内地的关系》，《中州学刊》2013年第6期。

（一）楼兰（鄯善）

楼兰（鄯善）是丝绸之路上的重要国家，是汉王朝出西域的第一站。自从元凤四年（前77）之后，一直与汉王朝保持着良好的关系，既是汉王朝经略西域的基地，又是丝绸之路中西交通的孔道。悬泉汉简载：

> 楼兰王以下二百六十人当东，传车马皆当柱敦☐
>
> Ⅱ90DXT0115②：47①

此简出自敦煌悬泉置，简末"敦"字后残泐，据简意所阙当是敦煌郡或敦煌效谷县的官长发文至悬泉置，要求悬泉置做好接待楼兰王及随行二百六十人的相关事宜。简文言"东"则表明楼兰王一行是将入汉境。据《汉书》卷96《西域传》载，元凤四年（前77）大将军霍光遣傅介子斩楼兰王尝归，立质子尉屠耆为王，更其国名为鄯善。此简言"楼兰王"可知简载此次楼兰王入汉当在元凤四年前。

> 出粟一斗六升，以食鄯善王、王赐妻使者犬苏者等二人，人再食，食四升，西。
>
> Ⅰ90DXT116②：41②

此简为悬泉置接待鄯善王及王赐妻使者的记录。鄯善王及王赐妻使者从中原返回鄯善国时途经悬泉置，置按规定出粟一斗六升，供鄯善王一行人两次饮食，每人食用了四升粟。简文既称"鄯善王"则此简必在元凤四年后。简文中"王赐妻"值得注意。《汉书》卷96上《西域传上》载："元凤四年，大将军霍光白遣平乐监傅介子往刺其王。……介子遂斩王尝归首……乃立尉屠耆为王，更名其国为鄯善，为刻印章，赐以宫女为夫人，备车骑辎重，丞相将军率百官送至横门外，祖而遣之。"尉屠耆归国为王，汉朝以宫女为其夫人。简文所载的"王赐妻"很可能亦是汉朝所赐宫女为其妻。汉王朝通过赐宫女为鄯善王妻的方式加强了对鄯善这一丝绸之路要冲的控制。

（二）大宛

大宛是西域大国，由于其境距汉较远，故其与汉王朝交往的目的与抗拒应具有一致性。《汉书》卷96上《西域传上》载："大宛国，王治贵山城，去长安

---

① 张德芳：《西北汉简中的丝绸之路》，《中原文化研究》2014年第5期。

② 张俊民：《敦煌悬泉出土汉简所见人名综述（二）——以少数民族人名为中心的考察》，《西域研究》2006年第4期。

万二千五百五十里。户六万，口三十万，胜兵六万人。副王、辅国王各一人。东至都护治所四千三十一里，北至康居卑阗城千五百一十里，西南至大月氏六百九十里，北与康居、南与大月氏接，土地风气物类民俗与大月氏、安息同。……别邑七十余城，多善马，马汗血，言其先天马子也。"大宛因盛产"天马"，故曾得到汉武帝的特殊关注。太初四年（前101），贰师将军李广利伐大宛得汗血宝马。此后，大宛王蝉封与汉约，岁献天马二匹。悬泉汉简中有一枚简记录了大宛王遣使献天马，汉廷派遣专人到敦煌郡迎接贡使和天马的情况：

> 元平元年十一月己酉，□□□使户籍民迎天马敦煌郡，为驾一乘传，载奴一人。御史大夫广明下右扶风，以次为驾，当舍传舍，如律令。
>
> Ⅱ90DXT0115④：37[1]

这是御史大夫田广明颁发使者传信在悬泉置的抄件。"为驾一乘传"是朝廷官员出使所用规格比较高的传车。元平元年为公元前74年，距太初四年（前101）李广利再伐大宛已过了20多年，由本简可知，在20多年的时间里，大宛和汉王朝始终保持着贡使往来的关系，大宛一直践行岁献马二匹的约定。参照此简，我们可以更深刻体会武帝时期大宛之役的意义所在。

大宛除贡献天马外，悬泉汉简记载表明，还贡献有骆驼：

> 大宛贵人乌莫塞献橐他一匹，黄，乘，须两耳，絮一丈，死县（悬）
>
> 泉置□　　　　　　　　　　　　　　Ⅱ90DXT0214②：53[2]

如果说贡献天马是遵照约定外，那么本简关于贡献"橐他"的记录，很可能是一般的朝贡贸易。

两汉时期的大宛是古代中国最早与之建立外交关系的国家和地区之一。悬泉汉简中有10多支记载汉朝遣使至大宛，以及大宛贵人、使者前来汉朝通好朝贡时在悬泉置留下的记录，为研究汉朝与中亚地区友好交往的历史提供了最直接的实物与文献的相关证据，极为珍贵。张德芳先生《敦煌悬泉汉简中的"大宛"简以及汉朝与大宛的关系考述》[3] 一文曾对悬泉汉简中的"大

---

① 胡平生、张德芳：《敦煌悬泉汉简释粹》，上海古籍出版社，2001，第104页。部分释文据郝树声《汉简中的大宛和康居——丝绸之路与中西交往研究的新资料》（《中原文化研究》2015年第2期）一文修订。

② 胡平生、张德芳：《敦煌悬泉汉简释粹》，上海古籍出版社，2001，第108页。

③ 张德芳：《敦煌悬泉汉简中的"大宛"简以及汉朝与大宛的关系考述》，《出土文献研究》第9辑，中华书局，2010，第140～147页。

宛”简进行过详细考证，可以参看。

（三）大月氏

汉通西域的契机，即是寻找大月氏以联合对抗匈奴。虽然汉王朝的军事目的未得实现，但双方的和平交往此后得以维系。元狩四年（前119）张骞第二次西使，派副使到达大月氏。后数岁，张骞所遣至大夏、大月氏等国的副使与诸西域国使者俱来中原，“于是西北国始通于汉矣”。自此以后，大月氏与中原王朝始终保持着使贡关系。《汉书》卷96上《西域传上》载：“大夏本无大君长，城邑往往置小长，民弱畏战，故月氏徙来，皆臣畜之，共禀汉使者。”大月氏徙大夏之后，大夏与大月氏一起发展与汉王朝的友好关系。《汉书》卷61《李广利传》称：“匈奴为害久矣，今虽徙幕北，与旁国谋共要绝大月氏使，遮杀中郎将江、故雁门守攘。”匈奴与西域其他国家在半道上阻绝大月氏使者入汉朝贡，可见在汉匈之争中，由于大月氏与匈奴的历史恩怨，大月氏基本是站在汉王朝立场上的。

《汉书》卷96《西域传》关于大月氏的记载，主要集中于其早期历史、与匈奴的恩怨上，关于其后来与汉王朝的交往，则着墨甚少。斯坦因第四次中亚考察，曾在尼雅遗址发现汉简，其中一枚载：

> 大宛王使美左大月氏 ［使］ 上所 （以下字迹漫漶）
> 所寇，［愿］ 得汉使者，［进奉］，故及言 （以下字迹漫漶）

林梅村曾对该简考证，认为其应与汉宣帝元康元年（前65），冯奉世出使大宛事有关，反映了西域都护设置前，汉王朝与大宛、大月氏等国交往的情况。虽然，当时汉王朝与大月氏、大宛等国的交往受到（匈奴）所寇的严重影响，但使节避近就远，绕路南道，① 将这种交往持续下去，更反映了双方交往意愿之强烈。

悬泉汉简中有17条关于大月氏的记载，② 反映了两汉时期大月氏与汉王朝频繁的外交关系。本书择要简述如下。

> 神爵二年四月戊戌，大司马车骑将军臣□承制诏请□：大月氏、乌

---

① 林梅村：《尼雅汉简中有关西汉与大月氏关系的重要史料》，原载《九州》第一册，中国环境出版社，1997，后收入氏著《汉唐西域与中国文明》，文物出版社，1998，第258～263页。简文据林梅村释文，图版见该书彩版19。
② 郝树声、张德芳：《悬泉汉简研究》，甘肃文化出版社，2009，第201～207页。

孙长□凡□□□富候臣或与斥候利邦国、侯君、侯国、假长□□□中乐
安世归义□□□□□□□□□□。为驾二封轺传，十人共□，二人共载。
御史大夫□下扶风厩，承书以次为驾，当舍传舍，如律令。十月□。

　　　　　　　　　　　　　　　　　　　　　　Ⅰ91DXT0309③∶59①

据《汉书·宣帝纪》和《百官公卿表》可知，简中"大司马车骑将军"当为
韩增，而御史大夫当为丙吉。

　　　　使大月氏副右将军史柏圣忠，将大月氏双靡翎候使者万若、山副使
　　　苏赣皆奉献言事，诣在所，以令为驾一乘传。永光元年四月壬寅朔壬寅，
　　　敦煌大守千秋、长史章、仓长光兼行丞事，谓敦煌以次为驾，当传舍，
　　　如律令。四月丙午过东。　　　　　　　　　V92DXT1210③∶132A
　　　　初元二年七月戊辰，使□□□□者□□□中郎丞谨承制诏侍御史
　　　□□□大月氏□□□臣副意与序候□敝赵□□为驾二封轺传，二人共载。
　　　御史□□□□下扶风厩，以次为驾，当舍传舍，如律令。四月丙寅过东。
　　　　　　　　　　　　　　　　　　　　　　V92DXT1210③∶132B②

本简正反两面书写。初元二年，公元前 47 年；永光元年，公元前 43 年。简中
正面所书为使大月氏副右将军、大月氏双靡翎候使者、山国副使者入汉的记
录。敦煌太守、长史和仓长联合署名发文要求悬泉置等机构按要求接送。背
面简文残泐，从残文来看，是初元二年七月戊辰，朝廷派人护送大月氏使者
回国，要求各地方机构按要求做好接待工作，其中"御史□□□□"可据
《汉书》卷 19 下《百官公卿表下》补为"御史大夫万年"。《汉书》卷 96 上
《西域传上》载："大夏本无大君长，城邑往往置小长，民弱畏战，故月氏徙
来，皆臣畜之，共禀汉使者。有五翎侯：一曰休密翎侯，治和墨城，去都护
二千八百四十一里，去阳关七千八百二里；二曰双靡翎侯，治双靡城，去都
护三千七百四十一里，去阳关七千七百八十二里；三曰贵霜翎侯，治护澡城，
去都护五千九百四十里，去阳关七千九百八十二里；四曰肸顿翎侯，治薄茅
城，去都护五千九百六十二里，去阳关八千二百二里；五曰高附翎侯，治高
附城，去都护六千四十一里，去阳关九千二百八十三里。凡五翎侯，皆属大
月氏。"大夏有五翎侯，自大月氏迁至大夏后，五翎侯皆臣畜之。简文记载的

_____

①　郝树声、张德芳：《悬泉汉简研究》，甘肃文化出版社，2009，第 201 页。
②　郝树声、张德芳：《悬泉汉简研究》，甘肃文化出版社，2009，第 202 页。

"双靡翎侯"即《西域传》中的"双靡翎侯",是五翎侯之一。尽管此时已臣属于大月氏,但从简文记载来看,他们也可以与汉王朝保持朝贡关系。

关于大月氏内容的简牍出土,弥补了传世文献的不足,丰富了我们对西汉时期大月氏与中原王朝的交往情况的认识。

除了鄯善、康居、大月氏等在《汉书·西域传》中有详细记载的国家外,一些在《西域传》中很少记载的西域小国在悬泉汉简中也有体现,这更彰显了悬泉汉简极高的史料价值。

（四）山国

《汉书》卷96下《西域传下》载:"山国,王去长安七千一百七十里。户四百五十,口五千,胜兵千人。辅国侯、左右将、左右都尉、译长各一人。西至尉犁二百四十里,西北至焉耆百六十里,西至危须二百六十里,东南与鄯善、且末接。山出铁,民山居,寄田籴谷于焉耆、危须。"是距离尉犁、焉耆、危须很近的小国。颜师古曰认为:"此国山居,故名山国也。"① 悬泉汉简:

> 使大月氏副右将军史柏圣忠,将大月氏双靡翎侯使者万若、山副使苏赣皆奉献言事,诣在所,以令为驾一乘传。永光元年四月壬寅朔壬寅,敦煌太守千秋、长史章、仓长光兼行丞事,谓敦煌以次为驾,当传舍,如律令。四月丙午过东。　　　　　　　　　　V92DXT1210③:132A②

简文"山副使"应即"山国副使者"之省称。作为一个仅有五千居民的西域小国,《汉书》中没有山国与汉王朝交往的记录,此简保留了两国间遣使往来的情况,可补史载之阙。

（五）折垣和祭越

悬泉汉简所记录的西域国家中,有些不见于《史记》《汉书》《后汉书》的记载,其有可能是为史书失载的国家,但也不排除与《汉书》所载某国异名同实的可能。

> ☑其一只以食折垣王一人师使者
> ☑只以食钩盾使者迎师子

---

① 《汉书》卷96上《西域传上·鄯善国》颜师古注,中华书局,1962,第3875页。
② 郝树声、张德芳:《悬泉汉简研究》,甘肃文化出版社,2009,第202页。

　　□□以食使者弋君　　　　　　　　　　　Ⅱ90DXT0214S：55①

该简是悬泉置招待折垣王和过往使节的饮食记录。从简文可知，"折垣"为西域之国，但该国并没有出现在《汉书》中。简中"钩盾"属少府，为掌管皇家苑囿的机构。《汉书》卷19上《百官公卿表上》"少府"条下载："又中书谒者、黄门、钩盾、尚方、御府、永巷、内者、宦者七官令丞。……武帝太初元年……钩盾五丞两尉。"颜师古曰："钩盾主近苑囿。""钩盾"一职在后汉亦存，如《续汉书·百官志》载："钩盾令一人，六百石。本注曰：宦者，典诸近池苑囿游观之处。"②《汉书》卷96下《西域传下》赞曰："巨象、师子、猛犬、大雀之群食于外囿。"《汉书》记载西域的乌弋山离国，"地暑热莽平……而有桃拔、师子、犀牛"。文中的"师子"即上引简文中的"师子"，今写作"狮子"。史籍所见，西域诸国向中原王朝进献狮子的时间最早在章帝年间，《后汉书》卷3《章帝纪》载，章和元年（87），"月氏国遣使献扶拔、师子"。卷4《和帝纪》载，永元元年（89），"安息国遣使献师子、扶拔"。卷6《顺帝纪》载，阳嘉二年（134），"疏勒国献师子、封牛"。该简无明确纪年，考虑到悬泉置所出简牍多为西汉后期，所以上引简文的时代亦当属于西汉后期。这样，悬泉汉简的记载表明，早在西汉后期，西域国家就已经向中原王朝贡献狮子诸物了。但同时我们亦应看到，简文所记载的钩盾使者所迎狮子是否即为折垣王所献则尚需更多证据来证明。

　　祭越也见于悬泉汉简：

　　　　出钱百六十，沽酒一石六斗。以食守属董并∨叶贺所送沙车使者一　　　　人、罽宾使者二人、祭越使者一人，凡四人，人四食，食一斗。

　　　　　　　　　　　　　　　　　　　　　　Ⅱ90DXT0113②：24③

该简所记为悬泉置接待莎车、罽宾和祭越使者四人的记录。祭越，不见于《汉书·西域传》，和"折垣"一样为我们所未知的一西域国，但根据简文，似乎可判断其与汉的交通，当和莎车、罽宾处于一条通道上。

　　罗帅《悬泉汉简所见折垣与祭越二国考》曾根据上述悬泉汉简内容，结合传世文献，利用语源学的方法，对折垣与祭越的地望进行了推断，认为折垣为《汉书·西域传》所载之乌弋山离，是对该国别名 Zarangiana 或首都 Za-

　　① 郝树声、张德芳：《悬泉汉简研究》，甘肃文化出版社，2009，第209页。
　　② 《续汉书·百官志三》，见范晔《后汉书》，中华书局，1965，第3595页。
　　③ 郝树声、张德芳：《悬泉汉简研究》，甘肃文化出版社，2009，第208页。

rin 的译称；祭越则是《汉书·西域传》里的子合（西夜），即古罗马地理学家托勒密《地理志》里提到的 Sizyges。① 其分析有一定道理，但是否准确，还有待于相关材料的进一步发现。

悬泉汉简涉及的国家有"楼兰（鄯善）、且末、小宛、精绝、扜弥、渠勒、于阗、蒲犁、皮山、大宛、莎车、疏勒、乌孙、姑墨、温宿、龟兹、仑头、乌垒、渠犁、危须、焉耆、狐胡、山国、车师等 24 国"② 和一些不见于传世文献的国家，其出土必将对丝绸之路史研究有极大的推动作用。

---

① 罗帅：《悬泉汉简所见折垣与祭越二国考》，《西域研究》2012 年第 2 期。
② 郝树声、张德芳：《悬泉汉简研究》，甘肃文化出版社，2009，第 194 页。

第四章　新莽时期的西北民族关系

西汉后期社会矛盾尖锐。儒家学说在政治思想领域占据统治地位后，今文经学"易姓受命""天人感应""五德终始"等观念在社会上的影响越来越大。在这种情况下，外戚王莽先由摄皇帝，最终在始建国元年（9）成为真皇帝，并开始了针对西汉后期社会矛盾的大刀阔斧的改革。

中原王朝的改朝换代，王莽的改革，对民族关系也造成了深远影响，西汉后期比较平静的汉匈关系、汉羌关系和汉王朝与西域关系都骤起波澜。最终，经过王莽15年的统治，西汉中后期奠定的良好的周边政治环境被破坏殆尽。王莽的民族政策对此后民族关系发展造成了严重后果，一定程度上影响了东汉时期民族交往的开展。20世纪以来，居延、敦煌汉简中有较多关于王莽时期民族关系的材料，为我们解读这方面的史实、总结经验教训，提供了第一手材料，值得重视。

第一节　新莽政权的民族政策改革

王莽能够取代西汉而建立新朝，除了西汉后期社会矛盾尖锐，社会各界对王莽解决奴婢、流民、土地兼并等问题的能力抱以期望外，更主要的原因是西汉今文经学"易姓受命"学说的影响。[1] 王莽即位时，西汉王朝虽内部矛盾尖锐，但客观来讲在与周边民族关系方面，仍然处于良好态势。当时，匈奴、乌孙臣服，西域、西羌安定，哀帝元寿二年（前1），乌孙大昆弥、匈奴单于联袂朝汉，一时被视为汉帝国国力鼎盛的标志。平帝元始二年（2），汉帝国立威西域，迫匈奴单于交出因故叛逃匈奴的车师后王姑句、婼羌去胡来王唐兜，然后集合西域君长，当众斩首二人，并立禁止匈奴收容逃人之条文。同年匈奴单于囊知牙斯慕化儒风，上书更名为"知"。可以说此时汉王朝在西域、匈奴令行禁止，速于置邮而传命。

然王莽即位后，从始建国二年（10）开始便边衅不断。车师后王叛逃匈奴、戊己校尉府沦没，匈奴军队"击车师，杀后成长"。始建国三年，王莽欲

---

① 参钱穆《秦汉史》，生活·读书·新知三联书店，2004。

大分匈奴为十五单于，匈奴"入云中益寿塞，大杀吏民"，双方关系彻底破裂，至此新莽与匈奴连战不断，"吏士罢弊，数年之间，北边虚空，野有暴骨矣"①。始建国五年，焉耆反新莽，杀西域都护但钦，这是西汉中期西域都护设置以来发生在西域的最恶性事件。天凤三年（16），新莽派五威将王骏赴西域，又败于焉耆，五威将被杀，西域都护李崇退保龟兹，后亦败没。中原王朝与西域关系断绝。此后，绿林、赤眉起义爆发，中原板荡，中原王朝更无力控制甚至羁縻匈奴、西域。短短十几年间，边防形势、民族关系恶化至此，虽说其中有主客观条件变化，尤其是匈奴势力恢复等因素的影响，但无论如何说局面至于此，和王莽的民族政策是脱不开干系的。

王莽其人及其改制，学术界研究备至，一般认为王莽改制具有经学化、理想化、不切实际的特点，改制政策的经学化和周边环境的极度恶化也被认为是王莽改制失败的主要原因。本书不拟对王莽改制及王莽其人做过多分析，仅就王莽时期的民族关系和民族政策立论。笔者认为，没有良好的外部环境支持是王莽改制失败的重要原因之一。而外部环境的恶化，虽说是多种因素共同作用的结果，但确实与王莽立太平、追求"化流海内，远人慕义"的统治理想又有密切关系。李大龙分析王莽时期西域管理体制瓦解的原因，强调地方官吏的苛刻和来自匈奴的威胁，多从新莽政权与周边民族的力量对比角度立论。② 虽有合理性，但笔者还是想说，王莽一改西汉后期实用主义外交政策，过度追求"四海雍雍，万国慕义，蛮夷殊俗，不召自至"目标是其民族政策失败的主要原因。王莽政权一方面为满足政治需求采取欺诈、收买等手段吸引少数民族形式上"归附"，③ 另一方面又擅改汉王朝既定的少数民族称号，骚扰少数民族居民，削弱汉王朝奠定的民族关系基础，引起边患。边患爆发后，一方面好大喜功进行镇压，另一方面又受制于国内各种政治问题，犹疑不决，"久屯不攻"，耗费财富，错失战机。④ 最终导致失去解决民族问题的有利时机。而王莽之所以在处理民族关系时非常强调"绝域殊俗，靡不慕义"，又与王莽政权的立国基础有关。李大龙认为，王莽改变西汉王朝边疆政策，实施"改王为侯"政策，不懈追求"绝域殊俗，靡不慕义"的目标，想

---

① 《汉书》卷94下《匈奴传下》，中华书局，1962，第3826页。
② 李大龙：《汉代中国边疆史》，黑龙江教育出版社，2014，第163页。
③ 李大龙先生曾注意过新莽政权实行的"以收买为特点的边疆政策"和处理民族关系时的"欺诈"行为，参氏著《汉代中国边疆史》第145～146页和第162页。
④ 李大龙先生曾注意过新莽政权在处理匈奴问题时的"久屯不攻"现象，参氏著《汉代中国边疆史》第156～160页。

通过改革藩属关系来确立自己的"绝对"统治地位，与西汉王朝民族政策较宽松而王莽力图加强中央集权有关。① 笔者认为，王莽在民族政策方面的改革，虽不排除有加强中央集权、提升中原王朝对周边民族控制能力的考虑，但更主要的还是要通过在形式上确立汉王朝的东亚政治秩序中心地位来确立自己政权的合法性。王莽时期与周边少数民族战争爆发的原因，多是由于名号问题引发少数民族叛乱，王莽不得不予以镇压，而很少有王莽为加强实质上的集权主动对少数民族政权发动攻击。以匈奴战争为例，新莽政权建立后与匈奴发生矛盾，匈奴不断侵袭新朝边境，给新朝带来了极大威胁。王莽虽组织 30 万军队屯戍边塞准备予以讨伐，但实质上却是"久屯不攻"。究其原因无非是寄希望于匈奴亲汉政权建立能避免战争，而亲汉政权的建立只能在形式上满足王莽的虚荣和意识形态需求，并不能在实质上使新莽政权获得对匈奴的集权。王莽为此目的不惜以贻误战机、耗费国力为代价，其追求名号的目的非常明显。

王莽政权以世人对其天命的认可为施政最高准则之一，为此不断更改官名、地名、数字、文字写法，这些在两《汉书》和西北地区出土汉简中都有反映，日本学者森鹿三《居延汉简中的王莽简》和饶宗颐、李均明先生之《新莽简辑证》《新莽简时代特征琐议》等述之甚详。② 而为树立天命在己的形象，王莽也不断调整民族政策，改少数民族称号、印绶，如更换匈奴、西域王侯印绶，更改匈奴单于称号，更改汉封少数民族王号为侯，诱骗羌人献地，等等。《汉书》卷 99 中《王莽传中》载，王莽即位伊始，始建国元年（9）秋，"遣五威将王奇等十二人班《符命》四十二篇于天下。……五威将奉《符命》，赍印绶，王侯以下及吏官名更者，外及匈奴、西域，徼外蛮夷，皆即授新室印绶，因收故汉印绶。……莽策命曰：'普天之下，迄于四表，靡所不至。'"其目的无非是向包括远边之地的四海居民宣称自己的合法性。敦煌汉简载：

> 入西蒲书二封。其一封文德大尹章诣大使五威将莫府，始建国元年十月辛未日食时，关啬夫受□□卒赵彭。
> 一封文德长史印诣大使五威将莫府。　　　　　　　　　　　1893③

---

① 李大龙：《汉代中国边疆史》，黑龙江教育出版社，2014，第 139、146~147 页。
② 〔日〕森鹿三：《居延出土的王莽简》，姜镇庆译，载《简牍研究译丛》（第一辑），中国社会科学出版社，1983；饶宗颐、李均明：《新莽简辑证》，新文丰出版公司，1995；李均明：《新莽简时代特征琐议》，《文物春秋》1989 年第 4 期。
③ 甘肃省文物考古研究所编《敦煌汉简》，中华书局，1991，下册第 1893 页。本书所引除 1979 年马圈湾出土汉简外之敦煌汉简，无特殊说明者，皆据此书，下不出注。

该简是邮书传递记录，所传邮书为文德大尹（即敦煌太守）、长史发送给"大使五威将莫府"者，敦煌太守传递邮书给"大使五威将莫府"的邮书被称"西书"，则此五威将莫府当在西域，再结合"始建国元年十月辛未日"的记载，可知此五威将当是王莽派遣宣传符命之至西域者。简文恰可与《王莽传》的记载印证。①

　　王莽重视民族关系方面的名号，确有不得已之必要，其虽处置失当，酿成大祸，但究其缘由也有不得已之处。王莽政权，应"五德"而建，其政权的合法性不但要靠前期之"符命"预见，更需后续之政绩证成，这是王莽即位后必须大刀阔斧改革和调整民族政策、民族关系的原因。也就是说，王莽之为帝，天然背负有"兴太平"之义务、责任，这是其与西汉诸帝最大的不同之处。但"符命"可以换来帝位，却换不来"太平盛世"之局面。尤其是在对内改革解决各种社会问题方面收效不大的时候，王莽就只能把自己政权的合法性进一步叠加在民族关系方面，要通过证明自己的统治更被少数民族爱戴、自己在少数民族面前更为强势、在自己统治之下更能实现真正的大一统来证明新莽政权是天命所归。为达到此种目的，王莽选择以欺诈的手段拉拢少数民族人，使其重译来朝、向化中原；实施"改王为侯"政策，"至西域，尽改其王为侯"，改匈奴为"恭奴"，改"单于"为"善于"，以示"天无二日，土无二王"之义，来证明新莽政权比汉政权在周边少数民族面前更为强势。王莽改匈奴单于称号和"改王为侯"的现象，在西北汉简中都有所反映。敦煌马圈湾汉简载：

> 今共奴已与鄯善不和，则中国之大利也。臣愚以为钦将兵北　　66
>
> 共奴，遮逆房　　68
>
> 暴深人民，素恶共奴，尚隐匿深山危谷　　73
>
> 臣谨写钦檄记，传责之，共奴桀黠侵　　83
>
> 距恭奴，遮焉耆，殄灭逆房　　98
>
> □南将军焦拂乘其力，子男皆死，今恭奴言鄯善反我，鄯善　　114
>
> 共奴房可千骑来过敦，诸尉吏在者至郸所部深城　　115
>
> 共奴与焉耆通谋，欲攻车师戊部孤军大都护　　119
>
> □□□□□归败矢，崇无以复战，从尉谷食孚尽，车师因为共奴所
>
> 133

---

① 参罗振玉、王国维《流沙坠简》，中华书局，1993。

> 共奴虏来为寇于使君先，知其必怨故求请兵□ 159

其中"共奴""恭奴"之号，皆为天凤二年（15）五月改匈奴曰"恭奴"、单于曰"善于"的产物。

> 湖门尉得虏橐它上装中尉梨侯虏平□与，逆虏受军得脱。 111
> 车师侯其廿四人乃去所部遣吏士三百余人，夜往胥射之。 113

111 号简之"尉梨侯"、113 号简之"车师侯"显然是王莽改"尉梨王""车师王"后出现的称谓。

王莽要通过处理民族关系获取在改革内政方面无法获取的合法性。而这种处理民族关系的手段，却又容易进一步激发民族矛盾。这样就开启边衅，导致边塞地区的不稳定。如果说，汉王朝面临边疆民族问题，可根据现实需要从容制定相关对策的话，王莽政权由于合法性的救命稻草就建立在对周边少数民族的强势态度上，所以别无选择，只能谋求通过暴力手段迅速解决问题以树立自己在国内民众心目中的正统性。而国内政局和社会问题又影响了王莽政权的对外成功效率，这又进一步对其合法性形成瓦解之势。所以王莽政权在民族关系方面后来已形成怪圈：国内问题无法解决，借助于民族关系提高威望，利用收买、欺诈手段处理民族关系，破坏西汉中后期的民族形势，引发与周边民族矛盾，出征，失败，需要进一步证明政权合法性，更大规模地组织动员军队。在国内诸矛盾的解决停滞不前，对外战争持续失败的情况下，王莽的痛苦、焦虑无以复加，后来不得不进一步采用以金钱大规模收买少数民族的手段，来换取对自己政权合法性的证明。而大规模贿赂和组织军队，又需要极大的经济成本，经济成本则需要人民买单，这样国家只能靠加重赋税来维持"合法性"，最终导致大规模民变爆发，社会秩序完全崩盘。

王莽的这种矛盾心理或者说在处理民族问题方面的弱点，后来被匈奴等少数民族掌握，他们利用王莽这种弱点予以讹诈，更使新莽政权陷入窘境。

可以说，王莽政权在统治中后期已完全陷入上述怪圈，不能自拔，这种怪圈的形成、民族关系的破坏，与王莽政权建立的基础有密切关系。我们可以据此批评王莽在处理民族关系方面的无能，但也要看到之所以会出现这种局面的原因。

第二节　新莽政权与匈奴关系

新莽时期，王莽采取的民族政策导致中原王朝与匈奴关系发生了转变。而新王朝与匈奴的外交关系，就是对上节提到的王莽民族政策怪圈的注脚。

汉匈关系作为汉帝国处理与周边民族关系的基石，同样被王莽高度重视。新莽政权建立后，为突出自己的正统性，尤其强调在与周边民族关系方面要表现得比西汉王朝更为强势，故王莽积极推行"四夷僭号称王者皆更为侯"的民族政策。始建国元年（9）王莽策命曰："天无二日，土无二王，百王不易之道也。汉氏诸侯或称王，至于四夷亦如之，违于古典，缪于一统。其定诸侯王之号皆称公，及四夷僭号称王者皆更为侯。"① 是年秋，王莽"遣五威将王骏率甄阜、王飒、陈饶、帛敞、丁业六人，多赍金帛，重遗单于（乌珠留），谕晓以受命代汉状，因易单于故印。故印文曰'匈奴单于玺'，莽更曰'新匈奴单于章'"②。王骏等至匈奴后，以重金厚赂单于，用欺骗手段更换了单于印绶。单于对此非常不满，加之王骏等又责令匈奴归还所掠乌桓人众，单于更加恼怒，乃遣右大且渠蒲呼卢訾等十余人将兵众万余骑，以护送乌桓为名，勒兵朔方塞下，汉匈关系由此急剧恶化。

王莽为"天命"考虑，要确立在匈奴面前的强势而更换单于玺绶，虽然期间赠予匈奴大量财富，但仍为双方关系破裂埋下伏笔。此后，心有叛意的匈奴又接纳了车师后王兄狐兰支、汉朝叛臣戊己校尉史陈良等，并兴兵寇击车师，"杀后成长，伤都护司马"，不但违反了"中国人亡入匈奴者，乌孙亡降匈奴者，西域诸国佩中国印绶降匈奴者，乌桓降匈奴者，皆不得受"③ 的约定，甚至招降纳叛、攻击西域，④ 与新莽政权几乎公开决裂。

匈奴的这种行为对于追求"绝域殊俗，靡不慕义"的王莽来说，无疑是重大打击。在这种情况下，王莽于始建国二年，更名匈奴单于曰降奴服于，以示侮辱。居延汉简载：

> 诏书曰：除匈奴之号。　　　　　　　　　　　　　　EPT59：144
> 诏书：长安县更为常安。　　　　　　　　　　　　　EPT59：117A
> 诏书：长安更为常安府。告甲　　　　　　　　　　　EPT59：117B⑤

① 《汉书》卷99中《王莽传中》，中华书局，1962，第4105页。
② 《汉书》卷94下《匈奴传下》，中华书局，1962，第3820页。
③ 《汉书》卷94下《匈奴传下》，中华书局，1962，第3819页。
④ 《汉书》卷94下《匈奴传下》载，"西域都护但钦上书言匈奴南将军右伊秩訾将人众寇击诸国"，中华书局，1983，第3823页。
⑤ 肖从礼：《居延新简集释（五）》，甘肃文化出版社，2016，第25页。本书引用1974年甲渠候官出土居延汉简无特殊说明者皆据《居延新简集释》，下不出注。

关于此次王莽除匈奴名号事，特日格乐认为应指天凤二年（15）王莽改匈奴单于为"恭奴善于"事。① 笔者认为，特日格乐的观点有待商榷，这次更改名号应该与始建国二年事有关。首先，天凤二年改匈奴名号，是匈奴单于咸即位后，王莽为改善与匈奴关系、拉拢匈奴而进行的外交策略。《汉书》卷94下《匈奴传下》称："天凤二年五月，莽复遣歙与五威将王咸率伏黯、丁业等六人，使送右厨唯姑夕王，因奉归前所斩侍子登及诸贵人从者丧，皆载以常车。至塞下，单于遣云、当子男大且渠奢等至塞迎。咸等至，多遗单于金珍，因谕说改其号，号匈奴曰'恭奴'，单于曰'善于'，赐印绶。封骨都侯当为后安公，当子男奢为后安侯。"此前汉匈关系紧张，王莽已更匈奴单于名为"降奴服于"，此次由"降奴服于"改为"恭奴善于"，就新莽来说是提升匈奴地位、改善两国关系之举，当不会用"除"字。其次，始建国二年，王莽改匈奴单于号为"降奴服于"，是两国关系恶化、大举征伐之际所为，此时，两国已成敌国，藩属体制事实上已不存在，在这种情况下王莽将"匈奴单于"称为"降奴服于"，不是改号，而是为战争的胜利讨个彩头，意味着将旗开得胜，降服匈奴，因此在这种情况下王莽对匈奴严格意义上说不是"改称"，而是"除名"，故简文称"除匈奴名号"非常贴切。再次，始建国元年，王莽刚即位时，曾派遣使者至匈奴更换匈奴单于玺绶，此次关键是将"匈奴单于玺"改为了"新匈奴单于章"，是对印文的修改，不涉及名号的更迭。最后，《汉书》卷99中《王莽传中》载，始建国元年"长安曰常安"。前述两简同出于破城子59探方，书写格式相近，可以推知，"诏书曰：除匈奴之号"应与长安更名相距时间不远，不太可能晚至天凤年间。因此，笔者认为简文正对应了始建国二年冬"更名匈奴单于曰降奴服于"的记载，"除匈奴名号"应即除"匈奴单于"称号，在帝国体制内将匈奴单于除名，为战争需要，贬称"降奴服于"。

同时王莽下诏：

> 命遣立国将军孙建等凡十二将，十道并出，共行皇天之威，罚于知之身。惟知先祖故呼韩邪单于稽侯狦累世忠孝，保塞守徼，不忍以一知之罪，灭稽侯狦之世。今分匈奴国土人民以为十五，立稽侯狦子孙十五人为单于。遣中郎将蔺苞、戴级驰之塞下，召拜当为单于者。诸匈奴人当坐房知之法者，皆赦除之。

---

① 特日格乐：《简牍所见汉匈关系史料整理与研究》，北京交通大学出版社，2015，第57页。

并

遣五威将军苗訢、虎贲将军王况出五原，厌难将军陈钦、震狄将军王巡出云中，振武将军王嘉、平狄将军王萌出代郡，相威将军李棽、镇远将军李翁出西河，诛貉将军阳俊、讨秽将军严尤出渔阳，奋武将军王骏、定胡将军王晏出张掖，及偏裨以下百八十人。募天下囚徒、丁男、甲卒三十万人，转众郡委输五大夫衣裘、兵器、粮食，长吏送自负海江淮至北边，使者驰传督趣，以军兴法从事，天下骚动。先至者屯边郡，须毕具乃同时出。①

从该诏书看，王莽对付匈奴决定采用两个办法：一是进兵诛讨；二是分裂匈奴，《王莽传》称，"立稽侯狦子孙十五人为单于"。关于王莽对付匈奴的这两个措施，从《王莽传》来看，命将出征和"遣中郎将蔺苞、戴级驰之塞下，召拜当为单于者"应是同时进行，都发生在始建国二年。但如据《匈奴传下》，则分裂匈奴、招诱左犁汗王咸事发生在始建国三年。② 而可与上文对读的"拜十二部将率，发郡国勇士，武库精兵，各有所屯守，转委输于边。议满三十万众，赍三百日粮，同时十道并出，穷追匈奴，内之于丁令"③ 之事还在始建国三年之后。且《匈奴传下》在记载此事后，又说"因分其地，立呼韩邪十五子"，则分裂匈奴似又在大举发兵之后，与前文似有矛盾。《王莽传》与《匈奴传》记载的歧义，受史料制约，长期以来没有得到合理解释和妥善解决。但 2000 年内蒙古额济纳旗居延遗址甲渠塞第 9 隧房屋中，出土了 12 枚简牍，为我们解决此问题提供了有力的史料支持。

王莽分裂匈奴诏书，见于额济纳汉简：

（1）☑张掖大尹☑房皆背畔罪，皆罪☑

☑塞守徼侵□□□将之日☑　　　　　　　　　2000ES9SF4：12

（2）者之罪恶，深臧发之。□匈奴国土人民，以为十五，封稽侯厩子孙十五人皆为单乎，在致庐兒候山见在常安朝，郎南为单乎郎，将作士大夫厩南［单］乎子蔺苞副，有书☑　　　2000ES9SF4：11

① 《汉书》卷 99 中《王莽传中》，中华书局，1962，第 4121 页。

② 《汉书》卷 94 下《匈奴传下》载"使译出塞诱呼右犁汗王咸、咸子登、助三人"，作"右犁汗王"，然该传前文已称"将率还到左犁汗王咸所居地，见乌桓民多，以问咸"，由于乌桓当匈奴左部，故当以"左犁汗王"为准。从汉简看，"左""右"二字字形接近，易混淆，该传"右犁汗王"即为误写。施丁主编《汉书新注》称"右犁汗王，当作'左犁汗王'"，可从。参施丁主编《汉书新注》，三秦出版社，1994，第 2595 页。

③ 《汉书》卷 94 下《匈奴传下》，中华书局，1962，第 3824 页。

（3）校尉苞□□度远郡益寿塞徼召余十三人当为单乎者。苞上书，谨□□为单乎者十三人，其一人葆塞，稽朝候咸妻子家属及与同郡虏智之将业　　　2000ES9SF4：10

（4）□大且居蒲妻子人众，凡万余人皆降。馀览喜，拜之□□□□□□符蒲等，其□□□□质修待（侍）子入，馀□□入居☑佽奏辩，诏命宣扬威□，安杂□　　　2000ES9SF4：9

（5）边竟（境）永宁，厥功佽（佼）焉。已封□苞爵宣公，即拜为虎耳（牙）将军；封佽为扬威公，即拜为虎贲将军，使究其业。今诏将军典五将军，五道并出，或溃虏智皆匈（胸）腹，或断绝其两肩，拔抽

2000ES9SF4：8

（6）两胁。诸发兵之郡，虽当校，均受重当［赏］，亦应其劳大尹。大恶及吏民诸有罪大逆无道、不孝子绞、蒙壹功（切）治其罪，因徙［迁］，皆以此诏书到大尹府日，以☑　　　2000ES9SF4：7

（7）咸得自薪（新），同心并力除灭胡寇逆虏为故。购赏科条，将转下之，勉府稽吏民，其□□□□□□务赏。董（谨）其当上二年计最及级，专心焉。上吏民大尉以下得蒙壹功（切）无治其罪，吏坐

2000ES9SF4：6

（8）因骑置以闻。符第一。　　　2000ES9SF4：5

（9）始建国二年十一月甲戌下。

十一月壬午，张掖大尹良、尹部骑司马武行丞事、库丞习行丞事下部大尹官县：丞（承）书从事，下当用者，明白　　　2000ES9SF4：4

（10）扁书乡亭市里显见处，令吏民尽诵之。具上吏民壹功（切）蒙恩勿治其罪者名，会今，罪别，以贲行者，如诏书，书到言。书佐曷

2000ES9SF4：3

（11）十一月丁亥，□□□大保□□以秩次行大尉事、□□下官县：丞（承）书从事……当用者，明白扁乡亭市里显见处，令吏民尽知之。具上壹功（切）蒙恩勿治其罪人名，所坐罪别之，如诏书。

2000ES9SF4：1

（12）闰月丙申，甲沟候获下部候长等：丞（承）书从事，下当用者，明白扁书亭隧显见处，令吏卒尽知之。具上壹功（切）蒙恩勿治其罪者，罪别之，会今，如诏书律令。　　　2000ES9SF4：2①

---

①　孙家洲主编《额济纳汉简释文校本》，文物出版社，2007，第82~86页。

　　研究者认为这 12 枚简是一部简册，一般命名为《始建国二年诏书册》，其内容即主要与始建国二年分裂匈奴、十道进兵有关，恰可与《汉书》卷 99 中《王莽传中》的始建国二年诏书对读。此诏书抄件出土于居延塞基层烽燧组织之中，可见其在当时流布之广。王莽将这样一封分化、讨伐匈奴的诏书层层传递至全国最偏远、最基层之机构，且要求"明白扁书乡亭市里显见处，令吏民尽诵之"，其用意是明显的，就是要趁机向全国人民宣传，新莽政权的威武强大和"受命于天"的合法性，所以我们可以推测王莽分化、进攻匈奴的行为从最开始就有打一场舆论战的准备，在不完全否定其真心与匈奴战争的前提下，我们可以说至少王莽处理对匈关系的相当一部分心思是留意国内的。

　　该简册出土后，得到了学界的高度重视，马怡《"始建国二年诏书"册所见诏书之下行》、罗新《始建国二年诏书册与新莽分立匈奴十五单于》、邬文玲《始建国二年新莽与匈奴关系史事考辨》等文章从文字释读、简册编联、扁书释义、新莽诏书下行，尤其是新莽与匈奴关系等角度展开研究，取得了丰硕成果。① 罗新《始建国二年诏书册与新莽分立匈奴十五单于》一文主要分析了王莽分立匈奴十五单于身份选定标准问题，邬文玲《始建国二年新莽与匈奴关系史事考辨》则在考释简文的基础上重点探讨了王莽分立匈奴十五单于的时间问题。该简册（8）至（12）是诏书下行文，（1）至（7）则是诏书正文，虽然诏书册已经残缺不全，但我们从中仍可对这段历史有新的认识。诏书先讲匈奴罪行，（1）号简引述张掖大尹上书内容：匈奴背叛、张掖边塞吃紧，新莽与匈奴交恶。从传世文献看，主要交战地区在云中、朔方等地，而从简文看当时张掖郡也受到袭略。（2）至（4）号简讲了命校尉苞、伇执行分立匈奴十五单于事的经过，从简文看取得了一定效果，由于"在致庐儿候山"已经在"常（长）安"，故苞等至"度远郡益寿塞徼"召余十三（四）人，其中有一人稽朝候咸受召葆塞，而大且居蒲妻子人众等万余人也都览书而喜、相继投降，这一效果与《匈奴传》所载"使译出塞诱呼右犂汗王咸、咸子登、助三人，至则胁拜咸为孝单于，赐黄金千斤，锦绣甚多，遣去。将登至长安，拜助为顺单于"② 相符。邬文玲、罗新认为"稽朝候（侯）咸"

---

① 参马怡《"始建国二年诏书"册所见诏书之下行》，《历史研究》2006 年第 2 期；罗新《始建国二年诏书册与新莽分立匈奴十五单于》，载黄留珠、魏全瑞主编《周秦汉唐文化研究》第五辑，三秦出版社，2007，第 181～184 页；邬文玲《始建国二年新莽与匈奴关系史事考辨》，《历史研究》2006 年第 2 期。三文后皆收入孙家洲主编《额济纳汉简释文校本》，文物出版社，2007。

② 《汉书》卷 96 下《匈奴传下》，中华书局，1962，第 3823 页。

与"右犁汗王咸"为一人，是王莽"改王为侯"后的产物，^①罗新认为"在致庐兒候山"当为"左致庐兒候山"，就是《汉书》里的"左致庐兒王醯谐屠奴侯"，是复株累如鞮单于派到长安的侍子。^②这些意见都是正确的。负责招降的"校尉苞、伋"，招降的地点"度远郡益寿塞微"都与《汉书》所载基本一致。^③（5）的前半部分内容是对招降有功者予以封赏，"苞爵宣公，即拜为虎耳（牙）将军，封伋为扬威公，即拜为虎贲将军"，这与《匈奴传》所载中郎将蔺苞、戴级在诱致咸、登、助后，"莽封苞为宣威公，拜为虎牙将军。封级为扬威公，拜为虎贲将军"的记载完全一致。（5）的后半部分与（6）（7）是诏书主体，是此次诏命的真正内容，命将出师、攻伐匈奴。综上可知，这份颁发于始建国二年年末的诏书，是王莽下诏讨伐匈奴的诏书，而非分立十五单于的诏书。诏书内容中有对分立十五单于事的追述，究其原因可能与战争目的有关，即战争除了要"内匈奴于丁令"外，可能还有通过战争真正实现"分立十五单于"的目的。《汉书》卷94下《匈奴传下》载，此次军事行动目的是"同时十道并出，穷追匈奴，内之于丁令，因分其地，立呼韩邪十五子"，可见通过战争手段最终完成分立十五单于的任务确是战争主要目的之一。并且此次战争，王莽"拜十二部将帅""十道并出"，这种军事安排可能也与分立十五单于有关。罗新《始建国二年诏书册与新莽分立匈奴十五单于》一文指出，在始建国二年诏书下达之前，王莽已经确定了十五单于中的三位：留居常（长）安的"山"和新近招抚的"咸""助"，^④这样距离十五单于这一目标还差十二个，故"拜十二部将帅"。盖一部需负责拥立一位单于。

这份诏书的出土，对我们重新理解《汉书·王莽传》和《匈奴传》中有关始建国年间分立匈奴十五单于和对匈战争事，解决二者分歧有重要意义。笔者认为，《王莽传》和《匈奴传》的相关记述都有较强的史料基础，很多细

---

① 参邬文玲《始建国二年新莽与匈奴关系史事考辨》，《历史研究》2006年第2期；罗新《始建国二年诏书册与新莽分立匈奴十五单于》，载黄留珠、魏全瑞主编《周秦汉唐文化研究》第五辑，三秦出版社，2007，第181～184页。

② 罗新：《始建国二年诏书册与新莽分立匈奴十五单于》，载黄留珠、魏全瑞主编《周秦汉唐文化研究》第五辑，第181页。

③ 《汉书》卷94下《匈奴传下》载负责招降者是中郎将蔺苞、副校尉戴级，简文称"校尉苞"，则《汉书》可能将官职记错了，但不排除王莽官制中"中郎将"本有校尉性质。至于《汉书》"戴级"的名字，在简中写作"伋"，则可能是《汉书》或"始建国二年诏书册"由于传抄致误。

④ 罗新：《始建国二年诏书册与新莽分立匈奴十五单于》，载黄留珠、魏全瑞主编《周秦汉唐文化研究》第五辑，第183页。

节描述与《始建国二年诏书册》一致，但在具体事件的时间安排上，却都存在问题。总体来说，《王莽传》的"始建国二年"时间非常准确，但《匈奴传》对事件进程的把握则较为科学。《王莽传》最大的问题是将出兵讨伐匈奴和遣中郎将蔺苞、戴级召拜当为单于者两件诏书合并为了一份诏书。究其原因可能是这两份诏书内容有一致之处，尤其是讨伐匈奴诏书（即《始建国二年诏书册》）中曾回顾分立十五单于事，故班固为精炼篇幅而采取了这种处理方法。但这种处理方法会给人造成误解，让大家误以为攻伐匈奴和分立十五单于是同时下诏的，故而与《匈奴传》记载产生矛盾。其实，《匈奴传》虽在绝对时间确定上有错误，将此事载于"始建国三年"及以后，但在事件发生顺序上则较为准确。先是王莽令中郎将蔺苞、副校尉戴级分立十五单于，招诱咸、登等人，然后册封咸、登为单于，并褒赏蔺苞、戴级。这些行为引起匈奴乌珠留单于大怒，侵犯边塞，且由于分立十五单于的任务未最终实现，故王莽决定诉诸军事手段，命将出征。通过《始建国二年诏书册》，我们理清了《王莽传》和《匈奴传》记载的关系，廓清了迷雾。其实此事经过，班固应该是清楚的，这从其《匈奴传》相关叙事的逻辑顺序可以得到体现。但由于《王莽传》在剪裁史料中出现了失误，《匈奴传》在绝对时间记述上出现差错（也有班固不错，而传抄致误的可能，毕竟"二""三"字形过于接近），阴错阳差就导致了谜团的出现，所幸额济纳汉简出土，对此问题的解决最终有了一个交代。

王莽在始建国初年对付匈奴决定采用进兵诛讨和分立十五单于的做法，客观来说，还是具有操作性的。如果在始建国初年，王莽真能将这两个措施实施，有可能遏制住匈奴抗衡中原王朝的决心。但王莽好大喜功，虽说表面动静很大，实际上却错失战机。分立十五单于，并未取得理想效果。西汉时期匈奴衰落主要是因为五单于争立，所以王莽是非常想故伎重演的，故采取分立单于的手段，但由于此时匈奴统治集团内部比较团结，乌珠留单于重振匈奴有较强的凝聚力，且对属下有强有力的控制能力，故王莽的计划难以奏效。初次招降，仅诱骗来咸及其子助两个"单于"和万余部众。尽管王莽在"始建国二年诏书"中将此事渲染得声势浩大，但我们知道这只是王莽在国内民众面前掩盖无能的表现（而掩盖无能对新莽政权的立国基础确实异常重要），实质上王莽是非常尴尬的，所以才会不惜代价决定以武力手段实现分立十五单于之目标。由于战争未取得任何效果，故连已经投靠王莽的孝单于咸也"驰出塞归庭，具以见胁状白单于"，王莽分立十五单于的设想以失败而告终。如果说，分立十五单于计划不能成功还有客观原因可以解释的话，讨伐匈奴的草草收场更彰显了新莽王朝在战略决策上的失败。新莽攻击匈奴，虽说战争准备已导致"天下骚动"之恶果，但由于有"须毕具乃同时出"之令，故实际上是"屯而不攻"，坐失良机。《后汉书》卷90《乌桓传》载："及王莽篡位，欲击匈奴，兴十二部军，使东域将严尤领乌桓、丁令兵屯代郡，皆质其妻子于郡县。乌桓不便水土，惧久屯不休，数求谒去。莽不肯遣，遂自亡畔，还为抄盗，而诸郡尽杀其质，由是结怨于莽。匈奴因诱其豪帅以为吏，余者皆羁縻属之。""久屯不休"不仅给国内人民带来极大灾难，甚至将作为讨匈力量的乌桓推向敌人阵营。在讨匈阵营面临土崩瓦解之时，王莽军队仍踯躅不前，可知其"须毕具乃同时出"之令确是无能的遮羞布。有学者认为，"久屯不攻"的原因是王莽时期中原强大匈奴衰落的形势已经逆转，王莽已不容易凑出30万军队。笔者认为，始建国二年王莽政权刚刚建立，与匈奴实力对比即使不如西汉后期有压倒性优势，也不会弱于匈奴，更不会凑不足30万军队。主要原因，应是王莽想打有绝对把握之仗，甚或幻想通过延迟开战时间等待匈奴内乱以实现不战而屈人之兵的战略。简单说就是王莽怕打败仗。匈奴犯边，不做出战争姿态，会影响王莽在国内民众面前树立的"强盛"形象，但如果打败仗，更会影响国民对"天命之说"的相信，因此王莽不敢真正发动对匈战争，致使错过了新朝历史上最好的进攻匈奴的时机。《汉书》卷94下《匈奴传下》载："初，北边自宣帝以来，数世不见烟火之警，人民炽盛，牛马布野。及莽挠乱匈奴，与之构难，边民死亡系获，又十二部兵久屯而不出，吏士罢弊，数年之间，北边虚空，野有暴骨矣。"这就是王莽轻开战端又久屯不出的恶果。

与匈奴对立关系已经形成，久屯不出，又造成了恶劣的后果。但这还不够，王莽接下来的决策更显示出了新莽外交政策的"短视"。《汉书》卷94下《匈奴传下》载："是时，匈奴数为边寇，杀将率吏士，略人民，驱畜产去甚众。捕得虏生口验问，皆曰孝单于咸子角数为寇。两将以闻。四年，莽会诸蛮夷，斩咸子登于长安市。"王莽招降匈奴离心势力，只招降到了咸及其二子助和登。后来，对匈战争久屯不出，致使咸因忧惧而出塞归庭。客观来说，咸是有亲新的可能性的，况且其虽出逃匈奴，但两子还在长安，后来，助病死，登代助为顺单于，是新王朝瓦解匈奴势力不可多得的棋子。然而，王莽竟会以咸子角攻新，而诛杀手中唯一的棋子登。这不但丢失了手头上的工具，还彻底断了咸及其在匈奴诸子的亲新之心。导致此事发生的原因，可能有很多，如咸的叛逃、角的攻新，但关键原因，笔者认为还是新莽政权为证明政权合法性而再次牺牲现实政治利益。前文说过，王莽因怕失败而不敢真正攻伐匈奴，边塞大军久屯不休，内致民怨沸腾，外致众叛亲离。再加上内政方面一系列改革措被迫中止，在这种情况下王莽政权的"合法性"遭到内外民众质疑是很自然的，王莽政权的统治基础受到严重破坏。在这种情况下，咸的叛逃，分立的二或三个单于中最为重要的一个，却叛降匈奴，这对于"天命所归""靡不慕义"无疑是极大的讽刺，王莽难以忍受。故在统治危机越来越严重的情况下，始建国四年（12）王莽决定，"会诸蛮夷，斩咸子登于长安市"①。诛杀登之所以会如此隆重，无外乎要用这种手段再次在内外臣民面前粉饰新莽政权的强大。但这种行为对现实政治的伤害是极其严重的。一年后，乌珠留单于去世，匈奴内部亲新势力推举大家一致公认的亲新派咸上台，就是乌累单于。王莽一直追求的从内部削弱匈奴、建立亲新政权的目标几乎已经达到。但这时，王莽忽然尴尬地发现，他已经在一年前将乌累单于的儿子在"诸蛮夷"面前诛杀了。天凤元年（14），王莽遣使至匈奴，"贺单于初立，赐黄金衣被缯帛，绐言侍子登在"②，在这种情况下，匈奴暂时改善了与新莽关系，交还此前叛逃匈奴的陈良等人。新莽政权"罢诸将率屯兵"，暂时得到喘息之机。但不久乌累单于听说自己的儿子已被王莽诛杀，"怨恨，寇虏从左地入，不绝"。③ 王莽虽然厚加馈遗，甚至诛杀建议杀登者故将军陈钦以讨好匈奴，但无济于事，不得不"复发军屯。于是边民流入内郡，为人奴婢，乃禁吏民敢挟边民者弃市"④，形态一如战时。王莽政权急需的和平局面再次化为幻影。新莽政权为诛杀登一事付出惨痛代价。《汉书》卷94下《匈奴传下》称此后的形势是"单于贪莽金币，故曲听之，然寇盗如故"，实际情形则是双方实质上关系破裂、边境形势十分紧张。《汉书》卷99中《王莽传中》称天凤二年（15）形势是："卫卒不交代三岁矣。谷常贵，边兵二十余万人仰衣食，县官愁苦。五原、代郡尤被其毒，起为盗贼，数千人为辈，转入旁郡。莽遣捕盗将军孔仁将兵与郡县合击，岁余乃定，边郡亦略将尽。"不但边患未纾，且已有内溃之忧。天凤三年（16），王莽"遣大使五威将王骏、西域都护李崇将戊己校尉出西域"⑤，欲重新在西域立威。但结果五威将兵败焉耆，西域都护没于龟兹，遭遇惨败，新莽政权最终丧失了对西域的控制。关于此次战争，《汉书》之《西域传》《匈奴传》《王莽传》皆有较详细记载，但都未

① 《汉书》卷94下《匈奴传下》，中华书局，1962，第3826页。
② 《汉书》卷94下《匈奴传下》，中华书局，1962，第3827页。
③ 《汉书》卷94下《匈奴传下》，中华书局，1962，第3827页。
④ 《汉书》卷99中《王莽传中》，中华书局，1962，第4138页。
⑤ 《汉书》卷99中《王莽传中》，中华书局，1962，第4146页。

提到匈奴在这场战争中的作用。可是1979年敦煌马圈湾汉简出土后，我们发现匈奴在此战中发挥了极大的作用。西域之战失败后新莽政权的败军退至敦煌马圈湾附近，在天凤四年（17）给王莽的上奏中明确讲到匈奴在这场战争中发挥着主导作用。据简文内容，李均明提出："此役乃为新莽与匈奴争夺势力范围而进行的战争。"[1] 特日格乐也认为匈奴南将军在此次战役中发挥了重要作用。[2] 既然这场战争中匈奴发挥了至为重要的作用，为什么《汉书》却只谈焉耆等西域国家，而不及匈奴呢？笔者认为，这可能与班固撰《汉书》利用的材料有关，很可能出于某种政治或宣传目的，王莽不愿让人知道，汉王朝与匈奴又大起战端。乌累单于即位后，王莽非常希望能改善与匈奴的关系，但如前文所言，由于其曾诛杀乌累单于之子，故实质上已不可能得到乌累单于的支持。不过，处于内外交困中的王莽此时已不计较能否真正获得匈奴臣服，只是希望表面上仍能维持匈奴的臣服，以为自己的政治目标服务。天凤二年，匈奴"贪莽金币"，形式上接受"恭奴善于"称号，但之后仍不断侵扰新莽边境，然而王莽仍"大喜"，对匈奴使臣重重封赏。之所以封赏使臣，就是为了给外界造成错觉，让民众以为新莽政权在外交上获得了巨大成功，以增强国内人民对王莽政权合法性的信心。天凤三年，新莽与匈奴在西域开战，但王莽力图隐瞒匈奴复叛的真相，以继续蒙骗民众、维护自己的"天命"，故在对战争的宣传中可能直接抹杀了关于匈奴的内容。班固已受其骗。而我们由于见到了马圈湾的战况报告草稿，才得以了解此战的真相。

天凤五年（18），匈奴乌累单于咸去世，弟呼都而尸道皋若鞮单于即位，王莽又谋另立单于，与匈奴表面的和谐关系再告破裂。天凤六年（19）再次动员，转运天下谷，准备大举攻伐匈奴。但此时，新莽政权已是日暮西山，国内民变四起，大厦将倾，所谓的征伐匈奴只是黄粱一梦，无非为新莽政权的灭亡撞响丧钟而已。

第三节　新莽政权与西域的关系

新莽政权的对匈政策，完全为政权合法性服务，最终以失败而告终。那么新莽政权的西域政策又如何呢？李大龙认为，匈奴势力的强大和以西域都

---

① 李均明：《秦汉简牍文书分类辑解》，文物出版社，2009，第42页。

② 特日格乐：《简牍所见汉匈关系史料整理与研究》，北京交通大学出版社，2015，第78页。

护但钦为首的地方官吏过于苛刻，最终导致了西域诸国背叛，新朝在西域的
管理体制陷入崩溃之中。① 这一观点有一定道理，但笔者认为将责任都推在以
西域都护但钦为首的地方官吏身上，不一定十分公允。其实根据传世文献，
我们可以发现，从元始年间王莽执政开始，中原王朝在西域的军事、政治行
为，已多显暴戾之气，大国沙文主义表现得非常明显。这一方面与匈奴称臣
后，汉王朝对西域的态度由联合对抗匈奴转变为居高临下之管理，在行政过
程中经常忽视西域国家的政治、经济需求有关；另一方面，可能也与执政者
王莽好大喜功、轻视周边民族的态度有关。张德芳先生曾分析汉朝与乌孙由
邻国至盟国再至属国的关系变化。② 西汉后期，小昆弥末振将刺杀大昆弥雌栗
靡，破坏了汉王朝制定的西域秩序，但当时汉朝并未出兵讨伐。元延二年
（前11），大昆弥翎侯难栖杀末振将，帮助汉朝解决了此问题。但《汉书》卷
96下《西域传》载："汉恨不自诛末振将，复使段会宗即斩其太子番丘。"汉
王朝的这种表现，已不单纯是要控制住乌孙，而是已完全把乌孙属国化，认
为只有汉王朝才有权力维护乌孙秩序。乌孙是西域强国，尚不免在西汉后期
沦为属国，遑论焉耆、车师、鄯善等小国。尤其是随着中原王朝对西域控制、
管理的强化，一些处于交通要道和军事要冲的小国所要承担的经济和政治压
力就更加难以忍受。而首当其冲者，就是既接近匈奴、处于军事要冲，又有
着重要交通价值的车师。

　　汉王朝与匈奴五争车师，致使车师分裂、民众远徙。匈奴称臣后，汉王
朝控制车师，在车师故地设戊己校尉，一方面屯田，一方面控制、管理东天
山南北这一战略要地。《汉书》卷96下《西域传下》载：

> 元始中，车师后王国有新道，出五船北，通玉门关，往来差近，戊
> 己校尉徐普欲开以省道里半，避白龙堆之阨。车师后王姑句以道当为挂
> 置，心不便也。地又颇与匈奴南将军地接，普欲分明其界然后奏之，召
> 姑句使证之，不肯，系之。姑句数以牛羊赇吏，求出不得。姑句家矛端
> 生火，其妻股紫陬谓姑句曰："矛端生火，此兵气也，利以用兵。前车师
> 前王为都护司马所杀，今久系必死，不如降匈奴。"即驰突出高昌壁，入
> 匈奴。

元始年间，汉王朝的实际执政者已是王莽。由于要修新道，车师后王不堪重

---

① 李大龙：《汉代中国边疆史》，黑龙江教育出版社，2014，第163页。
② 张德芳：《西北汉简一百年》，《光明日报》2010年6月17日，第11版"光明讲坛"。

负而投靠匈奴。这件事引发了王莽执政以来第一次边疆危机。

几乎与此同时，

> 去胡来王唐兜，国比大种赤水羌，数相寇，不胜，告急都护。都护但钦不以时救助，唐兜困急，怨钦，东守玉门关。玉门关不内，即将妻子人民千余人亡降匈奴。

西域两国国王因为汉廷处理相关问题不得当，而投奔匈奴，这似乎已预示着王莽经营西域将不会一帆风顺。匈奴接受姑句和唐兜投靠后，仍以藩属礼节，请示汉廷。

> 匈奴受之，而遣使上书言状。是时，新都侯王莽秉政，遣中郎将王昌等使匈奴，告单于西域内属，不当得受。单于谢罪，执二王以付使者。莽使中郎王萌待西域恶都奴界上逢受。单于遣使送，因请其罪。使者以闻，莽不听，诏下会西域诸国王，陈军斩姑句、唐兜以示之。

王莽以强硬方式对待匈奴，不但要求匈奴献出姑句和唐兜，并且拒绝匈奴"请其罪"的要求，在西域诸国王面前斩二王以立威。

始建国元年秋，王莽曾派五威将赴全国各地宣读符命和"改王为侯"的诏命，尤其重视在少数民族地区宣示其即位的神圣性与合法性。"其东出者，至玄菟、乐浪、高句骊、夫余；南出者，逾徼外，历益州，贬句町王为侯，西出者，至西域，尽改其王为侯；北出者，至匈奴庭，授单于印，改汉印文，去'玺'曰'章'"①，这种扰民和破坏民族关系的政策引起了匈奴、西域诸国和西南夷的强烈反感。始建国二年，王莽以广新公甄丰为右伯，出西域。车师后王须置离因为无法完成接待问题，准备亡入匈奴。驻扎在车师的戊己校尉刁护将其械送至西域都护但钦所，最终被但钦诛杀。须置离兄狐兰支率众"举国亡降匈奴"②。

从元始年间到始建国二年，短短几年内，王莽已诛杀1个车师前王，2个车师后王，1个去胡来王。以这种方式管理西域，不只引起西域贵族的反感，甚至已招致了西域民众的普遍愤恨。须置离被刁护械送至都护所时，"人民知其不还，皆哭而送之"③，这个记载一方面说明王莽西域政策不得西域人心，

---

① 《汉书》卷99中《王莽传中》，中华书局，1962，第4115页。
② 《汉书》卷94下《匈奴传下》，中华书局，1962，第3822页。
③ 《汉书》卷96下《西域传下·车师后国》，中华书局，1962，第3925页。

另一方面从车师民众的反应，也可看出西域基层社会对王莽高压政策的了解及反感。而相反，实力已衰落的匈奴，一方面对汉王朝谨守臣节，另一方面在西域广施恩德，至少获得了部分西域国家在心理上的归属感。如匈奴曾收留车师后王姑句、去胡来王唐兜，后来在汉王朝逼迫下将二人交出，但仍遣使上书向二王求情，最终结果却是"莽不听，诏下会西域诸国王，陈军斩姑句、唐兜以示之"①。二王开罪汉朝、逃至匈奴，一则因为国家利益，一则因为汉王朝对其危难遭遇不予解救、弃之如敝屣，所以甚为失望。汉、匈对此二人态度大相径庭，不仅向西域各国人民显示了汉朝的蛮横、霸道、自私自利，更让匈奴占据了道德的高地。匈奴的这些表现，让我们不能不怀疑是不是匈奴乌珠留单于在此刻就有与汉王朝一争西域的想法？这个问题当然还可继续探究。但至少，王莽的做法是"努力"把西域各国推向匈奴一边。西汉后期能屈服匈奴，争取西域是重要因素。然而被表面强盛蒙蔽了双眼的王莽，只考虑杀伐立威，而不思以德怀远，在与匈奴竞争西域的过程中已处于被动。

有学者认为，元始至始建国年间在西域发生的种种事端主要是地方官吏，尤其是西域都护但钦处置不当所致，与王莽关系不大。这种观点可能值得商榷。且不说，西域都护的行政要听命于中央。就仅从《汉书》记载来看，责任可能主要也在于王莽本人。关于处死姑句、唐兜一事，前引《西域传》已明确说"新都侯王莽秉政"，"莽使中郎王萌待西域恶都奴界上逢受"，"使者以闻，莽不听"，责任显然不在西域都护但钦。而王莽这种不考虑西域国家利益、不顾及西域民众感情、专以杀伐立威的做法定会作为一种新朝国家政策的信号传递给以西域都护为代表的西域军政官员，促使暴戾作风的普遍形成。此外，王莽即帝位后，尽贬西域诸王为侯，也强化了西域都护等官吏轻视西域政权的心理。至于王莽为什么会在西域专以杀伐立威、贬王为侯，李大龙认为是由于王莽认为西汉后期对少数民族控制过于宽松，②并引《汉书》卷24上《食货志上》"王莽因汉承平之业，匈奴称藩，百蛮宾服，舟车所通，尽为臣妾，府库百官之富，天下晏然。莽一朝有之，其心意未满，狭小汉家制度，以为疏阔"为证，应该说是有道理的。但如果寻求更深层次原因，可能还是要归结到王莽要确立比西汉后期更强有力的控制来证明新朝的"伟大"。如前所述，王莽政权先天就带有用立威少数民族的方式获取"合法性"的任务。

---

① 《汉书》卷96下《西域传下·车师后国》，中华书局，1962，第3925页。
② 李大龙：《汉代中国边疆史》，黑龙江教育出版社，2014，第147页。

在这种思路下，王莽政权在西域的统治岌岌可危。始建国二年，终于爆发了戊己校尉史陈良等杀校尉刁护，胁迫戊己校尉吏士男女 2000 余人投降匈奴的内溃事件。与事件本身相比，更值得关注的是这些新朝下级军官叛逃的原因。《汉书》卷 96 下《西域传下》载，叛变前，陈良等下级军官曾商议："西域诸国颇背叛，匈奴欲大侵，要死。可杀校尉，将人众降匈奴。"驻扎在西域的下级军官已预见到王莽政权的倒行逆施，必将导致西域大规模叛乱，为避免在可预见的叛乱中被杀，故选择了投靠西域。此外，这些军官选择匈奴作为投靠对象，似乎也说明，匈奴欲插手西域事务在当时的西域也已不是秘密。

在这种形势下，中原王朝在西域将遭遇匈奴和西域诸国的共同对抗，已不可避免。而这次对抗的导火索，就是焉耆王杀掉了西域都护但钦。焉耆在东天山连接天山的交通要道上。如果中原王朝能保持对车师的控制，焉耆、渠犁等国就会服从。但一旦匈奴染指车师地区，焉耆将面临来自匈奴的极大压力，会有投靠匈奴的想法。始建国年间，戊己校尉刁护被杀，陈良率众降匈，汉王朝在车师地区的军政机构已不存在。在这种情况下，最终发生焉耆攻杀西域都护的事件就不例外了。对王莽来说，这种从未发生过的恶性事件当然不能容忍。因此，天凤三年（16），王莽开始了针对焉耆的西域之战。

关于天凤年间新莽政权与西域战事，《汉书·王莽传》和《西域传》都有简略记载。《汉书》卷 96 下《西域传下》载：

> 天凤三年，乃遣五威将王骏、西域都护李崇将戊己校尉出西域，诸国皆郊迎，送兵谷。焉耆诈降而聚兵自备。骏等将莎车、龟兹兵七千余人，分为数部入焉耆，焉耆伏兵要遮骏。及姑墨、尉犁、危须国兵为反间，还共袭击骏等，皆杀之。唯戊己校尉郭钦别将兵，后至焉耆。焉耆兵未还，钦击杀其老弱，引兵还。莽封钦为剿胡子。李崇收余士，还保龟兹。数年莽死，崇遂没，西域因绝。

同书卷 99 中《王莽传中》载：

> 是岁，遣大使五威将王骏、西域都护李崇将戊己校尉出西域，诸国皆郊迎贡献焉。诸国前杀都护但钦，骏欲袭之，命佐帅何封、戊己校尉郭钦别将。焉耆诈降，伏兵击骏等，皆死。钦、封后到，袭击老弱，从车师还入塞。莽拜钦为填外将军，封剿胡子，何封为集胡男。西域自此绝。

　　两处记载大致相同，但对事件的具体经过都语焉不详。但1979年出土的敦煌马圈湾汉简中，有新莽时期指挥西域战事者上书王莽汇报战况的草稿。简牍出土后，吴礽骧、裘锡圭、胡平生、饶宗颐、李均明、特日格乐等学者都曾撰文讨论。[①] 各家观点虽有部分歧异，但总体说来，大都认为这批简牍与天凤三年至四年的西域战事有密切关联。

　　敦煌马圈湾出土130余枚相关汉简，字体皆为章草，字迹风格相同，李均明认为出自一人手笔。[②] 由于缺简较多，无法准确排序，故不能恢复简册面貌。上书朝廷的奏章却在大煎都候官治所马圈湾遗址出土，且简中涉及发文者名时多以"厶"代替，说明这些简牍都是西域战事失败后，退守大煎都候官治所的新朝官吏给王莽所写奏章的草稿。草稿抄录了各种上下级往来文书，并非一个简册，但内容皆围绕天凤年间西域战事这一主题展开，故可视为一个单独单元。按照出土简号：

　　　　前去时，期遣使来，会十一月十日。今豫为责备，不到十一、二日即

　　　　　　　　　　　　　　　　　　　　　　　　　　　　　　40

　　　　羸瘦困亟，间以当与第一辈兵俱去，以私泉独为籴谷　　　41

　　　　即闻第一辈起居，虽从后遣橐佗驰告之。窃慕德义　　　42

　　　　少罢，马但食枯葭饮水，恐尽死。欲还，又迫策上责　　　43

　　　　愦二甚二　　　　　　　　　　　　　　　　　　　　　44

　　　　□□在中，未与相见，其籴三人在泉都，期晦来　　　45

　　　　多问陈司马、舩司马，愿数数相闻，为檄欲移鄯善毋使行也。　　46

　　　　泉，此欲大出兵之意也。中军募择士秦百二十人，锡泉人□☑　　47

　　　　到责未报，闻可写下其奏以从事，不愿知指，传马皆大齿　　48

　　　　逆虏，期于不失利　　　　　　　　　　　　　　　　49

　　　　臣厶前捕斩焉耆虏，地热多阻险，舍宿营止宜于　　　50

　　　　二十六日上急责发河西三郡精兵　　□度以十一月　　51

---

① 参吴礽骧《敦煌马圈湾汉代烽燧遗址发掘报告》，甘肃省文物考古研究所编《敦煌汉简》，中华书局，1991，第67~89页；裘锡圭《读汉简札记》，中国社会科学院简帛研究中心编《简帛研究》（第二辑），法律出版社，1996，第211~225页；胡平生《敦煌马圈湾汉简中关于西域史料的辨证》，载《胡平生简牍文物论集》，文津出版社，2000，第251~270页；饶宗颐、李均明《新莽简辑证·天凤三年西域战役》，新文丰出版公司，1995，第200~207页；特日格乐《简牍所见汉匈关系史料整理与研究》第二章第四节"王莽兵败西域的详细经过"，北京交通大学出版社，2015。
② 李均明：《秦汉简牍文书分类辑解》，文物出版社，2009，第41页。

诚恐后其时，失战利，不敢入塞，从报□□□□鄣□　　52

□　钦将吏士　　53

□故兵未在城　　54

当西从发军，未出所过郡，安得未发兵　　55

故校骑称月八日发将八十六人，令期胡十二日发。　　56

西域都护领居卢訾仓守司马□□□言□□　　57

使者愚顿过备，非任获弥命，奏使尊宠以误　　59

十月晦关书大泉都，厶再拜言。　　60

□之兹平大原郡，皆以故官行，名曰行部胡译长诸导报　　61

军王游君，大司空大夫宋仲子，射声校尉任巨通　　62

黍月晦日食常安中，阴雨独不见故下　　63

得毋病朱司马及焦并还，未闻西方，问不云何行　　64

东叶捷翎侯故焉耆侯虏逼妻即鄯善女　　65

今共奴已与鄯善不和，则中国之大利也。臣愚以为钦将兵北□　　66

隶子、訽呼、郁立师、卑陆侯皆举国徙人民　　67

共奴遮逆虏□　　68

寇车师、杀略人民，未知审，警当备者，如律令。　　69

始建国天凤三年正月丁巳朔庚辰，使西域大使五威左率　　70

逆教逮所况让前□书到，趣治决，已言，如律令。　　71

车师，略诸侯，欲以威西域，贪狼桀黠狂狡，左为诸国城郭戍部众72

暴深人民，素惠共奴，尚隐匿深山危谷　　73

孤弱殆不战，自东西即虏取，等党成结固，车师必惧　　74

里广远。臣谨便下诏书敦德郡以从事。臣厶叩头死罪死罪，臣

厶给　　75

使西域大使五威左率都尉□□□　　76

檄书检下，责记不审，辄御见不三辈兵皆起居未　　77

闻兵且来出，未常安也。何故邻部旋征遣且发部郡兵出耶？　　78

乏，故将吏士诣敦德。今车师诸国空，黠虏久获狱，三辈兵宜　　79

假敦德库兵奴矢五万枚，杂驱三千四，令敦德廪食吏士，当休马审

处　　80

且一月斩下三千九百一十五级，功效已著，颁赏不足，宜勉李□身，

谨请　　81

不以时殄灭。臣厶奉使无状，罪当万死。臣厶叩头叩头死罪死罪。

臣厶比遣　　　　　　　　　　　　　　　　　　　　　　　　　82A

　当屯　　　　　　　　　　　　　　　　　　　　　　　　　82B

　臣谨写钦檄记传责之。共奴桀黠侵　　　　　　　　　　　　83

　空诸国，不止。车师前附城诩行侯事，诩兄子外亡，朔当代　84

　故车师后亡侯虏　支将诸亡国千余人　　　　　　　　　　　85

　故车师后亡侯弟虏布将兵二千余人　　　　　　　　　　　　86

　国中二言不专　□□□□□□□　　　　　　　　　　　　　87

　车师侯伯与妻子人民秦十秦人愿降归德，钦将伯等及乌孙归义　88

　尉与车师前侯诩、车师侯伯、卑爰寁诸子俱来度，以己巳到，如律

令。　　　　　　　　　　　　　　　　　　　　　　　　　　89A

　正月戊辰移书敦德　草　　　　　　　　　　　　　　　　　89B

　五校吏士妻子议遣乌孙归义侯寁诸子女到大煎都候鄣　　　　90

　候鄣愿降归德。臣厶窃见大都护崇檄与敦德尹，亡已得乘姑墨城，

孤处西　　　　　　　　　　　　　　　　　　　　　　　　　91

　其营就大张格射击，劫虏皆散亡，又前连战焉耆，中兵矢　　92

　出发去诸部□　　　　　　　　　　　　　　　　　　　　　93

　□乙巳，六月甲寅发尉梨将　　　　　　　　　　　　　　　94

　西域都护领居卢訾仓守司马鸿叩头死罪死罪。　　　　　　　95

　逆虏无党必易殄灭，恐误天时战利，诣塞　　　　　　　　　96

　[八月廿日]　省大军功费　　　　　　　　　　　　　　　97

　炬恭奴遮焉耆殄灭逆虏　　　　　　　　　　　　　　　　　98

　始建国天凤三年正月丁巳朔丁丑，戊部将军纯据里附城　　　99

　□西方起居也。李司马月支从即日　　　　　　　　　　　100

　郡前以过大军空室殊不能卒以一月内发也□　　　　　　　101

　送食连常逋，不以时到，吏士困饿，毋所假贷　　　　　　102

　困甚，愿加食，毋乃饱者忽饥乎。留意闻兵起居，愿亟　　103

　臣厶窃不自粮，愚奴诚忿忿，逆虏狡黠毋状，辄不立殄灭　104

　圣朝之意也，知邻国也。思念其便利，甚愤懑。厶愚以为　105

　击虏兵，立三国解。诸国传闻南逆将军已伏诛，立速持　　106

　故不立涤清，可亟以为鄣传部□□　　　　　　　　　　　107

　南将军檄甚教劝勇以坏龟兹、车师诸国□□□大煎都候鄣近于西域

　　　　　　　　　　　　　　　　　　　　　　　　　　108

　□非赏不劝，严兵推之重赏　　　　　　　　　　　　　109

臣厶稽首再拜。谨□□前奉书。臣厶稽首再拜。　　　　　110

湖门尉得虏橐它，上装中，尉梨侯虏□与逆虏受军得脱　　　111

都护虏译持檄告戊部尉钦，车师前附城诩　　　　　112

车师侯，其莫乃去，所部遣吏士三百余人夜往胥射之　　113

☑□南将军焦拊乘其力子男皆死。今恭奴言鄯善反我。鄯善　114

共奴虏可千骑来过敦［德］，诸尉吏在者至鄣，落门深城　　115

没校妻子皆为敦德还出，妻计八、九十口，宜遣吏将护续食　116

使西域大使五威左率都尉粪土臣厶稽首再拜上书　　　117

使西域大使五威左率都尉粪土臣厶稽首再拜上书　　　118

共奴与焉耆通谋，欲攻车师，戊部孤军，大都护☑　　　119

去戊部，失将兵之义，罪当死，臣厶叩头死罪　　　　120

不以时伏诛，臣愚窃不胜恳恳，与戊部尉钦计议　　　121

戊部孔（乱），军程食货财尽，兵器败伤，箭且众　　　122

兵皇张，兵以马为本，马以食为命，马不得食，前郡　　123

橐佗持食救吏士命。以一郡力足以赡养数十人。　　　124

伏法为众先/将军复不忍，令得念诲至今，崇叩头死罪死罪　125

前大司马以兵出未知审所之，有之不从，盛寒唯为乞衣　126

必蒙天有期殄灭臣等为故，崇叩头死罪死罪，唯　　　127

言大兵方骆驿出，令发导过　　　　　　　　　　　　128

臣厶前在尉梨与将率比上书　　　　　　　　　　　　129

远，十一月晦，所且得报忧，欲相助，不忽忽新道适千里也，前赍又
　　　　　　　　　　　　　　　　　　　　　　　　130

厶移偏将军文德尹。乃戊部☑　　　　　　　　　　　131

守先到，臣再拜。钦到，知审，以状闻。臣厶稽首再拜。　132

□□□□□归败。夫崇无以复战，供财谷食孚尽，车师因为共奴所
　　　　　　　　　　　　　　　　　　　　　　　　133

□□□□□□□□戊部尉猊貊里附城钦将吏士，故戊　　134

粮食孚尽，吏士饥馁，马畜物故什五，人以食为命，兵　135

☑□□相助为省艰顾致不可不食耳，何敢望肉，愿敕　　136

□吏士，胡兵则乘利奔突追逐，以鏊劐达僵尺浮部六、桼十里，唯
　　　　　　　　　　　　　　　　　　　　　　　　137

臣厶稽首再拜，谨因驿骑奉　　　　　　　　　　　　138

赍五十日粮还诣部，尽力炬虏不敢遗微力。臣厶前比比上书请河西

着　　见兵必惶恐，悔非……　　　　　　　　　　　　　　973

正月十六日因檄检下者，号天使长仲巳部橼　　　　　　974A

为记诧檄检下　　　　　　　　　　　　　　　　　　　974B

厶叩头言·愿封刺写符命紫阁署五威将事，为闻十一月有诏书，录

趣军功事　　　　　　　　　　　　　　　　　　　　　　975

事下车骑将军，求处复请去，何猥以□　　　　　　　976①

"共奴"即匈奴。五威将帅是新莽时期设置的官员，始建国元年，王莽设"五威将"七十二人，至各地颁发印绶，宣传王莽即位的合法性。每一将置前、后、左、右、中帅，即五帅。五威将帅主要担任宣传符命、出使四方的职责。以前述五威将王骏为例，就曾出使过匈奴和西域。有学者曾认为简中的"使西域大使五威左率"即是天凤三年战死焉耆的五威将王骏，但据《汉书》和简文内容，胡平生关于"使西域大使五威左率"是《汉书·王莽传》中后封为集胡男的"佐帅何封"的观点显然更值得重视。②五威佐帅何封是五威将王骏之下属，在王骏于焉耆覆灭后，率领军队退守大煎都候官，并向王莽上书汇报战况。简文中涉及西域地名，有与《汉书·西域传》不同者，如"疌子"即"捷枝"，"呼"即"狐胡"，"卑陆侯"即"卑陆后"等。简文对天凤三年之战的描述，是当时战争亲历者向皇帝所上奏章，内容远较经过提炼、改写的《汉书》的记载翔实，提供了较多历史细节，对我们了解那段历史有重大意义。只是简册残断严重，不能连读，这里只能依据胡平生、李均明先生的观点大体复原该战争的情况。

天凤三年（16），王莽遣"五威将王骏、西域都护李崇将戊己校尉出西域"。关于这次出使，胡平生认为"此次出使本无军事使命，因此西部边境及中央政府皆无战争准备"，似乎后来王骏兵败被杀纯属被无辜偷袭。③琢磨史料，其实不然。第一，此次出使的背景，是新莽与匈奴战争爆发后，"匈奴大击北边"，西域瓦解，焉耆等国叛汉，并杀西域都护但钦。纵观两汉，强势的中原王朝在处理与西域关系时，基本做到了睚眦必报，西域国家掠杀汉使者几乎都遭受严重惩罚，轻则王侯被诛，重则大兵临境。掠杀区区汉使即有此

---

①　释文及排序参李均明《秦汉简牍文书分类辑解》，文物出版社，2009，第37～41页。

②　胡平生：《敦煌马圈湾木简中关于西域史料的辨证》，载《胡平生简牍文物论集》，文津出版社，2000。

③　胡平生：《敦煌马圈湾木简中关于西域史料的辨证》，载《胡平生简牍文物论集》，文津出版社，2000。

严重后果，遑论杀掉中原王朝驻西域最高长官西域都护。更何况，王莽对周边少数民族政权极为轻视，专欲以杀伐立威。在与匈奴关系非常紧张但又不敢轻启战端的情况下，王莽亟须通过对西域小国的讨伐震慑来建立其权威。焉耆在此时主动送上如此"大礼"，不可想象其不会遭受雷霆怒击。至于《西域传》所载，但钦被杀后，"莽不能讨"，这是就最终结果也即天凤三年战争失败而言的，不是说当时没有讨伐的行动。第二，《王莽传》明确记载"诸国前杀都护但钦，骏欲袭之"，战争意图有正史记载作为直接证据，毋庸怀疑。第三，《西域传》载，西域诸国皆郊迎王骏使团，"送兵谷"。如果这次出使没有军事行动计划，诸国送谷即可，焉用送兵？诸国皆"送兵"，就说明王骏此次出使不但有军事意图，而且此意图早为西域各国所知。第四，《西域传》载，"焉耆诈降而聚兵自备。骏等将莎车、龟兹兵七千余人，分为数部入焉耆，焉耆伏兵要遮骏"，焉耆诈降，自然是对王骏出使军事使命的回应。而王骏所率军队有南道西部的莎车和北道西部的龟兹等距离焉耆极为遥远国家之七千余兵，大规模战争的意图非常明显，基本是在整个西域进行了军事动员。第五，据《汉书》卷96《西域传》和《王莽传》，王骏、李崇、何封、郭钦及所率军队的目的地都是焉耆，所以行动指向很明确，就是要严厉惩罚焉耆。

因此，这次战争的情况是西域叛降匈奴，焉耆等国擅杀都护，王莽震怒，命五威将王骏、西域都护李崇率军威慑西域，镇压叛逆，甚至直接有诛杀焉耆等王的报复性使命。军事行动之所以以使者五威将组织，盖王莽一方面力有不逮，难以像汉武帝征大宛那样动员大量中原军队、补给，企图像常惠、陈汤等成功外交家那样利用"以夷制夷"的策略完成任务；另一方面也表现了王莽政权对西域各国轻视甚至蔑视的态度。志得意满的中原军队，纠合莎车、龟兹等亲汉国家，浩浩荡荡杀向西域，西域诸国"皆郊迎，送兵谷"，其实"皆郊迎"背后包含了西域人民的无尽悲恨，大规模战事一触即发。在这种情况下，焉耆积极应对，一方面诈降，另一方面勾结匈奴及部分西域小国结成反汉同盟，而愚蠢如王骏等人丝毫不知其身边"姑墨、尉犁、危须国兵"皆为反间，[①] 战争尚未开打，结果已经注定。果然，王骏等人遭遇伏击，包括王骏在内的数千人被杀，西域都护李崇杀敌3900余人，冲出伏击，率残部转移。这次失败，不是中原王朝没有军事准备意图，而是统帅无能，当然根本原因还是新莽政权长期以来在西域的倒行逆施。五威佐帅何封、戊己校尉郭钦由于未与王骏、李崇同行，故躲过此祸，待他们抵达焉耆后，焉耆等西域

---

① 《汉书》卷96下《西域传下·车师》，中华书局，1962，第3927页。

诸国兵尚未回还，他们就击杀焉耆老弱，再次暴露了残忍的本质。

此后的战况，史书失载，但简文记载较为翔实。何封等人先退至戊己校尉驻地、车师国附近，上书朝廷，请求征调河西四郡精兵增援西域战场。天凤三年九、十月间，河西军队三批15000人及大量兵器、粮草、牛马运往西域，但由于路途遥远，援军进军迟缓，损失惨重。与此同时，匈奴、焉耆和其他西域国家猛攻"使西域大使五威左率"（即五威佐帅）何封的残军。最终，何封军抵御不住进攻，放弃车师附近的戊己校尉驻地和屯田区，至天凤四年正月退至敦煌马圈湾，等待入关。在玉门关外，何封、郭钦多次向朝廷解释战况、奏书请罪，前引130余条简文正是这一时期来往公文的草稿。郭钦、何封之所以在战败后能够加封官爵，无非是因为他们多杀西域普通民众，为新莽政权赢得了"面子"，可以继续充当欺骗民众的工具。而天凤三年西逃至龟兹附近的西域都护李崇，从此与中原失去联系，最终倾覆。从神爵二年（前60）以来中原王朝在西域建立起来的军政系统由于王莽的倒行逆施至此不复存在，此后60余年，西域基本与中原王朝脱离关系。

第四节　新莽政权与羌人的关系

在汉元帝永光二年（前42），陇西乡姐羌的反叛被镇压之后，几十年间羌人未发生过大规模反汉行动，所谓"乡姐羌降之后数十年，四夷宾服，边塞无事"①。然而，与匈奴和西域的情况接近，这种平静很快就被王莽打破。而打破的原因更是与王莽树立政权合法性需求有直接关系。

《汉书》卷99上《王莽传上》载，元始五年：

> 莽既致太平，北化匈奴，东致海外，南怀黄支，唯西方未有加。乃遣中郎将平宪等多持金币诱塞外羌，使献地，愿内属。宪等奏言："羌豪良愿等种，人口可万二千人，愿为内臣，献鲜水海、允谷盐池，平地美草皆予汉民，自居险阻处为藩蔽。问良愿降意，对曰：'太皇太后圣明，安汉公至仁，天下太平，五谷成熟，或禾长丈余，或一粟三米，或不种自生，或茧不蚕自成，甘露从天下，醴泉自地出，凤皇来仪，神爵降集。从四岁以来，羌人无所疾苦，故思乐内属。'宜以时处业，置属国领护。"事下莽，莽复奏曰："太后秉统数年，恩泽洋溢，和气四塞，绝域殊俗，

---

① 《后汉书》卷87《西羌传》，中华书局，1965，第2877页。

靡不慕义。越裳氏重译献白雉，黄支自三万里贡生犀，东夷王度大海奉
国珍，匈奴单于顺制作，去二名，今西域良愿等复举地为臣妾，昔唐尧
横被四表，亦亡以加之。今谨案已有东海、南海、北海郡，未有西海郡，
请受良愿等所献地为西海郡……"

由此可见，羌豪良愿等种献地，从头到尾都是王莽导演的骗局，是王莽为
"兴太平"而实行的以欺诈为主要内容的外交手段。王莽致"太平"需要西方
少数民族配合，故"中郎将平宪等多持金币诱塞外羌"。根据良愿献地后平宪
的上奏，我们可以推测，王莽最开始的打算是在良愿等种外羌生活的地区设
置属国，并且在"诱塞外羌"的过程中，可能也是以设属国为目的。属国虽
也从属于地方行政系统，但毕竟"因俗而治"，对羌人的生活不会造成太大影
响，应该说还是有一定操作性的。但在最后决策时刻，王莽又有了更大政治
需求，竟以超越"唐尧横被四表"为目标，[1] 这样就要为补足"有东海、南
海、北海郡，未有西海郡"的缺憾，而直接在外羌设置西海郡，以郡县制的
形式严格管理。

西海郡建立后，"筑五县，边海亭燧相望"[2]，完全以内地的方式管理，破
坏了羌人原来的生活状态，尤其是大量向西海郡发派犯人，最终导致与羌人
的激烈矛盾。居摄元年（6），"西羌庞恬、傅幡等怨莽夺其地作西海郡，反攻
西海太守程永，永奔走。莽诛永，遣护羌校尉窦况击之"[3]，平静了几十年的
汉羌关系被人为打破。

悬泉汉简载：

博望雕秩候部见羌虏为盗☐　　　　　　　　　　Ⅲ92DXT0809④：35[4]

☐☐☐普张崇钦言：羌人黠，连头击背，若首发

Ⅱ90DXT0113①：39[5]

---

① "今西域良愿等复举地为臣妾，昔唐尧横被四表，亦亡以加之"，这个口号的提出很有意
思。众所周知，西汉后期，大家公认"汉为尧后"，而王莽则被视以舜的后人，此处说到
天下太平，超越"唐尧"。究竟是指唐尧的后人刘汉王朝远迈先祖，还是指在王莽的施政
下，国家太平超过唐尧"，因超过唐尧的是虞舜，故暗示自己将取代汉朝，这个问题还
可思索。

② 《后汉书》卷87《西羌传》，中华书局，1965，第2878页。

③ 《汉书》卷99上《王莽传上》，中华书局，1962，第4087页。

④ 胡平生、张德芳：《敦煌悬泉汉简释粹》，上海古籍出版社，2001，第163页。

⑤ 张德芳：《悬泉汉简羌族资料辑考》，载《简帛研究二〇〇一》，广西师范大学出版社，
2001，第362页。

益广言校候部见羌虏将为渊泉南藉（籍）端□□▨　　　ⅥH11∶1①

张德芳认为上述三简可与前述西羌庞恬、傅幡的叛乱对应，大致为"新莽时期遗物，当反映王莽时西平羌人起义时河西羌人的动向"②。初世宾认为Ⅲ92DXT0809④∶35 和ⅥH11∶1 号简应与汉宣帝神爵年间羌乱有关。③ 汪桂海支持张德芳先生意见，并进一步推测Ⅱ92DXT0113①∶39 号简可能是窦况或其属下人员分析如何进攻叛羌的一份文书。④ 如果张德芳、汪桂海意见可从，则这三枚简就反映了西海郡羌乱时，敦煌地区羌人的反应，较有价值。

　　总体来说，关于新莽时期中原王朝与羌人关系的简牍材料，至今所见不多。虽然悬泉汉简中有不少与羌有关的材料，但明确新莽纪年的，从目前公布的情况看，只有Ⅱ92DXT0909④∶30 号简："▨泉一，诣广校。始建国二年十一月甲戌夜半，佐傅受…▨至渊泉。遮要御羌大目即遣御王恽行。"⑤ 这则材料说明，新莽政权虽然刚在今青海湖附近地区与良愿等种羌人发生战争，但基本未影响敦煌地区归义羌人的生活。本简"遮要御羌大目"可派遣其他御行书，可见其在遮要置中还有一定地位。

　　综之，河西简牍中关于新莽政权的简牍较多，其中有相当多内容涉及新莽政权与匈奴和西域的关系，甚至某些内容可修正、补充《汉书》之失，帮助我们深刻审思新莽政权的民族政策，其史料价值值得治民族史者高度重视。

① 胡平生、张德芳：《敦煌悬泉汉简释粹》，上海古籍出版社，2001，第164 页。
② 张德芳：《悬泉汉简羌族资料辑考》，载《简帛研究二〇〇一》，广西师范大学出版社，2001，第362 页。
③ 初世宾：《悬泉汉简羌人资料补述》，载《出土文献研究》第六辑，上海古籍出版社，2004，第173 页。
④ 汪桂海：《从出土资料谈汉代羌族史的两个问题》，《西域研究》2010 年第2 期。
⑤ 郝树声、张德芳：《悬泉汉简研究》，甘肃文化出版社，2009，第175 页。

第五章　东汉前期的西北民族关系

河西汉简中有部分东汉简牍，但总体说来数量不大，时代又主要集中在东汉前期，尤其是建武八年（32）之前。因此其内容丰富程度无法与西汉中后期简和新莽简相比。

河西汉简中的东汉简牍，除了内容主要为书籍及遣策的永昌水泉子汉简和武威部分墓葬汉简外，主要包括破城子出土之居延新简和包含悬泉汉简在内的敦煌汉简。居延新简中有不少建武三年至建武八年间的甲渠候官行政文书，建武八年之后者极为少见，但也有和帝永元十三年（101）简（EPT65：47号简）和安帝永初五年（111）简（EPT61：5A号简），甚至有西晋太康四年（283）者（82EPC：3B号简）。敦煌汉简涵盖的时段较丰富，除了马圈湾主要是西汉后期和新莽简外，斯坦因所获有汉桓帝元嘉二年（152）纪年者（1447号简），而据沙畹、罗振玉考证1835号简的历谱应为桓帝永兴元年（153）。① 悬泉汉简所包含的时段比较丰富，最晚纪年简有安帝永初元年（107）者（Ⅵ91DXFI3C②：10号简）。此外，20世纪30年代出土居延汉简也有晚至东汉中期者，如大名鼎鼎的"永元器物簿"就是和帝永元七年（95）简，此外128.2号简更可晚至永元十年（98）。

虽然，居延、敦煌汉简有晚至东汉中后期者，但数量是相当少的，如果只考虑能反映民族关系信息之简，就更为稀少了。客观来说，我们今天据河西汉简尚不能对东汉中后期西北民族史有突破传世文献范围的新认识，如东汉中后期的大规模羌乱、西域三绝三通等重要历史事件在出土简牍中就基本没有体现。即使将视野范围缩小到东汉前期，我们也很难得到像西汉中后期简和新莽简中那么丰富的民族史资料。故本书根据简牍史料，对窦融和东汉前期的西北民族史做一些分析。

第一节　窦融统治河西时期的西北民族关系

一　东汉初年河西民族关系形势与窦融的河西经营

更始元年（23），窦融出任张掖属国都尉，"既到，抚结雄杰，怀辑羌虏，

---

① 罗振玉、王国维：《流沙坠简》，中华书局，1993。

甚得其欢心，河西翕然归之"①。不久之后，内地大乱，致使西北边塞的民族关系趋于复杂化，"河西斗绝在羌胡中，不同心勠力，则不能自守。权钧力齐，复无以相率"②，故敦煌、酒泉、张掖、武威、金城五郡共推举张掖属国都尉窦融"行河西五郡大将军事"，全权对河西五郡负责。作为"行河西五郡大将军事"的窦融仍居张掖属国，领都尉职如故。窦融之所以能被推举为"行河西五郡大将军事"，除了与其"世任河西为吏，人所敬向"③，且与河西各郡长官"厚善"外，可能还与东汉初年河西地区复杂的民族关系形势有关。

新莽、更始之际，社会秩序陷入大混乱之中，绿林、赤眉、铜马等军事力量纵横中原，隗嚣、公孙述、刘永、张步、李宪、田戎、董宪、田丰、延岑等地方势力割据一方，更有卢芳、彭宠勾结匈奴，骚扰边境。中原板荡，周边的少数民族政权也蠢蠢欲动，作为王莽政权的对手、一直想恢复昔日辉煌的匈奴，加紧了南侵的步伐。甚至，在西汉后期基本蛰伏的羌人也伺机而动，《后汉书》卷23《窦融传》载："更始时，先零羌封何诸种杀金城太守，居其郡。"河西地区"斗绝在羌胡中"，防备羌胡的军事压力巨大。在这种情况下，河西地方迫切需要一强有力领导组织各方面力量捍卫边境，稳定河西的政治经济形势。而能担此重任的人，不仅要有崇高威信、卓越能力，关键还要有慑服、稳定羌胡的能力。窦融"高祖父尝为张掖太守，从祖父为护羌校尉，从弟亦为武威太守，累世在河西，知其土俗"④，本身又是张掖属国都尉，除掌握"精兵万骑"外，还有"怀辑羌虏，甚得其欢心"的处理民族关系的优势，因此才会被大家推举为"行河西五郡大将军事"。可以说，窦融在乱世之际能够担任河西地区的最高军政长官，与河西地区复杂的民族关系是有密切关系的。窦融"行河西五郡大将军事"，但仍保持张掖属国都尉本职，"居属国，领都尉职如故，置从事监察五郡"，⑤ 以张掖属国"精兵万骑"作为安定河西的基础。

关于窦融"行河西五郡大将军事"的情况，居延新简中有较多反映：

> 建武三年四月丁巳朔辛巳，领河西五郡大将军张掖属国都尉融移张掖居延都尉，今为都尉以下奉各如差，司马、千人、候、仓长、丞、塞尉

① 《后汉书》卷23《窦融传》，中华书局，1965，第796页。
② 《后汉书》卷23《窦融传》，中华书局，1965，第797页。
③ 《后汉书》卷23《窦融传》，中华书局，1965，第797页。
④ 《后汉书》卷23《窦融传》，中华书局，1965，第796页。
⑤ 《后汉书》卷23《窦融传》，中华书局，1965，第797页。

职闲，都尉以便宜财予。从史田吏。如律令。　　　　　　　　　EPF22：70

　　☑河西五郡大将军张掖属☑

　　☑月壬戌以□守□死以下☑　　　　　　　　　　　　　　　EPT16：3

　　建武六年七月戊戌朔乙卯，甲渠鄣守候敢言之。府移大将军莫府书曰：奸黠吏民作使宾客私铸作，钱薄小不如法度，及盗发冢，公卖衣物于都市，虽知莫谴苛，百姓患苦之。　　　　　　　　　　　　　　EPF22：38A

　　以上三简皆出自甲渠候官遗址。EPF22：70号简是《建武三年居延都尉府奉例》简册中的一枚，是窦融安定河西、维护河西地方军政系统正常运转的反映，其中"领河西五郡大将军张掖属国都尉"就是窦融的正式官称，与《后汉书》的相关记载完全一致。EPT16：3号简上下皆残断，但从残文"河西五郡大将军张掖属"仍可看出窦融的官称是"领河西五郡大将军张掖属国都尉"。EPF22：38A号简中的"大将军"是"领河西五郡大将军"的省称。这些简牍反映了更始建武扰攘之际，窦融为河西地区最高军政长官通过居延都尉等河西郡县机构管理、安定河西的情况。

　　东汉初年，河西地区孤绝于羌胡之间，与中原王朝几乎隔绝，只能通过西州隗嚣与中原保持音讯往来。尤其是地皇建武之间，群雄无主。据居延汉简，河西地区这几年中曾使用过"始建国地皇上戊三年"（如394·3号简）、"复汉元年"（EPF22：423号简）、"更始二年"（如EPT6：98号简）、"更始三年"（如EPT10：15号简）、"建世二年"（如EPT27：23，EPT43：67，EPT65：44A，EPT65：74A＋105A，EPF22：370A，EPF22：292，EPF22：335，EPF22：277号简）、"汉元始廿六年"（EPF22：460A号简）等年号。也就是说，在地皇建武之际，河西地区曾奉过王莽、隗嚣、更始、赤眉的正朔。窦融当政后，先奉更始，后奉赤眉建世，赤眉军失败后，甚至一度不知所奉而径以西汉最后年号"元始"纪年。到建武三年（27），铜马、绿林、赤眉相继失败，在中原地区的群雄逐鹿中，刘秀已脱颖而出。当年，西州隗嚣"上书诣阙"，承认了东汉正朔。窦融也据此得与东汉朝廷联系，在建武三年，也开始使用"建武"年号，奉东汉正朔。《后汉书》卷23《窦融传》载："融等遥闻光武即位，而心欲东向，以河西隔远，未能自通。时隗嚣先称建武年号，融等从受正朔。"居延汉简所见建武三年简最早有"建武三年二月"（457·5号简）者，恰可与传世文献对应。然隗嚣臣服东汉并非出于真心，随着刘秀势力开始向西发展，割据于西州的隗嚣开始与公孙述结合，意图对抗刘秀，保持割据。窦融在此时，却力主国家统一，与隗嚣分道扬镳。建武五年

（29），遣长史刘钧至洛阳奉书献马，被东汉王朝正式任命为凉州牧，拥有了合法管理包括河西在内的凉州的权力。居延新简载：

> ☑月甲午朔己未，行河西大将军事凉州牧守张掖属国都尉融，使告部从事☑城武威张掖酒泉敦煌大守，张掖酒泉农都尉，武威太守言，官大奴许岑。 EPF22：825A

该简前后残断，但"行河西大将军事凉州牧守张掖属国都尉"之官称反映了窦融被东汉中央封为"凉州牧"的情况。由于窦融在建武十二年（36）公孙述被平定后即离开河西，建武十三年改授冀州牧、大司空，所以该简只能是建武五年至建武十二年之物。在此纪年范围内，月朔甲午者，据陈垣《二十史朔闰表》只有建武七年三月和建武十二年六月。又由于1974年甲渠候官出土简牍中绝少建武八年之后者，所以该简极可能是建武七年三月简。

从建武五年（29）窦融与中央王朝建立直接联系后，窦融即坚定地支持刘秀统一事业，在保障河西地区安定局面的同时，多次率军东进配合刘秀攻击隗嚣。建武八年（32）夏，"车驾西征隗嚣，融率五郡太守及羌虏小月氏等步骑数万，辎重五千余两，与大军会高平第一"①。这次会晤中，刘秀待窦融以"殊礼"，封窦融为安丰侯，封窦融弟窦友为奉车都尉、显亲侯。关于这次会晤，居延简中也有反映：

> 范君上月廿一日过当曲，言窦昭公到高平，还道不通。天子将兵在天水，闻羌胡欲击河以西，今张掖发兵屯诸山谷，麦熟，石千二百，帛万二千，牛有贾，马如故。七月中恐急忽忽。吏民未安。 EPF22：325A
> 史将军发羌骑百人司马，新君将度后三日到居延，居延流民亡者皆已得度。今发遣之居延，它未有所闻。何尉在酒泉，但须召耳。闻赦诏书未下部，月廿一日守尉剌白掾。甲渠君有恙，未来，趋之莫府。

> EPF22：325B

简中窦昭公即窦融弟窦友，当时窦融、窦友皆至高平拜见西征的光武帝刘秀。可能此时，与隗嚣有关的羌胡，趁河西空虚之际准备进攻"河以西"。据《后汉书·窦融传》，隗嚣集团在对抗中央、防备河西的过程中有借用先零羌的行

---

① 《后汉书》卷23《窦融传》，中华书局，1965，第805～806页。

为。建武六年（30），"隗嚣使使略遗封何，与共结盟，欲发其众。融等因军出，进击封何，大破之，斩首千余级，得牛马羊万头，谷数万斛，因并河扬威武，伺候车驾"①。其中，"封何"即驻扎在金城郡境的先零羌。建武八年（32），刘秀亲征西州，窦融率部东进，隗嚣压力巨大，故再次联合先零羌骚扰河西，不想被窦融集团先期知道。简文即是有关窦融部下准备御羌的内容。从简文可知，窦融部下也有羌族军队，所谓"史将军发羌骑百人"者，不排除就是张掖太守史苞派遣属下羌骑的记录。简文丰富了我们对建武八年刘秀、窦融与隗嚣及先零羌战争情况的认识，具有极高史料价值。

建武十二年（36），刘秀消灭公孙述、延岑，最终平定陇蜀。而窦融也完成了自己镇守河西的历史使命，功成身退，带领官属宾客及河西五郡太守诣阙，交出了凉州牧、张掖属国都尉印绶，还河西大权于中央，促成了东汉统一的最终实现。

窦融经营河西14年，可谓卓有成效。在羌、胡进逼，孤悬河西的情况下，却能将五郡治理成"兵马精强，仓库有蓄，民庶殷富，外则折挫羌胡，内则百姓蒙福"②的样子，实为不易。《后汉书》卷31《孔奋传》称："时天下扰乱，唯河西独安，而姑臧称为富邑，通货羌胡，市日四合，每居县者，不盈数月辄致丰积。"其繁荣令人羡慕。窦融治理河西，可称颂者颇多，但探讨其成功原因，有一点不能忽视，就是他实行了比较理性的民族政策，安不忘危，刚柔并用，在"怀辑羌胡"方面卓有成效。

二　窦融时期的汉匈战争

窦融刚到河西的时候，民族环境极为恶劣。尤其是重新强盛起来的匈奴，对河西更是虎视眈眈。东汉初年，匈奴采取了扶持汉人控制汉地的方略，卢芳、彭宠、田飒、李兴、闵堪兄弟纷纷投靠匈奴，极大地伤害了民族利益。窦融占有河西五郡，没有以此为资本投降匈奴换得所谓"帝王"称号，而是巩固基础、积极防御，坚持以强硬态度对抗匈奴，不仅保持了民族尊严，更保卫了河西领土，抵制了匈奴的野心，就这一点说，如何评价窦融的历史贡献都不为过。

当然，窦融的强硬态度，也会给河西军事防御带来更大压力。由于汉匈边境的中部、东部分布着卢芳、彭宠这样的傀儡政权，所以匈奴进犯汉地往

---

① 《后汉书》卷23《窦融传》，中华书局，1965，第804页。
② 《后汉书》卷23《窦融传》，中华书局，1965，第799页。

往会以"冥顽不化"的河西作为突破口，这样就造成了河西地区紧张的军事局面。破城子出土居延汉简载：

> 建武柰年六月庚午，领甲渠候职门下督盗贼凤，谓第四守候长恭等，
> 将军令：月生，民皆布在田野，以塞候望为耳目。檄到，恭等令隧
> 长旦蚤迹，士吏、候长常以日中迹。
> 加慎，务如将军令。方循行，考察不以为意者，必举白。毋忽，如
> 律令。　　　　　　　　　　　　　　　　　　　　　EPF22：166－168

以上三简字迹相同，应属同一册书，《中国简牍集成》命名之为"建武柰年下将军令书"。甲渠候官向下属候部传达"将军令"，要求谨慎警戒，令中强调不只屯戍戍卒要负责候望、日迹，即使是平民也不例外，要承担侦探敌情的任务，"民皆布在田野，以塞候望为耳目"。令中还提到，将军不久将亲自循行边塞。可见当时对边塞防御的重视程度。

客观来讲，居延汉简主要是边塞防御系统内屯戍机构的材料，其中直接反映汉匈战争的材料并不多见。但在有限的材料中，建武三年至建武八年的材料就占了相当大的比例，既反映了此一时期在抵抗匈奴方面，窦融的河西政权面临着超乎想象的压力，也体现了以窦融为首的河西将士在抵御匈奴方面的策略和成就。

李均明、汪桂海先生曾复原过破城子房屋 16 遗址出土的一简册，其中内容也与匈奴军队的一次入侵有关。

> 夏良叩头言，掾厶坐前毋恙，起居安平，甚善。先日欲诣门
> 　　　　　　　　　　　　　　　　　　　　　　　　EPF16：39
> 下，迫蓬起，萃萃，不及诣门下，毋状，叩头叩头得掾明时数。
> 　　　　　　　　　　　　　　　　　　　　　　　　EPF16：40
> 又壬午言：虏燔烧孝隧，其日出时乘鄣□□张骏等候望，　EPF16：41
> 见塞外虏十余辈从西方来入，第十一隧天田屯止虏四五　EPF16：44
> 百骑，亭但马百余匹、橐他四十五匹，皆备贺。侵塞来南燔。
> 　　　　　　　　　　　　　　　　　　　　　　　　EPF16：48
> 第八隧攻候鄣。君与主官谭等格射各十余发，虏复侵塞　EPF16：47
> □窦虏且围守其晨时，孝护桃下隧奏候官言：虏　　　　EPF16：42
> 卅余骑皆衣铠负鲁攻隧，又攻坏燔烧第十一隧以北，　EPF16：43
> 攻坏燔烧第柰隧以南，尽昏窦，烟火不绝。又即日平旦，EPF16：45

> 万岁部以南烟火不绝，虏或分布在块间，虏皆　　　　　EPF16：46①

汪桂海认为 EPF16：41–46 是一简册，② 李均明认为 EPF16：36–46 皆为一简册。③ 笔者认为虽然 EPF：16：36–46 虽字迹相同，内容相关，但从文体来看，似不能归入同一类文书。EPF16：36–38 是行政公文文体，而 EPF：16：39–46 是私人书信文体，故应以 EPF16：39–46 简为一册。通过该简册"秦"字的写法，及夏侯谭的任职情况，可知此事当发生在东汉初年。④ 新莽统治后期至东汉恢复统一前，中原板荡，河西地区由窦融独立支撑，匈奴势力相对强大，对河西边塞的侵扰有规模扩大化趋势。这次侵袭，匈奴至少出动了四五百骑对居延都尉府甲渠候官辖区烽燧展开了全面进攻。孝主领的烽隧、第十一隧、第八隧、第十一隧以北、第七隧以南，万岁部以南的地区，甚至候官鄣都遭遇了攻击。这种规模的边塞战争，在整个居延汉简的记载中，可能是匈奴军队出动最多，战况最激烈者。甲渠候官戍卒虽非野战军，但坚韧不屈，奋力抵抗，候鄣君与秘书类官员主官谭等格射各十余发，暂时抵御了匈奴的入侵。由此简可见当时河西防御的压力之大和战争之激烈。

额济纳汉简载：

> 建武四年九月戊子，从史阆敢言之。行道以月十日到橐他候官，遇橐他守尉冯承，言今月二日胡虏入酒泉□□☑] [入肩水塞略得焦凤牛十余头、羌女子一人。将西渡河，虏四骑止都仓西，放马六十余骑止金关西。月九日日蚤食时☑] [前辈到金关西门下，掾谊等皆在金关，不得相闻阆等在候官，即日餔时尘烟火到石南亭，昏时火递☑] [恐为胡虏所围守，阆即夜与居延以合从王常俱还到广地胡池亭止。虏从靡随河水草北行虏□☑] [□请。居延鄣候写移□□惊当□☑

　　　　　　　　　　　　　　　　　　　　　2000ES9SF3：4A–E⑤

---

① 参李均明《居延汉简编年——居延编》，新文丰出版公司，2004，第263~264页；汪桂海《汉简所见匈奴对边塞的寇略》，《简帛》第三辑，上海古籍出版社，2008，后收入氏著《秦汉简牍探研》，文津出版社，2009，第198~199页。

② 汪桂海：《汉简所见匈奴对边塞的寇略》，《简帛》第三辑，上海古籍出版社，2008。

③ 李均明：《居延汉简编年——居延编》，新文丰出版公司，2004，第263~264页。

④ 李均明认为，根据简中描述的战争对甲渠鄣的破坏情况，可以推测此次战争当发生在建武八年，对此笔者认为还可继续探究。如果简中说的"君"是甲渠候粟君，则此简似只能在建武三年之前，不会晚至建武八。

⑤ 孙家洲主编《额济纳汉简释文校本》，文物出版社，2007，第77~78页。

这是一件五面书写的檄，出土于甲渠候官第九隧3号房址，是建武四年（28）肩水守塞吏员就匈奴一次军事行动的动向及相关应对情况给居延候官的通报，可能是要居延守塞吏卒预为防备。匈奴这次的进攻目标主要应是酒泉，匈奴人沿弱水南下犯塞，进入肩水塞顺便掳掠焦凤牛十余头及羌女子一人，并准备由金关附近西渡弱水，为肩水候官吏卒发现。《后汉书》卷89《南匈奴传》载："建武初，彭宠反畔于渔阳，单于与共连兵，因复权立卢芳，使入居五原。"彭宠反叛于建武二年二月，称燕王于建武三年三月，被杀于建武五年二月。同年年底，卢芳称帝于五原。该简所载匈奴人针对窦融辖区的军事行动，时间恰巧在彭宠叛乱、卢芳称帝、窦融称臣于东汉的微妙时段，是否与这一时期政治形势的剧烈变化有一定关系，值得进一步思考。简中"羌女子"的具体身份值得关注，在窦融所管理的军事形势非常紧张的汉塞边缘居然有羌女子存在，且被匈奴所掠，似乎也是窦融统治时期汉羌民族友好亲善的一个注脚。《后汉书》卷23《窦融传》载，窦融治理河西，"修兵马，习战射，明烽燧之警，羌胡犯塞，融辄自将与诸郡相救，皆如符要，每辄破之。其后匈奴惩义，稀复侵寇，而保塞羌胡皆震服亲附，安定、北地、上郡流人避凶饥者，归之不绝"。简中肩水、居延边塞吏卒的高效应对，恰是对窦融治下烽火鲜明、候望谨备状况和《后汉书》相关记载的证明。同出土于第九隧3号房址的2000ES9SF3：3号简提到了一场匈奴攻亭隧的肉搏战，"匈奴入，即持兵刃功亭吏拔剑助卒，闭户重关下，戍……"，可能也反映了东汉初年匈奴人攻击亭隧的惨烈战争场面。战争中，亭吏、亭卒"闭户重关下，戍"，以剑与持兵刃的匈奴人作战。

居延汉简中有关东汉初年汉匈战争的简还有不少，如：

建武五年十二月辛未朔戊子，令史劾将襄　　　　　　　EPT68：81

诣居延狱，以律令从事　　　　　　　　　　　　　　　EPT68：82

迺今月十一日辛巳日且入时，胡虏入甲渠木中　　　　　EPT68：83

隧塞天田攻木中隧。隧队长陈阳为举堠上二　　　　　　EPT68：84

蓬坞上大表一燔一积薪。城北隧助吏李丹　　　　　　　EPT68：85

候望，见木中隧有烟，不见蓬候长。王襄即使　　　　　EPT68：86

丹骑驿马一匹驰往逆辟，未到木中队里所，胡虏四步入。EPT68：87

从河中出，上岸逐丹，虏二骑从后来共围遮、略得丹及所骑 EPT68：88

驿马持去。案：襄典主而擅使丹乘用驿马　　　　　　　EPT68：89

为虏所略，得失亡马　　　　　　　　　　　　　　　　EPT68.90

襄不以时燔举，而举埈上一苣火，燔一积薪，燔举不	EPT68.91
如品约，不忧事边。	EPT68.92
状辞曰：上造居延累山里，年卅八岁，姓周氏，为	EPT68.93
甲渠候官斗食令史，以主领吏备寇虏为	EPT68.94
职，逎今月十一日辛巳日且入时胡虏入木中	EPT68.95
隧塞天田，攻木中隧，隧长陈阳为举埈上二蓬坞上	EPT68.96
大表一，燔一积薪。城北隧助吏李丹候望见	EPT68.97
木中隧有□□见蓬，候长王襄即使丹骑驿	EPT68.98
马一匹驰往□里所，胡虏四步入，从	EPT68.99
得丹及所骑驿马。	EPT68.100
使丹乘用驿马，	EPT68.101
□举埈上一苣火□	EPT68.102

以上22简字迹相同，简号连贯，是一部劾状残编。其内容反映了建武五年居延边塞的一次敌情。胡虏入甲渠塞木中隧天田，木中隧隧长陈阳举烽火，诚北隧望见烽火后，感觉烽火信号有疑问，驻扎在诚北隧的诚北部候长王襄令助吏李丹骑驿马至木中隧了解详细情况，在途中被匈奴军队截击，李丹及驿马被俘虏。由于王襄擅自决定让李丹骑驿马，结果驿马亡失，甲渠候官为此告劾王襄。该例反映了在紧张的战争环境下，居延地区用烽火信号传递敌情的情况。为一匹驿马而弹劾抗击匈奴的下级军官，也反映了东汉初年河西地区抗击匈奴方面物资的紧缺。

甲渠鄣守候君免冠叩头死罪，奉职数毋状，罪当	EPF16：36
万死，叩头死罪死罪。十月廿八日胡虏犯塞略得吏	EPF16：37
士，毋状。当伏重诛，靡为灰土，叩头死罪。	EPF16：38

以上三简皆出土于破城子16号房址，所记为一事，是甲渠鄣守候君就胡虏犯塞抢略之事向上级汇报情况，战争中有官吏被胡虏所俘，可见战争也有一定规模。简中甲渠鄣守候名君，当即《寇恩册》中的候"粟君"，其任甲渠候在建武初年，且"廿八日"的用法往往也是东汉简的特征，故这三枚简描述的"胡虏犯塞略得吏士"事也当发生在建武初年窦融管理河西之时。

此外，在居延破城子房屋22遗址，曾出土过一枚文书楬：

戊子胡虏攻隧吏卒格斗

隧别名及对卷　　　　　　　　　　　　　　　　　　　EPF22：747A

胡虏攻隧　　　　　　　　　　　　　　　　　　　　　EPF22：747B

该楬正反面书写，长9.8厘米、宽3.9厘米，上端中部有穿孔，当是系于文书筒上，作标明筒中文书性质以供查阅之用。该楬时代也不明确，但其中"胡虏"一语多是东汉初年对匈奴的称呼，故很可能也反映了建武初期汉匈战争的情况。破城子房屋22遗址被有些学者认为是甲渠候官的文书档案室，[①]档案室中有专门文书筒来记录一日中受胡虏所攻之隧名，及相关吏卒格斗情况，可见战斗之激烈及窦融政权对匈奴犯塞之事的重视。

1974年，甘肃居延考古队发掘了由鄣、坞、烽台、坞东灰堆组成的甲渠候官遗址（即破城子，A8）。据发掘简报，"鄣的焚毁，约在王莽末年，后来改作供瞭望、燃烽的处所"，"坞内西侧的一组房屋（F13-17）下有台基，高0.9米，台下叠压早期建筑痕迹，应是晚期重建。其中最大的一间（F16）有火墙，根据屋内外所出'塞上烽火品约''相利剑刀''甲渠候请罪'和建武初年弹劾违法士吏的《劾状》等简册，可认为是晚期的甲渠候住室（早期居住鄣内）。坞内东侧一组房屋（F20、21-31）为堵死鄣门以后修建"[②]。根据这些信息，我们可以推测王莽末年至建武初年，甲渠鄣应遭遇过严重打击，可能鄣城就是在如前述EPF16：41-46和2000ES9SF3：3号简那样的战争中被彻底破坏，后被改作烽台，此后甲渠鄣候的卧室和其他机要办公地点都挪移到了坞中。考古发现甲渠鄣城的破坏时间，大体与简文中匈奴人频繁攻击居延、肩水的时间接近，可能就是在建武初年。

在匈奴军事压力极大的情况下，窦融领导的河西政权除了在边塞组织坚决抵抗外，还进行了各种制度建设，从物质和精神各个层面保证防御的有效性。甲渠候官出土有不少与军事防御有关的规章制度，其中相当一部分的时代应属于窦融主政河西时期。

1974年甲渠候官遗址F16中出土了一部由17枚汉简组成的较完整的《塞上烽火品约》册书：

> 匈人奴昼入殄北塞，举二蓬□烦蓬一，燔一积薪。夜入，燔一积薪，

---

① 甘肃居延考古队：《居延汉代遗址的发掘和新出土的简册文物》，《文物》1978年第1期，第3页。

② 甘肃居延考古队：《居延汉代遗址的发掘和新出土的简册文物》，《文物》1978年第1期，第2~3页。

举堠上离合苣火毋绝至明,甲渠三十井塞上和如品。　　　　　EPF16:1

　　匈人奴昼甲渠河北塞,举二蓬,燔一积薪。夜入,燔一积薪,举堠上二苣火毋绝至明,殄北三十井塞和如品。　　　　　EPF16:2

　　匈奴人昼入甲渠河南道上塞,举二蓬,坞上大表一,燔一积薪。夜入,燔一积薪,举堠上二苣火毋绝至明,殄北三十井塞上和如品。

　　　　　　　　　　　　　　　　　　　　　　　　　　　　EPF16:3

　　匈奴人昼入三十井降虏隧以东,举一蓬,燔一积薪。夜入,燔一积薪,举堠上一苣火毋绝至明,甲渠、殄北塞上和如品。　　EPF16:4

　　匈奴人昼入三十井候远隧以东,举一蓬,燔一积薪,堠上烟一。夜入,燔一积薪,举堠上一苣火毋绝至明,甲渠、殄北塞上和如品。

　　　　　　　　　　　　　　　　　　　　　　　　　　　　EPF16:5

　　匈奴人渡三十井县索关门外道上隧天田,失亡,举一蓬,坞上大表一,燔二积薪,不失亡毋燔薪,它如约。　　　　　EPF16:6

　　匈奴人入三十井诚敖北隧、县索关以内,举蓬燔薪如故,三十井县索关、诚敖隧以南,举蓬如故,毋燔薪。　　　　　EPF16:7

　　匈奴人入殄北塞,举三蓬。后复入甲渠部,累举旁河蓬,后复入三十井以内,部累举堠上直上蓬。　　　　　　　　　EPF16:8

　　匈奴人入塞,守亭鄣不得下燔薪者,旁亭为举蓬燔薪,以次和如品。

　　　　　　　　　　　　　　　　　　　　　　　　　　　　EPF16:9

　　塞上亭隧见匈奴人在塞外,各举部蓬如品,毋燔薪,其误,亟下蓬灭火。候、尉吏以檄驰言府。　　　　　　　　　　EPF16:10

　　夜即闻匈奴人及马声若日,且入时见匈奴人在塞外,各举部蓬,次亭晦不和,夜入,举一苣火毋绝尽日,夜灭火。　　EPF16:11

　　匈奴人入塞,候、尉吏亟以檄言匈奴人入,蓬火传都尉府,毋绝如品。

　　　　　　　　　　　　　　　　　　　　　　　　　　　　EPF16:12

　　匈奴人入塞,承塞中亭隧举蓬燔薪□□□□蓬火品约塞□□□举□蓬,毋燔薪。　　　　　　　　　　　　　　　　EPF16:13

　　匈奴人即入塞,千骑以上举蓬,燔二积薪,其攻亭鄣坞壁田舍举蓬,燔二积薪,和□如品。　　　　　　　　　　　EPF16:14

　　县田官吏令、长、丞、尉见蓬火起,亟令吏民□蓬□□诚敖北隧部界中,民田□畜牧者□□……为令。　　　　　EPF16:15

　　匈奴人入塞,天大风,会及降雨不具蓬火者,亟传檄告人走马驰以急疾为故□。　　　　　　　　　　　　　　　　EPF16:16

右塞上蓬火品约　　　　　　　　　　　　　　　　　EPF16：17

该简册除 15 和 16 号简下半段有火烧痕迹外，其他部分保存完好。根据房中共存物、地层关系综合分析，该简册应是新莽或东汉初年遗物。[①] 再联系其中"三十井"等称谓，该简册应属于新莽始建国二年至东汉建武三年十二月间。[②] 由于新莽时期，匈奴被称为"恭奴"或"降奴"，故本简作为王莽覆灭之后的产物的可能性还是很大的。简册名"蓬火品约"，是有关烽火传递的条例。条例明确规定了在各种外敌入侵情况下，居延都尉府下辖各候官具体使用烽火信号以达到联防示警目的的规定和要求。居延新简中有许多上级官员检查蓬火品约是否熟读的记录，如 EPT52：33 号简载"□卒讽读蓬火品约第十七候长胜客第廿三隧"，可能就是建武初年检查边塞吏卒讽读《蓬火品约》的记录。而前述 EPT68：81－102 简也反映了建武初年窦融集团对《蓬火品约》的重视。

除了严格各种条例外，这一时期窦融还重视对战争中表现优异的军队吏卒的奖励力度。

等三人捕羌虏斩首各二级，当免为庶人。有书，今以旧制律令为捕斩匈奴虏反羌购赏各如牒，前诸郡以西州书免刘玄及王便等为民，皆不当行。书到，以科别从事，官奴婢以西州□　　　　　　　EPF22：221

捕斩匈奴虏反羌购偿科别　　　　　　　　　　　　　EPF22：222

其生捕得酋豪王侯君长将率者一人，□吏增秩二等，从奴与购如比。
　　　　　　　　　　　　　　　　　　　　　　　EPF22：223

其斩匈奴将率者将百人以上一人，购钱十万，吏增秩二等。不欲为□
　　　　　　　　　　　　　　　　　　　　　　　EPF22：224

有能生捕得匈奴间候一人，吏增秩二等，民与购钱十□人命者，除其罪。　　　　　　　　　　　　　　　　　　　　　EPF22：225

能与众兵俱追，先登陷陈，斩首一级，购钱五万如比。　EPF22：226

□有能诰言吏，吏以其言捕得之，半与购赏。　　　　　EPF22：227

□追逐格斗有功，还畜参分，以其一还归本主。　　　　EPF22：228

---

① 薛英群：《居延汉简通论》，甘肃教育出版社，1991，第 465 页。

② 李均明：《居延汉简编年——居延编》认为，两汉数词"卅"，新莽始建国四年以后写作"三十"。李均明：《居延汉简编年——居延编》，新文丰出版公司，2004，第 147 页；饶宗颐、李均明：《新莽简辑证》，新文丰出版公司，1995，第 109～110 页。

　　□能持□奴与半功。　　　　　　　　　　　　　　EPF22：229

　　诸有功校，皆有信验，乃行购赏。　　　　　　　　EPF22：230

　　右捕匈奴虏购科赏　　　　　　　　　　　　　　　EPF22：231

　　钱三万，吏增秩二等，不欲为官者与购如比。　　　EPF22：232

　　有能生捕得反羌，从徼外来为间候动静中国兵，欲寇盗杀略人民，
吏增秩二等，民与购钱五万，从奴它与购如比。　　　EPF22：233

　　□言吏，吏以其言捕得之，购钱五万，与众俱追，先登陷□

　　　　　　　　　　　　　　　　　　　　　　　　　EPF22：234

　　右捕反羌科赏　　　　　　　　　　　　　　　　　EPF22：235

李均明《秦汉简牍分类辑解》认为上述 15 简为《捕斩匈奴虏反羌购偿科别》简册，并称该册书由"捕匈奴虏购科赏"及"捕反羌科赏"两部分组成。[1]其实从 EPF22：221 号简看，此简册应是对捕羌虏斩首各二级的三人进行赏赐的文书，而《捕斩匈奴虏反羌购偿科别》则是进行赏赐的依据，作为附件存在。据 EPF22：221 号简，边塞机构对三人的赏赐似乎曾有所争议，在赏赐标准上存在"西州书"与《捕斩匈奴虏反羌购偿科别》的差异，而最终决定以《捕斩匈奴虏反羌购偿科别》为准。李均明认为，"西州书，或指西州大将军隗嚣所下文书"，并认为隗嚣与汉廷和窦融决裂是在建武六年，简文否定西州政策，"其时或在建武六年后"。[2]笔者认为李均明的分析精准无误。除了此简，居延汉简中还有：

　　明诏捕虏购赏封锡捕虏斩首有功者候长　　　　　　EPF22：447A

　　张况、　　　　　　　　　　　　　　　　　　　　EPF22：447B

　　兒政，隧长王匡爵各一级。　　　　　　　　　　　EPF22：448A

　　孟党　　　　　　　　　　　　　　　　　　　　　EPF22：448B

也是根据《捕虏购赏》对"捕虏斩首有功"的军官进行封赏的记录。其中孟宪还见于建武三年的《死驹劾状》简册，故 EPF22：447、448 号简也应是建武初年的简牍。由此可见，窦融治下，强调对《捕斩匈奴虏反羌购偿科别》的重视，严格以此作为赏罚标准，以奖励对匈奴、羌虏作战有功的将士。

　　综上可知，窦融治理河西时期是西汉后期以来汉匈战争最频繁的时期，

---

　　①　李均明：《秦汉简牍文书分类辑解》，文物出版社，2009，第 223～224 页。
　　②　李均明：《居延汉简编年——居延编》，新文丰出版公司，2004，第 268 页。

居延、肩水都尉府辖区内与匈战争频繁。窦融"修兵马，习战射，明烽燧之警"①，对来犯之敌坚决打击，发挥了捍卫河西边塞、保卫汉朝边疆的作用。

三　窦融的"怀辑羌虏"

窦融统治河西时期，正值汉代西北边塞不稳定时期，面临的战争压力很大。在这种情况下，仅从军事角度对抗匈奴、羌等少数民族是不够的，更主要的是团结境内一切可以团结的力量，调动大家的积极性，同心协力，对抗匈奴和叛羌。《后汉书》卷23《窦融传》在讲到窦融治绩时，经常提到"抚结雄杰，怀辑羌虏"，这其实正是窦融能够加强河西军民凝聚力、成功组织各方面力量对抗匈奴的主要原因。

窦融治理河西时，政治环境较为恶劣，一方面要面临匈奴、羌虏入侵的威胁，另一方面中原扰攘、河西孤悬。在这种情况下，很多人对窦融集团的前景可能不看好，因此军民的叛逃时有发生。甲渠候官遗址探方68曾集中出土一批建武初年的劾状，其中有不少涉及军民叛逃者。据李均明整理，EPT68：134－156，EPT68：54、55、59－66、57、58、68－76、56，EPT68：29－53，EPT68：105－122号简分别是四份劾状的残文。② 其中EPT68：134－156号简记载了建武五年九月九日甲渠第四燧隧长在"长吏无告劾"的情况下出亡，逐捕未得的情况。EPT68：54、55、59－66、57、58、68－76、56号简记载了建武六年三月三日，居延常安亭长王阌、阌子男同、攻虏亭长赵常及客民赵阌、范翕五人携带"官兵"、钱物集体"蘭越甲渠当曲塞"，从河水中天田出逃的恶性事件。EPT68：29－53号简记载了建武六年四月新占民赵良"蘭越塞"出逃的情况。EPT68：105－122号简记载了建武六年七月隧长郑孝、侯云"蘭越塞天田"出亡，后又返回甲渠塞的事件。仅仅半年的劾状中，就有如此多基层军官、军民叛逃事件的发生，可见当时情况的紧急。

汉人尚且有如此多的逃亡现象，我们可以推想窦融治下的少数民族，尤其是少数民族军队管理的难度。窦融管理河西是以张掖属国"精兵万骑"作为基础的。而属国军队的构成主要是少数民族军队，前述EPF22：325B号简"史将军发羌骑百人"的记载，也体现了少数民族军队在窦融军队中的作用。在这种情况下，加强少数民族军队对窦融政权的向心力，显然有着非常重要的作用。《后汉书》中多次提到，窦融能够"怀辑羌胡"，在拉拢、团结少数民族军队、

---

①　《后汉书》卷23《窦融传》，中华书局，1965，第797页。

②　李均明：《居延汉简编年——居延编》，新文丰出版公司，2004，第242～248页。

民众方面卓有成效。征之汉简可知，《后汉书》的记载并非虚夸之辞。

居延汉简载：

> 甲渠言部吏，毋作使属国秦胡卢水士民者。　　　　　　　EPF22：696
>
> 建武六年七月戊戌朔乙卯，甲渠鄣守候敢言之。府移大将军莫府书
> 曰：属国秦胡卢水士民，从兵起以来□☑困愁苦，多流亡在郡县。吏☑
> 　　　　　　　　　　　　　　　　　　　　　　　　EPF22：42＋322
>
> 　　匿之。明告吏民，诸作使秦胡卢水士民畜牧、田作不遣，有无四时
> 言。谨案：部吏毋作使属国秦胡卢水士民者。敢言之。　　EPF22：43

上述三简皆与"属国秦胡卢水士民"有关。《居延新简集释》的撰者认为
EPF22：42、43、696属同一简册，且EPF22：42与EPF22：322可缀合，缀合
后释文作"建武六年七月戊戌朔乙卯，甲渠鄣守候敢言之。府移大将军莫府
书曰：属国秦胡、卢水士民，从兵起以来，□☑困愁苦，多流亡在郡县。吏"，
EPF22：696号简是标题简。简册释文及断句作："建武六年七月戊戌朔乙卯，
甲渠障守候敢言之。府移大将军莫府书曰：属国秦胡、卢水士民，从兵起以
来，□☑困愁苦，多流亡在郡县。吏……匿之。明告吏民，诸作使秦胡、卢水
士民畜牧、田作不遣，有无四时言。谨案：部吏毋作使属国秦胡、卢水士民
者。敢言之。甲渠言部吏，毋作使属国秦胡、卢水士民者。"① 关于"秦胡"
"卢水"，学界多有争议，迄无定论，但大体来说应该是少数民族居民。② 从简
文可知，王莽末年社会动乱后，不少属国少数民族居民流亡郡县，建武六年
（30），窦融下令调查民间及各官府机构中有无奴役属国秦胡、卢水士民，不
遣送其返回属国的现象。这次调查，禁止奴役秦胡卢水士民，要求将流落郡
县的他们遣送回属国，既是对少数民族保护、凝聚他们向心力的措施，也是
巩固、增强属国军事力量，以更好抵御匈奴进攻的重要手段。

正是由于兼领"属国都尉"的经历，窦融充分认识到团结内附少数民族
的重要性，最终"怀辑羌胡"，使他们成为捍卫河西政权的重要力量。

第二节　河西汉简所见建武十二年之后的西北民族关系

建武十二年（36），陇蜀平定，窦融也诣阙洛阳，还河西大政于中原王

---

① 张德芳：《居延新简集释（七）》，甘肃文化出版社，2016，第435～436页。
② 关于此学术史，可参张德芳《居延新简集释（七）》，甘肃文化出版社，2016，第436～438
页。

朝。从此，东汉朝廷开始正式接管河西防务，处理河西地区的民族关系。关于东汉时期的民族关系和民族政策，研究者很多，成果也较丰硕。大部分学者认为，与西汉不同，在儒家学说影响下，东汉在对待匈奴、西域方面采取了以消极防守为特点的收缩政策，在对羌方面采取了以"武力征伐为主"的政策，并对这些政策的得失成败进行了分析。① 由于河西汉简资料所限，对于东汉边疆政策的宏观得失，本书不拟过多展开。仅就简牍中涉及的问题申论一二。

一　悬泉汉简所见东汉羌人资料

悬泉置汉简中有关于东汉羌人的记录：

> 入西书八，邮行。悬泉邮孙仲受石靡邮牛羌。永平十五年三月九日
> 人定时。　　　　　　　　　　　　　　　ⅣV91DXF13C①：5②

石靡邮牛羌，即石靡亭的邮卒牛羌，"牛羌"是羌人名。本简记载了东汉永平年间，羌人在敦煌郡邮驿机构内服役的情况。关于敦煌郡所辖归义、内附羌人在官方机构的劳作，在西汉和新莽时期都存在，前文已论之甚详，此则材料则说明东汉时这种现象仍很普遍。此外，悬泉汉简ⅡDXT0114③：606号简"庚申，羌人六人作"③ 和ⅡDXTT0114④：83 号简"羌屈调作柱二月戊戌作名佐解卿受（右齿）"④，尽管时代不明，但也说明了羌人服役的普遍性和工作的多样性。据《后汉书》卷87《西羌传》可知，羌人在东汉要承担的不仅有简文中所说的劳役，还有兵役，"安帝永初元年夏，遣骑都尉王弘发金城、陇西、汉阳羌数百千骑征西域，弘迫促发遣，群羌惧远屯不还，行到酒泉，多有散叛"，汉人利用羌人征西域，最终引起羌人叛乱。

关于服役羌人的待遇、处境，现有简牍材料没有这方面的记载，但《后汉书》中却有较多描述，如《后汉书》卷87《西羌传》载建武九年司徒掾班彪上书言："今凉州部皆有降羌，羌胡被发左衽，而与汉人杂处，习俗既异，言语不通，数为小吏黠人所见侵夺，穷恚无聊，故致反叛。"同传载，安帝时

---

① 如李大龙《汉代中国边疆史》第三章"东汉王朝的边疆政策"，黑龙江教育出版社，2014，第169～244页。
② 郝树声、张德芳：《悬泉汉简研究》，甘肃文化出版社，2009，第175页。
③ 胡平生、张德芳：《敦煌悬泉汉简释粹》，上海古籍出版社，2001，第174页。
④ 张俊民：《敦煌悬泉出土汉简所见人名综述（二）——以少数民族人名为中心的考察》，《西域研究》2006年第4期，第3页。

"时诸降羌布在郡县，皆为吏人豪右所徭役，积以愁怨"。由此可见，内附羌人在河西地方行政机构的劳作似乎是被奴役的表现。并且这种奴役还导致了严重问题，激起羌人民变。东汉时期，羌乱此起彼伏，无有宁日，不能说与汉人对羌人的奴役没有关系。

河西地区是羌汉杂居之处。这些居于河西走廊绿洲的归义羌人，习俗与汉人迥异，而言语亦多不相通，边郡的豪强地方官吏对他们也进行压迫和奴役。尤其是到了东汉时期，这种汉人对羌人的压迫与奴役的现象愈来愈严重，终导致羌人频繁反叛。如前所述，悬泉汉简中有不少关于羌人反叛的记载，然而能明确是东汉时期的则无一例。但据黄伯思《东观余论·汉简辨》，北宋时期关中地区则出土过一枚汉简："永初二年六月丁未朔二十日丙寅，得车骑将军莫府文书：上郡属国都尉中二千石、守丞廷义县令三水，十月丁未到府受印绶，发夫讨畔羌。急急如律令。"这是一枚永初二年（108）的讨羌檄文，恰可补今日简牍材料的不足。关于这枚讨羌檄文简牍，汪桂海《从出土资料谈汉代羌族史的两个问题》有详细讨论，可以参看。①

羌乱是东汉时期最为严重的民族问题，其发生应该说具有必然性，与汉朝政府长期以来奴役羌人、歧视羌人的政策有密切关系。在汉代边疆各少数民族中，羌人较早进入汉代的郡县系统中。据悬泉汉简，在西汉他们就已被编入敦煌郡名籍，并在邮驿等机构中服役，与汉族官员共处、接触。但令人震惊的是，与汉人接触较多、接受郡县地方行政管理时间较长的羌人，反而成为东汉时期反抗汉族统治最为坚决的民族。这说明，长期的杂居接触并没有"同化""融合"羌人，相反沉重的压迫、歧视更塑造了其坚韧的反抗精神。再联系南匈奴，从东汉初年内附，汉末已分布至今山西东南部、河南西北部，然而到西晋时期仍保持民族特性，且培育出了强烈的反汉精神，最终和羌人一起瓦解西晋王朝。这些事例都启示我们，汉晋时期少数民族与汉族杂居一处，由于汉文化的先进性，汉人普遍歧视少数民族人，进而导致汉族地方行政机构对少数民族的奴役。在这种情况下，不但不会引发民族融合，反而会激发内迁少数民族的民族意识，强化其反汉精神。东汉王朝大量接受内附少数民族，将他们作为压迫剥削的对象，最终导致了严重后果，其中的教训值得深思。

二　建武十二年之后的居延边塞

治居延汉简者经常有一疑惑，就是从汉武帝后期到东汉建武八年（32），

---

① 汪桂海：《从出土资料谈汉代羌族史的两个问题》，《西域研究》2010年第2期。

居延简的纪年基本连贯，30000 枚简牍主要集中在这一时间段。此后，间有章帝、和帝、安帝时期的个别简牍，甚至有一枚晋武帝太康四年简，但总体来说数量极少。而从建武九年（33）到章帝元和二年（85）50 多年间的纪年简牍，一枚都没有。尤其是考虑到，甲渠候官遗址出土的建武年间简牍极多，为什么会在建武八年之后戛然而止，这一现象与东汉的边防及民族政策是否有关，确实值得深思。

甘肃居延考古队曾注意到此现象，称："连续的屯戍活动，到东汉建武八年后半年停止。此后仅有零星活动，特别是在东汉章、和帝时期。"[1] 李均明曾联系居延新简一则关于匈奴人进攻甲渠塞的记录，称："这次事件中甲渠塞受到全面破坏，时或发生在建武八年，此后直至东汉中期甲渠塞的屯戍活动似已停顿，或至少规模缩小。"[2] 特日格乐在全面统计居延纪年简和吸收李均明研究的基础上，得出结论："在建武八年左右，居延塞曾经遭到匈奴人全面破坏。由于东汉初年光武帝对匈奴采取了消极防守的政策和迁都洛阳，所以未对遭到严重破坏的居延塞进行及时修复。直到光武帝末，东汉重新对匈奴用兵时才恢复居延地区的屯戍工作，但此时规模已经大大缩减。"[3] 以上观点都有合理性，尤其是从东汉处理民族关系的收缩政策得出东汉时期的居延屯戍规模大大不如西汉的观点，确实非常有道理。但三者皆认为居延地区的屯戍活动曾经停止，我认为还是值得商榷的，理由如下：

第一，居延塞自西汉中期之后，就是抵御匈奴的重要军事要冲，其控御黑河，像拳头一样伸向匈奴腹地，保护居延泽这一重要水源地的意义非常重大。即使东汉朝廷实行收缩政策，也不应该完全放弃这一地区。

第二，关于建武八年之后居延塞被战争破坏的问题，至少从今天所见史料看，还仅是推测，并无绝对证据。况且即使真的甲渠塞被战争毁坏，也不应当影响整个居延防御体系。匈奴人的战争是以攻击汉朝军事力量、掠夺财富、破坏汉朝防御设施为主要目的，基本不会对占有的汉朝土地长期控制。所以就算匈奴攻坏了甲渠部，汉朝军队只需在匈奴退后重建即可，无须完全放弃。

第三，从传世文献看，在建武八年到元和二年之间，居延塞还曾发挥作用。《后汉书》卷 23《窦固传》载，永平十六年（73），东汉大举进攻匈奴：

---

① 甘肃居延考古队：《居延汉代遗址的发掘和新出土的简册文物》，《文物》1978 年第 1 期，第 3 页。

② 李均明：《居延汉简编年——居延编》，新文丰出版公司，2004，第 264 页。

③ 特日格乐：《简牍所见汉匈关系史料整理与研究》，北京交通大学出版社，2015，第 45 页。

固与忠率酒泉、敦煌、张掖甲卒及卢水羌胡万二千骑出酒泉塞，耿秉、秦彭率武威、陇西、天水募士及羌胡万骑出居延塞，又太仆祭肜、度辽将军吴棠将河东北地、西河羌胡及南单于兵万一千骑出高阙塞，骑都尉来苗、护乌桓校尉文穆将太原、雁门、代郡、上谷、渔阳、右北平、定襄郡兵及乌桓、鲜卑万一千骑出平城塞。

据此，永平十六年时不仅有居延塞，且居延塞还是进攻匈奴的重要基地，而这一基地是不可能在短时间内建起的。既然我们不能以未发现永平十六年前后的居延简牍来否定永平十六年有居延塞存在的事实，我们又怎能以未发现建武九年至元和二年间的简牍来否定这一时期居延塞的存在。

历史学界一直有个共识，"说有容易说无难"。我们仅凭未发现某个阶段的材料而否定某个阶段的某种历史现象的观念是不可取的。出土文献不像传世文献那样是经过史家精心裁剪而成的，其内容必然没有传世文献那么周到、全面。出土文献的发现有偶然性，我们绝不能用偶然性的不存在去论证绝对的不存在。

具体到居延地区东汉时期的屯戍情况，我们可以有以下认识。首先，居延地区出土的东汉简牍是极少的，相对来说和帝永元年间的简牍算是比较多了。其次，建武八年之后，居延简分布于查科尔帖（A27）、破城子（A8）遗址。再次，房屋遗址和探方发掘出土简牍情况有一定区别。探方由于有垃圾堆的可能，所以其纪年简会杂一些，而房屋遗址中留存简牍大多应该是该房屋被废弃前不久的简牍，从这个角度出发，笔者认为甲渠塞F16和F22应该废弃在建武八年之后不久。但问题是EPF22：560号简有"永元十年"纪年，令人费解。

综合考虑，笔者认为窦融归汉之后，东汉政府控制了包括居延塞在内的河西边塞，并且驻军屯戍，但由于东汉收缩主义政策，故其屯戍规模无法与西汉相比，所以甲渠塞各烽燧包括甲渠候官在内有一些房屋被废弃。魏坚称："有的烽燧内部在发掘时，仅在东侧靠近门道的地方留有一间小屋，其他各室均已封堵，而且可以看出其逐步封堵废弃的过程……这些烽燧是多次被废弃的，而且规模越来越小。"[1] 既然甲渠塞烽燧、房屋是逐步封堵废弃的，就排除了其是被匈奴人攻破废弃的可能，而应是屯戍规模越来越小所致，应该就

---

① 魏坚：《额济纳旗汉代居延遗址调查与发掘述要》，载魏坚主编《额济纳汉简》，广西师范大学出版社，2005，第21页。

在窦融归汉不久，甲渠候官的结构就发生了变化，作为文书档案室和甲渠候住所的 F22 和 F16 都遭废弃，但甲渠鄣仍然存在，只是规模变小。且规模变小的原因，也不能完全归结到东汉的收缩政策上，还需考虑匈奴迅速衰落、大大减轻居延地区防御压力的因素。

至和帝永元年间，汉政府再次以居延塞作为基地对匈奴大举用兵，居延地区的屯戍又繁荣起来，因此居延地区"永元纪年简"较多，甲渠候官此时应该又发挥了较重要的作用。F22：560 号简有可能是 F22 继续被临时使用而遗留的产物，但更可能的是 F22 并未被使用，仍处于废弃状态，只是某种不知的偶然原因导致个别永元年间的简牍混入其中。由于甲渠候官没有废弃，和帝时应该比较繁荣，会产生很多简牍，不排除个别简牍被风沙或人为携带至已成废墟的 F22 之中。关于和帝时期甲渠塞乃至居延都尉府的再度繁荣，不仅有甲渠塞永元纪年简和查科尔帖出土的《永元器物簿》证明，还有：

　　　　☐☐大将军印章诣中郎将，驿马行十二月廿二日，起☐　　EPT49：11A
　　　　☐年隧长育受武疆驿卒良☐　　　　　　　　　　　　　　EPT49：11B

上简虽无纪年，但关于月日的书写格式具有东汉简特点，且字体较多楷意，故李均明认为其是永元年间简，并据《后汉书》卷 23《窦宪传》"北单于以汉还侍弟，复遣车谐储王等款居延塞，欲入朝见，愿请大使。宪上遣大将军中护军班固行中郎将，与司马梁讽迎之"的记载推测简文"大将军"为"窦宪"，"中郎将"为"班固"。[1] 笔者认为，李均明的推断非常有道理。该简作为班固在居延活动的记录能留存至今，实在难能可贵。

永元之后，居延屯戍可能再度裁减规模，但作为抵抗北方游牧民族的据点，居延都尉府的建制一直都在。《后汉书》卷 87《西羌传》有和帝时的"居延都尉贯友"，卷 39《刘般传》有安帝时的"居延都尉范邠"，EPT61：5 号简有"永初五年"纪年，都是居延屯戍继续存在的证据。当然，安帝之后，可能居延都尉由纯军事机构被改造为了监领民事的属国都尉，《续汉书·郡国志五》载："张掖居延属国故郡都尉，安帝别领一城。户一千五百六十，口四千七百三十三。"[2] 直至东汉末年建安年间，又改为"西海郡"。

总之，居延边塞在东汉的变化，反映了东汉王朝边防政策和对匈奴态度的变化，同样是民族史研究者应关注的问题，值得继续探究。

---

① 李均明：《居延汉简编年——居延编》，新文丰出版公司，2004，第 283～284 页。
② 《续汉书·郡国志三》，见范晔《后汉书》，中华书局，1965，第 3520 页。

第六章 汉王朝经营西北少数民族地区的军事基础

汉武帝时期河西开辟，汉王朝通往"西北国"的交通线被打通，那么如何保障此交通线的畅通、防御线的安全，就成为汉王朝要解决的另一个问题。经过武昭宣时期半个多世纪的经营，以长城、烽燧为基本组织，包含邮置、关津等交通信息后勤组织体系在内的军事塞防体系日趋完善，与此相匹配的军事管理机构高效运转，河西和西域地区的屯田渐成规模。到宣帝时，汉王朝在西北地区的经济、交通、军事基础已趋完备，为西北少数民族的行政管理奠定了基础。

第一节 汉王朝西北军事塞防体系的构建

汉王朝西北塞防体系，主要指汉武帝中期以来在河西走廊及西域地区构建的以塞墙、烽燧、郭候为主，置、关、邮、亭等交通信息机构为辅的塞防系统。汉代西北塞防系统，根据地域尤其是承担任务、防御对象的不同，大致又可分为河西走廊北部以匈奴为主要防范对象的塞防系统、河西走廊南部以羌人为主要防范对象的塞防系统和西域屯田、亭障系统。

一 河西、西域塞防体系

（一）河西走廊北部塞防体系

汉金城郡所属之黄河以西、西域三陇沙（今新疆东部库木塔格沙漠东北突出部）以东，北山山地以南、祁连山地以北，呈东南—西北走向的狭长地带，由于南北有两山及腾格里、巴丹吉林沙漠相夹，成为中西交通的重要孔道，故称"河西走廊"。河西地区，东边通过黄河渡口与中原地区相连，西边穿过疏勒河下游的沼泽地区、白龙堆、盐泽（今罗布泊）可通西域。南边与分布广泛的羌人以祁连山相隔，北边则以沙漠戈壁、北山为天然屏障应对匈奴的侵扰。河西走廊内部，主要分布着三大水系，分别是东部的石羊河、中部的黑河、西部的疏勒河。除三大水系外，走廊内部还分布有松陕水、羌谷水（黑河支流）、呼蚕水（今北大河）、氐置水（今党河）。这些水系大都源于祁连山，呈南—北走向，其中黑河向北延伸，突破走廊，分别进入今腾格里沙漠和巴丹吉林沙漠腹地，成为匈奴人南下和汉人北上的交通要道。河西走廊主要生产方式是绿洲农业，兼有畜牧，河流绿洲成为自然走廊内经济和政治、军事中心。因此，黄河沿线、谷水流域、弱水流域、呼蚕水流域、疏勒河流域分别成为汉代金城郡、武威郡、张掖郡、酒泉郡、敦煌郡的中心地区。石羊河和黑河下游的休屠泽和居延泽地区，虽不在走廊之内，但由于它们通过两河与河西地区紧密联系，在汉代分别属于武威郡和张掖郡的管辖范围，对河西走廊的军事安全有着至关重要的意义，故也被纳入广义河西的范围之内。

河西走廊作为隔绝羌胡、联通西域的交通孔道，军事价值极高。汉王朝决定经营西北后，走廊地区，包括北通大漠的弱水和谷水下游地区，成为汉王朝西北防线的重中之重。而直面强大匈奴的走廊北部，则成为汉塞构筑的中心环节。河西走廊北部塞防体系包括塞垣、烽燧、关卡、邮置等各种机构，位于北山山脉附近和沙漠边缘，成为抵御匈奴入侵、保证丝路畅通的壁垒。

张骞第二次出使西域，劝乌孙东归河西走廊不果。汉武帝决定经营河西，首先筑塞于令居以西。元鼎二年（前115），汉朝在今兰州永登县设置令居县，属陇西郡，在河西建立了桥头堡，此后，以令居为据点，汉王朝开始向西北地区不断徙民屯田、修筑邮塞，延伸边防线，"往往通渠置田，官吏卒五六万人，稍蚕食，地接匈奴以北"[1]。元鼎五年（前112），汉王朝由令居筑塞至酒泉，"以通西北国"。元封四年（前107）汉塞又延续到玉门。此后，经过汉王朝的持续打击，匈奴势力有进一步西移的趋势。在"单于益西北，左方兵直云中，右方直酒泉、敦煌郡"的新形势下，汉王朝开始考虑如何扼制匈奴南下河西。沙漠行军多沿河以保障水草供应，即使是对恶劣环境更为适应的匈奴军队也不例外。在由五原郡（郡治九原在今内蒙古自治区包头附近）至金城郡（郡治允吾在今甘肃省兰州市红古区海石湾镇附近）的黄河沿岸皆为汉军控制的情况下，匈奴军队由北部入侵河西，须沿黑河或石羊河穿越巴丹吉林或腾格里沙漠。抑制匈奴入侵河西走廊的关键，就在于取得对黑河和石羊河下游河岸的控制。太初三年（前102），汉武帝命贰师将军李广利攻伐大宛，为防止匈奴趁李广利征伐大宛之际，沿黑河或石羊河南下隔绝河西交通，汉王朝"益发戍甲卒十八万酒泉、张掖北，置居延、休屠以卫酒泉"[2]，"使光

① 《史记》卷110《匈奴列传》，中华书局，1982，第2912页。

② 《史记》卷123《大宛列传》，中华书局，1982，第3176页。

禄徐自为出五原塞数百里，远者千余里，筑城郭列亭至庐朐，而使游击将军韩说、长平侯卫伉屯其旁，使强弩都尉路博德筑居延泽上"①。修筑了由张掖至居延泽的居延塞和由休屠城至休屠泽的休屠塞。汉武帝在今包头地区的五原塞外和居延地区同时设立郭塞，二者东西呼应，于河西汉塞之外又建起一重防范体系，恰似一巨钳，阻隔了匈奴的入侵，并将汉王朝西部边境对匈战争的前沿阵地向北推进了近400公里。李广利征伐大宛后，汉王朝又由敦煌西筑亭燧至盐泽（今新疆罗布泊），《史记》卷123《大宛列传》载："敦煌置酒泉都尉。西至盐水，往往有亭。而仑头有田卒数百人，因置使者护田积粟，以给使外国者。"这样经过十余年的经营，汉王朝在河西地区基本构建了一组一横两纵较为完善的边防线。至宣帝时期，在建置武威郡时，由媪围至揲次又筑塞防，以保护北驿道的安全。

总体说来，河西走廊北部边防线大概呈东南—西北走向，东起令居黄河沿线，经金城郡、武威郡，在武威北部都尉（治所休屠）分为两支，一支沿谷水（今石羊河）左右修建，以捍卫谷水沿岸、阻止匈奴沿河进犯为目的，直至休屠泽；另一支则继续向西延伸，经张掖郡至酒泉，在酒泉会水县呼蚕水（今北大河）与羌谷水（今黑河）交汇处分叉。其中河西走廊内部的主边防线则进一步向西延伸，经酒泉东部都尉、北部都尉、西部都尉辖区进入敦煌后沿今疏勒河分布，直至玉门关，其塞垣烽燧遗址可到湾窑，基本进入今新疆境内。而另一支边防线则由会水沿羌谷水向东北方向延伸，至肩水都尉府、肩水塞、肩水金关，这一河段两岸设塞，肩水都尉府及驿马屯田区被围在塞垣之内，北由金关控扼南北。过金关后，边防线沿黑河东岸继续北上，遍布烽燧城障，越橐他塞、广地塞、居延悬索关，在居延悬索关北（今布肯托尼遗址）再次分为两条。一条沿汉代的黑河干流（此河今已枯竭，仅遗存部分干枯河道）向东修筑，直至汉代居延泽沿岸的博罗松治遗址，就是卅井塞。另一条沿黑河支流伊肯河（今额济纳河干流）向东北方向，直至居延泽地区，这就是甲渠塞及北部额济纳河三角洲地区的珍北塞。甲渠塞、珍北塞、卅井塞及天然屏障居延泽包围的地区就是汉代居延都尉府辖区及居延屯田区。

此外，据《汉书》所载，张掖郡日勒县为张掖郡塞防重地，可能也有河谷北通匈奴。《汉书》卷28下《地理志下》"张掖郡"条载"日勒，都尉治泽索谷"，张掖郡都尉驻扎日勒县泽索谷，则该谷显系军事重镇，既以"泽索"为名，似乎与水道山泽有关。同书卷69《赵充国传》载，赵充国在镇压

---

① 《史记》卷110《匈奴列传》，中华书局，1982，第2916页。

羌乱时曾上书："武威县、张掖日勒皆当北塞,有通谷水草。臣恐匈奴与羌有谋,且欲大入,幸能要杜张掖、酒泉以绝西域,其郡兵尤不可发。"明确指出张掖日勒与通休屠泽的武威县一样"有通谷水草"。《汉书》卷94上《匈奴传上》也载,昭帝时匈奴"右贤王、犁污王四千骑分三队,入日勒、屋兰、番和",匈奴的这次军事行动很可能即是循水草入日勒,然后分兵东攻番和,西侵屋兰。

(二) 河西走廊南部塞防体系

河西走廊南境,地形上则与坦荡无垠的走廊北部成鲜明对照,这里祁连山—阿尔金山巍然耸立,难以逾越,且南境羌人势力远不及匈奴强大,故多数学者认为由于走廊南境无须像北境那样构筑绵延不绝的长城防御系统,仅须设置烽燧观察、传递敌情,故汉王朝在走廊南部,未建立系统的塞垣、长城,只建有若干烽燧,作为监视、通信之用。而近年来的考古野外工作一直未找到南境系统长城遗迹,也在一定程度上佐证了这一观点。但需注意的是,南境崇山峻岭间的河谷地带,往往是南方羌人出入河西走廊的天然通道,在汉羌关系紧张的时段,在这些河谷沟口封堵设防还是极有必要的。居延汉简119.53号简有"氏池塞尉"的记载,李并成认为既有塞尉则必有塞,氏池不当北道,县治在今祁连山区民乐境内,"则氏池塞垣一定是指其县境南部山口上所筑的塞墙"[1]。李先生还指出近年文物普查在河西南境发现的一些塞墙遗迹的构筑方法与河西北境汉长城相似,应系同时代之物。[2] 李并成先生关注河西地理多年,多次实地勘测、调查,其意见值得重视。

(三) 西域地区的亭障系统

汉武帝时期,匈奴西部疆土称为"匈奴西域",其不仅包括匈奴日逐王、僮仆都尉管理的新疆地区,还包括河西走廊浑邪王治地。《史记》卷111《卫将军骠骑列传》载:"于是天子嘉骠骑之功曰:'骠骑将军去病率师攻匈奴西域王浑邪……'"后来,随着汉王朝的不断西进,今新疆及以西中亚地区各小国不断臣服汉王朝,至宣帝神爵二年(前60)汉政府设西域都护一职,统一管理敦煌玉门关、阳关以西的西方小国,从此"西域"盖特指敦煌玉门关、阳关以西的广大地区。这些地区包括许多小国,他们对汉王朝来说虽属"外

---

① 李并成:《河西走廊历史地理》,甘肃人民出版社,1995,第231页。
② 李并成:《河西走廊历史地理》,甘肃人民出版社,1995,第232页。

国"，与阳关、玉门关内的直属郡县不同，但又和汉王朝有密切联系，葱岭以东诸国且受汉王朝的羁縻管理与控制。这些分布在玉门关、阳关以西，葱岭以东，受汉王朝羁縻管理的诸小国，即是本书谈的"西域"。

与河西地区不同，汉王朝并未对西域实行严格的郡县行政体制，允许各小国在一定程度上保持半独立状态，只需服从汉中央和西域都护的统一管理，承担奉迎使节、保障交通线畅通、出兵征伐等义务。在这种政治模式下，汉王朝经略西域的重点并非严密管理，而是"断匈奴右臂"，争取西域各国敌匈向汉。从军事角度来说，要达到此目的，并不需要在西域全境筑长城塞垣，完全隔绝其与匈奴的来往，而只需要在军事要地设置堡垒城郭，在交通线上设置烽燧亭障，在农业基础好的地区建立屯田据点。也就是说汉王朝在西域需要的是高效的指挥中枢、便捷畅通的交通设施、安全的屯田基地，以及保障中枢、交通、屯田的军事据点。在这种情况下，汉王朝在西域的防御系统主要是沿交通线和屯田区构筑亭障烽燧体系。

武帝时期，大宛之役后，"西域震惧，多遣使来贡献，汉使西域者益得职。于是自敦煌西至盐泽，往往起亭，而轮台、渠犁皆有田卒数百人，置使者校尉领护，以给使外国者"①，汉王朝开始在西域地区构筑亭障和屯田基地。后来，汉置西域都护驻乌垒城，戊己校尉驻高昌壁，到东汉时则有金满城、柳中城。这些地区就成为汉王朝经略西域的中心城郭。围绕这些城郭，在西域与敦煌地区，汉王朝建立了大量烽燧亭障以保障交通的畅通。

前人多认为，由敦煌玉门关、阳关西出，分别是赴西域之北、南二道。然近代考古发现似乎与此有别。甘肃省文物考古研究所编《敦煌马圈湾汉代烽燧遗址发掘报告》称："敦煌通往西域的驿道，其北道延汉塞内侧，出玉门关后，继续西行。在汉塞终点，大煎都候官所辖的烽燧线，折向西南，至候官障，再折向西。驿道亦随烽燧线，呈西、西南走向。同时，出阳关的西域南道，呈西、西北走向。南、北两道在大煎都候障汇合，然后沿烽燧线继续西行。离开大煎都候辖境后，驿道折向西北，至居卢訾仓，即进入西域都护府辖境。"② 进入西域都护府辖境后，从楼兰附近再分南、北两道，南道经且末、和田、莎车，北道经渠犁、龟兹、姑墨，再会于疏勒。由莎车、疏勒可翻越葱岭，到达大宛、康居、大月氏、大夏。而从北道，过龟兹、姑墨、温宿后

---

① 《汉书》卷96上《西域传上》，中华书局，1962，第3873页。
② 甘肃省文物考古研究所编《敦煌马圈湾汉代烽燧遗址发掘报告》，载甘肃省文物考古研究所编《敦煌汉简》，中华书局，1991，第82页。

翻越天山可直抵伊克赛湖东南的乌孙国都赤谷城。此外，在天山以北车师地区也有一条途径伊犁河谷至乌孙的路线。而汉王朝的烽燧亭障等军事设施则大概围绕这些交通线建立延伸。

二　西北地区汉塞和坞燧障城关卡设施

（一）河西汉塞

汉代塞防体系，由长城（即塞墙）和附属的城障坞燧关卡组成。《方言》卷6称："塞，安也。"《说文·土部》："塞，隔也。"《广韵·代韵》："塞，边塞也。"塞的义为"隔断""阻隔"，由阻隔之意引申为边界和险要地区的防御工事。早期的防御工事，主要是城墙。春秋早期，楚国即"方城以为城，汉水以为池"①。到战国时期，七雄皆筑有长城，齐有"长城、巨防，足以为塞"②，赵武灵王"筑长城自代并阴山下至高阙为塞"③。《史记》卷88《蒙恬列传》："筑长城，因地形，用制险塞，起临洮，至辽东，延袤万余里。"《汉书》卷49《晁错传》载："错复言守边备塞，劝农力本，当世急务二事。"可见，在战国秦汉时期，完备的塞防系统已成熟起来。陈梦家认为，汉代文献中的"长城"皆指"秦之故长城"，也可称"故塞"，而汉代所筑，则"皆称塞而不以长城为名"④。征之汉简，其说可以成立。居延、敦煌汉简中关于"塞"的记载比比皆是，"甲渠塞""卅井塞""肩水塞""北部塞""东部塞""玉门塞"鳞次栉比，文书中有"塞延袤道里簿"，使者或边境官员要"行塞"，等等。

汉代由于边防形势的复杂化，"塞"的构成与形式也日渐复杂。文帝时，晁错上书：

> 陛下幸忧边境，遣将吏发卒以治塞，甚大惠也。然令远方之卒守塞，一岁而更，不知胡人之能，不如选常居者，家室田作，且以备之。以便为之高城深堑，具蔺石，布渠答，复为一城其内，城间百五十步。要害之处，通川之道，调立城邑，毋下千家，为中周虎落。

颜师古引如淳说："蔺石，城上雷石也。"引苏林说："渠答，铁疾藜也。"引

---

①　杨伯峻：《春秋左传注》"僖公四年"条，中华书局，1990，第292～293页。

②　陈奇猷校注《韩非子新校注》卷1《初见秦》，上海古籍出版社，2000，第8页。

③　《史记》卷110《匈奴列传》，中华书局，1982，第2885页。

④　陈梦家：《汉武边塞考略》，收入氏著《汉简缀述》，中华书局，1980。

郑氏说:"虎落者,外蕃也,若今时竹虎也。"① 元帝末年,郎中侯应称:"起塞以来百有余年,非皆以土垣也,或因山岩石,木柴僵落,溪谷水门,稍稍平之,卒徒筑治,功费久远,不可胜计。"② 由此可见,汉代塞防多"因地制宜,或倚高山峡谷,稍作整治;或临河流,兴筑木栅、水门;或就地取材,垒砌墙垣。构筑篱笆,设置'彊落'"③。根据传世及出土文献,陈梦家认为,汉代的长城边塞由五部分组成:(1)人工修筑的土垣;(2)山川溪谷的自然阻险;(3)临时修筑的木栅;(4)溪谷水门;(5)在此边塞上的列城、列障、列亭及具有围墙的建筑。④ 至于河西汉塞,吴礽骧根据文献记载及实际考古发现,认为是由堑壕,天田,芦苇、红柳和沙砾垒筑的墙垣,以及山峰、河流、沼泽、沙漠等天然屏障,甚至绳索、栅栏等共同构成。具体来说,吴礽骧认为,在酒泉以东,除利用龙首山、休屠泽等天然屏障外,主要采用挖掘堑壕的方式防御匈奴;酒泉以西,由于北部天然屏障较少,故除金塔县、玉门市等部分地段仍采用掘壕、堆垄的方式外,其大部分汉塞主要以堑壕与墙垣相结合,沿河流并充分利用沿岸的沼泽、湖滩、风蚀台地等形成的复杂地形为屏障,构建塞防;酒泉以北的弱水流域,东为巴丹吉林沙漠,西有戈壁,除甲渠候官障以南的 T14 烽燧西侧,因地位重要以土墼或块石砌垒堑壕外,南北向驿道沿线不筑塞垣。当然出于屯田需要,肩水都尉和居延都尉辖区,分别以堑壕将黑河两岸和下游三角洲的屯田区保护起来。在无法挖掘堑壕而又有必要设置障碍的流动沙丘地带,一般是隔一定距离竖插木棒,横系绳索,构成围栏,这种木棒和绳索即是汉简中常见的"枰柱"和"县索"。而汉简中常见的"天田",即是在堑壕中铺设细沙,以徼巡越塞者的足迹。⑤

吴礽骧关于河西汉塞的论述立足于考古,有一定合理性,但在河西汉塞的部分地区,仅以铺设天田的堑壕作为抵御匈奴铁骑的塞防,则让人难以完全信服。从汉简中可以看到,"天田"主要发挥的是一种报警和内防作用,而非用于防御:

> 候长武光候史拓闰月辛亥尽己卯积廿九日,日迹从第卅隧北尽鉼庭隧北界,毋兰越塞天田出入迹。　　　　　　　　　　EPT52:82

① 《汉书》卷49《晁错传》,中华书局,1962,第2286页。
② 《汉书》卷94下《匈奴传下》,中华书局,1962,第3804页。
③ 吴礽骧:《河西汉塞调查与研究》,文物出版社,2005。
④ 陈梦家:《汉武边塞考略》,收入氏著《汉简缀述》,中华书局,1980。
⑤ 吴礽骧:《河西汉塞调查与研究》,文物出版社,2005。

边境上的戍卒通过观察天田上有无人马出入的痕迹来判断有无亡人出逃和匈奴入侵事件，如果天田上有人马"出入迹"，则需要通过点燃烽火等方式报警。查看堑壕中的天田能够判断阑出入情况，却难以防御敌军，故吴礽骧认为弱水流域无塞垣的观点，还可继续推究。笔者认为，由于大部分河西汉简及居延、肩水等遗址的时代主要是西汉中后期，而宣帝末年匈奴呼韩邪单于臣服后直到新莽时期，汉匈关系以和平为主，因此除了河西主防线外，汉王朝在额济纳河流域的防御压力应较宣帝以前为小，故考古中难以发现此时的塞垣遗址。至于堑壕和铺设其中的"天田"便于观察人马足迹，应为防止汉人叛逃、投降匈奴而设，以内防作用为主，外防作用微乎其微。居延汉简中有大量关于日迹的记录，内容皆有"毋阑越塞天田出入迹"等语。《史记》卷120《汲郑列传》载："愚民安知市买长安中物而文吏绳以为阑出财物于边关乎？"裴骃《集解》引应劭曰："阑，妄也。律，胡市，吏民不得持兵器出关。虽于京师市买，其法一也。"引臣瓒曰："无符传出入为阑。"可见，汉代"阑"主要指的是汉人无符传出关，而非匈奴人入侵。西北屯戍吏卒"日迹"的主要任务应为"内防"而非"外防"。天田不能算是汉塞防御设施，真正的防御设施还应以塞垣、亭障为主。

（二）坞燧障城

除塞垣堑壕外，坞、燧、障、城同样是河西汉塞的重要组成部分。燧，即烽燧，是汉代边防组织的基层哨所，主要承担候望敌情、传递信息的职能，在汉简中也称"亭"。吴礽骧总结河西的烽燧形制大致可分土墼砌筑、夯土版筑，和以胡杨木棒为骨架，以碴土块、石块、澄板泥块中夹芦苇、红柳、胡杨枝分层垒筑三种形式。由于烽燧的主要职责为候望，所以其上部结构一般为望楼，即汉简中所称的"堠"，关于"堠"的形制，居延汉简中也有记载：

堠高四丈，上堞高五尺，为四陬埤堄堞埤堄反□▨　　　　EPT52：27

汉代的1丈大约相当于今天的2.3米，4丈则近10米，望楼上部的堞（类似于后世的女墙）高1米多。

由于烽燧须有戍卒经常驻扎，故烽燧旁边一般建有可住人的坞。烽燧旁边的坞，位于塞内者，皆偏于烽燧一侧，与燧连为一体，有狭窄而长的门道。位于塞外者，皆位于烽燧周围。坞内建有居室，居室内一般有炊食、取暖的炉灶。较大的坞则是候官的治所障。《汉书》卷59《张汤传》载汉武帝与博士狄山语：

于是上作色曰："吾使生居一郡，能无使虏入盗乎？"山曰："不能。"曰："居一县？"曰："不能。"复曰："居一鄣间？"山自度辩穷且下吏，曰："能。"乃遣山乘鄣。至月余，匈奴斩山头而去。是后群臣震詟。

颜师古注曰："鄣谓塞上要险之处，别筑为城，因置吏士而为鄣蔽以捍寇也。"同书卷6《武帝纪》颜师古注也称："汉制，每塞要处别筑为城，置人镇守，谓之候城，此即鄣也。"目前在河西地区，能判断为汉代鄣城遗址的有敦煌郡玉门都尉府玉门候官治所马圈湾遗址（D21），张掖郡肩水都尉府肩水候官治所地湾城遗址（A33），张掖郡居延都尉府殄北候官治所宗间阿玛遗址（A1），张掖郡居延都尉府甲渠候官治所破城子遗址（A8），张掖郡居延都尉府卅井候官治所博罗松治遗址（P9）等。这些鄣城遗迹一般呈方形，边长20多米，如A8破城子遗址鄣城即是土墼砌筑的边长23.3米的方堡，鄣的外围依然有坞，破城子的坞底基边长47.5米，规模较大。候官是边塞候望组织的核心，承担有管理烽燧、管理戍卒、候望敌情的多重职责，地位十分重要。作为其中心的鄣城，往往有大宗简牍出土，如甲渠候官遗址总计出土简牍13000余枚，马圈湾遗址出土简牍1217枚，地湾遗址出土简牍3000枚左右。

在汉简中被称为"城"的建筑规模相对较大，一般应是边塞都尉府的治所，如居延汉简中常见的"居延城""肩水城"即分别是居延都尉府和肩水都尉府的治所。经过近百年的探查、研究，今天肩水城的位置已基本得到公认，即额济纳河畔的A35大湾城遗址，而居延城的准确位置则争议较多，仍有待继续考察。大湾城遗址异常宏伟，跨弱水两岸，分为东西大湾城，各由鄣、坞组成。以东大湾城为例，鄣边长70米，鄣外东、北部有坞，周长500余米。坞墙夯土版筑，北墙中间开门，东墙中间和东南角各有一望楼，东北角有一烽燧。整个建筑气势恢宏，两千多年后，驻足览胜，仍能感受到西风烈烈、汉家威仪。

河西地区，烽燧与塞的布局，各地不尽相同。敦煌玉门都尉辖区，烽燧均位于塞垣内的堑壕内侧，烽燧间距不等，多在2至3公里之间；中部都尉和宜禾都尉辖区，烽燧与塞垣处于同一水平线上，塞垣至烽燧处向外绕半周，烽燧间距多在1至2公里间。张掖郡居延都尉辖区位于额济纳河下游三角洲，烽燧多位于堑壕内侧，烽燧间距较有规律，甲渠塞为1.3公里，卅井塞为2公里。肩水都尉府辖区与居延都尉府辖区基本相同，只是由于地形限制，其东部塞烽燧间距在1.5至2.3公里之间，西部塞在0.75至1.5公里间。

（三）关卡设施

设在险要地形或国界之上，用以稽查来往行人、过客，控制交通的关卡，在国防上同样具有重要意义。中国自古就有关卡的设置，《左传》中即有"关"的设置，鲁国附近有"阳关"，伍子胥曾受困于吴楚边境之"昭关"。到战国时代，"关"的设置更为普遍，仅秦国东部边境就有函谷关、武关，楚国北部也有所谓"义阳三关"。秦汉时期，"关"有军事防御、稽查商旅、管理交通等多种职责，更为统治者所重视。张家山汉简《二年律令》中有专门的"津关令"，对"关"的管理已有完备的法律条文。居延汉简中多次出现的平民通行证明——"传"文书，一般都注明类似"谒移过所县邑侯国河津关毋苛留止如律令"的字样，也说明津关设置的普遍。

据现有材料可知，汉王朝在河西走廊上至少设置有玉门关、阳关、居延县索关、肩水金关四个关隘。玉门关、阳关，是汉王朝"通西北国"的重要关卡，是《汉书》中"列四郡、据两关"的"两关"，在中西交通史上有重要意义。肩水金关、居延悬索关则扼守河西走廊沿黑河通向居延地区进而进入匈奴的要地，军事意义重要。除此之外，由姑臧沿石羊河进入休屠泽的通道上，可能也有"关"的设置，只是当地未出土汉简，不能确证。

在河西西部接连西域的交通孔道上，设置玉门关、阳关两处关卡，是汉王朝军事防御、保证交通、控制西域属国的重要手段。《汉书》卷96上《西域传上》载："自玉门、阳关出西域有两道。从鄯善傍南山北，波河西行至莎车，为南道；南道西逾葱岭则出大月氏、安息。自车师前王廷随北山，波河西行至疏勒，为北道；北道西逾葱岭则出大宛、康居、奄蔡焉。"汉王朝通西域的南北两道皆由阳关、玉门关而出。《汉书》卷96上《西域传上》载："东则接汉，阨以玉门、阳关。"同时也指出了两关对西域诸国的隔绝作用。同传载："去胡来王唐兜，国比大种赤水羌，数相寇，不胜，告急都护。都护但钦不以时救助，唐兜困急，怨钦，东守玉门关。玉门关不内，即将妻子人民千余人亡降匈奴。"可见"玉门关不内"，对西域政权影响甚巨。关系融洽时，通关修好。形势紧张时，闭关自守。两关的设置，使汉王朝在处理西域关系时游刃有余，意义不可谓不大。

玉门关、阳关皆位于敦煌郡龙勒县，《汉书》卷28下《地理志下》"龙勒"条，"有阳关、玉门关，皆都尉治"。据出土敦煌汉简，也可知敦煌郡下有"玉门都尉"和"阳关都尉"。据《汉书》卷19上《百官公卿表上》"关都尉，秦官"的记载，可知汉朝有关都尉之设。然须注意的是，《汉书》所见

"关都尉"，似特指函谷关都尉。如《史记》卷 122《酷吏列传》载："上乃拜成为关都尉。岁余，关东吏隶郡国出入关者，号曰'宁见乳虎，无值宁成之怒'。"即是"关东吏隶郡国出入关"，则此关指函谷关无疑。《汉书》卷 66《武帝纪》载，天汉二年（前 99）十一月，诏关都尉曰："今豪杰多远交，依东方群盗。其谨察出入者。"同书卷 74《魏相传》载："武库令西至长安，大将军霍光果以责过相曰：'幼主新立，以为函谷京师之固，武库精兵所聚，故以丞相弟为关都尉，子为武库令。今河南太守不深惟国家大策，苟见丞相不在而斥逐其子，何浅薄也。"其中"关都尉"显然也是函谷关都尉。关都尉即特指函谷关都尉，且主要以管理吏民出入函谷关为职责，那么玉门和阳关都尉是否也都是以管理玉门关和阳关为主要职责呢？从简牍来看，似乎并非如此。20 世纪出土的敦煌汉简，除 1990～1992 年发掘之悬泉汉简外，大部分都出自玉门都尉府辖区。从简牍内容来看，玉门都尉府并非专门管理"关"之机构，相反其与居延简所见之居延都尉、肩水都尉等部都尉职责相似，主要是负责一定辖区之防务。玉门都尉府下辖有玉门和大煎都两候官，玉门候官下设候长、隧长、候史，主要负责日常候望等职责，与居延汉简所见之甲渠候官、肩水候官差别不大。当然由于辖区内有玉门关，故玉门候官下设有"关啬夫"，来具体负责管理玉门关，如敦煌马圈湾汉简：

> 元康元年七月壬寅朔甲辰，关啬夫广德佐憙敢言之。敦煌寿陵里赵
> 负，趣自言夫訢为千秋隧长往遗衣用，以令出关。敢言之。　　　796

即是玉门关啬夫遇到相关人员的特殊情况而向玉门候官呈送的报告。关啬夫职位卑微，秩不过有秩、斗食，与二千石之"关都尉"地位悬绝。由此可见，汉王朝对玉门关的管理方式与函谷关不同。玉门关的直接管理关卡人员地位较低，当与玉门关地处边关，除过往使节外，其他人员相对较少，事务不如函谷关繁杂有关。

关于玉门关、阳关的具体位置，历来说法不一致，千百年来学界争论颇多。近代简牍出土后，有关争论不仅未平息，反而有更炽烈之势，仅围绕玉门关在汉代是否迁徙过、迁徙几次的争论即不胜枚举。1979 年马圈湾汉简出土后，一般认为，敦煌小方盘城为玉门都尉治所，位于玉门候官治所马圈湾以东 11 公里处，玉门关当设于马圈湾附近，具体来说，当在马圈湾西部不远的地方。今马圈湾遗址西南 0.6 公里之处位于汉代驿道上的高地，可能是探索玉门关址的重要地点。至于阳关遗址，大约在今敦煌市阳关镇西边的古董滩中，具体位置也难以断定。两关具体位置，有诸多学者的争论，读者如有兴

趣可参考王国维《流沙坠简》、张维华《汉置边塞考》、劳榦《两关遗址考》、向达《两关杂考》、陈梦家《玉门关与玉门县》、日比野丈夫《关于汉向西发展及两关开设时期》、何双全《论西汉敦煌玉门关的三次变迁》等文，在此不赘。

两关相距不远，从小方盘城到南湖墩墩山（一般认为汉之阳关即在附近），南北直线距离约50公里，现有烽燧遗址五座，两关之间烽燧相属，可互相策应。

关于"两关"设置的时间，史书未有明确记载，综合来看，玉门关应设于元封年间，最迟不晚于太初，其设置可能早于阳关。《史记》全书不见敦煌"阳关"，[①] 而"玉门"则多次见于《史记》。《史记》卷123《大宛列传》载，元封四年（前107），王恢佐赵破奴击破楼兰，被封浩侯，"于是酒泉列亭鄣至玉门矣"。同传载，太初年间李广利初次征伐大宛受阻，"还至敦煌，士不过什一二"，汉武帝"闻之，大怒，而使使遮玉门，曰军有敢入者辄斩之。贰师恐，因留敦煌"。《汉书》卷96下《西域传下》，汉武帝《轮台诏书》中也回忆征大宛之役，"朕发酒泉驴橐驼负食，出玉门迎军"。其中之"玉门"应即"玉门关"的省称，尤其"使使遮玉门"，显系关名。《汉书》卷96上《西域传上》载，大宛之役时，"汉军正任文将兵屯玉门关，为贰师后距，捕得生口，知状以闻"，更明确说明大宛之役时已有"玉门关"。斯坦因在小方盘城（一般认为是西汉玉门关）所获汉简中，有"大始元年"（T14：ⅲ·67号简）和"大始三年"（T14：ⅲ·15号简），也证明武帝时，玉门关已经设置，有汉军活动之踪迹。

20世纪90年代出土的悬泉汉简，有不少关于"玉门关"的记载，呈现了两关在汉代忙碌的景象：

府移玉门书曰：降归义大月氏闻须勒等☒　　　Ⅰ91DXT0405A：22[②]

此简残断，内容与玉门关接待大月氏使者有关。

甘露二年正月庚戌，敦煌大守千秋、库令贺兼行丞事，敢告酒泉大

---

① 关于"阳关"最早的记载，见《汉书》卷69《赵充国传》，宣帝元康末，赵充国以为"狼何，小月氏种，在阳关西南，势不能独造此计，疑匈奴使已至羌中，先零、罕、开乃解仇作约。到秋马肥，变必起矣"。《汉书》卷69《赵充国传》，第2973页。

② 张俊民：《敦煌悬泉出土汉简所见人名综述（二）——以少数民族人名为中心的考察》，《西域研究》2006年第4期，第11页。

　　守府卒人：安远侯遣比骨楗罢军候丞赵千秋上书，送康居王使者二人、贵人十人、从者六十四人。献马二匹、橐他十四。私马九匹、驴卅一匹、橐他廿五匹、牛一。戊申入玉门关，已阅［名］籍、畜财、财物。

Ⅱ90DXT0213：6①

此木牍载西域都护安远侯郑吉派人送康居王使者一行前往京师，进入玉门关时，敦煌郡对人员、牲畜和所带之物进行了入关检查。反映了甘露二年（前52）玉门关接待康居王使者的情况。

　　除前面谈到的承接中西交通的敦煌郡阳关、玉门关外，居延汉简中材料最集中的是肩水金关和居延悬索关，尤其 1973 年肩水金关地区掘获汉简 11577 枚，为我们了解河西地区的军事、交通及汉代关隘制度，提供了丰富的史料。肩水金关是张掖郡及中原各内郡沿额济纳河通向居延地区的重要关卡，设于今金塔县双塔乡东北约 34.6 公里处。金关位于黑河东岸 100 米，据今天目测此处是额济纳河上游河道最狭窄处，在汉代此地是肩水东部、西部两塞的北部交汇处，西南距肩水都尉府（A35）遗址 9.3 公里，西南距肩水候官（A33）遗址 500 米左右，是肩水都尉府之北门锁钥，与附近的金关隧、通道厩以及肩水候官治所共同构成额济纳河防线上的一处交通、军事枢纽。通过该地出土的大量汉代通关文牒及符、传、致实物，我们可以想象此处的繁荣景象。1973 年 8 月，甘肃居延考古队对金关遗址进行了发掘。遗址由关门、坞、堡、烽燧组成。具体情况可参阅甘肃居延考古队《居延汉代遗址的发掘和新出土的简册文物》。

　　居延悬索关，又称卅井悬索关。从居延汉简看，居延悬索关地位与金关相似，在通关文书中两者经常并称：

　　　　□嘉二年七月丁丑朔丁丑，西乡啬夫政敢言之，成汉男子孙多牛自言为家私市居延□传，谨案多牛毋官狱征事，当得取传，谒移肩水金关居延县索出入，毋苛留止□七月戊寅，觚得长守丞顺移肩水金关居延县索，写移，书到如律令。/掾尊守□□

73EJT6：39A

这是鸿嘉二年（前 19）觚得县为本县居民孙多牛出入肩水金关、居延悬索关所发"传"的抄件。

---

　　① 郝树声、张德芳：《悬泉汉简研究》，甘肃文化出版社，2009，第 220 页。部分释文据张德芳《悬泉汉简中的中西文化交流》（《光明日报》2016 年 10 月 13 日 11 版）一文改释。

居摄二年三月甲申朔癸卯，居延库守丞仁移卅井县索、肩水金关，都尉史曹解掾葆与官大奴杜同俱移簿大守府，名如牒，书到，出入如律令。

73EJT8：51A

这是居摄二年（7）居延库为因公出差到张掖太守府的本部门官员发放的出入凭证。

由于关于悬索关的文书没有大规模出土，故悬索关的具体位置尚未确定。但吴礽骧、李并成等学者推测其应在 A22 布肯托尼附近。① 据"卅井县索"的记载，悬索关隶属卅井塞。又据金关出土的传信及甲渠候官出土的邮书刺可知，悬索关当在额济纳河沿岸的张掖、肩水至甲渠、居延的主交通线上。而卅井塞与主交通线的交会之处正是 A22，故此说基本可以成立。

汉简材料充实了文献中关于汉武帝"表河西，列四郡，开玉门，通西域"政治、军事活动的记载，有重要学术意义。

第二节　汉代西北塞防的组织机构

边疆地区的军事防御设施由汉塞、烽燧、关隘、邮置构成，围绕这些设施，汉王朝在河西地区设置了完备、系统的军事管理、屯兵屯田组织体系。20世纪西北汉简，尤其是大量居延汉简和敦煌汉简的出土，为我们提供了许多真实、详赡的史料，使我们可以对此有初步了解。百年来，王国维、劳榦、陈梦家、陈直、李均明，及藤枝晃、鲁惟一、永田英正、伊藤道治、富谷至等学者在这方面做出了许多成果，值得重视。

一　太守府

河西地区日常军事防御组织的最高指挥官为各郡太守。《汉书》卷 19 上《百官公卿表上》载："郡守，秦官，掌治其郡，秩二千石。有丞，边郡又有长史，掌兵马，秩皆六百石。景帝中二年更名太守"，"郡尉，秦官，掌佐守典武职甲卒，秩比二千石。有丞，秩皆六百石。景帝中二年更名都尉"。由此可知，汉代地方的最高武职当为"掌治其郡"的太守，都尉只是"佐守典武职甲卒"。在边郡，这一点也不例外。边郡太守，兼理本郡屯兵，故其职名前

---

① 吴礽骧：《河西汉塞的调查与研究》，文物出版社，2003；李并成：《河西走廊历史地理》，甘肃人民出版社，1995。

往往加有"将屯""将军"称谓，如 EPF22：65A 号简的"将屯偏将军张掖大尹"就是新莽时期张掖大尹（即汉之太守）的官名全称。郡太守对郡中屯兵有管理之权，居延、敦煌汉简中的众多太守府书记录了这一情况：

　　　大守府书，塞吏、武官吏皆为短衣去足一尺告尉，谓第四守候长忠等如府书，方察不变更者。一事二封，七月辛亥掾曾佐严封。 EPT51：79

即是张掖太守府管理郡中武吏衣装的记载。太守掌控全郡军权，可辖制境内秩比二千石的郡都尉、部都尉、属国都尉、农都尉。居延汉简载：

　　　三月丙午，张掖长史延行大守事肩水仓长汤兼行丞事，下属国、农、部都尉小府县官承书从事，下当用者如诏书。守属宗助府佐定。　　10·32

张掖太守府可以直接命令郡中属国都尉、农都尉、部都尉，显然是边塞军事防御事务的中心。

二　都尉府及所辖各系统

太守驻扎郡城，与边塞有一段距离，故边塞日常军事防御事务仍主要由"佐守典武职甲卒"的部都尉负责。陈梦家《西汉都尉考》一文曾梳理西汉各种都尉，认为《汉书·地理志》所载九十余都尉，大致可分为部都尉、郡都尉、属国都尉、农都尉、关都尉、骑都尉、三辅都尉七大类。其中与我们要谈的边塞军事防御有关的主要是各边郡设置的部都尉，而居延、敦煌汉简中所反映的也正是部都尉及其下属管理边塞的情况。据《汉书》卷28《地理志》记载，河西四郡共有 12 个都尉，敦煌郡有中部、宜禾、玉门关、阳关都尉，酒泉郡有北部、东部、中部都尉，张掖郡有居延、日勒、番和农都尉，武威有治熊水障的郡都尉和北部都尉。其中，除番和农都尉与武威郡都尉外，其余都尉大部分应是部都尉。部都尉的设置，多在边郡，应与边郡军事防御有密切关系，每一部负责一段边塞和一片军事防区，部都尉管理其中的具体事务。由于部都尉主要负责将兵，以及边郡地区的一些小规模民事、屯田事务，故有时也加"将兵护民田官"称号，如居延都尉即可称"将兵护民田官居延都尉"（EPT57：10A 号简）。

都尉府管辖边境军事防御诸事，是边境军事防御指挥、管理体系的核心机构，主要负责督理众多部门，共同维护边境军事防御体系的正常运转。从目前材料看，都尉府管辖之军事防御组织，大体可分为候望、屯兵、屯田、交通、军需等系统。

候望系统主要负责候望敌情，传递军情信息，是军事防御工作的中心。都尉府下所设候官，是候望系统的中心机构。由于候官系统机构庞大，人员众多，组织遍布于漫长烽燧线上，故同时也承担日常戍卒管理、军需中转，甚至邮驿、关隘管理等职责。候官长官是"候"。《续汉书·百官志五》刘昭注引《汉官仪》载："边郡太守各将万骑，行障塞烽火追虏。置长史一人，丞一人，治兵民。当兵行长领。置部尉、千人、司马、候，农都尉，皆不治民，不给卫士。"其中的"候"，就是边塞候望系统的长官。候秩六百石左右。据居延汉简可知，候官的管理者，除候外，还有塞尉和候丞。塞尉秩二百石左右，《续汉书·百官志四》："诸边郡塞尉、诸陵校尉长，皆二百石。"从汉简来看，塞尉与候的治所一般不在一处。候丞，不见于居延汉简，但在敦煌地区出土汉简中经常出现。马圈湾汉简载：

> 六月甲戌，玉门候丞予之谓西塞候长可得，将候候长福、将□候长□等记到，课□望府檄惊备多，虏党来重正甚数，毋令吏卒离署，持七月府记将卒廪，毋忽，臧记令可课。　　　　　　　　　483A
>
> 西塞以记遣　　　　　　　　　　　　　　　　　　　　483B

玉门候丞即玉门候官候丞，其行使了指挥西塞候长之责。一个候官往往管辖百里左右的塞垣、烽燧防线，辖区较大，事务繁忙，故候官下又设有候部，候部的长官是秩次百石的候长。除了候长外，候官中还有与候长基本平级，但地位稍高的士吏，可能是候望系统中所设的负责保护障燧的低级武官。每一候部又辖有类似今天哨所的若干烽燧，一个烽燧大概有戍卒3人左右，负责人是燧长。烽燧负责具体的候望、日迹等侦查工作，发现敌人踪迹燃烽火传递信息，是候望系统的末梢和候望工作的实际承担者。由于汉代实行文书行政，故候官和候部中皆配有"能书会计颇知律令"的文书官员，有秩斗食的令史和秩佐史的尉史、候史，负责文书的起草、发送、存档等工作。

除候望系统外，都尉府中还配备有不少材官、骑士等战斗人员，他们属于屯兵系统，具体负责抵御匈奴入侵、保护边塞安全，主要由城尉、司马、千人、骑司马、骑千人统辖。

军需系统负责边塞屯戍军队的后勤保障，主要承担粮食、衣物和武器等军需物资的筹措、发放任务。围绕军需物资的筹备、发放，边军军事防御组织中建立了仓、库等机构。汉代的仓主要储存粮食，而库则负责武器、钱物的管理。日本学者富谷至《文书行政的汉帝国》曾总结居延汉简中的仓名，有城仓、居延仓、都仓、肩水仓、甲渠仓、吞远仓、收虏仓、万岁燧仓、第廿三仓、第廿五仓、第廿六仓、北仓、北部仓、代田仓、斥胡仓、禄福仓、郡仓、府仓、部仓等。其中,出现较多的是城仓、居延仓、肩水仓、吞远仓、第廿三仓、代田仓。① 居延甲渠候官出土汉简中"城仓"出现的频率很高,相关简牍一般是甲渠候官接受城仓输入粮食的记录,因此可推测城仓应为居延都尉府直辖之仓,其负责居延都尉府下各候官的粮食供应,或即简中的"居延仓"。同样,设于肩水都尉府者应即肩水仓。由于城仓由都尉府直辖,故其地位、级别较高,长官一般称为"长""丞"。而其余各仓,作为城仓的下设组织,级别显然较低。汉代边郡多有用来储藏兵物、钱财的库。居延汉简 28.19 和 EPT65:459 号简有"都尉库",EPT58:55 号简有"武威郡姑臧别库",170.2 号简有"张掖居延库",也应是居延都尉府直辖之库。都尉府直辖之库地位较高,其负责者为令、长级别官员,并有辅佐的丞。除直属都尉府之库外,在各候官、城官,以及部隧中可能也设有类似候官部隧仓的库,这些库的负责者是秩百石、斗食的库啬夫,属于少史。

除了屯兵、候望、军需系统外,边塞防御体系还包括屯田和交通邮传系统,同样是维持边塞防御事务正常运转的基础,我们下面重点介绍。

第三节 汉代西北塞防的经济基础——军事屯田

汉王朝在西北地区建立了完善的军事防御体系,营建防御设施需要大量劳动力,维持防御体系的正常运转,也需要大量人力物力。据李均明《汉代甲渠候官规模考》,仅甲渠候官正常情况下就要有吏卒 400 人左右,居延都尉府下辖四个候官,则居延都尉府仅候望系统就当有吏卒 1500 人以上,如再算上肩水都尉府、张掖郡都尉以及张掖农都尉、居延农都尉、张掖属国都尉、居延属国都尉,则张掖郡所属非战斗兵卒总计当超过万人,而作为边郡万骑太守,张掖郡所属骑兵还当有万人以上,这样总兵力应超两万。如此庞大的军队,其给养虽可得到中央的支持,但战斗间隙组织军队屯田仍是补充、保障边塞军事防御机构正常运转、增强边防力量的重要手段。《史记》卷 110《匈奴列传》载,元狩四年(前 119)汉匈之战后,"汉度河自朔方以西至令居,往往通渠置田,官吏卒五六万人,稍蚕食,地接匈奴以北",由朔方至令

---

① 〔日〕富谷至:《文书行政的汉帝国》,刘恒武、孔李波译,江苏人民出版社,2013,第 279~280 页。

居，屯田吏卒即有"五六万人"，可见当时屯田规模之大。而河西、西域地区虽总体属于干燥区，但在弱水、谷水、冥水、西域河（见《汉书·西域传》，特指今塔里木河）流域绿洲地区，仍有适合农耕的区域，这些区域自然就成为汉代西北军事屯田的主要据点。

一　西北军事屯田的组织

关于汉代的西北屯田，学界有较多研究。劳榦《居延汉简考证》，陈直《西汉屯戍研究》，陈梦家《汉简缀述》，张春树《古代屯田制度的原始与西汉河西、西域边塞上屯田制度之发展过程》，管东贵《汉代屯田的组织与功能》，宋治民《居延汉简所见西汉屯田二三事》，李古寅《汉代河西军屯管理机构探讨》，杨剑虹《从居延汉简看西汉在西北的屯田》，徐乐尧、余贤杰《西汉敦煌军屯的几个问题》，刘光华《汉代西北屯田研究》一书和《论西汉"徙民实边"不是屯田》《西汉边郡屯田的管理系统及其有关问题》《汉代屯田的几个问题》等文，及日本学者清水泰次《汉代的屯田》、尾形勇《汉代屯田制的几个问题》等文，对汉代西北屯田的性质、组织形式都有较多论述。

关于西汉西北屯田性质问题，笔者同意刘光华先生的观点，即"徙民实边""募民塞下"是为了开辟新占领区，该政策由郡县行政系统领导实施，移民的生产行为属于正常农业生产，而非屯田。西汉至东汉大部分时期，西北地区只有军屯，并无民屯。[1]

汉代军屯始于武帝时，终西汉世始终为安边、治边的核心政策。从西汉西北军屯的实施来说，即有作战军队的临时屯田和制度性的长期屯田两种。关于作战军队的临时屯田，多为保障某项军事任务而权宜为之。如宣帝元康、神爵之际，先零羌乱，后将军赵充国献"罢兵屯田，以待其敝"之策，置军屯于湟中，"留弛刑应募，及淮阳、汝南步兵与吏士私从者，合凡万二百八十一人"，"留屯田以为武备，因田致谷"，[2] 收到镇压羌乱之效。至元帝时，以屯田困厄羌人仍是制羌大策，永光年间，元帝诏冯奉世"羌虏破散创艾，亡逃出塞，其罢吏士，颇留屯田，备要害处"[3]。

作战军队的临时屯田在汉代毕竟为少数，主要用于某些旷日持久的战争。

---

① 刘光华：《论西汉"徙民实边"不是屯田》，《兰州大学学报》1987 年第 1 期。该观点还见于氏著《汉代西北屯田研究》，兰州大学出版社，1988。

② 《汉书》卷 69《赵充国传》，中华书局，1962，第 2987 页。

③ 《汉书》卷 79《冯奉世传》，中华书局，1962，第 3299 页。

而汉代西北军事屯田的常态则是由农都尉等农田官组织的制度性长期屯田。武帝元狩四年（前 119），"汉度河自朔方以西至令居，往往通渠，置田官，吏卒五六万人"①。元鼎五年（前 112）"又数万人度河筑令居，初置张掖、酒泉郡，而上郡、朔方、西河、河西开田官，斥塞卒六十万人戍田之"。颜师古注曰："开田，始开屯田也，以开田之官，广塞之卒戍而田之。"② 这些皆是制度性长期屯田之例，可以说这种以保障军粮供给为目的的屯田形式在汉武帝决定经营河西后既已展开。

汉王朝在西北地区组织制度性屯田，有田官之设。田官管理"田卒"，负责屯田生产。随着屯田规模的扩大，边郡往往设农都尉一职具体管理屯田事务。《汉书》卷 19 上《百官公卿表上》："农都尉、属国都尉皆武帝初置。"《续汉书·百官志》："边郡置农都尉，主屯田殖谷。"边郡农都尉负责屯田工作。居延汉简中多见农都尉一职，如：

> ☑史大夫广明下丞相承书从事下当用者，如诏书。书到言
> ☑□郡大守诸侯相承书从事下当用者，如诏书，书到，明白布告☑
> ☑到，令遣害郡县以其行止□如诏书律令，书到言。丞相史☑
> ☑下领武校居延属国、部、农都尉县官丞书☑　　　　　　65·18
> □□甲辰，大司农调受簿丞，赏行五官丞事下都内上农都尉执金吾☑
> 　　　　　　　　　　　　　　　　　　　　　　　　　　EPT52：413

> 九月乙亥凉州刺史柳使下部郡大守属国农都尉承书从事，下当用者，明察吏有若能者，勿用严教官属，谨以文理遇，百姓务称，明诏厚恩如诏书。/从事史贺音。　　　　　　　　　　　　　　　EPT54：5

居延 65.18 号简"史大夫广明"即御史大夫田广明，其担任御史大夫从元平元年（前 74）九月至本始三年（前 71）六月，如此则西北汉简中关于农都尉的记载至少可追溯至昭帝时期。陈梦家先生释"居延属国、部、农都尉"为"居延的属国都尉、部都尉和农都尉"。

> 三月丙午，张掖长史延行大守事肩水仓长汤兼行丞事，下属国、农、部都尉小府县官承书从事，下当用者如诏书。守属宗助府佐定。　　10·32

农都尉可与郡都尉、属国都尉、部都尉一样称"小府"，显然也要受郡"大

---

① 《史记》卷 110《匈奴列传》，中华书局，1982，第 2911 页。标点有所改动。
② 《汉书》卷 24 下《食货志下》，中华书局，1962，第 1173 页。

府"太守府辖制。① 由于其以屯田为主要事务，所以与中央大司农可能会有业务联系，如上述 EPT52：413 号简，即反映了农都尉与大司农的业务往来，但二者之间究竟有无监管关系，尚不好断定。李炳泉《两汉农都尉的设置数额及其隶属关系》称："两汉农都尉在行政上实际是由最高统治者和郡太守双重领导；中央大司农仅负责屯田所需物资的供应和屯田收获物的管理等业务，与农都尉不存在行政上的隶属关系。"② 但据《汉书》卷 100《叙传》"回生况，举孝廉为郎，积功劳，至上河农都尉，大司农奏课连最，入为左曹越骑校尉"的记载，农都尉的考课甚至升迁之权似归大司农。如此则农都尉有可能需受所在郡郡太守和大司农的双重管理。居延汉简：

　　　　☐北候官居延农府佐☐☐☐☐☐☐　　　　　　　　　　88·6A

中的"居延农府"也当是居延农都尉府的省称。

农都尉在边郡普遍设置，居延汉简载：

　　　　守大司农光禄大夫臣调昧死言，守受簿丞庆前以请诏，使护军屯食守部丞武☐以东至西河郡十一农都尉官……　　　　　　　214·33A

从此简看，当时从敦煌至西河的十一边郡，均设有农都尉。

农都尉下还有农府佐、农令、部农长、农亭长、别田令史等组织人员。刘光华对边郡农都尉下属的军屯系统进行了深入考证，认为其组织体系如下：

　　　农都尉—— 农令——部农长——农亭长
　　　（农府）　（田官）（第 x 长）（第 x 亭）

可与边塞候望系统部都尉—候—候长—隧长（亭长）的组织关系基本对应。而别田令史则是田官之令史，与候望系统常见的候官令史级别、职责相当。

汉代西北地区长期的制度性军事屯田以农都尉管理为常态，但也存在皇帝特派使职官员（主要是各种"校尉"）兼领屯田的史例。《汉书》卷 96《西域传》载："自贰师将军伐大宛以后……而轮台、渠犁皆有田卒数百人，置使者校尉领护，以给使外国者。"可见西域轮台、渠犁屯田即曾由使者校尉领护，悬泉汉简 91DXC：59 号简有"将田渠犁校尉"即是作为使者领护渠犁屯

　　① 关于汉代的"小府"与"大府"关系，可参李迎春《汉简"小府"考》，《石家庄学院学报》2012 年第 3 期。

　　② 李炳泉：《两汉农都尉的设置数额及其隶属关系》，《中国边疆史地研究》2005 年第 2 期。

田的校尉。《汉书》卷96上《西域传上》载："至元帝时，复置戊己校尉，屯田车师前王庭。"可见戊己校尉的设置也与屯田事务密不可分，其本职工作是屯田车师前王庭。不仅西域地区的屯田多由"使者校尉"领护，即使是设置有农都尉的河西地区，也同样有类似职官。居延汉简载：

> 二月戊寅，张掖大守福、库丞承熹兼行丞事，敢告张掖农都尉、护田校尉，府卒人谓，县律曰臧它物非钱者以十月平贾计，案戍田卒受官袍衣物贪利贵贾赏予贫困民吏，不禁止，浸益多，又不以时验问。　4·1

由此可知，张掖郡不仅有农都尉，还有护田校尉府，其中"护田校尉"可能即是独立于张掖农都尉之外的另一种军事屯田设置。

二　西北军事屯田的分布

汉王朝的西北边塞军事屯田，尤其是长期制度性屯田主要有河西屯田、西域屯田、河湟屯田等多处。

（一）河西地区的军事屯田

河西地区的军事屯田在汉武帝置令居塞后即告展开。元鼎六年（前111）后，"置张掖、酒泉郡，而上郡、朔方、西河、河西开田官，斥塞卒六十万人戍田之"①，河西地区的军事屯田规模逐渐扩大。悬泉汉简载：

> 十一月丁巳，中郎安意使领护敦煌、酒泉、张掖、武威、金城郡农田官，常平耀（籴）调均钱谷，以大司农丞印封下敦煌、酒泉、张掖、武威、金城郡太守，承书从事下当用者，破羌将军军吏士毕已过，具移所给吏士赐诸袭（装）实☐　　Ⅱ90DXT0114②：293②

敦煌、酒泉、张掖、武威、金城河西五郡皆置有"农田官"，反映了河西境内屯田的普及。

金城郡屯田见于史籍的主要是汉武帝时的令居屯田，"汉度河自朔方以西至令居，往往通渠置田官。吏卒五六万人，稍蚕食，地接匈奴以北"③。可以说令居屯田是汉王朝在河西屯田的开始。汉代金城郡的主要职责是防范西羌，

---

①　《汉书》卷24下《食货志下》，中华书局，1962，第1173页。
②　胡平生、张德芳：《敦煌悬泉汉简释粹》，上海古籍出版社，2001，第51页。
③　《史记》卷110《匈奴列传》，中华书局，1982，第2911页。

除令居屯田外，其屯田主要是针对羌人的。东汉和帝永元二年（90），护羌校尉邓训击败烧当羌迷吾、迷唐父子后，朝廷"置弛刑徒二千余人，分以屯田"①。永元十三年（101），护羌校尉周鲔、金城太守侯霸率兵三万出塞，再次击破迷唐，东汉朝廷"拜凤（曹凤）为金城西部都尉，将徙士屯龙耆"②（今青海海晏县）。此后，"金城长史上官鸿上开置归义、建威屯田二十七部"，侯霸建议"置东西邯屯田五部，增留、逢二部"，一时间"列屯夹河，合三十四部"。③

武威郡屯田在传世文献上记载较少，但李并成先生经实地调查考证，武威地区的汉休屠城和熊爪湖屯区、高沟堡及其屯田、九墩故城及其屯区、三角城及其屯区、古城及其屯区、古城梁故城及乱墩子滩屯区都曾是汉代武威郡的屯田区。

张掖郡屯田文献所载较多。《汉书》卷7《昭帝纪》载，始元二年（前85）"冬，发习战射士诣朔方，调故吏将屯田张掖郡"，明确指出当时张掖郡已有屯田。《汉书》卷28《地理志》载，张掖郡番和县有"农都尉"，则张掖农都尉当驻于番和。居延汉简263.14号简载，张掖郡有"日勒田官令史"，日勒田官可能就是驻扎在番和的张掖农都尉所属田官之一。《汉印文字征》中也有"设屏农尉章"之印文，王莽时曾改张掖为设屏，则张掖地区的屯田一直延续到新莽时。除番和、日勒外，张掖郡弱水下游也是重要屯田区。居延汉简中大量关于农都尉、田官、田卒的记载，正是汉代弱水地区屯田繁盛的表现。据居延汉简可知，汉代弱水中游肩水都尉府肩水塞内有骍马田官，这些简牍大量出土于大湾遗址，可能骍马田官长官骍马农令驻地当距此不远。弱水下游的居延泽以南以西地区，则是居延农都尉屯田区。陈梦家先生认为汉代张掖郡的屯田区北部"以甲渠塞、卅井塞和居延泽包围了居延屯田区，南部以肩水东西两部包围了骍马屯田区"④，是符合历史实际的看法。只是骍马屯田区究竟属居延农都尉，还是张掖农都尉管辖，尚有待继续研究。

史籍中关于酒泉郡屯田的记载不多。但居延汉简 EPT22：285 号简明确记载"酒泉农都尉"，则酒泉郡有农都尉当无问题。《后汉书·梁统传》载，东汉建武八年（32）河西窦融、梁统等率军与光武帝共讨陇右隗嚣，"及嚣败，

---

①　《后汉书》卷16《邓训传》，中华书局，1965，第611页。
②　《后汉书》卷87《西羌传》，中华书局，1965，第2885页。
③　《后汉书》卷87《西羌传》，中华书局，1965，第2885页。
④　陈梦家：《汉简所见居延边塞与防御组织》，收入氏著《汉简缀述》，中华书局，1980。

封统为成义侯，同产兄巡、从弟腾并为关内侯，拜腾酒泉典农都尉，悉遣还河西"。其中"典农都尉"与"农都尉"类似，这说明酒泉郡屯田一直延续到了东汉。

敦煌郡屯田展开较早。《汉书》卷6《武帝纪》颜师古注引李斐曰"南阳新野有暴利长，当武帝时遭刑，屯田敦煌界"，可见武帝时敦煌已有屯田。敦煌汉简中有"玉门屯田"的记载，也说明敦煌玉门关附近可能设有屯田区。徐乐尧、余贤杰《西汉敦煌军屯的几个问题》认为西汉敦煌郡主要有三个屯田区：玉门都尉大煎都候官屯区、宜禾都尉鱼泽候官屯区、阳关都尉所属渥洼水西岸屯田区。其观点值得重视。

（二）　西域地区的屯田点

汉王朝在西域的屯田，始于汉武帝元封年间（前110～前105），屯田区主要集中在轮台、渠犁、车师、伊循、赤谷城、比胥鞬、伊吾、柳中等地。

轮台又写作"仑头"，是西域的一个小国。渠犁在轮台以东，即今新疆库尔勒至尉犁之间。两者地理接近，可视为一个屯田单元，是西汉王朝在西域最早的屯田基地，在汉王朝早期的西域经营中发挥了巨大作用。《史记》卷123《大宛列传》："汉已伐宛……而仑头有田卒数百人，因置使者护田积粟，以给使外国者。"元凤四年（前77）昭帝"以杆弥太子赖丹为校尉，将军田轮台，轮台与渠犁地皆相连也"。宣帝地节二年（前68）"汉遣侍郎郑吉、校尉司马憙，将免刑罪人，田渠犁积谷"。后来，西域都护府的设置即与渠犁屯田有密切关联。《汉书》卷96上《西域传上》载："都护治乌垒城，去阳关二千七百三十八里，与渠犁田官相近，土地肥饶，于西域为中，故都护治焉。"可见西域都护府之所以选择治乌垒城，附近的渠犁田官是重要因素之一。近年新疆考古工作者在渠犁、轮台、库车几个县南面的草湖中，发现了许多屯田遗址，有供校尉等官员居住的古城，田卒驻守的营垒，也有士卒们修筑的灌溉和开垦的耕田。前述悬泉汉简91DXC：59号简有"将田渠犁校尉"，恰可与《汉书·西域传》"自贰师将军伐大宛以后……而轮台、渠犁皆有田卒数百人，置使者校尉领护，以给使外国者"的记载对读。

车师，又作姑师，位于今新疆东部，被东天山分隔为前后两部，前王居交河城，后王居务涂谷。它北与匈奴接，前部西通焉耆北道，后部西通乌孙，交通地位重要，是汉匈双方在西域争夺的主要对象。西汉王朝经营西域，即由楼兰、车师始。汉武帝元封年间即曾对车师用兵。经过与匈奴的长期争夺，至宣帝地节三年（前67）汉王朝终于取得"使田卒三百人屯田车师前部交河城”的目的。至元帝时西汉政府还设置了戊己校尉专门负责车师屯田，大大加强了汉王朝对西域的控制。悬泉汉简载：

> 永光五年五月甲辰朔己巳，将田车师己校尉长乐兼行戊校尉事，右部司马丞行☐掾史意。 Ⅱ90DXT0215②：21①
>
> 五月壬辰，敦煌太守彊、长史章、丞敞下使都护西域骑都尉、将田车师戊己校尉、都都尉、小府官县，承书从事下当用者。书到白大扁书乡亭市里高显处，令亡人命者尽知之，上赦者人数太守府别之，如诏书。 Ⅱ90DXT0115②：16②

“将田车师己校尉”和“将田车师戊己校尉”即传世文献中的“己校尉”和“戊己校尉”。《汉书》卷9《元帝纪》载，建昭三年（前36）“秋，使护西域骑都尉甘延寿、副校尉陈汤挢发戊己校尉屯田吏士及西域胡兵攻郅支单于”。卷70《陈汤传》也称，此次军事行动是由陈汤“发城郭诸国兵、车师戊己校尉屯田吏士”完成。戊己校尉下属屯田吏士已成为安定西域的一支重要力量，这也反映了戊己校尉负责的屯田事务的规模。

赤谷城是乌孙的国都，在今吉尔吉斯斯坦伊什特克。乌孙是西域大国，也是汉王朝经营西域、断匈奴右臂战略中最为重视的国家。宣帝之后，汉王朝基本控制了乌孙。为保证乌孙政局的稳定，汉王朝在乌孙有大量屯兵，据《汉书》卷96《西域传》，宣帝以乌孙内乱为借口派常惠“将三校屯赤谷”。同时，汉王朝在乌孙还设置了屯田区，以补充屯兵给养，达到长期驻扎的效果。《汉书》卷69《辛庆忌传》载，辛庆忌早年即“随长罗侯常惠屯田乌孙赤谷城”。

伊循，在今新疆若羌县境，属楼兰国，当西域南北道之咽喉。元凤四年（前77）傅介子刺楼兰王后，亲汉的尉屠耆为楼兰王，曾自请天子曰：“国中有伊循城，其地肥美，愿汉遣将屯田积谷。”于是西汉政府“遣司马一人，吏士四十人，田伊循城以填抚之”③，开始在伊循屯田。当时虽规模不大，但“其后更置都尉”，可见后来伊循屯田还是颇具规模的。悬泉汉简中有伊循农（Ⅱ90DXT0215S：38）和车师己校伊循田臣彊（V92DXT1310③：67）的记载，④ 应即《汉书》伊循田官在简牍中的反映。由 V92DXT1310③：67 号简可

① 胡平生、张德芳：《敦煌悬泉汉简释粹》，上海古籍出版社，2001，第120页。
② 胡平生、张德芳：《敦煌悬泉汉简释粹》，上海古籍出版社，2001，第115页。
③ 《汉书》卷96上《西域传·鄯善》，中华书局，1962，第3878页。
④ 郝树声、张德芳：《悬泉汉简研究》，甘肃文化出版社，2009，第243页。

知，伊循田官在某一时期曾归属"车师己校"（可能即前述己校尉），如此似元帝之后，伊循屯田已属车师戊己校尉屯田的组成部分。至于悬泉简中的伊循都尉（Ⅱ90DXT0216③：111、Ⅰ90DXT0111②：73）①和伊循城都尉（ⅤT1312③：44、Ⅱ90DXT0114④：349、Ⅴ92DXT1312③：6），②则应是伊循地区在屯田基础上发展起来的综合军事组织，也即"其后更置都尉"之"都尉"，而非只管理屯田的农都尉。

比胥鞬屯田，地点不详，似应在莎车国附近。《汉书》卷96上《西域传上》载，西域都护府设置之后，"匈奴益弱，不得近西域。于是徙屯田，田于北胥鞬，披莎车之地，屯田校尉始属都护"。悬泉汉简Ⅱ90DXT0214③：83A号简有安远侯遣比胥健的记载，③Ⅱ90DX1115③：35号简有"比胥楗校尉"，其中之"比胥健"可能即传世文献中的"北胥鞬"，④而"比胥楗校尉"或即《西域传》之"屯田校尉"，此处屯田属屯田校尉负责，可见当有一定规模。

东汉建立之后，由于"收缩"政策的影响，汉王朝经略西域的热情有所降低。永平、永元年间，虽暂时恢复西域都护，但大体来说东汉王朝对西域事务的关注主要集中于东天山南北车师前后国地带，因此东汉的西域屯田也主要在今吐鲁番、吉木萨尔附近的伊吾、柳中地区。伊吾在今哈密地区。柳中为车师前王治所，在今鄯善县鲁克沁。东汉永平十六年（73），明帝"命将帅北征匈奴。取伊吾卢地，置宜禾都尉以屯田，遂通西域"⑤。永平十七年（74），"谒者关宠为戊己校尉，屯前王部柳中城，屯各置数百人"⑥，虽未明确记载屯田，但重设西汉时以屯田为主要职责的戊己校尉，想必应与屯田有关。这次屯田当延续到和帝永元年间。此后由于安帝初年的羌乱，西域隔绝，故伊吾和柳中屯田当有中断。但到安帝元初六年（119）敦煌太守曹宗再次派遣行军长史索班将兵千人，"屯田伊吾"，以招抚西域诸国。顺帝永建六年（131）"复令开设屯田，如永元时事，置伊吾司马一人"⑦。则西域东部的屯田又一度恢复。

此外，1959年新疆民丰县曾收集到一枚出土于尼雅遗址附近的"司禾府

① 胡平生、张德芳：《敦煌悬泉汉简释粹》，上海古籍出版社，2001，第125页。
② 胡平生、张德芳：《敦煌悬泉汉简释粹》，上海古籍出版社，2001，第125~126页。
③ 胡平生、张德芳：《敦煌悬泉汉简释粹》，上海古籍出版社，2001，第123页。
④ 张俊民：《"北胥鞬"应是"比胥鞬"》，《西域研究》2001年第1期，第89页。
⑤ 《后汉书》卷88《西域传》，中华书局，1965，第2909页。
⑥ 《后汉书》卷19《耿恭传》，中华书局，1965，第720页。
⑦ 《后汉书》卷88《西域传》，中华书局，1965，第2912页。

印"章，有研究者认为这是汉代遗物，是"汉代管理屯田机构的印章"[①]。但目前所见出土和传世文献中未见汉代关于"司禾"的记载，且尼雅遗址遗物也有属魏晋时代的可能性，因此仅凭此采集的"司禾府印"，尚难断定尼雅地区汉代是否存在军事屯田。

总之，汉代在河西和西域地区的屯田为汉王朝的西北经略奠定了雄厚的经济基础。军事上巩固和加强了西北边防，经济上促进了西北地方经济的发展，文化上加强了中原地区与边疆各民族及东、西方的交流与联系，有较为深远的意义。

第四节　汉代西北塞防的交通保障

多民族统一国家的维系，需要畅通的交通和便捷的信息传递系统。边塞地区，是关乎国家安全的军事前沿基地，各种军事情报必须迅速传递到朝廷，朝廷命令及诏书也需及时下达到边塞；奔赴于内地至边塞的官吏中途要休息；胡商客贩、来来往往的运输车队需提供给养；各国使者中途也要接待。为此，统一帝国必须构建完善的道路交通网，并建立相关邮传驿置体系。

一　西北地区的水陆交通建设

秦汉大一统的形成与长期维持，和交通事业的发达有着密不可分的关系。而国家对西北交通建设的重视，是汉王朝得以成功经营西北地区的重要物质保障之一。

道路的修建与维护是出行的前提条件，秦汉统治者对其尤为重视。睡虎地秦简《为吏之道》中就将"除陞甬道"和"千（阡）佰（陌）津桥"作为地方官吏的基本职责。青川秦牍所载秦武王二年（前309）更修的《为田律》中有关于田间道路修整维护的内容：

> 九月，大除道及阪险；十月，为桥，修波（陂）堤，利津梁，鲜草离。非除道之时而有陷败不可行，辄为之。

在九月和十月农闲期间集中修整道路、桥梁等交通设施。如果道路在"非除道之时"损坏，也须及时修补。相关法律汉代予以继承，张家山汉简《二年律令·田律》载：

---

① 贾应逸：《新疆尼雅遗址出土"司禾府印"》1984年第9期，第87页。

恒以秋七月除千（阡）佰（陌）之大草；九月大除道□阪险；十月
为桥，修波（陂）堤，利津梁。虽非除道之时而有陷败不可行，辄为之。
乡部主邑中道，田主田道。道有陷败不可行者，罚其啬夫、吏主者黄金
各二两。

明确规定邑中道和田道由相关吏员负责维护，如果道路"陷败"，主者将承担
法律责任。这些对道路建设的要求、规定同样也适用于汉代的西北边塞地区。
悬泉汉简 V13094：40 号简有县廷要求属下"缮治道桥"的记载。居延新简中
也有关于道路维修及养护的内容。如居延 EPT65：173 号简载"开通道路毋有
章处"，可能就是边塞地区行政或屯戍机构对于道路兴建的要求，其中"章
处"即"障处"。而 EPT65：230 号简"车马中央未合廿步溜漉不可"的记载，
也反映了当地政府机关对道路状况的重视。"溜漉不可"与"陷败不可行"相
似，是雨水导致的路基破坏或路面翻浆，简文中对此情况的说明可能与追查
相关责任人及展开道路养护活动有关。

秦汉帝国重视西北地区道路的修建。秦统一后修建驰道，即有通向西北
的道路。秦始皇统一的第二年，"巡陇西、北地，出鸡头山，过回中"①，皇帝
的出行显然要以完善的交通条件为基础。后来，秦始皇为抵御匈奴，曾修筑
直道。尽管直道的具体走向，今天学界尚有关于东线、西线的争议，但大体
位于秦帝国的西北边境。汉武帝时，帝国疆域向西北急剧延伸，国家对相关
道路建设尤为重视。《汉书》卷 66《王䜣传》载："上数出幸安定、北地，过
扶风，宫馆驰道修治，供张办。武帝嘉之，驻车，拜䜣为真。"守右扶风王䜣
仅因"驰道修治"而得到汉武帝的赏识。关于汉武帝时期在西北地区修筑的
交通网，传世文献记载不详。但出土文献中却有对丝绸之路走向较清楚的记
录。居延和悬泉汉简中曾出土两枚邮置里程残简，为我们勾画了汉代从长安
到敦煌的道路走向，非常珍贵。居延新简 EPT59：582 号简：

> 长安至茂陵七十里，月氏至乌氏五十里。
> 茂陵至茖置卅五里，乌氏至泾阳五十里。
> 茖置至好止七十五里，泾阳至平林置六十里。
> 好止至义置七十五里，平林置至高平八十里。
> 媪围至居延置九十里，删丹至日勒八十七里。
> 居延置至觻里九十里，日勒至钧耆置五十里。

---

① 《史记》卷 6《秦始皇本纪》，中华书局，1982，第 241 页。

觻里至觻次九十里，钧耆置至屋兰五十里。

觻次至小张掖六十里，屋兰至显池五十里。

是由长安西行至居延地区之间邮置里程的记录。通过此简，我们对此交通线的准确走向、途径、里程，甚至邮置设置都有了较为清晰的认识。无独有偶，类似的简牍在悬泉汉简中也有发现，Ⅱ90DXT02141①：130A 号简：

仓松去鸾鸟六十五里，鸾鸟去小张掖六十里，小张掖去姑臧六十七里，姑臧去显美七十五里☒

隙池去觻得五十四里，觻得去昭武六十二里，昭武去祁连置六十一里，祁连置去表是七十里☒

玉门去沙头九十九里，沙头去乾齐八十五里，乾齐去渊泉五十八里。

右酒泉郡县置十一，六百九十四里。①

其反映了汉代河西地区的邮置道里等交通情况，恰与前述居延里程简相衔接，构成了一幅较为完整的从长安出发到河西敦煌地区的里程表，对于研究两汉时期东丝绸之路的交通情况有重要意义。从敦煌玉门关、阳关向西则有进入西域的道路。一般认为，由玉门关、阳关向西进入楼兰，在此道路分为两道，一道经且末、精绝、于阗、莎车，可至中亚的大月氏等国，为南道；另一道经渠犁、轮台、龟兹、姑墨、温宿至疏勒，是为北道。从北道的龟兹、姑墨等地可至乌孙、康居等中亚国家。从渠犁又可东北至焉耆、车师，这是另外的道路。汉王朝为边防目的一直重视对西域道路的修建。《汉书》卷96下《西域传下》载：

元始中，车师后王国有新道，出五船北，通玉门关，往来差近，戊己校尉徐普欲开以省道里半，避白龙堆之阨。车师后王姑句以道当为挂置，心不便也。地又颇与匈奴南将军地接，普欲分明其界然后奏之，召姑句使证之，不肯，系之。姑句数以牛羊赇吏，求出不得。姑句家矛端生火，其妻股紫陬谓姑句曰："矛端生火，此兵气也，利以用兵。前车师前王为都护司马所杀，今久系必死，不如降匈奴。"即驰突出高昌壁，入匈奴。

新道开辟之事，竟引发了严重的民族纠纷和边防危机。这一从车师后国

---

①　胡平生、张德芳：《敦煌悬泉汉简释粹》，上海古籍出版社，2001，第56页。

直至玉门关的新道最终在西汉末年或王莽时期开辟，并在东汉发挥了重要作用。马圈湾汉简中有始建国天凤四年（17）新莽西域之役失败后，相关官员给皇帝的上疏草稿，其中130号简有"远十一月晦，所且得报忧，欲相助，不忽忽新道适千里也"语，其中的"新道"，张德芳先生即认为与《汉书·西域传》中的"新道"有关，其走向见于《三国志》裴松之注引鱼豢《魏略》：

> 　　从敦煌玉门关入西域，前有二道，今有三道。从玉门关西出，经婼羌转西，越葱领，经县度，入大月氏，为南道。从玉门关西出，发都护井，回三陇沙北头，经居卢仓，从沙西井转西北，过龙堆，到故楼兰，转西诣龟兹，至葱领，为中道。从玉门关西北出，经横坑，辟三陇沙及龙堆，出五船北，到车师界戊己校尉所治高昌，转西与中道合龟兹，为新道。……北新道西行，至东且弥国、西且弥国、单桓国、毕陆国、蒲陆国、乌贪国，皆并属车师后部王。[1]

由此可知，元始中汉王朝在西域开辟"新道"的活动并未因车师后王姑句的反对而终止。

除了陆路交通，汉代的西北地区利用既有河道，也有水上交通。王子今先生曾利用汉代甲渠候官和肩水候官等遗址出土的居延汉简（如14.1A号简"余舩"、37.19号简"第一舩"、255.3号简"卖舩"、EPF25：1号简"舩出入簿"、109.3号简"治舩"、EPT59：658号简"豫缮治舩"，"舩"同"船"），论证过汉代西北边地的造船生产活动。[2] 其实，大规模的造船、买卖船只活动本身即是当地从事水路交通运输的反映。从居延汉简和考古资料可知，汉代肩水候官遗址、金关遗址皆位于弱水干流东岸，甲渠候官则夹河构建防御系统，有"河南道上塞"和"河北塞"。便利的内河网络为当地开展水上运输提供了条件。前引居延EPT59：658号简"□处益储茭谷万岁，豫缮治舩毋令"，既然要缮治船来运送茭谷，就说明当时居延地区利用弱水及其支流开展水上交通确实是存在的。此外，肩水金关汉简73EJT21：176号简载："孙当从居延来，唯卿张护成当责会水津吏胡稚卿来，其主责成急长孙知之，前成过自责之，不得一钱。"[3] 其中有"会水津吏"，当即酒泉郡会水县下辖河津

---

① 《三国志》卷30《魏书·乌丸鲜卑东夷传》注引《魏略·西戎传》，中华书局，1982，第859页。

② 王子今：《秦汉交通史稿》（增订版），中国人民大学出版社，2013，第240~241页。

③ 甘肃简牍保护研究中心等编《肩水金关汉简（贰）》，中西书局，2012。本书引用金关汉简的释文、简号，无特殊说明者皆据此书，下不出注。

之吏，与张家山汉简《二年律令·津关令》中的津啬夫等负责水运、渡口的官吏相同。酒泉会水的津吏当是在弱水渡口负责稽查来往行旅、负责渡人的官吏。其存在应以弱水的水运交通为前提。最近出版的地湾汉简86EJC：7号简有关于"省漕"的记载，应该是边塞防御机构临时抽调士卒参与漕运，也证明了当时弱水航运的存在。

二　西北地区的邮驿设施

除了完善的交通网络外，大一统帝国的巩固还需要能保证上情下达的发达的邮驿设施。在边塞军书旁午的地区，对交通、邮驿的便捷程度又有更高的要求。汉帝国即非常重视西北地区的交通、邮驿设施的建设和管理。汉代西北军事防御组织的交通邮驿机构主要包括关、置、驿、厩。在当时的丝绸之路上，每隔一定距离，政府设驿站，"列邮置于要害之路"[①]，配备一定数量的马匹、车辆，以便及时将各类官方文书传递出去。驿传、邮、置的建立，保证了河西边塞军务、政令的上传下达，也为过往行人及车辆提供了便利，在当时的河西交通线上，"驰命走驿，不绝于时月；商胡贩客，日款于塞下"[②]，保证了中西交通的畅通和汉王朝在西北地区的统治。

（一）驿

驿是交通线上的通信和接待机构。《说文·马部》："驿，置骑也。"段玉裁注："言骑以别于车也。驲为传车，驿为骑，二字之别也……置骑，犹孟子言置邮。"《汉书》卷96《西域传》颜师古注称："传者，若今之驿，古者以车，谓之传车，其后又单置马，谓之驿骑。"也将"骑置"释作"驿骑"或"驿马"。顾炎武《日知录·驿》云："汉初尚乘传车，如郑当时、王温舒皆私具驿马。后患其不速，一概乘马矣。"[③] 可见驿是用马单骑传递军事文书的机构。汉简"会水驿"（EPT51：555）、"城北驿"（EPT59：268）、"驳南驿"（502·7）、县（悬）泉驿等都是河西屯戍地区驿政机构。凡公文传递、军情上报等"公事自有邮驿"，这在居延汉简中有反映，如：

> 诚北部建武八年三月军书课。谨案：三月毋军候驿书出入界中者☐
>
> EPF22：391

---

① 《后汉书》卷88《西域传》，中华书局，1965，第2931页。
② 《后汉书》卷88《西域传》，中华书局，1965，第2931页。
③ 顾炎武：《日知录》卷29，黄汝成集释，栾保群、吕宗力点校，上海古籍出版社，2007，第1620页。

入北第一橐书一封，居延丞印十二月廿六日日食一分，受武彊驿卒

冯斗即弛刑张东行。　　　　　　　　　　　　　　　　　　EPT49：28

　　☑□大将军印章诣中郎将，驿马行十二月廿二日，起☑　EPT49：11A

不侵部建武六年四月驿马课　　　　　　　　　　　　　　EPF22：640

　　上面四条简文中，第一条简文记录了诚北部"三月毋军候驿书"，可见一般军书传送由驿站传递；第二条简文是驿站的驿卒冯斗负责传送的入北第一橐书，书信上盖有居延丞印章；第三条简文是大将军发给中郎将的书信，通过骑乘驿马传送；第四条简文是不侵部建武六年四月的驿马课簿，可见河西军事文书的传送主要靠驿站的驿卒传递。

　　驿站传递的军书多为边塞紧急军情的文书，如西域都护段会宗为乌孙兵所围，"驿骑上书，愿发城郭敦煌兵以自救"①。《汉书》卷54《李陵传》载，天汉二年（前99）李陵自请以五千步卒北击匈奴，武帝诏李陵"以九月发，出遮虏鄣，至东浚稽山南龙勒水上，徘徊观虏，即亡所见，从浞野侯赵破奴故道抵受降城休士，因骑置以闻"。颜师古注云："骑置，谓驿骑也。"汉宣帝时，"习知边塞发奔命警备事"的丞相驭吏，"见驿骑持赤白囊"，即知为边郡"奔命书"。②《汉书》卷74《丙吉传》云："适见驿骑持赤白囊，边郡发奔命书，驰来至。"可见边地急报由"驿骑"传递。

　　驿站除了传递文书外，也兼任其他公事，《后汉书》卷45《袁安传》载："袁安初为县功曹，奉檄诣从事，从事因安致书于令。安曰：'公事自有邮驿，私请则非功曹所持。'"足见汉代一般的"公事"往来是由邮驿系统承担的。这种"公事"涉及人员往来、信息传递和物资运送等诸多方面。

　　居延地区的交通干道上，每隔一段距离便有一驿，驿的设置若与鄣、燧等处在同一点上时，则鄣、燧等附带具有驿的职能，如居延地区的止害驿（28·9）、万年驿（40·23）同时也是燧名。有些烽燧，虽未有驿的设置，但也养驿马，可能会在一定程度上承担驿的职责。居延汉简载：

甲渠城北燧长徐恽。有劾，缺。恽燧居，主养驿马。　　　EPF22：352

☑四月戊辰朔丁丑诚北候☑。驿一所，马二匹，鞍勒各一☑　18·18

俱南燧长范谭坐留出入檄，适为驿马运饼庭荙卅石致止害燧。

　　　　　　　　　　　　　　　　　　　　　　　　　EPT59：72

---

①　《汉书》卷70《陈汤传》，中华书局，1962，第3022页。

②　《汉书》卷74《丙吉传》，中华书局，1962，第3146页。

城北、俱南等燧皆有驿马。

不侵部建武六年四月驿马课	EPF22：640
始建国天凤二年正月尽十二月邮书驿马课	EPF25：12A
邮书驿马课	EPF25：12B

"驿马课"是记录驿马的文书。以部为单位上报"驿马课"，说明作为边塞基层防御组织之一的部，同时也负责本区域驿的事务。此三简内容不尽相同，但均与驿马有关。居延一带的驿务也是当地边塞防御系统中日常戍务的重要组成部分。这也印证了王国维、贺昌群等前辈学者关于"汉代边塞邮驿即寓于亭燧之中"的论断。

（二）置

置是一种兼具招待和通信功能的邮驿机构。《孟子·公孙丑上》："德之流行，速于置邮而传命。"可见至少在战国时代，就已有置的设置。《广雅》云："置，驿也。"《史记》卷10《孝文本纪》载，文帝二年（前178）十二月，令"太仆见马遗财足，余皆以给传置"。《汉书》卷4《文帝纪》颜师古注："置者，置传驿之所，因名置也。"《汉书》卷66《刘屈氂传》载："丞相长史乘疾置以闻。"颜师古注曰："置谓所置驿也。"《后汉书》卷68《郭太传》注引《广雅》云："邮，驿也；置亦驿也。"应劭《风俗通》也称："汉改邮为置。"

1990年至1992年，甘肃省文物考古研究所主持发掘的汉代悬泉置是目前我国发现的最早的汉代邮驿机构。该遗址的发掘及大量简牍文书的出土，为我们了解汉代置的职能、规模及具体运作情况提供了十分丰富的资料。遗址位于今敦煌市与安西县交界处，当时属敦煌郡效谷县。该置位于西域通往中原的古丝绸之路主干线上，北面就是汉长城，地理位置重要。遗址面积2.25万平方米。考古工作者清理了悬泉置坞堡院内外的全部建筑遗址，发现了坞堡及坞堡内外房址27间。坞院50米见方，门东向，西南角有30米见方的马厩区。清理灰坑10余座，发掘出自武帝元鼎六年（前111）至东汉永初元年（107）的有字简牍2.3万余枚，帛书、纸文书和各种遗物7万件。悬泉汉简涉及大量的驿置职能的各种簿籍，如车簿、道里簿、车马名籍、戍卒名籍、驿卒名籍等等，较为完整地反映了汉代驿置的职能与功用，极为宝贵。通过该置出土的《传马名籍》，可见置有传车、传马，为过往使者、官员使用。郝树声、张德芳先生考证"悬泉置有官卒徒御37或47人，传马40匹左右，传车少时 6 乘，多时 15 乘，分管具体事务的吏员有置丞、置啬夫、仓啬夫、置佐、置令史、置史、置司御、厩佐、传舍佐、邮书令史等，分担具体工作的有置卒、置御、置奴等"①，可见置的规模之大。而我们通过《过长罗候费用簿》《案问助御廪食悬泉事册》等册书知置可为过往客人提供饮食。出土悬泉汉简多处记有"当舍传舍，从者如律令"字样，可见置内有传舍供客人休息。还见有许多诏书、律令等邮书类文书，可见置与驿的职能基本相同，都属于服务性的机构，传递文书，接待过往使者、官吏及其随从人员，为他们提供食宿便利。

河西地区置的设置，"交通线路全长六百九十四汉里，类似悬泉置的置共有十一个，敦煌郡……总共有九个"②。李并成先生据近出简牍，统计出敦煌郡境内有效谷、遮要、悬泉、鱼离、广至、冥安、渊泉、龙勒和玉门置共 9 所。此外还设万年驿、悬泉驿、临泉驿、平望驿、龙勒驿、甘井驿、田圣驿、遮要驿、效谷驿、鱼离驿、常和驿、毋穷驿共 12 所驿。有甘井骑置、遮要骑置、平望骑置、悬泉骑置共 4 个骑置，广至县有万年骑置等。③ 仅敦煌地区驿、置的设置就如此普遍，可见汉代西北地区的交通往来、邮驿传递的普遍。

居延汉简也有置的记录：

肩水候▢前间置隧卒作簿　　　　　　　　　　　　　　　　　36.4

入粟，给都吏壮卿椠戒塞上，绥和元年六月庚戌新沙置卒马，受次东。候长章。　　　　　　　　　　　　　　　　　　　　　155.15

骑归吞远隧，其夜人定时，新沙置吏冯章行殄北警檄来。永求

　　　　　　　　　　　　　　　　　　　　　　　EPF22：196

▢居延以吞远置荌千束贷，甲渠草盛，伐荌偿，毕巳。言有。

　　　　　　　　　　　　　　　　　　　　　　　EPF22：477B

前间置属肩水候管辖，吞远置、新沙置与其类似，可能都是军事防御系统之置。它们负责讯息传递和其他事务，有置吏、隧卒。长官也应是啬夫。

居延汉简中屡见"驿一所，马二匹"这样的记载，就驿马数量论，显然不能与悬泉置数十匹马的规模相比。也可知驿的规模小于置，其地位也较置

---

① 郝树声、张德芳：《悬泉汉简研究》，甘肃文化出版社，2009，第 36 页。

② 张俊民：《悬泉置遗址出土简牍文书功能性质初探》，载《简牍学研究》（第四辑），甘肃人民出版社，2004。

③ 李并成：《汉敦煌郡境内置、骑置、驿等位置考》，《敦煌研究》2011 年第 3 期。

为低。

置的管理范围之内，又有规模较小的骑置。张经久、张俊民认为"骑置"在置之下，一般有四人，其中一人为吏，驿骑三人，马三匹。[①] 其规模大小状况与边境防御系统中的亭大小相近，唯其是传递紧急文书的机构，备有三匹马而已。

（三）邮

邮是传递文书的邮亭。前引《孟子·公孙丑上》称："德之流行，速于置邮而传命。"说明邮与置一样是用于宣布政书命令的机构。《墨子·杂守篇》云："筑邮亭者圜之，高三丈以上。"可见邮还筑有亭，故二者连称为邮亭。《汉书·黄霸传》言"吏出，不敢舍邮亭"，《后汉书》卷39《赵孝传》载孝"从长安还，欲止邮亭"等语也可证邮亭可连称。

邮亭是汉代政府在全国各地广泛设置的通信机构，王充《论衡·谈天篇》云："邮亭著地，亦如星舍著天也。"以邮亭比天上的星宿，足见汉代邮亭设置之繁密。邮亭不仅在内地有，而且在边郡也有设置，《汉书》卷69《赵充国传》云："计度临羌东至浩亹，羌虏故田及公田，民所未垦，可二千顷以上，其间邮亭多坏败者。"居延汉简也多有关于邮亭的记载：

> ☐居延县以邮亭行。　　　　　　　　　　　　EPT53：71B
>
> 报边当令邮亭从☐☐　　　　　　　　　　　73EJT3：21
>
> ☐☐☐☐系☐☐罪责☐☐部邮亭☐不在☐☐☐☐出在☐取
>
> ☐☐☐☐☐　　　　　　　　　　　　　　　　　37·34

不仅居延地区，敦煌地区也普遍设有大量邮亭。据悬泉汉简，敦煌地区的驿道上至少有山上亭、临望亭、远望亭、临泉亭、悬泉亭、毋罢亭、毋罪亭、毋究亭、毋穷亭、平望亭、小效谷亭、遮要亭、安民亭、长乐亭、乐义亭、新马亭、安乐亭、安汉亭、甘井亭、西门亭等邮亭。其中悬泉置领属的邮亭，目前可知者，有临泉亭、悬泉亭、无罢亭、平望亭等。每亭设亭长一人、戍卒二人、邮人两三人。

邮亭与驿、置并为大道上有关交通通信的设施，且往往重叠于一处互相通用。邮亭的职能就是传递文书情报，如《汉书》卷75《京房传》建始二年

---

① 张经久、张俊民：《敦煌汉代悬泉置遗址出土的"骑置"简》，《敦煌学辑刊》2008年第2期。

（前31）二月，京房"去新丰，因邮上封事"。颜师古注："邮，行书舍也，若今传送文书矣。"居延汉简载：

马马一匹高六尺，居延都尉府以邮行。　　　　　　　　　　　81·8B

肩水候以邮行。　　　　　　　　　　　　　　　　　　　　　74·4

邮亭内有供行人休息的传舍，《汉书》卷89《循吏传·黄霸》云："吏出，不敢舍邮亭。"颜师古注曰："邮，行书舍，谓传送文书所止处，亦如今之驿馆矣。"《后汉书·赵孝传》其注云："邮亭，行书之舍，亦如今之驿及行道馆也。"同书《平帝纪》元始五年（5）春正月诏有"宗师得因邮亭书言宗伯，请以闻"语。可见邮亭、驿站内皆有供行人休息的住所。居延汉简中也载：

传舍以邮行，行行其传舍以邮行。　　　　　　　　　　　　24·3

如同驿在靠近候部、烽燧时，其驿务寓于烽燧中一样，当邮亭的设置路经烽燧时，邮亭可由烽燧代替，故烽燧又可称为亭燧或燧亭。

宋会群、李振宏曾考证居延地区的邮驿亭燧有"城北燧（属城北部）、临木部、不侵部、当曲燧（属不侵部）、万年燧（属吞远部）、武疆燧（属城北部）、吞远置（属吞远部）等，都在伊肯河南部，是河南道上塞"[①]。而吴礽骧则考证敦煌地区邮亭设置，"汉代边郡驿道沿线之驿置邮亭，位于部都尉辖境者，由驿道所经各候官管辖；位于郡县辖境者，由各县丞管辖。各县驿置领属的邮亭燧，在龙勒县境南道上，现存汉代烽燧1座（D101）；在敦煌市境北道上，现存汉代烽燧1座（D103）；在效谷县境驿道上，现存汉、晋坞堡2座，汉晋烽燧6座"[②]。

邮的主要职能是传递文书，食宿服务方面相对简单，只是为过往官员提供临时休息的场所，不提供车马或传食的特殊服务。《二年律令·行书律》规定："邮各具席，设井磨。吏有县官事而无仆者，邮为炊；有仆者，段（假）器，皆给水浆。"席、井、磨都是休息及饮食等日常生活所必需的设施，"县官事"即官府的公事。官吏有公事，途中可在邮临时休息，如果没带仆人，邮人代为他们做饭；如果有仆人随从，则由仆人做饭，邮只提供炊具和水浆，不提供做饭原料。而置或驿不但为公事人员提供食宿服务，而且还提供车马

---

①　宋会群、李振宏：《汉代居延地区邮驿方位考》，载《河南大学学报》1993年第1期。
②　吴礽骧：《河西汉代驿道与沿线古城小考》，载《简帛研究二○○一》，广西师范大学出版社，2001。

交通工具，与邮有一定差别。

（四）汉代邮置的高效运转

政令畅通的目标要求邮置系统不仅要设施完善，还要保持较高的效率。在汉代，无论是规模较大的置，还是规模较小的驿、邮都备有专门的驿马、传马、车供骑乘，以此来保证交通、通信的便捷、畅通。在汉代西北地区的交通大道上，驿骑、传车或邮车飞速来往，邮驿人员将各种军事情报及时传递到中央，也将中央的最新诏令迅速传达到边塞。

据居延汉简，居延都尉府的邮书传递，一般由当道亭、隧及邮负责，传递书信之人多为隧卒、亭卒和邮卒，其管理由候官负责。如居延都尉府甲渠候官管理的汉塞，即由河北塞和河南道上塞组成。河北塞主要负责防御匈奴、候望传递敌情，而河南道上塞除负责防御、候望外，还要承担邮书传递工作。一般认为，居延都尉府的文书先传递至居延候官，然后由居延候官收降亭进入甲渠候官河南道上塞之不侵部当曲隧，之后经甲渠候官吞远部、诚北部，由诚北部临木隧进入卅井候官诚敖北隧，再通过肩水都尉府广地、橐他候官，穿过肩水金关，进入肩水候官及肩水都尉府驻地，直至汇入河西驿道进入张掖、酒泉以及内地郡县。甲渠候官出土汉简中有大量关于河南道上塞烽燧传递邮书的记录和考核结果：

> 诣橐它候官，正月戊申食时，当曲卒王受收降卒敞，日入临木卒仆付卅井卒得界中八十里，定行五时不及程三时。　　　　　EPT51：357
>
> 建昭四年四月辛巳朔庚戌，不侵候长齐敢言之，官移府所移邮书课，举曰各推辟部中牒，别言会月廿七日。谨推辟，案过书剌正月乙亥人定七分不侵卒武受万年卒盖，夜大半三分付当曲卒山，鸡鸣五分付居延收降亭卒世。　　　　　　　　　　　　EPT52：83

以上汉简正说明了候官系统对邮书事务的管理。

从传世文献和出土简牍来看，河西边塞地区诏令文书的传递方式，常见有"行者走""以邮行""以亭行""以次行""燧次行"诸术语。每种传递方式都对邮驿传递的速度和期限有严格的规定。

一般文书，在内地邮传速度一般为一天行二百里，如《二年律令·行书律》简273云：

> 邮人行书一日一夜行二百里。

对于边塞地区，因道路条件复杂，

> 书一日一夜当行百六十里。 EPS4T2：8A

对于紧急文书，《汉官仪》说："奉玺书使者乘驰传，其骑驿也，三骑行，昼夜千里为程。"若留迟失时则加以严厉处罚，如：

> 不中程百里，罚金半两，过百里至二百里，一两，过二百里，二两。 EPS4T2：8B
>
> ☑☑☑半以平起万岁燧候长士吏传行各尽界，毋得迟时，必坐之。 EPT57：40

正是由于严格的规定，汉代驿骑传递的速度极快。《汉书》卷90《酷吏传·王温舒》谓王温舒迁河内太守后，"令郡具私马五十匹为驿，自河内至长安……奏行不过两日"。据《续汉书·郡国志》，河内到洛阳凡一百二十里，洛阳去长安九百五十里，则从河内到长安为一千一百里左右，"奏行不过二日"，则每日行五百五十里左右。具体到西北边塞地区，邮驿传递的效率也令人吃惊。《汉书》卷69《赵充国传》载赵充国与羌人战于湟中，呈报军情时，"六月戊申奏，七月甲寅，玺书报从充国计焉"。宋人洪迈《容斋随笔》评价："赵充国在金城，上书言先零、罕羌事，六月戊申奏，七月甲寅玺书报从其计。按金城至长安一千四百五十里，往返倍之，中间更下公卿议臣，而上书至得报，首尾才七日。"前后往返共七日，去除朝议时间约一日，时速每日可达五百四五十里。可见当时驿传效率之高。而正是这种便捷的交通网络和高效的信息传递效率，保障了汉帝国在西北地区的经营、发展，维持了大一统帝国的长期繁荣。

第七章　汉王朝西北地区行政管理

为了更好地防御匈奴、隔绝羌胡、断匈奴右臂，从汉武帝中期开始，汉王朝"表河西，列四郡，开玉门，通西域"①，对包括河西、西域地区在内的西北地区进行了有效的管理。具体说来，在河西地区，汉王朝通过移民实边，开始了立县设郡的直接管理。西域地区由于民族成分复杂，小国林立，各种族多有自己的独立政权，汉王朝经营的重点主要在于对交通线和各小国的控制，故采取了以西域都护为主、以军事屯田为辅的间接控制方式。

第一节　郡县制在西北地区的延伸——列四郡

一　汉武帝经略河西

河西走廊被匈奴控制，匈奴与祁连山区的羌人结合，对汉王朝施以强大的军事压力。汉武帝即位后，为抗御匈奴，于建元三年（前138）派遣张骞出使西域，希望能与西迁的月氏合力攻击匈奴。但张骞由于受困于匈奴，且月氏"无报胡之心"而最终不果。汉武帝元光二年（前134），汉王朝开始对匈奴用兵。元朔二年（前127），车骑将军卫青出云中，北抵高阙，迂回陇西，痛击匈奴，收复河南地，拉开了汉王朝大规模反击匈奴的序幕。元狩二年（前121），骠骑将军霍去病两次进击河西，驱逐了匈奴在河西的势力，从此"金城、河西西并南山至盐泽空无匈奴"②。

由于河西地区与中原距离遥远，且生产、生活方式与汉族有较大差异，故河西归汉后，汉王朝希望能招徕原居于河西的乌孙等由西域返回河西，与汉朝建立良好的关系，帮助汉朝实现"隔绝羌胡"的战略目的。于是，元狩四年（前119）汉武帝派遣张骞再出西域，希望能够劝说乌孙回归河西旧地，但乌孙对此反应冷淡。在此情况下，汉王朝最终决定由自己经略、开发河西，以隔绝羌胡、断匈奴右臂。

元鼎二年（前115），汉朝在今兰州永登县设置令居县，经过10余年的经

---

① 《汉书》卷96下《西域传下》，中华书局，1962，第3928页。

② 《史记》卷123《大宛列传》，中华书局，1982，第3167页。

营，到武帝太初年间，在河西走廊地区已组建了一条东起令居，西至玉门、敦煌直至盐泽（今罗布泊）的东西向亭障烽燧防线和沿谷水至休屠泽、沿弱水至居延泽两条纵向边防线。

在汉武帝决心经营河西后，河西移民屯戍活动随之展开。《汉书》卷6《武帝纪》载，元鼎四年（前113）秋，"马生渥洼水中，作《宝鼎》、《天马之歌》"，颜师古注引李斐曰："南阳新野有暴利长，当武帝时遭刑，屯田敦煌界，数于此水旁见群野马中有奇者，与凡马异，来饮此水。利长先作土人，持勒靽于水旁。后马玩习，久之代土人持勒靽收得其马，献之。欲神异此马，云从水中出。"[①] 南阳暴利长等刑徒开始屯田敦煌一带的时间可推测为张骞外交失败后的元鼎三年（前114）前后，与前述元鼎二年置令居县、构筑河西桥头堡的时间大体一致。元鼎五年（前112），"数万人度河筑令居，初置张掖、酒泉郡，而上郡、朔方、西河、河西开田官，斥塞卒六十万人戍田之"[②]，大规模徙民开始。元鼎六年（前111），汉王朝又徙民以实张掖、敦煌。

居延汉简中有"延寿乃大初三年中，父以负马田敦煌，延寿与父俱来田事已"（513·23，303·39号简）的简文，记载了汉武帝太初三年（前102）以内地居民屯田敦煌的历史信息。敦煌和居延汉简中还分别有天汉三年（前98）、征和年间（前92至前89）、大始二年（即太始二年，前95）为边塞隧长发放廪食和任命基层屯戍官吏的记录。这些材料与史书所载内容一致，证明在汉武帝后期敦煌、居延的屯戍机构建设和徙民屯田事业都已有序展开。敦煌汉简1922号简"大始三年闰月辛酉朔己卯，玉门都尉护众谓千人尚、尉丞无署就"的记载，说明玉门都尉、千人等与玉门关相关的军事机构也已建设起来。

二　河西地区的郡县化历程

（一）河西地区郡县化的条件

除了移民、筑塞，中原王朝对河西行使完全意义上行政管辖的标志无疑是郡县行政机构的设置。设置郡县与羁縻当地少数民族不同，它意味着完善的行政机构的正常运转和汉法的顺利实践。完备行政机构的正常运转需要经济支持，这就需要向当地居民收取赋税，而汉法的顺利推行则需以当地民众

---

① 《汉书》卷6《武帝纪》颜师古注，中华书局，1962，第184页。
② 《汉书》卷24下《食货志下》，中华书局，1962，第1173页。

的接受为前提，因此在少数民族聚居地区，要实现郡县化，就需要解决上述问题。汉武帝灭南越后曾在西南少数民族聚居区设置沈黎、汶山等郡，但由于经济等诸方面因素，这些郡后来多被废弃，甚至直到东汉末年尚未恢复，这都说明了在少数民族地区推行郡县的难度。《后汉书》卷86《南蛮传》载：

> 冉駹夷者，武帝所开。元鼎六年，以为汶山郡。至地节三年，夷人以立郡赋重，宣帝乃省并蜀郡为北部都尉。

明确指出汶山郡被废是由于"立郡赋重"这一经济原因。同传还载：

> 元鼎六年，以为沈黎郡。至天汉四年，并蜀为西部，置两都尉，一居旄牛，主徼外夷，一居青衣，主汉人。

其中废沈黎郡而改设都尉也应与经济因素有关。

在西汉王朝经营河西之前，月氏、乌孙、羌、匈奴等部族是河西走廊和祁连山地区的主要居民，基本情况与汶山、沈黎有相似之处。但与汶山、沈黎不同的是，汉王朝在河西地区持之以恒地实施了郡县体制。究其原因，应与河西地区在隔绝羌胡、防御匈奴、保障丝路畅通方面的重要地位有关。如前所述，张骞第二次出使西域希望乌孙东还，应该是汉王朝希望以羁縻方式维系河西走廊的尝试，但在此尝试失败后，汉朝决定不惜一切代价保证对河西走廊的完全控制，在此时河西郡县化已成为汉王朝的不二选择。为了应对设立郡县所需要的高昂经济成本，汉王朝做了两件事：第一是大量移民以改变河西地区的居民结构，使河西地区的民族面貌变成以汉族为主体，小月氏、羌、匈奴杂糅，只有汉族占据主体地位，汉王朝的赋税制度和法律制度才能在河西地区完全推行，立郡的基础才能得以确立；第二是加强军事管理、组织屯田、发展生产，为设立郡县创造条件，《汉书》卷28《地理志》"效谷"条，颜师古注："本渔泽障也。桑钦说孝武元封六年济南崔不意为鱼泽尉，教力田，以勤效得谷，因立为县名。"由此可知敦煌郡效谷县的前身实际是军事组织渔泽障，当渔泽障的军事屯田取得成果后，才被改造为民政系统的效谷县。在移民、屯田的规模达到一定程度后，汉王朝开始了河西地区的郡县化。

（二）再谈"河西四郡"

关于汉代河西诸郡，学术界有个约定俗成的称呼，即"河西四郡"，此称谓不见于《史记》，始见于东汉，至范晔作《后汉书》时大行于世。汉光武帝建武二十七年（51），臧宫、马武上书请攻匈奴，称："今命将临塞，厚县购赏，喻告高句骊、乌桓、鲜卑攻其左，发河西四郡、天水、陇西羌胡击其右。"① 汉明帝永平十三年（70），耿秉上书中也提到："汉既得河西四郡，及居延、朔方，徙民以充之，根据未坚，匈奴犹出为寇。其后羌、胡分离，四郡坚固，居延、朔方不可倾拔，虏遂失其肥饶畜兵之地。"② 《汉书》卷96《西域传序》称："初置酒泉郡，后稍发徙民充实之，分置武威、张掖、敦煌，列四郡，据两关焉。"其后，汉安帝延光二年（123）敦煌太守张珰和尚书陈忠上书中也分别提到"四郡"和"河西四郡"。当然这些早期记载中，除《汉书·西域传序》明确指出四郡指酒泉、武威、张掖、敦煌外，其他各处并未详述四郡具体所指。章怀太子注《后汉书》卷87《西羌传》认为"四郡"指"酒泉、武威、张掖、敦煌"，但注卷18《臧宫传》又认为"四郡""谓张掖、酒泉、武威、金城也"，可见关于四郡所指唐人似乎并无统一意见。西汉中期之后，黄河之西其实有酒泉、张掖、敦煌、金城、武威五郡，两汉之际窦融任"河西五郡大将军"，就是囊括此五郡而言。有"五郡"而称"四郡"，因此造成歧义。但总体来看，酒泉、敦煌、张掖、武威郡皆居于金城郡西北，且恰处于羌、胡之间，可以"隔绝羌胡"，而金城郡则在以上四郡东南，虽与羌人相邻，但与匈奴悬远，因此我们还是倾向于认为"四郡"不包括金城，但这并不影响金城仍属河西之郡。此外，《续汉书·百官志》"太仆"条称："有牧师菀，皆令官，主养马，分在河西六郡界中，中兴皆省，唯汉阳有流马菀，但以羽林郎监领。"如此，则不但有"河西四郡""河西五郡"，还有所谓的"河西六郡"，至于"六郡"所指，概不出汉王朝的"西边""北边"，具体已不得详考。

　　河西四郡的设立是河西地区正式纳入中原王朝版图的开始。然而，关于四郡建置的具体年代及先后顺序，《汉书》不同篇章中却有截然不同、互相抵牾的记载。这一问题具讼千年，一直没有彻底解决，但随着居延、敦煌汉简的出土，历史的真相已逐渐清晰起来。

　　《汉书》卷6《武帝纪》载，元狩二年（前121）秋，"匈奴昆邪王杀休屠王，并将其众合四万余人来降，置五属国以处之。以其地为武威、酒泉郡"。同纪载，元鼎六年（前111）秋，"又遣浮沮将军公孙贺出九原，匈河将军赵破奴出令居，皆二千余里，不见虏而还。乃分武威、酒泉地置张掖、敦煌郡，

① 《后汉书》卷18《臧宫传》，中华书局，1965，第695页。
② 《两汉纪·后汉纪·孝明皇帝纪下》，张烈点校，中华书局，2002，第188页。

徙民以实之"。如是，则武威、酒泉于元狩二年置郡，张掖、敦煌分置于元鼎六年。然此记载不独与情理不合（元狩二年时，汉武帝尚希望招徕乌孙，并未决定直接统治河西），也与《汉书·地理志》的记载直接矛盾。《地理志》载："武威郡，故匈奴休屠王地。武帝太初四年开。""张掖郡，故匈奴昆邪王地，武帝太初元年开。""酒泉郡，武帝太初元年开。""敦煌郡，武帝后元年分酒泉置。"如是，则张掖、酒泉最先置郡，武威迟至太初四年（前 101），敦煌郡最后从酒泉郡分置。《食货志》又载，张掖、酒泉置于元鼎五年（前 110）。一书之中，差异如此明显，不仅置郡时间迥然有别，就连设郡顺序也大相径庭。司马光撰《资治通鉴》，完全承袭《武帝纪》的记载。后来的学者大体分为三派。或因纪的权威性，而从《武帝纪》之说，如钱大昕、全祖望、齐召南等；或以纪乃"终言"，故以志的时间为准，如朱一新；或调和纪、志，以"纪但记创置之年，志则因其营建城郭设官分治之岁"，如王峻、姚鼐等。无论采择何种观点，皆在纪、志矛盾处绕圈子，很难推动问题的实际解决。其实，除纪、志互异外，关于四郡设置先后，《史记》《汉书》中还有另外的表述。《史记》卷 123《大宛列传》载："汉始筑令居以西，初置酒泉郡以通西北国。"《汉书》卷 61《张骞传》载："汉始筑令居以西，初置酒泉郡以通西北国。"《汉书》卷 96 上《西域传上》载："其后骠骑将军击破匈奴右地，降浑邪、休屠王，遂空其地，始筑令居以西，初置酒泉郡，后稍发徙民充实之，分置武威、张掖、敦煌，列四郡，据两关焉。"三者基本一致，虽未明确四郡具体设置年代，但认为酒泉置郡最早，约在元鼎五年"筑令居"左右，此后武威、张掖、敦煌皆由酒泉分置。将河西置郡与令居始筑联系起来考虑，应该说是有道理的。

　　近代以来，学界关于四郡设置的问题有更多争论。张维华《汉河西四郡建置年代考疑》、黄文弼《河西四郡建置年代考》、劳榦《居延汉简考证》、施之勉《河西四郡建置考》、陈梦家《河西四郡的设置年代》、日比野丈夫《关于河西四郡的设立》、吴礽骧《河西汉塞调查与研究》、张春树《河西四郡建置年代考》、周振鹤《西汉河西四郡建置年代考》、王宗维《汉代河西四郡始设年代问题》、郝树声《汉河西四郡设置年代考辨》《汉河西四郡设置年代考辨（续）》等文是其中较著名者。张维华文全面钩稽传世文献，关于河西四郡问题，在对传世文献的梳理、排比上甚至已超越乾嘉学者，其得出的酒泉郡最初置、武威郡晚至昭宣之际观点，应该说已达到了仅据传世文献所能达到的最高限度。劳榦是最早利用简牍文献讨论四郡问题的学者，发现了居延汉简中的许多珍贵资料，得出了与张维华相似的结论，唯追求各郡准确设置年代，有强为论断之嫌，是其所失。陈梦家综合排比所有涉及四郡之传世、出土文献，条分缕析。日比野丈夫发现《史记》中曾两次将"河西"与其他郡名并列的现象，故独辟蹊径，大胆假设，提出了在酒泉郡设置前，元鼎二年（前115）先设有"河西郡"的观点，令人耳目一新。唯所引《河渠书》一例"自是之后，用事者争言水利。朔方、西河、河西、酒泉皆引河及川谷以溉田"存疑，其中"河西"与"酒泉"能否断开尚未可知，不排除有以"河西"说明"酒泉"地理位置的可能。而《平准书》载"初置张掖、酒泉郡，而上郡、朔方、西河、河西开田官，斥塞卒六十万人戍田之"，其既已交待"张掖、酒泉郡"，则当时已不可能再有"河西郡"，且文中"西河""朔方"（甚至"上郡"）都地跨黄河东西，故此处"河西"当指西河郡（或包括朔方，甚至上郡）黄河以西地区，而非"河西郡"。总之"河西郡"的提法从目前史料来看尚乏确证，有待进一步史料支持。吴礽骧认为河西四郡的设置与汉王朝河西经略活动的推进、汉塞的延续以及交通线的变更有密切联系，较有启发意义。总体来看，虽然各家观点仍有一定差异，但在汉简材料充分利用的基础上，该问题确已得到了部分解决。沈颂金《河西四郡设置年代讨论综述》一文，对前人观点评述甚详，可以参看。本书仅结合传世、出土文献，略谈对河西四郡设置年代的大概看法。

第一，《汉书·武帝纪》与《地理志》在四郡设置时间上大相径庭，应有不同的史料来源，但都不足完全凭信。尤其《地理志》史料目的即是说明四郡设置时间，故有强求、划一之嫌疑，尤不可信。而《史记》《汉书》中其他涉及四郡的记载，由于主要目的非解决此问题，故未经撰述者刻意划一加工，反而会留下具有参考价值的蛛丝马迹。在研究此问题时，应掌握所有相关传世文献和出土资料，在此基础上排比、梳理，剔除与大部分史料矛盾之绝不可能者，保留与大部分史料能融洽者，最后取证于最可信之简牍史料。在这个问题上，当时的原始文书记录——出土简牍，显然是最可征信之材料。

第二，由于传世文献的歧义、局限，很多有关绝对时间的记载可信度不高，故根据目前史料，尚难给出每郡设置的精确时间。在目前条件下，过于追求精确时间，只能导致研究走向失败。能求得各郡设置先后顺序，及大概时间，已可满足。

第三，不考虑"河西郡"的存在的话，酒泉郡当是最早设立之郡。原因：（1）《汉书》之《武帝纪》《地理志》《西域传》都认可酒泉郡是第一批设置之郡；（2）酒泉郡的最早存在与各种史料皆不矛盾；（3）河西地区汉代属县中有敦煌县、武威县、张掖县，唯独不见"酒泉县"，盖初设郡时唯有酒泉，敦煌、张掖、武威县皆囊括郡中，后陆续分置三郡，故出现郡县同名之现象。

关于酒泉郡的初设，前引《史记·大宛列传》《汉书·张骞传》皆称目的是"始筑令居以西，初置酒泉郡以通西北国"。《汉书·西域传上》又称时间在"骠骑将军击破匈奴右地，降浑邪、休屠王，遂空其地"之后，再联系《武帝纪》的记载，故不少学者认为酒泉郡初设时间于浑邪王降汉的元狩二年（前121）。然元狩二年设郡，与武帝经略河西的战略步骤矛盾，显然太早。如前所述，河西地区匈奴势力被驱逐后，汉王朝首先想到的是，"厚赂乌孙，招以东居故地"，共拒匈奴，以"断匈奴右臂"，① 而非直接统治。故元狩四年，武帝拜张骞为中郎将，命其第二次出使西域，以结乌孙。然而，乌孙不愿东徙，张骞使命失败。元鼎二年（前115），汉王朝置令居县。元鼎五年后，汉王朝"始筑令居以西"。② 汉武帝知道乌孙拒归河西，当在张骞返回长安之后，那么张骞返汉又在何时呢？《汉书》卷61《张骞传》称："骞还，拜为大行。"同书《百官公卿表》载，元鼎二年，"中郎将张骞为大行令"。如是则张骞当于元鼎二年，最早不过元鼎元年返汉。元鼎二年，张骞返汉，汉武帝知道乌孙不欲东返。同年设令居县。元鼎五年，"始筑令居以西，初置酒泉郡以通西北国"。这一切若合符节，与汉武帝的河西战略转变丝丝相扣，其记载的可靠性符合逻辑。根据前述各种记载可知，酒泉郡的设立与汉武帝经略河西，筑塞令居以西有密切联系，当时汉塞止于酒泉，故于此处设郡，既行使管辖河西职责，又承担"通西北国"之重任。至于具体时间当在元鼎五年、元鼎六年间。

第四，张掖置郡较早，可能在酒泉之后，必在武威之前。原因：首先，早期史料中，多"酒泉、张掖"并称，可见张掖郡设置不会晚于酒泉郡太久，应早于敦煌、武威设郡；其次，据《汉书》卷28《地理志》，武威郡属县有张掖县，但汉代郡县同名现象，一般是郡与属县同名，如河南郡有河南县、沛郡有沛县、敦煌郡有敦煌县、武威郡有武威县等，至于武威郡有张掖县，唯一合理解释只能是武威郡是分张掖而置，在武威设郡前，张掖郡是下辖张掖县的。

第五，敦煌郡置郡于酒泉郡之后，但至少在汉武帝征和二年（前91）前已设置。敦煌汉简2438号简中有：

长酒泉玉门都尉护众候畸兼行丞事，谓天□以次马驾，当舍传舍，

---

① 《汉书》卷61《张骞传》，中华书局，1962，第2692页。
② 《汉书》卷61《张骞传》，中华书局，1962，第2694页。

> 诣行在所，夜以传行，从事如律令。

的记载，可见在敦煌郡设置之前，玉门都尉曾隶属酒泉郡，显然酒泉郡的设置应早于敦煌郡。《汉书》卷66《刘屈氂传》载，征和二年巫蛊之祸后，"其随太子发兵，以反法族。吏士劫略者，皆徙敦煌郡"。故最晚其时，敦煌郡应已存在。

第六，武威郡设置最晚，应在昭宣之际，具体来说，一定在昭帝始元六年（前81）之后，但不能晚于宣帝地节二年（前68），很可能在昭帝元凤三年（前78）至宣帝地节二年间的10年中。《汉书》卷6《武帝纪》认为武威郡设置较早，《地理志》虽称武威郡的设置晚于酒泉、张掖，但也认为其至少在太初四年（前101）已经建立。然而《汉书》卷7《昭帝纪》载，始元六年（前81）七月，"以边塞阔远，取天水、陇西、张掖郡各二县置金城郡"。据《地理志》，金城郡与张掖郡之间隔着武威郡，二者并不接壤，此时张掖郡能割二县属之金城，说明这时，武威郡尚未从张掖郡分置。居延汉简揭露的历史信息与此一致，303·12号简载：

> 元凤三年十月戊子朔戊子，酒泉库令安国以近次兼行大守事、丞步迁，谓过所县河津，请遣□官持□□□钱去□□取丞从事金城张掖酒泉敦煌郡，乘家所占畜马二匹，当传舍，从者如律令。掾胜胡卒史广。

列举昭帝元凤三年（前78）河西地区郡名，有金城、张掖、酒泉、敦煌，唯独不见武威郡，说明至元凤三年，武威仍未设郡。有学者据《汉书》卷69《赵充国传》，神爵元年（前61），汉宣帝令赵充国征西羌，"时上已发三辅、太常徒弛刑，三河、颖川、沛郡、淮阳、汝南材官，金城、陇西、天水、安定、北地、上郡骑士、羌骑，与武威、张掖、酒泉太守各屯其郡者，合六万人矣"，认为武威置郡最晚应在此时。其实，同书《霍光传》载，霍光薨后数月，宣帝"复出光姊婿给事中光禄大夫张朔为蜀郡太守，群孙婿中郎将王汉为武威太守"。霍光薨于地节二年（前68）三月，据此，至少在此年前，武威已置郡。因此，根据简牍及传世文献，可推测武威置郡当在元凤三年至地节二年的10年间。

然而尚需说明的是，陈梦家、吴礽骧等学者据居延汉简，认为武威郡当置于地节二年之后的观点，存在对简牍材料的错误理解。居延汉简7·7A号简载：

地节二年六月辛卯朔丁巳，肩水候房谓候长光，官以姑臧所移卒被兵本籍为行边兵丞相史王卿治卒被兵以校阅，亭隧卒被兵皆多冒乱不相应，或易处不如本籍。今写所治亭别被兵籍并编。移书到，光以籍阅具卒兵。兵即不应籍，更实定此籍。随即下所在亭，各实弩力石射步数，令可知。贲事诣官，会月廿八日夕，须以集为丞相史王卿治事。课后不如会日者必报，毋忽如律令。

由此简可知，地节二年时，张掖郡肩水候官戍卒所携带兵器仍由姑臧县提供、治籍。陈梦家称：“居延地节二年六月简记张掖肩水候官告候长核对姑臧戍卒名籍以待行边兵丞相史的校阅，则后来作为武威郡治的姑臧，当时尚属张掖管辖。若当时武威已置郡，则姑臧戍卒当戍于休屠而不在居延。”[1] 吴礽骧称：“昭帝一代武威并未置郡。直至宣帝地节二年（前68），姑臧戍卒仍调发张掖郡属之肩水都尉肩水候官治下服役，足证此时姑臧县仍归张掖郡领属。”[2] 两者都认为7·7A号简反映了姑臧戍卒赴张掖肩水戍边的情况，根据汉代边郡人一般不赴外郡戍边的情况，判断当时姑臧（后来的武威郡治）仍属张掖。这一推断原则上并无错误，然而其前提则有待商榷。因为简文中只提及“姑臧所移卒被兵名籍”，也就是只说姑臧曾为“亭隧卒”准备武器，并未说这些戍卒就一定是姑臧之人，全简提到的只是兵器之籍而非士卒之籍。其实，征之其他简牍可知，宣帝时期武威姑臧可能拥有大型武库，承担了为张掖郡等河西其他地区戍卒提供兵器的职责。居延汉简载：

第十七部，黄龙元年六月卒假兵姑臧名籍　　　　　　　　　EPT52：399

武威郡姑臧别库假戍田卒兵□留□　　　　　　　　　　　　EPT58：55

橐矢铜镞五十完□兰兰冠各一完毋勒，本受姑臧完□糸弦一完毋勒，糸纬一完毋勒。　　　　　　　　　　　　　　　　　　　　　　38·39

元康二年五月己巳朔辛卯，武威库令安世，别缮治卒兵姑臧，敢言之。酒泉大守府移丞相府书曰：大守□迎卒受兵，谨挟槃持与将卒长吏相助至署所，毋令卒得擅道用弩射禽兽斗，已前关书□三居延不遣长吏逢迎卒，今东郡遣利昌侯国相力、白马司空佐梁将戍卒□　　　EPT53：63

以上诸简皆出自张掖郡居延都尉府甲渠候官遗址，然兵器皆受自姑臧，已可

---

① 陈梦家：《河西四郡的设置年代》，收入氏著《汉简缀述》，中华书局，1980。

② 吴礽骧：《河西汉塞调查与研究》，文物出版社，2005，第15页。

说明问题。其间有黄龙元年"卒假兵姑臧名籍"，显然黄龙元年，姑臧不可能仍是张掖属县。赵宠亮称"张掖郡屯戍机构吏卒也可从武威郡姑臧领取兵器"，应是对居延 7.7A 号简的正确解读。尤其是 EPT53·63 号简，有"别缮治卒兵姑臧"的"武威库令"，由于县中一般不会有"库令"的设置，且武威县之库令似乎也不能"缮治卒兵姑臧"，故此处"武威库令"很可能即指武威郡库之令，果如是，则此则材料恰证明，至少在元康二年（前64）武威已经设郡，这与我们前面的推断相符，而不支持武威设郡晚至神爵元年之说。

　　第七，讨论河西四郡建置问题时，少有学者关注"金城郡"。其实金城郡绝大部分土地在河西，郡治允吾亦在河西，汉简中其经常与酒泉、张掖、敦煌并称，却未被列入"河西四郡"中，其缘由值得思考。《汉书》卷24下《地理志下》载："自武威以西，本匈奴昆邪王、休屠王地，武帝时攘之，初置四郡，以通西域，鬲绝南羌、匈奴。"班固以"武威以西"历数四郡，也不知缘由何在。据前所述，汉武帝时仅设酒泉、张掖、敦煌三郡，实为三郡。昭帝始元六年（前81）置金城郡，昭宣之际置武威郡，合计起来"以通西域，鬲绝南羌、匈奴"的应是五郡。而班固仅列"四郡"，既可能与班固已不知武威后设有关（如果是这样，就说明班固列举四郡的原始目的，是突出武帝所设之郡，因为据《昭帝纪》，班固是非常清楚金城郡设于始元六年的），也可能与班固时期金城郡已不在"通西域""鬲绝南羌"的交通要道上、不发挥"隔绝羌胡"的作用有关。

　　总之，河西四郡的开辟，使河西地区从此被正式纳入中原王朝的统治之下，同时大大强化了汉王朝对匈奴、南羌的防御能力，保证了丝绸之路的畅通，加强了中原王朝与西域，与世界其他文明的交往，其历史意义无论做何评价都不为高估。

第二节　汉代西北郡县对少数民族的直接行政管理

　　随着河西郡县的陆续建立，移民的大量迁入，中原王朝在河西地区开始了有效的行政管理。河西郡县设置的根本目的是为了保障河西地区的国防安全和丝绸之路中西交通的畅通，故除了要管理大量中原移民、维护统治根基外，也要对辖区内及周边的少数民族予以管理。根据周边少数民族与中原王朝联系的程度，我们大概可将河西郡县对西北少数民族的管辖分为直接行政管理、羁縻管理和军事管理三种形式。其中直接行政管理就是将少数民族民众直接纳入正常郡县行政系统，将其编户齐民，通过设置乡、里及相关官吏的形式予以管理。《后汉书》卷87《西羌传》载："景帝时，研种留何率种人求守陇西塞，于是徙留何等于狄道、安故，至临洮、氐道、羌道县。"研种留何等羌人徙入陇西塞内，分居于狄道、安故、临洮、氐道、羌道五县道之中，显然要接受郡县的直接行政管理。

一 西北县名、里名中的民族关系因素探析

秦及汉初西北边境维持在从榆中到五原的黄河沿线，基本不过黄河。陇西、北地、九原、云中已是秦境最西北之郡。汉初，匈奴势力强大，汉王朝西北边境则进一步收缩。从张家山汉简《二年律令·秩律》来看，汉初西北边境基本维持在西安阳、河阴、曼柏、广衍、高望、肤施、胸衍、灵州、朝那、乌氏、狄道一线。与全盛时期的秦相比，丢掉了九原郡西部地区和今内蒙古自治区鄂托克旗、鄂托克前旗、杭锦旗和鄂尔多斯市等部分"河南地"地区。在西部边境，秦时陇西郡的临洮、枹罕等县未见于《二年律令·秩律》，这虽不能说明这些地区已完全丢失，但至少可以说明汉初对陇西郡西沿黄地区的控制力已弱于秦代。

汉武帝之后，汉王朝的西北边境地区得到进一步开发，元朔四年（前125）上郡、太原郡间新置西河郡，元鼎三年（前114）陇西、北地郡分别割置出天水、安定郡。在原有辖区得到保障、开发的基础上，汉帝国的西北边境线迅速延伸，西北地区进入快速郡县化的过程之中。从武帝中期到宣帝前期不到半个世纪中，朔方和酒泉、张掖、敦煌、金城、武威等郡相继设立，而后者就是我们熟知的河西五郡。

据《汉书》卷28下《地理志下》，河西五郡基本行政情况如下：

> 金城郡，户三万八千四百七十，口十四万九千六百四十八。县十三：允吾，浩亹，令居，枝阳，金城，榆中，枹罕，白石，河关，破羌，安夷，允街，临羌。
>
> ……
>
> 武威郡，户万七千五百八十一，口七万六千四百一十九。县十：姑臧，张掖，武威，休屠，揟次，鸾鸟，扑劖，媪围，苍松，宣威。
>
> 张掖郡，户二万四千三百五十二，口八万八千七百三十一。县十：觻得，昭武，删丹，氐池，屋兰，日勒，骊靬，番和，居延，显美。
>
> 酒泉郡，户万八千一百三十七，口七万六千七百二十六。县九：禄福，表是，乐涫，天陟，玉门，会水，池头，绥弥，乾齐。

敦煌郡，户万一千二百，口三万八千三百三十五。县六：敦煌，冥安，效谷，渊泉，广至，龙勒。

《汉书》卷28《地理志》反映了汉成帝元延绥和年间的行政区划面貌，之后到汉平帝元始四年（4）夏，"置西海郡，徙天下犯禁者处之"。当时，"徙者以千万数"。《后汉书》卷4《孝和帝纪》载，和帝永元十四年（102）二月，"缮修故西海郡，徙金城西部都尉以戍之"。章怀太子注："平帝时金城塞外羌献地，以为西海郡也。"此事在《后汉书》卷87《西羌传》中有更详细的记载：

> 时西海及大、小榆谷左右无复羌寇。隃麋相曹凤上言："西戎为害，前世所患，臣不能纪古，且以近事言之。自建武以来，其犯法者，常从烧当种起。所以然者，以其居大、小榆谷，土地肥美，又近塞内，诸种易以为非，难以攻伐。南得锺存以广其众，北阻大河因以为固，又有西海鱼盐之利，缘山滨水，以广田蓄，故能强大，常雄诸种，恃其权勇，招诱羌胡。今者衰困，党援坏沮，亲属离叛，余胜兵者不过数百，亡逃栖窜，远依发羌。臣愚以为宜及此时，建复西海郡县，规固二榆，广设屯田，隔塞羌胡交关之路，遏绝狂狡窥欲之源。又殖谷富边，省委输之役，国家可以无西方之忧。"于是拜凤为金城西部都尉，将徙士屯龙耆。

如此，则元始末年新置西海郡与东汉永元年间的金城西部都尉辖区相近。东汉金城西部都尉既以二榆（大榆谷、小榆谷）为主要辖区，则元始西海郡自当以西海（今青海湖附近）至今青海贵德、尖扎、同仁地区的大、小榆谷为主要辖区，也应属河西郡。关于西海郡属县，史书中没有明确记载，但《后汉书》卷87《西羌传》载："至王莽辅政，欲耀威德，以怀远为名，乃令译讽旨诸羌，使共献西海之地，初开以为郡，筑五县，边海亭燧相望焉。"如此则元始四年（4）所设西海郡，当有五县。由于羌人叛乱，元始年间所设西海郡，很快废罢。《汉书》卷99上《王莽传上》："是岁（居摄元年），西羌庞恬、傅幡等怨莽夺其地作西海郡，反攻西海太守程永，永奔走。莽诛永，遣护羌校尉窦况击之。（居摄）二年春，窦况等击破西羌。"西海郡设郡仅一二年，就曾发生大规模叛乱，驱赶太守。但这次叛乱被护羌校尉窦况迅速镇压，可能并未影响到西海郡的置废。但《汉书·地理志》载："金城郡，昭帝始元六年置。莽曰西海。"如此，则王莽曾将金城郡改名西海，这当是真正的西海郡废弃之后，为凑足东海、南海、北海、西海，王莽退而求其次的做法，也说明了王莽时期确曾丧失西海郡。

综上，西汉末年，河西地区总计有六郡53县。其中西海郡及其所辖5县仅昙花一现。从较稳定的郡县设置来说，河西地区包括五郡48县，109740户，429859口。五郡辖县设置时间没有明确记载，惟金城郡下破羌、允街二县记"宣帝神爵二年置"，可能与神爵元年至二年的讨羌之役有关。其余各县，估计也不会是同时设立，应是在人口增长、民族关系发展的基础上，逐渐设立。此外，在西北汉简中，关于五郡的记载皆大量出现。具体到各县，张掖郡10县、酒泉郡9县、敦煌郡6县皆全部出现，武威郡10县，除休屠、扑劖外的8县出现，金城郡13县，允吾、浩亹、令居、枝阳、金城、榆中、允街7县出现，其余6县未见。总计河西五郡48县中，见于西北汉简的有40县，留下了丰富的资料。

除了郡、县资料外，西北汉简中还保留了大量河西地区的乡、里设置信息，可以让我们对河西郡县化后的基层行政情况有一定了解。何双全《〈汉简·乡里志〉及其研究》、张俊民《悬泉汉简所见西汉效谷县的"里"名》、纪向军《居延汉简中的张掖乡里及人物》等论述曾详细考证过汉代河西各县的乡里问题，可以参看。从河西地区的里名来看，取名寓意大概与中原地区相似，以"常利""临利""千秋""万岁""长乐""寿贵""敬老""富贵""宜禾""安居""临仁""修礼""敬君""尊贤"为多，反映了当时的伦理道德观和时人对延年益寿、富贵安康的追求。里名中蕴涵的理念，是汉人移民精神追求在河西地区的反映。但需注意的是，由于民族、地理环境的特殊性，河西郡县里名中仍蕴含有部分多元文化因素，如：

居延县：鞮汗、庶房、修武、安国、破房、收降

番和县：安汉

氏池县：安汉、安定、武定

昭武县：安汉

觻得县：胡里、成汉、安汉、广汉、定安、定国、武安、安国、安定

敦煌县：广汉、安国、敦煌、武安

效谷县：定汉、广汉

龙勒县：破胡

禄福县：定武、广汉、定国

表是县：安汉

屋兰县：灭胡

　　这些里名中以安汉、广汉、成汉、定武、定国、安定等居多,其中安汉、广汉最为常见,反映了汉政府新开辟郡县安定疆域、广大汉朝的基本目的。而庶虏[即"遮虏",太初三年(前102)强弩将军路博德在居延地区设置"遮虏部",拉开了西汉王朝经营居延的序幕]、破虏、收降、破胡、灭胡等里名则反映了在河西地区郡县化的过程中汉王朝与周边少数民族的斗争与矛盾。最重要的是鞮汗里、胡里等里名,它们可能反映了在郡县体制下,各少数民族与汉人在河西地区杂居的历史现象。与西南地区汉王朝多以各少数民族首领担任邑君,充当羁縻郡县行政官员的做法不同,汉王朝对西北尤其是河西走廊地区,主要采取了直接控制的方式。在河西走廊地区,汉王朝的郡县行政体系与中原地区几无二致,两《汉书》中常见的以西南夷首领充当邑君的行政模式,在河西走廊地区似乎没有出现。《后汉书》卷86《南蛮传》记载的武陵蛮"无关梁符传,租税之赋。有邑君长,皆赐印绶"的统治方式不见于河西五郡。在较严密的行政管理下,至少部分少数民族与汉人是混合杂居的。《汉书》卷94下《匈奴传下》:"复株累单于复妻王昭君,生二女,长女云为须卜居次,小女为当于居次。"颜师古注引李奇曰:"居次者,女之号,若鞮汉言公主也。"可见鞮汉(即鞮汗)是匈奴语。居延县有"鞮汗里",觻得县有"胡里",以匈奴语和"胡"作为里名,应与当地的居民构成有一定关联。《后汉书》卷87《西羌传》载,建武九年(33),司徒掾班彪上言:"今凉州部皆有降羌,羌胡被发左衽,而与汉人杂处,习俗既异,言语不通,数为小吏黠人所见侵夺,穷恚无聊,故致反叛。夫蛮夷寇乱,皆为此也。"同传又载:"时诸降羌布在郡县,皆为吏人豪右所徭役,积以愁怨。"也说明汉代河西地区,羌胡与汉人杂居的现象是较为普遍的。

　　除了里名外,河西地区的县名更反映了随着郡县化的开展,汉王朝对当地少数民族控制的加强。河西五郡县名中,张掖、武威、宣威、昭武、绥弥等县名反映了汉王朝在河西地区"张国臂掖"、威慑羌胡、安定统治的目的,其宣威、昭武的对象,无疑是以羌胡为代表的诸少数民族。而枹罕、破羌、临羌、安夷、休屠、氐池、骊靬、居延、敦煌、屋兰、揟次等县名则反映了汉人与当地罕羌、休屠、氐,匈奴休屠部、犁汗部、胸衍部,敦薨等种族混居的情况。《汉书》卷28下《地理志下》金城枹罕条颜师古注引应劭曰"故罕羌侯邑也",可知枹罕原是羌族罕羌部的聚居之地,而骊靬虽有安置大秦降人和匈奴犁汗部的争议,但无论如何此地名皆当与某一少数民族名有关,居延为"胸衍"部音转,揟次为匈奴"稽沮"部音转,屋兰为匈奴"乌犁"部音转,敦煌得名则与"敦薨"有关,是对早先活动于西域和今敦煌地区的吐火罗人名号的转译。除了这些直接以少数民族部族名命名的县外，张掖郡治所 觟得原为匈奴觟得王所居、所建，武威郡治所姑臧城原为匈奴所建盖臧城，武威郡休屠城为匈奴休屠王始建，可见河西地郡县化首先是建立在对匈奴等民族统治成果的继承之上的。河西五郡48县中，三分之一县名、县城与匈奴、羌等少数民族有关，反映了西汉河西地区居民应是由中原内迁汉族和河西当地民族共同组成，西汉末年109740户、429859口的人口数字至少应包括部分少数民族居民在内。

二　西北郡县机构的少数民族事务

除了建立相关乡里组织安排少数民族居民，对其直接管理外，汉王朝对河西少数民族的直接管理还体现在相关事务的处理上。当然由于传世文献更重视对河西地区军事防御事务的记载，故正史中关于河西地区行政事务，尤其是少数民族管理事务的内容不多。《后汉书》卷87《西羌传》有如下记载：

> 时烧何豪有妇人比铜钳者，年百余岁，多智算，为种人所信向，皆从取计策。时为卢水胡所击，比铜钳乃将其众来依郡县。种人颇有犯法者，临羌长收系比铜钳，而诛杀其种六七百人。
> ……
> 肃宗建初元年，安夷县吏略妻卑湳种羌妇，吏为其夫所杀，安夷长宗延追之出塞，种人恐见诛，遂共杀延，而与勒姐及吾良二种相结为寇。

烧何羌在"来依郡县"之后，就要接受郡县管辖，有犯法者，临羌长即可行诛杀之责。安夷县吏劫掠羌妇，也当与其有管理杂居羌人的权力有关。

居延破城子房屋22遗址出土汉简载：

> 甲渠言部吏，毋作使属国秦胡卢水士民者。　　　　　　　　　EPF22：696

该简是文书标题简，文书内容是甲渠候官向上级机构汇报，该候官没有部吏役使属国秦胡卢水士民现象。同出土于该房屋遗址的还有两简：

> 建武六年七月戊戌朔乙卯，甲渠鄣守候敢言之。府移大将军莫府书曰：属国秦胡卢水士民，从兵起以来□☑困愁苦，多流亡在郡县。吏☑
> 　　　　　　　　　　　　　　　　　　　　　　　EPF22：42＋322
> 匿之。明告吏民，诸作使秦胡卢水士民畜牧、田作不遣，有无四时言。谨案：部吏毋作使属国秦胡卢水士民者。敢言之。　　EPF22：43

虽然 EPF22：42 号简下部残断，文意不是非常清楚，但结合两简内容、笔迹、出土地，可知这两枚简从内容上讲应与 EPF22：696 号简有关，很可能就是 EPF22：696 号标题简的具体文书内容。张德芳先生曾缀合 EPF22：42 与同探方的 EPF22：322 号简，缀合后释文作"建武六年七月戊戌朔乙卯，甲渠鄣守候敢言之。府移大将军莫府书曰：属国秦胡、卢水士民，从兵起以来，□☐困愁苦，多流亡在郡县。吏"。张先生对这两枚简的缀合（EPF22：42 + 322）可谓卓识。缀合后的 EPF22：42 + 322 号简与 EPF22：43 号简及标题简 EPF22：696 号简连读，如再补出 EPF22：42 + 322 号简左行"吏"字下的"人"字，则可贯通释文为：

> 建武六年七月戊戌朔乙卯，甲渠鄣守候敢言之。府移大将军莫府书曰：属国秦胡卢水士民，从兵起以来□困愁苦，多流亡在郡县。吏人匿之。明告吏民，诸作使属国秦胡卢水士民畜牧、田作不遣，有无四时言。谨案：部吏毋作使属国秦胡卢水士民者。敢言之。·甲渠言部吏毋作使属国秦胡如卢水士民者。①

该简涉及的"属国秦胡卢水士民"身份，曾引起学界的相关讨论。甘肃居延考古队《居延汉代遗址的发掘和新出土的简册文物》认为秦胡可能是指秦时移居河西已经匈奴化的外族人，初师宾《秦人秦胡蠡测》认为秦胡是汉代已"汉化"的秦时之胡。② 吴礽骧、余尧《居延新获建武秦胡册再析》认为"属国秦胡"系张掖属国都尉管辖下，世居卢水、从事畜牧业之汉化胡人，其中以汉化程度最高的匈奴族为主体，并融合有小月氏、羌人等种族，从而形成新的杂胡部族——卢水胡，而"卢水士民"则是世居弱水沿岸各郡县从事农业生产之汉族骑士和农民。③ 方诗铭《释"秦胡"——读新出居延汉简"甲渠言部吏毋作使属国秦胡卢水士民书"札记》认为"秦、胡、卢水"是指张掖属国的汉人、非汉族人和卢水胡人。④ 邢义田《"秦胡"小议——读新出居延汉简札记》认为秦胡可能指胡化的汉人。⑤ 李志敏《支胡考——兼谈秦胡

① 张德芳：《居延新简集释（七）》，甘肃文化出版社，2016，第 435～436 页。
② 初师宾：《秦人秦胡蠡测》，《考古》1983 年第 3 期。
③ 吴礽骧、余尧：《居延新获建武秦胡册再析》，《西北师范大学学报》1984 年第 4 期。
④ 方诗铭：《释"秦胡"——读新出居延汉简"甲渠言部吏毋作使属国秦胡卢水士民书"札记》，《中国历史博物馆馆刊》1979 年第 1 期。
⑤ 邢义田：《"秦胡"小议——读新出居延汉简札记》，收入氏著《地不爱宝》，中华书局，2011。

在史册消失问题》认为"秦胡"是塔里木盆地土人之称号。[1] 王宗维《"秦胡"别议》认为"秦胡"和"卢水"是并列的，前者不能修饰后者。[2] "士民"既有"秦胡"士民，也有"卢水"士民，"秦胡"应包括义渠和居延。赵向群、方高峰《卢水胡源起考论》认为，"秦胡"是降汉的匈奴人，卢水胡是降汉"秦胡"的后裔。[3]《中国简牍集成》则指出属国秦胡卢水为秦汉时已归附汉化之月氏胡。[4] 胡小鹏、安梅梅《"秦胡"研究评说》认为"秦胡"当与"义从胡"含义相同，是属国管辖下的某一民族或某些民族的总称，指内属或归化之少数民族，并不限定为某一族群（至多限定为匈奴系诸胡），乃是一种政治身份或法律身份。[5] 赵永复《关于卢水胡的族源及迁移》、王青《也论卢水胡以及月氏胡的居处和族源》指出"秦胡"指原居于秦传统地域内（秦统一六国之前的秦地）或其附近的胡。[6] 前辈学者关于"秦胡"的意见极具分歧，皆有一定道理，以目前的材料看，彻底解决似有一定难度。但笔者认为，作为"掌蛮夷降者"的属国机构与一般指吏民百姓的"士民"从逻辑上讲似乎不必有必然联系。属国所掌"蛮夷"可称为"胡"，而已接受郡县管理、编入户籍的少数民族则可与汉族编户齐民一样称为"士民"。东汉石刻《郙阁颂》载"沮县士民，或给州府"，明确记载了"士民"服劳役的责任。"属国"既然不能管辖"士民"，则简文"属国秦胡卢水士民"应断句为"属国秦胡、卢水士民"，其中"卢水士民"可能专指已归郡县系统管理、编入正常户籍、与汉族杂居的卢水胡。

新莽末年，天下扰攘，兵乱大起，边塞地区的正常行政组织管理遭到破坏，由属国管理的"秦胡"和由郡县管理的"卢水士民"有在战乱中脱离管理、流亡失所者，他们被奴役，从事"畜牧、田作"等工作。窦融安定河西秩序后，重新恢复西汉时期的管理方式，故发文书至各太守、都尉府要求核查。简文正是甲渠候官向居延都尉府回报核查结果的文书。其中"卢水士民"的称谓反映了河西郡县管理少数民族居民的职责。

当然上述史例皆东汉史实，关于西汉时期河西郡县在行政上管理少数民

① 李志敏：《支胡考——兼谈秦胡在史册消失问题》，《西北民族研究》1995 年第 1 期。
② 王宗维：《"秦胡"别议》，《西北历史研究》1984 年第 1 期。
③ 赵向群、方高峰：《卢水胡源起考论》，《西北历史资料》1984 年第 1 期。
④ 中国简牍集成编委会编《中国简牍集成》第 12 册，敦煌文艺出版社，2001，第 57 页。
⑤ 胡小鹏、安梅梅：《"秦胡"研究评说》，《敦煌研究》2005 年第 1 期。
⑥ 赵永复：《关于卢水胡的族源及迁移》，《西北史地》1986 年第 4 期；王青：《也论卢水胡以及月氏胡的居处和族源》，《西北史地》1997 年第 2 期。

族的史实，传世文献更为少见，但近出悬泉汉简中则有不少相关例据。悬泉汉简Ⅱ90DXT0113①：39号简载："□□□普张崇钦言：羌人黠，连殴击背，若首发……"① 该简由于残断漫漶，已不太好理解，但大概应是敦煌地区行政机构对羌人管理的记录，不排除在管理中政府对"黠"羌采取了"连殴击背"的手段。

三　西北郡县系统中的少数民族事务吏员

河西地区，羌、胡与汉人错居，尤其是羌人在当地民族构成中占较大比例，故河西郡县中有专门管理羌人事务的官吏。汉代郡太守位高权重，对境内部都尉、关都尉、属国都尉、农都尉都有监管之责，其中边郡部都尉以防御周边少数民族为主要职责，属国都尉以军事化手段管理归义少数民族，可以说都与管理少数民族事务有关，但由于二者毕竟不完全属于行政系统，而与军事、羁縻管理有较密切关系，故在此不赘。

《汉书》卷19上《百官公卿表上》载，边郡有长史，"掌兵马，秩皆六百石"。一般认为边郡丞多协助太守处理民政事务，而长史则多从事军政事务。但由于边郡军政多与少数民族有关，故边郡长史也管理一些与军事有关的少数民族事务。悬泉汉简Ⅱ90DXT0216②：39号简载："闻羌人买谷民间，持出塞甚众。长史废不为意，未有坐者，务禁防之。"据郝树声、张德芳研究，该简大概为元帝时简。② 敦煌郡长史因"羌人买谷民间，持出塞甚众"而遭遇训责，则对羌人事务的关注，显然应系其职责之一。

除了郡长史须关注羌人事务外，在羌人较多的敦煌郡，还设有专职吏员"主羌史"管理羌人事务。悬泉汉简载：

> 建昭二年二月甲子朔辛卯，敦煌大守疆、守部候脩仁行丞事，告督邮史众√欣、主羌史江曾、主水史众迁，谓县：闻往者府掾、史、书佐往来，緤案事公与宾客所知善饮酒传舍请寄长丞食或数☐
>
> Ⅱ90DXT0216②：243
>
> 七月十一日庚申，主羌史李卿过，西。从吏一人，用米六升，肉一斤。
>
> Ⅱ90DXT0115②：5③

---

① 张德芳：《悬泉汉简羌族资料辑考》，载《简帛研究二〇〇一》，广西师范大学出版社，2001，第362页。
② 郝树声、张德芳：《悬泉汉简研究》，甘肃文化出版社，2009，第167~168页。
③ 郝树声、张德芳：《悬泉汉简研究》，甘肃文化出版社，2009，第166页。

由Ⅱ90DXT0216②：243号简可知，主羌史与主水史、督邮史一样，都有传递郡府命令至县的职责，向郡守、郡丞负责，是郡中属吏。郝树声、张德芳认为其"当为敦煌太守的属官"，可谓卓识。而"主羌史"既以"主羌"为名显然是郡中专门处理羌人事务的吏员。除了"主羌史"外，悬泉汉简Ⅱ90DXT0215②：192号简还有悬泉置出米食"护羌都吏李卿"的记载，① 两汉文献中"都吏"一般指郡府外部大吏。《汉书》卷4《文帝纪》载，文帝元年（前179）三月诏书："二千石遣都吏循行。"如淳注曰："律说，都吏今督邮是也。"颜师古注曰："如说是也。"虽然如淳视"都吏"为"督邮"未必准确，但"都吏"作为"二千石"官吏的属下，确应指郡府属吏。"护羌都吏"当即敦煌郡中以羌人事务为专门责任的大吏，正是前述"主羌史"的异称。

四　西北地方行政系统中的少数民族

河西地区，少数民族与汉族杂居交错。为管理方便，不仅汉代河西郡县系统中设有负责少数民族事务的专职吏员，而且河西地区行政机构中也有少数民族人参与相关管理、服务工作。众所周知，汉代军政机构中多有少数民族人参与。据《汉书》卷68《金日磾》传所载，武帝时，匈奴休屠王太子金日磾"没入官，输黄门养马"，后来拜为马监，官至侍中车骑将军。当然，传世文献中这种情况主要见于中央机构和宣曲校尉、属国都尉等所掌握的军事机构中，一般地方行政系统中这种情况则较少见。但悬泉汉简中却有较多少数民族，主要是羌人，服务于敦煌郡效谷县悬泉置和遮要、鱼离置中的记录。

  ☑元延二年二月乙卯，鱼离置羌御离吉受县（悬）泉置啬夫敞。

                Ⅱ90DXT0111②：21②

  ☑泉一，诣广校。始建国二年十一月甲戌夜半，佐傅受…☑至渊泉。遮要御羌大目即遣御王恽行。   Ⅱ92DXT0909④：30③

  入东绿纬书一封，敦煌长上诣公车。元始五年二月甲子日平旦，受遮要奴铁柱，即时使御羌行。   Ⅱ90DXTT0114②：165④

  ☑檄一，长史夫子印，诣使者雍州牧治所。☑☑一封，敦煌大守章，

---

①　郝树声、张德芳：《悬泉汉简研究》，甘肃文化出版社，2009，第165页。

②　胡平生、张德芳：《敦煌悬泉汉简释粹》，上海古籍出版社，2001，第169页。

③　郝树声、张德芳：《悬泉汉简研究》，甘肃文化出版社，2009，第175页。

④　郝树声、张德芳：《悬泉汉简研究》，甘肃文化出版社，2009，第175页。

> 诣使者雍州牧治所。☑□檄一，督邮印，诣渊泉。二月乙巳日食时，佐永
> 受御羌归，即时归行。　　　　　　　　　　　　　　Ⅰ90DXT0114①：11①

据郝树声、张德芳研究，上述各简中的"羌御"和"御羌"可能都是在悬泉、遮要、鱼离各置中担任"御"的羌人，主要负责置传驾车事务。② Ⅱ92DXT0909④：30 号简载遮要御羌大目可以遣御王恽，则羌人大目在遮要置中的诸御中可能还拥有领导者身份。

御的本职工作是驾车，在置中可能主要负责驾驭传车，但根据上述简文可知这些本应以驾车为主要事务的御还承担了邮传传书职能。邮传传书如Ⅰ90DXT0114①：11 号简所载，多涉及各部门重要信息的传递，其中当不乏机密，而敦煌郡中羌御可承担这些职责，也反映了他们被郡县行政机构信任且委以重任的事实。

除了在悬泉置等置充当"御"，负责驾车及临时邮传等事务外，羌族、匈奴等少数民族还有充当驿者，悬泉汉简载：

> 入粟八斗。阳朔二年闰月甲辰，县泉吾子文受遮要啬夫博，以食羌
> 胡译行书马瓠赐之等传马。　　　　　　　　　　　　ⅡT0214②：16③

从"行书"可知，简中"羌胡译"当即"羌胡驿"。该简反映了悬泉或遮要置中驿员有以羌、匈奴人充任者。不仅西汉置、驿，东汉敦煌地区的邮中也有羌人服务：

> 入西书八，邮行。县泉邮孙仲受石靡邮牛羌。永平十五年三月九日
> 人定时。　　　　　　　　　　　　　　　　　　　ⅥⅠ9IDXF13C①：5④

石靡邮有牛羌，"牛羌"即以"羌"命名，也当是羌人身份。

> 羌屈调作柱二月戊戌作名佐解卿受　　（右齿）　　　ⅡT0114④：83
> 羌告归作柱二月戊戌作名佐解卿□　　（左齿）　　　ⅠT0112①：10⑤

---

① 郝树声、张德芳：《悬泉汉简研究》，甘肃文化出版社，2009，第175页。
② 郝树声、张德芳：《悬泉汉简研究》，甘肃文化出版社，2009，第174~176页。
③ 张俊民：《敦煌悬泉出土汉简所见人名综述（二）——以少数民族人名为中心的考察》，《西域研究》2006年第4期，第3页。
④ 郝树声、张德芳：《悬泉汉简研究》，甘肃文化出版社，2009，第175页。
⑤ 张俊民：《敦煌悬泉出土汉简所见人名综述（二）——以少数民族人名为中心的考察》，《西域研究》2006年第4期，第3页。

两简皆是羌人在边塞地区"作柱"的记载。

除悬泉汉简外，敦煌马圈湾汉简和居延汉简中也有少数民族人在边塞行政机构服务的记录。马圈湾汉简：

> ☑之兹平大原郡，皆以故官行，名曰行部胡译长诸导报。　　　61

据张德芳先生研究，此"译长"即"负责语言翻译的官员"，与《汉书·西域传》所载西域各国中多则四人、少则一人的译长性质相同。马圈湾遗址可能是敦煌玉门都尉府下玉门候官治地，简中译长则应是敦煌玉门都尉府或玉门候官下属，其既冠以"胡"字，可能也是由胡人充任。与此相似，居延汉简中也有"胡驿"称谓：

> 居延都尉胡驿一人☐☐　　　　　　　　　73EJT37：1369

该简出自肩水金关，其中"驿"究竟是本字还是"译"字讹写，由于简文残断无法通读上下文而不可知，但无论是驿站、驿骑之驿，还是译员之译，"胡驿"二字都反映了居延都尉府中有"胡人"任职的事实。

前述各例中，羌、匈奴少数民族人都只是承担了边塞地方行政机构中的具体事务，似乎未见担任二百石以上官职的例子。那么究竟有没有少数民族人在汉代地方行政机构中担任较高级别官员之例呢？笔者认为，虽然从目前出土资料来看似无确凿例证，但根据金日磾从底层服役者到最高层官员的任官经历来看，似乎地方行政机构中也不会有影响少数民族人承担较高职务的制度壁垒。且居延汉简载：

> 北书二封合檄一，其一封张掖大守章诣都尉府合檄江汤☐。一封狼且
> 麋尉印诣居延。　　　　　　　　　　　　　　　　EPT51：379

这是一封出土于居延都尉府甲渠候官遗址的邮书传递记录，其中传递诸信中有狼且麋尉诣居延县者。关于"狼且麋尉"，整理者认为："狼且麋尉，不详何官。且麋，应为匈奴语音译。据《汉书·匈奴传下》，匈奴搜谐若鞮单于即名且麋胥。狼且麋尉则有可能是负责与匈奴有关军事事务的官员，或是匈奴臣服后对其君长的封号。《史记》载霍去病征匈奴，'封狼居胥'。'且'与'居'，'麋'与'胥'音近，'狼且麋'或即'狼居胥'，当为匈奴语。"[①] 笔

---

① 李迎春：《居延新简集释（三）》，甘肃文化出版社，2016，第513页。

者认为，该官名极具匈奴语风格，应是由匈奴降人担任的边塞尉职，似乎可以在一定程度上佐证少数民族人可在地方行政系统担任较高职务的论点。

总之，由于河西边郡汉族与少数民族杂居，有关羌胡等少数民族的事务繁杂，因此这些郡日常须履行大量有关少数民族的行政事务。在这些郡里，有专门的处理少数民族事务的官职，少数民族人也可在郡中任职、服务。以敦煌郡为代表的河西诸郡对相关少数民族居民进行了直接管理，这与汉代西南地区及西域地区的情况不同，极具特点。

第八章　属国制度与汉代西北少数民族降人管理

匈奴等少数民族"归义"汉廷是汉代常见的现象。对于这些少数民族降人的管理，是汉代西北地区少数民族管理的重要内容，也是牵动汉代民族政策和国防安全的重大事件，值得关注。

第一节　属邦制度的置废

一　秦的属邦与臣邦

属国制度是两汉时期中原王朝管理周边少数民族降人的一项重要制度，其原始形态可以追溯至战国时期秦国的属邦制。王宗维《汉代属国制度探源》一文认为汉代属国制度的直接来源，是秦惠文王和昭襄王时期的属邦制。[①] 陈力《试论秦国之"属邦"与"臣邦"》也赞同汉代属国制来源于秦的属邦制，但在设置时间上认为是战国中后期秦国孝公、惠文王时期，比王宗维认为的设置时间向前有所推移。[②] 此外，贾敬颜《汉代的属国和属国都尉考》也认为汉代的属国制度源于秦。[③] 王宗维、陈力、贾敬颜诸先生在此问题上分歧不大，其观点值得重视。但笔者认为，汉属国制不但本身有一个逐步发展的过程，即使是与秦属邦制相比，虽在管理少数民族归义等事务上有相通性，但实质上却有较大差异。云梦睡虎地秦简《秦律十八种》载：

> 道官相输隶臣妾、收人，必署其已稟年日月，受衣未受，有妻毋
> （无）有。受者以律续食衣之。
> 　　　　　　　　　　　　　　　　　　　　　　　　　　　　属邦

简文后标注"属邦"，与《秦律十八种》其他简文后标注"内史杂""效""田律""厩苑"一样，皆为律名。睡虎地秦简《秦律十八种》主要反映了战国后期秦国的社会状况。根据该简可知，战国后期秦有《属邦律》，从内容来说该律应与负责少数民族事务的"道"有关。云梦睡虎地秦墓出土的法律主

---

① 王宗维：《汉代属国制度探源》，收入《马长寿纪念文集》，西北大学出版社，1993。
② 陈力：《试论秦国之"属邦"与"臣邦"》，《民族研究》1997 年第 4 期。
③ 贾敬颜：《汉代的属国和属国都尉考》，《史学集刊》1982 年第 4 期。

要是行政法，其中不少法律是以机构命名的，应属于机构办事规范条例之类，如《内史杂》《尉杂》《厩苑律》《田律》《司空》等，因此《属邦律》中的"属邦"应该也是秦的行政机构。故睡虎地秦墓竹简整理小组在该条下注曰："属邦，管理少数民族的机构，见秦兵器铭文。汉代因避汉高祖刘邦讳，改称属国、典属国，见《汉书·百官表》。"大体应该是符合历史实际的。整理小组所说的"秦兵器铭文"，主要有：

（1）五年相邦吕不韦造

诏吏图丞□工寅（内正面刻铭）

诏吏（内背面铸铭）

属邦（内背面刻铭）

（2）八年相邦吕不韦造

诏吏图丞（内正面刻铭）

诏吏（内背面铸铭）

属邦（内背面刻铭）

（3）少府（正面）

武库受属邦（背面）

（4）十三年，少府工檐

武库受属邦

（5）十四年，属邦工◆丞◆［工］◆（内正面刻铭）

属邦（内背面刻铭）

（6）寺工（矛穿下刻铭）

武库受属邦（穿右侧刻铭）

咸阳（穿左上方刻铭）

戊午（穿左下方刻铭）

（7）属邦

这些铭文主要是"物勒工名"，记载了武器制造和分配情况。"受"同"授"，从例（3）、例（6）来看，属邦会从国家的兵器库"武库"中接受兵器，也就是说"属邦"应有军事职能，尤其是例（3）正面书"少府"，背面书"武库受属邦"，由于"少府"只能是兵器制造机构而不会是兵器使用机构，故该例属邦一定是从武库接受兵器。当然"属邦"除了使用兵器外，可能也会承担一些制作兵器的工作，如例（5）正背面皆书"属邦"，背面应标示该兵器属"属邦"所有，而正面"属邦工"似说明"属邦"下辖有工室，也承担兵器制造任务，而该件兵器即为"属邦工"负责打造。关于"属邦"工室，还可得到西安相家巷近出"属邦工室"和"属邦工丞"封泥的证明。"属邦"机构下有"工丞"的设置，则说明"属邦"可管理设丞的、级别至少与小县相当的工室，如此则"属邦"当是中央卿级机构。

睡虎地秦简中除《秦律十八种》中有作为律名的"属邦"外，《法律答问》中还有一些律文涉及"臣邦"的内容：

（8）可（何）谓"赎鬼薪鋈足"？可（何）谓"赎宫"？臣邦真戎君长，爵上造以上，有罪当赎者，其为群盗，令赎鬼薪鋈足；其有府（腐）罪，赎宫。其它罪比群盗者亦如此。

（9）"真臣邦君公有罪，致耐罪以上，令赎。"可（何）谓"真"？臣邦父母产子及产它邦而是谓"真"。可（何）谓"夏子"，臣邦父、秦母谓殹（也）。

（10）"使者（诸）侯、外臣邦。其邦徒及伪吏不来，弗坐。"可（何）谓"邦徒"、"伪吏"？徒、吏与偕使而弗为私舍人，是谓"邦徒"、"伪使"。

（11）"臣邦人不安其主长而欲去夏者，勿许。"可（何）谓"夏"？欲去秦属是谓"夏"。

（12）擅杀、刑、髡其后子，献之。可（何）谓"后子"？官其男为爵后，及臣邦君长所置为后大（太）子，皆为"后子"。

从"臣邦真戎君长""外臣邦"等称谓可知这些"臣邦"应该都是在战国后期就已臣服于秦的戎狄少数民族政权，这些政权既称为"邦"就说明它们在臣服秦后，还保持有基层组织甚至政权形式，但要受秦的管理，甚至是法律上的约束。

于豪亮先生认为，这些关于"臣邦"的简文，虽未明确标明为"属邦律"，但从内容上看，"为属邦律文的条文则是显然的"①。笔者认为于说可从。春秋以来，秦国一直致力于对周边少数民族的兼并，穆公时"益国十二，开地千里，遂霸西戎"，进入战国之后秦更是兼并了大荔之戎、义渠戎等戎狄，可以说战国后期的秦国是一个"夏"人和戎狄共存的国度。这些戎狄人在战国后期被秦征服后，可能并没有离散部落组织，也没有完全接受郡县化的管

---

① 于豪亮：《秦王朝关于少数民族的法律及其历史作用》，收入氏著《于豪亮学术文存》，中华书局，1985，第124页。

理，而是保持了其原来的组织形式，其上层统治集团则成为维系秦政权和原部落组织的纽带，在政治上具有较高地位。这些少数民族的部落组织，应即秦法律中的"臣邦"。但这个"臣邦"根据与秦的关系亲疏、服从程度，可能还有内、外臣邦之别。如战国时期的"义渠"，其在战国前期与秦互相攻伐，显然是敌国关系。但经过秦惠文王七年（前331）"义渠内乱，庶长操将兵定之"，尤其是秦惠文王十一年（前327）秦"县义渠"，"义渠君为臣"之后，义渠与秦应有臣属关系。但由秦惠文王九年（前329）"伐取义渠二十五城"及秦武王元年（前310）"伐义渠、丹、犁"等记载可知，秦惠文王十一年秦"县"义渠并不意味着秦已完全管辖义渠、将义渠已经郡县化，这个"县"只能是象征性地将义渠纳入秦国版图，义渠还享有独立性，还可以组织起相当规模的对秦战争，并且尚拥有远远不止25座城池，所以说秦惠文王十一年的"义渠君为臣"充其量只能是充当"外臣邦"。到秦昭襄王时：

> 　　义渠戎王与宣太后乱，有二子。宣太后诈而杀义渠戎王于甘泉，遂起兵伐灭义渠。于是秦有陇西、北地、上郡，筑长城以拒胡。①

义渠王能在"甘泉"与宣太后"乱"，恰说明了此时义渠与秦的特殊的"外臣邦"关系，由于义渠王名义上属于秦之"外臣"，故可以长期居于秦宫。又由于其只是"外臣"，故秦还有进一步"起兵伐残义渠"的政治需要。由此可知，秦对"外臣邦"的实际控制是非常有限的，故秦简例（10）中会将"外臣邦"与"者（诸）侯"并列。秦"杀义渠戎王于甘泉，遂起兵伐残义渠"，并以义渠国土为基础，设立了"陇西、北地、上郡"，应该是将义渠的政治地位由"外臣邦"变为了真正的"臣邦"。战国时期"郡"的军事职能非常明显，秦能在义渠故地设三郡，且昭襄王之后再不见义渠与秦互攻之例，则说明秦军已完全接手了义渠的防务，义渠作为"邦"已真正归秦管理，不具备独立的外交和军事权，这种臣邦就是我们说的附属之邦，也就是睡虎地秦简中的"臣邦"。

　　"臣邦"仍保留有自己的部落组织，但这种部落组织应受到郡县的监管和中央"属邦"的直接管理。至于为什么当时要保留"臣邦"而不对其人民彻底"编户齐民"，可能还是因为民族文化及发展程度差异过大。臣邦的首领可世袭传承，就像例（12）所说，有"后子"，但实际上他们要受秦法律约束，如例（8）（9），秦政权只是通过他们来维系对其族人的控制。这些臣邦首领

---

①　《汉书》卷94上《匈奴传上》，中华书局，1962，第3747页。

可能会有相当一部分居于咸阳，接受秦的爵位（如例8），进入秦的宫廷和政府组织，即简（9）中的"臣邦君公"和其他简上的"臣邦君长"，也即《史记》卷6《秦始皇本纪》所说的"戎翟君公"。至于普通的"臣邦"民众，可能仍以部落形式居于旧址，接受郡的军事监督和《属邦律》中所说的"道官"的管理，即所谓县"有蛮夷曰道"。而"属邦"作为中央机构就是管理这些"臣邦"的机构，既要管理这些"臣邦"，又要通过这些"臣邦君公"掌握一定的"臣邦"军事力量，使其为秦所用。反映在睡虎地秦简和出土文物中，就是"属邦"既可以命令、管理"道官"，又有工室，可以制作和接受武器，成为一支重要的军事力量。《史记》卷6《秦始皇本纪》载，嫪毐发动蕲年宫之变时，其军事力量就包括"卫卒、官骑、戎翟君公、舍人"，其中"戎翟君公"当即指戎翟君公所联系的少数民族军事力量。

综上可知，秦时中央设有管理少数民族事务的卿级机构"属邦"，属邦以管理少数民族归义的"臣邦"为主要职责，据睡虎地秦简《属邦律》及《法律答问》，可能至少包括隶臣妾的输送、少数民族司法、对逃亡少数民族人惩罚、少数民族首领继承等问题。秦在中央所设置的属邦这一机构对归降的少数民族部众进行着较为实际且有效的管理。通过控制"戎翟君公"而控制臣邦，进而组织和使用这些少数民族军事力量为秦的战争服务。属邦有作战任务，所以是兵器的使用者，因此还负责兵器的制造。除此之外，秦还在各少数民族聚居地区设置"道官"对他们进行监督管理。

二 汉初对秦属邦制的放弃

秦设有"属邦"，西汉之后，因避刘邦之讳，"邦"改为"国"。从传世和出土文献来看，汉代有"属国""典属国""属国都尉"等职，其中"属国"见于西汉文帝时，"典属国"见于景帝时，"属国都尉"见于武帝时，而"典属国"又在成帝时期裁撤，职责并入大鸿胪。"属国""典属国""属国都尉""大鸿胪"究竟是何关系？这些汉代职官又与秦代的"属邦"是何关系？这些问题引起了学界的高度关注，陈梦家、王宗维、刘瑞、高荣等学者对此问题都进行过深入研究，但总体来说，此问题聚讼纷纭，至今尚未有定论。本节拟从属国与少数民族降人管理的角度，对此问题予以剖析。

《汉书》卷19上《百官公卿表上》载：

> 典属国，秦官，掌蛮夷降者。武帝元狩三年昆邪王降，复增属国，置都尉、丞、候、千人。属官，九译令。成帝河平元年省并大鸿胪。

由此可知，《汉书》的撰者认为，汉代的典属国"掌蛮夷降者"，是承袭于秦的，也就是承袭于秦的"属邦"。前文已经分析，秦的"属邦"负责管理归义"臣邦"，与"掌蛮夷降者"的汉代典属国在职责上有相似、相通之处，从这个意义上讲，《汉书》的表述是能站住脚的，这也是今天学界多认为汉代典属国直接承袭于秦的原因。但笔者认为，虽然"属邦"和"典属国"职责相似、有承袭关系，但"典属国"是汉代在新的民族关系框架下新设的机构，与秦的"属邦"并非直接相承。由于时代的不同和情况的变化，两者的具体职能和运行方式可能仍存在差别。

如前所述，战国后期的秦国是一个典型的多民族国家，境内新近归附的少数民族较多，与秦人（即睡虎地秦简中的"夏人"）在风俗习惯、社会发展阶段上都有较大差别。少数民族人在全秦国范围内的人口比重较大，生活区域较广，且有一定军事能力，秦通过"臣邦"的形式对其管理，显示出给他们保留的一些自主性。因此，战国时期的秦国除了面临与东方六国争雄、兼并的问题外，还存在对内部少数民族人管理、利用的问题，这也是《史记》《战国策》等文献在对战国后期秦国历史的记述中不仅关注秦与六国关系，还关注惠文王、昭襄王处理民族问题的原因。同样，睡虎地秦简中有不少关于属邦和戎翟君长、臣邦的记载也与此有关。可以说，战国后期的秦国内部存在面向"夏人"和"臣邦"的二元制管理方式，普通"夏人"由县管理，受郡监管，而归降少数民族人则部分保持部落形式和军事力量，组成一个个"臣邦"，直接由"属邦"管理。当然据前引云梦睡虎地秦简《秦律十八种·属邦》关于"道官"的记载，则战国时期秦的"属邦"在管理各臣邦时，可能采取了"道官"的形式。《汉书》卷19上《百官公卿表上》载，县"有蛮夷曰道"，指出道、县都属于郡下辖的地方行政组织，区别只在于是否"有蛮夷"。笔者认为，这很可能是汉代制度。战国时，秦所设之道，除了如睡虎地秦简《语书》所载，要受郡守节制外，可能如《属邦律》所反映的还要受属邦的管理。也就是说，战国后期，依附于秦的各少数民族，以臣邦的形式保存自己的组织，但臣邦要接受所活动地区"道官"的监督甚至管理，而臣邦、道官都须对属邦机构负责。属邦机构所管理的"蛮夷降者"，并非如汉代那样只是降人，而是有一定独立性和军事力量的组织。

但战国后期秦国的这种二元管理体制可能并未持续太久。随着秦国势力的发展，统一趋势的明朗，对秦国统治者来说建立一个"海内为郡县，法令由一统"的大一统帝国已成为最高追求，在"一统""混同"和划一法制等理念下，临近统一的秦国已不存在二元制的土壤，故我们虽在蕲年宫之变中仍能见到"戎翟君公"的影子，但在秦统一后的出土和传世文献中都没有见到作为二元制代表的"属邦"甚至"臣邦"的踪迹。有极大的可能，秦统一后已放弃了二元制政策，对少数民族人也开始了编户齐民和郡县化，而属邦机构也与之一起废除。

秦的属邦制度的废除，不仅体现在秦统一后的材料中不见"属邦"，还体现在继承秦制的汉初也不见"属邦"踪迹。与"属邦"有关的"属国"一职始见于文帝，"典属国"始见于景帝，"属国都尉"始见于武帝，文帝之前没有"属国"。1983～1984年出土的张家山247号墓竹简中有吕后二年（前186）的成文法《二年律令》，其中《秩律》记录了吕后时期汉中央直辖地区的几乎所有官职的设置与秩次情况，上至御史大夫，下至有秩之吏基本全面覆盖，其中秩两千石级别的官职包括御史大夫、廷尉、内史、典客、中尉、车骑尉、大仆、长信詹事、少府令、备塞都尉、郡守、尉、卫将军、卫尉、汉中大夫令、汉郎中、奉常，基本涵盖了《汉书》卷19《百官公卿表》中卿级官员的名目，却唯独不见"属邦（国）"或"典属国"，同样各卿级机构的下属官员如卫尉司马，少府属下的太官、寺工等也都出现于《秩律》，而《汉书》卷19《百官公卿表》中典属国下属官员也均未出现在《秩律》中。虽然《秩律》中有个别简残缺，但从简的排序来看，残缺部分不太可能恰好是"属国"的内容，且典属国属官也都未出现在《秩律》中，更无法用恰好典属国属官皆缺失来解释。因此，根据张家山汉简《二年律令·秩律》，我们基本可以确定，战国后期秦国的"属邦"一职不存在于汉初吕后时期，而汉初制度又承袭秦王朝而来，因此可推测，统一后的秦国在对全国进行新的制度构建时，已放弃了"属邦"制度。

第二节　新型"属国""典属国"制度的建立

既然秦已放弃了属邦制度，汉初也未恢复，那么为什么文景时期所谓的"属国"又重现史籍？西汉文景时期的"属国"（或"典属国"）与战国时期秦的属邦制度有何关系？这是本节需要研究的主要问题。

一　贾谊关于新型属国制度的设想

汉代的"属国"，最早出现于文帝时期贾谊的上书中。《新书》卷5《势卑》云：

> 窃料匈奴之众不过汉一千石大县，以天下之大而困于一县之正，甚
> 窃为执事羞之。陛下有意，胡不使臣一试理此？夫胡人于古小诸侯之所
> 钜权而服也，奚宜敢悍若此？以臣为属国之官，以主匈奴。因幸行臣之
> 计，半岁之内，休屠饭失其口矣；少假之间，休屠系颈以草，膝行顿颡，
> 请归陛下之义。唯上财幸。而后复罢履属国之官，臣赐归伏田卢，不复
> 污末廷，则忠臣之志快矣。今不猎猛兽而猎田彘，不搏反寇而搏蓄菟。
> 所猎得毋小，所搏得毋不急乎？繁细是虞，不图大患，非所以为安。

这一段话后经史家加工后，也收入《汉书》卷48《贾谊传》：

> 臣窃料匈奴之众不过汉一大县，以天下之大困于一县之众，甚为执
> 事者羞之。陛下何不试以臣为属国之官以主匈奴？行臣之计，请必系单
> 于之颈而制其命，伏中行说而笞其背，举匈奴之众唯上之令。今不猎猛
> 敌而猎田彘，不搏反寇而搏畜菟，玩细娱而不图大患，非所以为安也。
> 德可远施，威可远加，而直数百里外威令不信，可为流涕者此也。

贾谊向汉文帝提出以自己为"属国之官，以主匈奴"，并称待解决匈奴问题后，"复罢履属国之官"。由此可知，文帝时期贾谊提出的"属国"之官，是以处理匈奴问题为主要职责的，其设立主要是服务于文帝时期的匈奴战略。文帝时期的匈奴与汉为亢礼之敌国，而战国后期秦的"属邦"处理的是"臣邦"事务，由此可见，两者在任务上虽都有处理民族事务的共通性，但在性质上却存在较大差别。贾谊在《势卑》篇中对自己为"属国"后，应怎么履行职责，并未详述，但《新书》卷4《匈奴》篇却有描述，可供参考。《新书·匈奴》载：

> 窃料匈奴控弦大率六万骑，五口而出介卒一人，五六三十，此即户
> 口三十万耳，未及汉千石大县也。而敢岁言侵盗，屡欲亢礼，妨害帝义，
> 甚非道也。陛下何不使能者一试理此，将为陛下以耀蝉之术振之。为此
> 立一官，置一吏，以主匈奴。诚能此者，虽以千石居之可也。陛下肯听
> 其事，计令中国日治，匈奴日危，大国大富，匈奴适亡。咤犬马行，理
> 势然也……
> 建国者曰："匈奴不敬，辞言不顺，负其众庶，时为寇盗，挠边境，
> 扰中国，数行不义，为我狡猾，为此奈何？"对曰："臣闻强国战智，王
> 者战义，帝者战德。故汤祝网而汉阴降，舜舞干羽而南蛮服。今汉帝中

国也，宜以厚德怀服四夷，举明义，博示远方，则身车之所至，人迹之所及，莫不为畜，又孰敢纷然不承帝意？"

臣为陛下建三表，设五饵，以此与单于争其民，则下匈奴犹振槀也……

故三表已谕，五饵既明，则匈奴之中乖而相疑矣。使单于寝不聊寐，食不甘口，挥剑挟弓，而蹲穹庐之隅，左视右视，以为尽仇也。彼其群臣，虽欲毋走，若虎在后，众欲无来，恐或轩之，此谓势然。其贵人之见单于，犹迋虎狼也，其南面而归汉也，犹弱子之慕慈母也。其众之见将吏，犹霮迋仇雠也，南乡而欲走汉，犹水流下也。将使单于无臣之使，无民之守，夫恶得不系颈顿颡，请归陛下之义哉？此谓战德。

彼匈奴见略，且引众而远去，连此有数。夫关市者固匈奴所犯滑而深求也，愿上遣使厚与之和，以不得已，许之大市。使者反，因于要险之所多为凿开，众而延之，关吏卒使足以自守。大每一关，屠沽者、卖饭食者、美膢炙胊者，每物各一二百人，则胡人著于长城下矣。是王将强北之必攻其王矣。以匈奴之饥，饭羹啖胊炙，暉潚多饮酒，此则亡竭可立待也。赐大而愈饥，财尽而愈困，汉者所希心而慕也，则匈奴贵人以其千人至者，显其二三，以其万人至者，显其十余人。夫显荣者，招民之机也。故远期五岁，近期三年之内，匈奴亡矣。此谓德胜。

贾谊要用"耀蝉之术"来吸引匈奴。而所谓的"耀蝉之术"，就是以物质财富吸引匈奴人向化汉文明，具体来说则是以"五饵"吸引匈奴的使节、降者，并通过对这些使节、降人的优待来瓦解匈奴的部落组织。

文中说道"为此立一官，置一吏，以主匈奴。诚能此者，虽以千石居之可也"，对比《新书》卷5《匈奴》，可知这一"千石"的官，就是"属国"。而贾谊提出要建立此官，则再次证明了承袭秦王朝制度的汉朝并没有现成的"属国"之官。那么贾谊要设立并担任的"属国之官"以什么为职责呢？据贾谊所说，就是"以主匈奴"，具体操作即是通过关市和尊崇匈奴使节、降者以达到分化瓦解匈奴的目的。由此可知，贾谊所要设立的"属国"，从广义来讲，是以处理匈奴事务为主要职责，这与汉初匈奴势力强大、对汉王朝造成了严重威胁的形势有关。从狭义方面讲，似乎"属国"主要是处理与匈奴降人和匈奴使节有关的事务，以及关市事务。因此，无论是设置目的，还是基本执掌，此"属国"与战国后期秦国的属邦都有所不同，从性质上说，其更类似于外交机构而非二元体制下的"蛮夷降者"管理机构。

二　典属国制度的建立与性质

当然，贾谊所建议的这种属国机构是否真正建立我们并不清楚，从目前史料看，至少贾谊本人是未担任过属国一职的。但从《史记》卷 10《孝文本纪》，文帝驾崩后"令中尉亚夫为车骑将军，属国悍为将屯将军，郎中令武为复土将军，发近县见卒万六千人，发内史卒万五千人，藏郭穿复土属将军武"的记载可知，至迟在文帝后期，汉中央已有"属国"一职。这时的"属国"能够参与到文帝驾崩后的丧葬活动中，属国悍临时充任将屯将军，可见属国应负有军事职责，不排除其掌握有少数民族归义军队的可能。《史记》卷 22《汉兴以来将相名臣年表》司马贞《索隐》引徐广曰，属国悍"姓徐，一名厉，即祝兹侯"。但卷 10《孝文本纪》裴骃《集解》徐广曰作"表作松兹侯，姓徐，名悍"，未及一名徐厉之事。关于此祝兹侯徐厉，《史记》卷 10《孝文本纪》还载有：

> 后六年冬，匈奴三万人入上郡，三万人入云中。……祝兹侯军棘门，以备胡。数月，胡人去，亦罢。

《汉书》卷 4《文帝纪》则称：

> 六年冬，匈奴三万骑入上郡，三万骑入云中。……祝兹侯徐厉为将军次棘门，以备胡。

两者皆称文帝后元六年（前 158），祝兹侯曾率军屯棘门备匈奴，而《汉书》更明确指出此祝兹侯即徐厉。但《汉书》卷 4《文帝纪》的这一记载，与卷 16《高惠高后文功臣表》"祝兹夷侯徐厉，以舍人从沛，以郎中入汉，还，得雍王邯家属，用常山丞相侯。（吕太后四年）四月丙申封，十一年薨。孝文七年，康侯悼嗣，二十九年薨"的记载是矛盾的。如徐厉是吕后四年（前 184）受封，十一年薨，恰在汉文帝前元六年（前 174），其子康侯悼在孝文前元七年（前 173）嗣位是合适的。但如此，汉文帝后元六年"为将军次棘门"的就不可能是徐厉，而应是徐厉之子康侯悼。如果《史记》卷 22《汉兴以来将相名臣年表》司马贞《索隐》引徐广曰，属国悍"姓徐，一名厉，即祝兹侯"的记载正确，则徐悍、徐悼即为父子，而父子两人之名皆从"心"似不符合中国古人命名习惯。故笔者认为司马贞《索隐》引徐广之说可能有误，相反《史记》卷 10《孝文本纪》裴骃《集解》引徐广曰"表作松兹侯，姓徐，名悍"的记载则较为可靠。其实，徐悍、徐悼实为一人，"悍""悼"二字形近而误，徐悍（悼）是第一代祝兹侯（"祝"也应为"松"字误写，在此不赘）徐厉之子，也即第二代祝兹侯，其在文帝前元七年嗣位，后元六年为将军次棘门，后元七年文帝死后又作"将屯将军"参与丧礼。因此，曾担任"属国"的应是文帝后期的祝兹侯徐悍而非徐厉。徐悍担任属国，两次出现在传世文献中，职责皆与军事有关。第一次的军事任务是防备匈奴，这与贾谊建议的设置处理匈奴事务的属国相符。第二次的军事任务是保证文帝死后京师地区的局面稳定，从中虽看不出其与匈奴事务的关系，但推测其当与属国管理匈奴降人、掌握有部分军事力量有关。由此可知，文帝后期的属国设置确与匈奴事务有关，其虽未完全依照贾谊的设想而设，但职责及建立思想则与贾谊的建议有相通之处，而不同于战国后期秦国的"属邦"。其以管理匈奴降人、组织相应军事力量为主要职责，不排除也担负有接待匈奴使节、处理其他匈奴事务的外交职能。

此后，"属国"一职不多见，但在景帝时，开始出现"典属国"一职。《史记》卷109《李将军列传》载：

> （李广）徙为上谷太守，匈奴日以合战。典属国公孙昆邪为上泣曰："李广才气，天下无双，自负其能，数与虏敌战，恐亡之。"于是乃徙为上郡太守。

此公孙昆邪即文帝时，曾与平阳侯曹窋、汝阴侯夏侯灶、颍阴侯灌何、廷尉宜昌一起举晁错为贤良的陇西太守昆邪。关于公孙昆邪，《史记》卷19《惠景间侯者年表》称："以将军击吴楚功，用陇西太守侯，户三千二百二十。六年四月己巳，侯公孙昆邪元年。中四年，侯昆邪有罪，国除。太仆贺父。"《汉书》卷66《公孙贺传》则称其为北地义渠人，是武帝时丞相公孙贺的祖父。

根据公孙昆邪的情况，我们可对景帝时期典属国一职简要分析：第一，该职位秩级较高，远超文帝时贾谊建议的"千石之官"，至少当在二千石，不排除有中二千石的可能；第二，担任者可以为少数民族人，公孙昆邪名为"昆邪"当即少数民族语言音译，而其又身为北地义渠人，故血统上是胡人的可能性很大，但通过其"著书十余篇"，且推举晁错为贤良文学等行为看，其对汉文明的接受程度已非常高；第三，通过其可以向皇帝建议调整李广职位事，可知其在对匈事务方面有较大的发言权；第四，从公孙昆邪曾任将军、击吴楚等事情来看，其任职应侧重于军事方面，由其出任典属国，则典属国一职似与军事未完全脱离联系。综上可知，景帝时的"典属国"也负责对匈事务，与军事有关，秩级较高（文帝时期以列侯任属国，与景帝时公孙昆邪以列侯任典属国有相似之处），与前述文帝后期的"属国"似差别不大，再联系到景帝时对中央机构尤其是九卿机构的持续调整、更名，似可得出景帝时期的"典属国"即由文帝后期"属国"更名而来的结论。

第三节　西汉中后期的属国都尉

文帝时期设置"属国"，景帝时更"属国"为"典属国"，到武帝元狩年间，属国制度又发生大变化。

《史记》卷111《卫将军骠骑列传》载："元狩二年……浑邪王乘传先诣行在所，尽将其众渡河，降者数万，号称十万。既至长安……居顷之，乃分徙降者边五郡故塞外，而皆在河南，因其故俗为属国。"《汉书》卷6《武帝纪》载："元狩二年……秋，匈奴昆邪王杀休屠王，并将其众合四万余人来降，置五属国以处之。"景帝时已有中央卿级机构典属国，此时为接受匈奴降人，又"置五属国"，"五属国"与此前的"属国""典属国"是何关系，新置属国的管理机构和运行体制又是如何，这些都成为学术界关注的焦点。

陈梦家、王宗维、李绍强等学者都非常重视上述史料，认为汉代属国制度的建立即在元狩二年（前121）或此后不久的元狩三年。当然，据前文分析我们知道，汉代属国制度的建立应在文帝时期。但不可否认的是，武帝元狩年间接受匈奴浑邪王降众后，汉王朝的属国制度确实发生了一些变化，其中既包括属国设置的地方化，也包括管理方面甚至职能方面的一些变化，如属国都尉等职的出现。与《史记·卫将军骠骑列传》和《汉书·武帝纪》的记载对应，《汉书》卷19上《百官公卿表上》载："武帝元狩三年昆邪王降，复增属国，置都尉、丞、候、千人。"由此可见，元狩三年确实是属国制度发展变化的关键期，变化的重点即在于"复增属国"和"置都尉"，这些都涉及新形势下属国制度的重新构建。

一　复增属国

关于汉武帝复增属国的问题，学界讨论非常多，主要集中于汉武帝究竟复增了哪些属国，西汉一代究竟有多少属国。对于"复增"二字的理解，王宗维认为是与"秦比较而言"的；[1] 而丁福林主张是与汉武帝前期相比较而言

---

① 王宗维：《汉代的属国》，载《文史》第20辑，中华书局，1983。

的，他认为"在此之前汉已恢复了属国的设置，到元狩三年，因匈奴昆邪王降汉时人众甚多，原有的属国已无法安置，故朝廷又于此时重新增设属国以安置之，故曰'复增'"①。

具体到复增属国的位置和数量，王宗维认为《史记·卫将军骠骑列传》中的"边五郡故塞外"不是边界的五郡，也不能理解为"五属国"，而是对西北塞外的笼统称呼。然而大多数学者则认为"五属国"是实指，它们处于"边五郡故塞外"，有相当多的学者还结合史料对五属国所处的具体地理位置进行一一考证。陈梦家称："元狩二年在河南地所置五属国，应在河套之内，所属边五郡有不同之说……边五郡在故塞外、河南地的，只有五原、上郡、安定、天水四郡，而此四郡皆有属国都尉。"② 认为上述五原、上郡、安定、天水四郡再加上处于塞外"可能为五属国之一而不以属国之名"的"上郡匈归都尉"即为武帝所增"五属国"。③ 胡宏起认为："'五属国'有不同的说法，如《史记·卫将军骠骑列传》、张守节《正义》以陇西、北地、上郡、朔方、云中为五属国；杜佑《通典》以安定、上郡、天水、西河、五原为五属国。笔者认为杜说是对的。前面所列西汉八个属国是安定、上郡、天水、西河、五原、张掖、金城、北地。查考史籍，未见西汉有陇西、朔方、云中三属国之设置，而金城、北地两属国是始置于汉宣帝时。张掖属国也不可能是始置于元狩二年，因为张掖郡的设立时间虽有不同说法，或曰元鼎六年，或曰太初元年，但都认为在元狩二年以后。元狩二年未有张掖郡的设立，就不可能有张掖属国的存在。所以，元狩二年汉所置的五属国只能是安定、上郡、天水、西河、五原五属国。"④ 武沐则曾对相关观点予以总结：

> 史学界对于五属之考证，可谓旷日持久，众说纷纭，莫衷一是。归纳起来大体有这样几种：1.《史记》卷五十五《卫将军骠骑列传》注引"正义"以为："五郡为陇西、北地、上郡、朔方、云中，并是故塞外，又在北海西南"。《资治通鉴》不取此说，但《资治通鉴》"汉纪十一"胡注又认同此说。2.《通典》以为"安定（即北地属国）、上郡、天水（即陇西属国）、西河、五原为五属国"。3. 陈汉章《缀学堂初稿》卷二《汉置五属国考》以为五属国应是陇西、北地、上郡、西河、五原。4. 陈

---

① 丁福林：《关于汉代属国的几个问题》，《苏州科技学院学报》2003 年第 1 期。
② 陈梦家：《两汉都尉考》，收入氏著《汉简缀述》，中华书局，1980。
③ 陈梦家：《两汉都尉考》，收入氏著《汉简缀述》，中华书局，1980。
④ 胡宏起：《汉代兵力论考》，《历史研究》1996 年第 3 期。

梦家《汉简缀述》仅考证出陇西、上郡、北地、西河四个属国，一个待考。5. 王宗维先生认为，五属国乃塞外五郡所面对的属国，并非五国，且不是同时设置。①

武沐认为上述观点虽不尽相同，但考证的角度却大体相同，分歧仅仅是对史料认同的差异。而武沐则更换角度，通过对休屠与浑邪降汉后的安置上去考证，认为："应当说《通典》所谓'安定（北地）、上郡、天水（陇西）、西河、五原为五属国'，或陈汉章'陇西、北地、上郡、西河、五原'之说较为妥当。"② 此外，王庆宪《西汉属国地理位置中的时间概念及社会背景》从地理位置和时间概念的角度对这一问题进行论述，认为武帝时期所置的属国都处于故塞之外而且领护属国的属国都尉没有固定的治所，其数量也无法确定。③ 笔者认为，西汉中后期属国地方化后，增设、裁减、复设都较随意，不同时期属国数量、设置有较大差别，在现有材料下，要对武帝"复增属国"的具体内容及西汉属国的数量予以判断并非易事，且"复增属国"主要体现的是"属国"制度和汉王朝对待降人管理方式的变化，至于具体的属国设置，似乎对我们理解属国制度的变化，也并无决定性的作用。孙言诚《秦汉的属邦和属国》认为"复增属国"主要指的是一种新的管理属国机构的增设，并不单纯是在边郡地区又多置了几个属国，笔者认为这种观点应该是抓住了理解"复增属国"的关键。④

至迟在文帝后期，汉王朝已重新设立了以处理匈奴事务、管理匈奴使节、组织匈奴降人组建武装力量为主要职责的属国，景帝时改称"典属国"。这时的典属国仅是处理具体事务的一种卿级机构，与战国后期秦国设置的那种以特殊统治方式管理归义少数民族民众的行政体系差别明显。据《史记》卷19《惠景间侯者年表》，文帝，尤其是景帝中元三年（前147），有不少匈奴小王降汉封侯，如安陵、垣、容成、易、范阳侯等，但从史料看这些归义侯与属国、典属国并无从属关系，而典属国下似乎也并无类似战国时期秦国"臣邦"的存在。但元狩二年（前121），匈奴4万余降众的到来，则对汉王朝此前的匈奴事务机构典属国提出了挑战。此前的典属国，掌管匈奴使节、关市等事

① 武沐：《匈奴史研究》，民族出版社，2009。
② 武沐：《匈奴史研究》，民族出版社，2009。
③ 王庆宪：《西汉属国地理位置中的时间概念及社会背景》，《中央民族大学学报》2008年第5期。
④ 孙言诚：《秦汉的属邦和属国》，《史学月刊》1987年第2期。

务，属下掌控部分匈奴降人组成的军队，但数量不会太大。作为普通事务机构，其无能力安置如此多的从理论上讲应该由其安置的匈奴降众。不但典属国无能力，即使是皇帝在早期的兴奋后，也认识到这批人在长安对社会治安和国家财富可能会造成严重影响，因此必须设置一种新的机构来应对此问题。这时，汉王朝面临和即将面临的不再仅是个别匈奴降王及少量军队，而会是成部落的大量匈奴民众的涌入，对其管理不再是仅关注个别首领，而要面对数以万计的匈奴人民。要解决此问题，显然需要借助行政手段，故汉武帝将4万余匈奴降众先赶出长安，以"属国"的形式安置在"边五郡故塞外"，既使其获得相应活动空间，不会过度干扰内地汉人的生活，又将其放在汉匈交界地带，在一定程度上发挥为汉御边、隔绝匈奴入侵的作用。

大量匈奴降众被安置到汉匈边境，以发挥防御匈奴作用，这就需要新的行政机构予以管理，这就是汉武帝"复增属国"的内涵所在。而此次复增的属国虽与此前的典属国有联系，甚至不排除会有行政上的交集，但除了在管理少数民族事务上有相通性外，两者实质上是不同性质的机构。复增之属国，大都在边地，以管理归义少数民族民众为主要职责，甚至在一定程度上要利用归义少数民族原有的社会组织，这种"属国"在性质上其实与战国后期秦国的属邦有相似处。当然也仅是相似，因为汉王朝同样是大一统帝国，在新形势下重设的属国（都尉）制度，仅是一种权宜的存在，其制度构建既有地方行政性质，又要淡化地方行政性质，与战国后期秦国的二元制管理体制还是有一定区别的。

二　以属国都尉为主导的属国制度

汉武帝复增之属国的管理机构是设在边地的属国都尉，即《汉书》卷19上《百官公卿表上》所载："复增属国，置都尉、丞、候、千人。"都尉是地位较高的军事官员，除了在中央的骑都尉、奉车都尉、驸马都尉、水衡都尉外，一般都尉大都设在郡中，"掌佐守典武职甲卒，秩比二千石"，其下设置有丞、候、千人，应该说兼具地方机构和军事机构的双重性。汉武帝复增属国后设置的属国都尉，虽以归义少数民族为管理对象，但同样设在地方，从性质上说，应该是兼具地方、军事、民族三重性质，与农都尉等职位一样是汉武帝的重大改革与创举。肩水金关汉简73EJT6：74号简载："□□二年十月壬午朔庚寅，□□尉史世使移郡大守属国都尉农□□□□□□□□□党及胡虏第□□□出惊□昭武备迹候望□，守摸□□集所主羌胡为务。"该简虽残断，但似乎指出属国都尉以"主羌胡为务"，与传世文献一致。这种"主羌胡"的属国都尉与中央典属国负责外交及掌控部分匈奴降人不同，以分区域管理归义少数民族的部落组织、组建相应武装为主要职责，是汉王朝在对外交往中以夷制夷政策的体现，与战国晚期秦国的属邦制有相似之处。当然，将匈奴等少数民族降众置于边塞，予以优待，也可起到贾谊所说的"耀蝉"之用，应该说"属国都尉"系统的设立，也是汉武帝借鉴贾谊策略的表现。其实，汉武帝的很多作为，如推恩令、属国制度、太子教育、抑豪等背后都有贾谊《治安策》的影子，这一现象本身也值得关注。

属国都尉管理的少数民族人众多，为便于管理，可能部分保留了这些归降民众的社会组织，如《史记》卷111《卫将军骠骑列传》所说"因其故俗，为属国"。在这种属国体系下，各归义少数民族首领可能参与了对本族居民和军事力量的管理与组织工作。《汉书》卷8《宣帝纪》颜师古注"杜侯屠耆堂"引苏林曰："姓复陆。其祖父复陆支本匈奴胡也，归义为属国王，从骠骑有功，乃更封也。"据同书卷55《霍去病传》，归义侯因淳王复陆支在元狩四年（前119）之战中从骠骑将军霍去病有功而封"杜侯"。据同书卷17《景武昭宣元成功臣表》，杜侯复陆支"以匈奴归义因淳王从骠骑将军击左王，以少破多，捕虏三千一百，侯"，受封时间为元狩四年六月丁卯。元狩四年前，匈奴贵族的归义主要应在元狩二年浑邪王降汉时，复陆支很可能即在此时以因淳王的身份降汉。据苏林注其"归义为属国王"，而属国都尉的设置恰是由于元狩二年浑邪王降汉。由此可见，属国都尉制度在实施之初，就利用了匈奴贵族来统辖属国少数民族人，因此故匈奴因淳王才会在属国体制中成为"属国王"。《汉书》卷79《冯奉世传》载："昭帝末，西河属国胡伊酋若王亦将众数千人畔。"其中西河属国下属也有"胡伊酋若王"，也应是所谓的"属国王"。

元凤二年（前79），"右贤王、犁汙王四千骑分三队，入日勒、屋兰、番和。张掖太守、属国都尉发兵击，大破之，得脱者数百人。属国千长义渠王骑士射杀犁汙王，赐黄金二百斤，马二百匹，因封为犁汙王"。少数民族的义渠王在张掖属国都尉中同时担任千长之职，应是"属国王"在属国中任职的例子。居延汉简载：

> 出糜卌三石二斗。征和三年八]［月戊戌朔己未，第二亭长舒付属国百长、千长。　　　　　　　　　　　　　　　　148·1，148·42

此处的属国千长，恰可与"属国千长义渠王"相印证。

汉王朝"因其故俗"对属国内的少数民族部众进行管理，除了利用投降匈奴贵族为"属国王"外，在属国都尉系统中还保留了许多少数民族原有的官职。据《汉书》卷94上《匈奴传上》，匈奴的组织机构有"左右贤王，左右谷蠡……诸二十四长，亦各自置千长、百长、什长、裨小王、相、都尉、当户、且渠之属"。上简中的"属国百长、千长"正是西汉王朝"因其故俗"所保留的匈奴部落组织。此外，《史记》卷20《建元以来侯者年表》载昆侯渠复累"以属国大且渠击匈奴功"而被封侯，昆侯渠复累在属国都尉系统中任职"大且渠"，显然也是对匈奴故有组织系统的承袭。居延新简EPT51：379号简有"狼且麋尉印"，《居延新简集释》撰者称："狼且麋尉，不详何官。且麋，应为匈奴语音译。据《汉书·匈奴传下》，匈奴搜谐若鞮单于即名且麋胥。狼且麋尉则有可能是负责与匈奴有关军事事务的官员，或是匈奴臣服后对其君长的封号。《史记》载霍去病征匈奴，'封狼居胥'。'且'与'居'，'麋'与'胥'音近，'狼且麋'或即'狼居胥'，当为匈奴语。"[1]"狼且麋尉"不可能是汉王朝传统官职，从称谓看，其一定与匈奴等少数民族有关，而这种在汉王朝职官系统内的少数民族语官职，很大可能当是属国系统职官。

　　在西汉中后期的属国都尉机构中，保存有大量少数民族官职，由他们管理少数民族归降民众，组建军队。而属国系统中无论是民众和军队的管理都保留其故有部落组织的特点，与汉人的管理模式不完全相同。《后汉书》卷12《卢芳传》载："初，安定属国胡与芳为寇，及芳败，胡人还乡里，积苦县官徭役。"可见两汉之际的属国胡有"乡里"组织，似乎与汉人管理模式差别不大。但肩水金关汉简公布后，我们发现这种"乡里"组织其实在西汉中后期就存在，然其内涵与汉人的"乡里"组织可能并不完全一致。肩水金关汉简载：

　　　　属国胡骑充国佰县泉里呼淦，年廿五，长七尺五寸黑色□□□。

73EJT14：2

　　　　张掖属国破胡佰三里杨忠，年五十一，长七尺三寸，十二月甲午入。

73EJT37：710

这两枚简都是属国系统居民经过肩水金关时留下的出入关记录，记录上包含有名籍信息。与一般书有郡县爵里的名籍简不同，这些出入关记录提供了属国系统的组织机构细节，补充了传世文献的不足，极具价值。呼淦的身份是属国胡骑，可能是张掖居延属国都尉下的胡骑，其籍贯信息是"充国佰县泉

---

① 李迎春：《居延新简集释（三）》，甘肃文化出版社，2016，第215页。

里"。杨忠是张掖属国居民，其籍贯信息是"破胡佰三里"。这些籍贯信息显示出汉王朝同样使用里制管理属国少数民族，可能当时这些民族在生活方式上已部分汉化，可以由适应定居生活方式的里来管理。但这种里却不归属县、道管理，而是直属于"佰"，这个"佰"应即前述属国系统管辖各少数民族"各自置千长、百长、什长、裨小王、相、都尉、当户、且渠之属"中的"百"，其长官为"百长"。也就是说属国都尉下面的行政组织利用了匈奴固有的"千""百""什"系统，而非汉地普遍实行的县道体系。"千""百""什"可能分别管辖1000家、100家和10家少数民族民众，作战时则家出一丁，构建成"千""百""什"的军事组织，无论是普通的行政管理，还是战时的军事管理，都由相应的千长、百长、什长具体负责，而这些千长、百长可能即是前述的裨小王。这样的组织体系，保留了归义少数民族的"故俗"，易于得到原有君长和普通少数民族民众的支持，也便于属国都尉系统下行政和军事工作的正常运转。属国都尉下属的基层组织由千、百、什等部落形式组成，在百（佰）下等部落组织内再设地域组织里，这样就构建起了与中央典属国性质、职责不同的属国都尉系统。

属国都尉接受边郡太守领导，居延汉简中存在大量的郡太守府下达文书至属国都尉府的实例，证明了这种领导关系的真实存在。如肩水金关汉简73EJT30：205号简载"张掖农属国部都尉官县承书从事□掾禹守属尊助府令史平□"就是张掖郡下达至包括属国都尉在内各机构的文书。居延汉简10·32号简载："三月丙午，张掖长史延行大守事肩水仓长汤兼行丞事，下属国、农、部都尉小府县官承书从事，下当用者如诏书。守属宗助府佐定"是太守下达给属国都尉的行政文书记载，明确说明属国都尉在行政上应处于郡太守的管辖之下。65·18号简载，"☒下领武校居延属国部农都尉县官承书☒"，虽然残断，但揣摩文意，也应是太守府下达给包括属国都尉在内的部、农等都尉的行政命令。肩水金关汉简中有一枚汉简在其正反两面都有关于属国史料的记载：

属国都尉属陈严中功二劳七月七日，北部都尉史陈可中功一劳三月廿日。

敦□置啬夫张尊中功二劳五月十三日，城仓令史徐谭中功二劳二月五日。

删丹库啬夫徐博中功二劳五月一日，删丹令史成功并中功一劳三岁十一月二日。

肩水候官令史王严中功二劳四月，北部库啬夫□□中功一劳三岁十

月廿日。　　　　　　　　　　　　　　　　　　　　　　73EJT30：30A

　　□□□啬夫孙忠中功三劳三岁十月，肩水都尉属□并中功二劳二岁
三月十八日。

　　属国左骑千人令史马阳中功三劳四月廿日，屋兰候官令史孙宏中功
二劳一岁七月五日。

　　□守属林参中功二劳九月廿一日，延水啬夫路兴中功二劳十月一日。

　　氐池令史丁彊中功二劳二岁十月十日，居延千人令史阳召中功二劳
九月。

　　居延殄北令史苏谊中功二劳二岁五月五日，居延都尉属王宣中功二
劳十月五日。　　　　　　　　　　　　　　　　　　　73EJT30：30B

该简是张掖郡编制的官员功劳簿。胡平生认为："居延简中写明了'中功'、'中劳'
的，应是比较正式的档案文书；而没有特别写出'中'字的，则可能属于比较随意
的报表材料；也许这种报表须经上级核准之后，才能够冠之以'中'字，其含义是：
已得到法律或上级认可的功劳。"① 因此，该简当是正式簿籍，至少也应是正式簿籍
的抄本。该简中，郡太守负责包括属国都尉系统官员在内的下属吏员的功劳考核，
因此也可据此推断郡太守对属国都尉在行政事务上亦有一定的指导权。

　　至于边郡属国都尉与中央九卿典属国是否有从属关系，目前从传世文献
中无法得到答案。但从汉简中可发现，中央大司农似与边郡农都尉有一定联
系。悬泉汉简载：

　　　十一月丁巳，中郎安意使领护敦煌、酒泉、张掖、武威、金城郡农
　　田官，常平糴（粜）调均钱谷，以大司农丞印封下敦煌、酒泉、张掖、
　　武威、金城郡大守，承书从事下当用者，破羌将军军吏士毕已过，具移
　　所给吏士赐诸襆（装）实□□。　　　　　　Ⅱ90DXT0114②：293②

　　领护边郡农田官，需以大司农丞印封下边郡大守，至少可以说明大司农
对边郡屯田事务有监管职权，如此对边郡农都尉也应有监管之责。于豪亮
《居延汉简中的"省卒"》注意到西北汉简中的"发省治大司农茭"的现象，
认为所谓"治大司农茭"，即"所伐的茭是为大司农所属的农都尉或田官所
用"。③ 王子今《汉代河西的"茭"——汉代植被史考察札记》在"大司农

① 胡平生：《居延汉简中的"功"与"劳"》，《文物》1995年第4期。
② 胡平生、张德芳：《敦煌悬泉汉简释粹》，上海古籍出版社，2001，第51页。
③ 于豪亮：《居延汉简中的"省卒"》，载氏著《于豪亮学术文存》，中华书局，1985。

葵"问题上不同意于说,但也认为"葵草"生长的土地,是"属大司农所辖",也就是属"大司农所属的农都尉或田官"所辖,也认为边郡农都尉与中央大司农有从属关系。① 既然边郡农都尉与中央大司农有一定联系,那么似乎可以推测在中央典属国与边郡属国都尉并存的西汉中期,二者也应有一定联系。但这种联系具体紧密到什么程度,还有待相关史料的出土,至少从悬泉汉简Ⅱ90DXT0114②:293 号简看,以大司农丞印所封文书,并非直接下达农都尉,而需经过边郡太守。大司农与农都尉的监管关系还需经过边郡太守。同理,可能属国都尉与典属国的关联,也需经过太守,二者之间可能没有直接的管辖关系。

一方面,属国都尉受所在边郡太守的领导;另一方面,属国都尉利用归义民族的部落组织管辖少数民族降人、组织军事力量。其作为主管军事的都尉府机构,在组织形式上有一套完整的官僚机构体系,除了长官都尉外,还有都尉丞、候、千人等。汉简中与属国职官相关的资料列举如下:

（1）▨属国都尉千秋丞充▨　　　　　　　　　　　　　　　68·48

（2）▨八月□属国都尉千▨　　　　　　　　　　　　　　　227·4

（3）张掖属国司马赵□功一劳三岁十月廿六日,渔阳守□

司马宗室刘护▨　　　　　　　　　　　　　　　　　　　53·8

（4）张掖属国右部□▨　　　　　　　　　　　　　73EJT9:148

（5）捕缚卢水男子,因籍田都当故属国千人辛君大奴宜马▨

73EJT30:144

（6）属国都尉属陈严中功二劳七月七日　　　　　73EJT30:30A

（7）属国左骑千人令史马阳中功三劳四月廿日　　73EJT30:30B

简（1）-简（2）所出现的属国都尉可与《汉书》卷19 上《百官公卿表上》所载"复增属国,置都尉、丞、候、千人"相对应。从简（3）可以看出属国都尉下有司马这一官职,而这在《汉书》卷19《百官公卿表》并中没有记载,陈梦家考证"属国都尉的编制同于部都尉"②,而边郡部都尉之下恰有司马。居延汉简部都尉下的军事编制为:"都尉麾下分为左、右两部,每部又分

① 王子今:《汉代河西的"葵"——汉代植被史考察札记》,《甘肃社会科学》2004 年第 5 期。

② 陈梦家:《两汉都尉考》,收入氏著《汉简缀述》,中华书局,1980。

左、右、后三曲，合为六曲。司马即部之长，千人之长。"① 相关汉简如下：

（8）觻得骑士敬老里成功彭祖，属左部司马宣后曲千人尊　　564·6

（9）四月乙未左部司马☑，肩水都尉府敢言☑　　491·10A

（10）昭武骑士益广里王彊一属千人霸五百偃士吏寿　　560·13

则属国都尉系统的军事编制大体上也是如此，所以简（4）后所残缺的应为"司马"二字。在《肩水金关汉简》出版之前，由于所见简牍资料有限，日本学者市川任三认为："千人虽然屡次出现，但却缺乏能够证实它与属国有关系的决定性证据，更没有明确记载'属国千人'的材料，因而应把千人排除在属国职官之外。"② 然简（5）"故属国千人"的出现可证明属国系统中确实有千人这一职官。且简（7）载属国系统中有左骑千人之职，则不仅司马分左、右，（骑）千人也有左、右的编制，骑千人属吏有令史，则千人当是与候级别相当的县级官吏。简（1）中属国都尉有"丞"作为佐官。东汉《曹全碑》载，曹全祖父曹凤履历，"孝廉，张掖属国都尉丞，右扶风隃糜侯相，金城西部都尉，北地太守"，也明确记载属国都尉下有"丞"。简（6）则证明属国都尉下亦有"属"这一属吏，《后汉书》注引《汉书音义》曰"正曰掾，副曰属"，是主管文书之吏，所谓"汉简文书签署，属为第二级，在掾史之下，书佐之上"③。其实据居延汉简可知，属是二千石官府中的次级文书属吏，属国都尉比二千石，有属和卒史都是正常的。出土汉简中未见属国都尉系统中的"候"，但《后汉书》卷23《窦融传》载，建武七年（31）夏，"酒泉太守竺曾以弟报怨杀人而去郡"，章怀太子注引《东观记》曰："曾弟婴报怨，杀属国候王胤等，曾惭而去郡。"卷81《独行·刘茂传》载，汉哀帝时，刘茂"再迁五原属国候，遭母忧去官"。由此可知，属国都尉系统确有以候望、侦察、传递信息为主要职责的候。此外，居延新简载：

　　☑月甲午朔己未，行河西大将军事凉州牧守张掖属国都尉融，使告部从事☑城武威张掖酒泉敦煌大守，张掖酒泉农都尉，武威大守言

---

① 〔日〕市川任三：《论西汉的张掖郡都尉》，吕宗力译，载中国社会科学院历史研究所编《简牍研究译丛》第二辑，中国社会科学出版社，1987。

② 〔日〕市川任三：《论西汉的张掖郡都尉》，吕宗力译，载中国社会科学院历史研究所编《简牍研究译丛》第二辑，中国社会科学出版社，1987。

③ 陈梦家：《汉简所见太守、都尉二府属吏》，收入氏著《汉简缀述》，中华书局，1980，第111页。

官大奴许岑。　　　　　　　　　　　　　　　　EPF22：825A

　☑祭酒永从事主事术令史霸　　　　　　　　　EPF22：825B

该简是行河西大将军事凉州牧守张掖属国都尉告部从事文书，似乎张掖属国都尉下有部从事。其实该简中的"张掖属国都尉融"即东汉初年割据河西的窦融，他的官职是"行河西大将军事凉州牧守张掖属国都尉"，由于其兼领凉州牧，故属吏中有从事，从事是刺史、州牧等使职官员的史类属吏，属国都尉本职是无从事这些属吏的。

　综上可知，边郡属国都尉应开府治事，有佐官丞，其下有卒史、属等文书属吏。作为组织少数民族军事力量的机构，其下有候、司马、千人、骑千人等军事官员，运转组织形式与边郡部都尉府相似。但作为管辖归义少数民族的机构，它的内部机构中又大量吸收少数民族降人，保持这些人的部落首领身份，使其继续担任属国王、大且渠、千长、百长等职，以维系对归义少数民族的统治。王宗维认为西汉"属国都尉下设候官、左骑千人官、司马官等，分管部落"①，笔者认为属国都尉管辖归义少数民族部落是没有问题的，但其管辖部落利用的是另一套少数民族故有组织，"因俗而治"，而非设立千人、司马官管理。千人、司马官的设立应是为了统率组织好的少数民族参与相关军事事务。属国王、大且渠、千长、百长和司马、千人官构成了属国都尉下的基本组织，这一组织体系的划分恰反映了属国都尉性质的二重性。孙言诚曾说西汉王朝对属国少数民族的管理"改变的只是上层，原首领或杀戮、废黜，或封侯而养在长安，代之以汉人的都尉、丞、司马"②。应该说，此说部分注意到了属国都尉既利用司马等职官组织军事，又利用少数民族故有下层组织，是有一定道理的。

三　属国都尉的职责与属国兵

　属国都尉系统是汉武帝根据形势变化设立的新型行政系统，具有军事性和民族性双重性质。其主要职责是管理本属国境内的归义少数民族，以及组织这些少数民族武装形成强大的边防力量。

　管理投降的少数民族，使其不背叛汉王朝，保持边疆地区的稳定，这是属国都尉的基本职责。作为属国的最高长官，属国都尉应处理所领属国境内

---

① 王宗维：《汉代的属国制度与民族关系》，《西北历史资料》1983年第2期。
② 孙言诚：《秦汉的属邦和属国》，《史学月刊》1987年第2期。

的民政事务。肩水金关汉简载：

> 死罪屋兰游徼当禄里张彭祖，以胡刀自贼刺颈各一所以辜立死。
> 元康二年三月甲午，械毄。属国各在破胡受卢水男子翁□当告。
>
> 73EJT30∶6
>
> 遗不算日不给更繇口算赋☑当收直调移属国居延□☑
>
> 73EJT24∶134

73EJT30∶6 号简有宣帝年号元康，元康二年即公元前64年，简文中的卢水男子应即史料中所记载的卢水胡，关于其族源一直以来都众说纷纭，马长寿《北狄与匈奴》认为卢水胡不是一个部落之名，是卢水诸胡，或者卢水杂胡。[①]其他观点还有卢水胡"源出于义渠"[②]，"月氏胡就是卢水胡"[③]，"卢水胡是融合匈奴、羌、小月氏诸族于一体的杂胡，但其中占统治地位的部族则是匈奴族"[④]。虽然各学者对于卢水胡的观点不一致，但都认为上述简文中的"卢水男子"为属国都尉领护下的少数民族民众。73EJT24∶133 号简则说明属国应处理徭役征发等民政事务。

因为属国都尉所领护的属国，是"因其故俗"把投降的羌胡等少数民族按原先的民族生活方式组织起来的，他们与境外的少数民族部落原本就属于同一民族，而且距离又很近，所以有时属国内的有些部落时服时叛，服则举部落来归，叛则举部落起兵外逃。如前所述昭帝末"西河属国胡伊酋若王亦将众数千人畔"以及元帝初元五年（前44）"上郡属国降胡万余人亡入匈奴"等记载反映的即是如此。所以，属国都尉应有防止属国内的少数民族部众聚众反叛或外逃的责任。

属国都尉有组织边防力量抵御、进攻外族的职责。当有对外军事行动时，属国都尉要率领其所掌的属国系统军事力量协助太守打击犯境的敌对势力。如前述昭帝元凤二年（前79）匈奴南下时"张掖太守、属国都尉发兵击，大破之，得脱者数百人。属国千长义渠王骑士射杀犁汙王，赐黄金二百斤，马二百匹，因封为犁汙王。属国都尉郭忠封成安侯"[⑤]。正是属国都尉这一职责的体现。

---

① 马长寿：《北狄与匈奴》，生活·读书·新知三联书店，1962。
② 赵永复：《关于卢水胡的族源及迁移》，《西北史地》1986 年第 4 期。
③ 王青：《也论卢水胡以及月氏胡的居处和族源》，《西北史地》1997 年第 2 期。
④ 肖化：《略论卢水胡的族源》，《西北师大学报（社会科学版）》1983 年第 2 期。
⑤ 《汉书》卷94 上《匈奴传上》，中华书局，1962，第3783 页。

　　属国都尉所组织的归义少数民族军事力量，主要是属国胡骑。早在汉文帝时期，晁错就上书建议："今降胡义渠蛮夷之属来归谊者，其众数千，饮食长技与匈奴同，可赐之坚甲絮衣，劲弓利矢，益以边郡之良骑。令明将能知其习俗和辑其心者，以陛下之明约将之。即有险阻，以此当之；平地通道，则以轻车材官制之。两军相为表里，各用其长技，衡加之以众。此万全之术也。"① 即利用来降的少数民族部众与匈奴有着相同"长技"的优势，用西汉王朝的优良武器将其武装起来，充当"良骑"，与汉朝军队"相为表里"共同对抗匈奴，达到以"以蛮夷攻蛮夷"的目的。

　　对于晁错所建议之策略在西汉前期的实施状况史料上的相关记载不多，因而其具体情况难以掌握。但在汉武帝时期及之后，将属国内的少数民族降众根据晁错的建议进行管理则是可以得到相关证明的。由于游牧民族的生活环境与生活习俗造就其能骑善射，其部众"儿能骑羊，引弓射鸟鼠，少长则射狐兔，肉食，士力能弯弓，尽为甲骑"②，因此，西汉王朝主要是将其编为骑兵部队。因其人员构成主要来源于属国内的少数民族降众，所以属国兵一般称为"属国胡骑"或简称为"胡骑"，其民族成分以匈奴人为主，也有部分来自羌民。

　　属国胡骑是西汉王朝边防线上一支重要的武装力量，在巩固西北边防以及军事远征中发挥着非常重要的作用。其平时"为中原王朝观察、侦伺塞外敌情，招徕种人协助中原王朝守边"③。如前引昭帝始元五年（前82），匈奴单于在侦查汉军边防军情时，认为酒泉、张掖兵弱有机可乘，但由于"时汉先得降者，闻其计，天子诏边警备"④ 最终行动失败。除此之外，属国胡骑还在西汉王朝对匈奴、西域的军事行动中发挥重要作用，史书中多次记载属国胡骑在属国都尉的率领下参与战事，如元鼎五年（前112），"昆侯渠复累以属国大首渠击匈奴侯""骐侯驹几以属国骑击匈奴捕单于兄侯，五百二十户""梁期侯任破胡以属国都尉间出击匈奴将军累缇缦等侯"⑤。元封三年（前108）"天子以故遣从骠侯破奴将属国骑及郡兵数万，至匈河水，欲以击胡，胡皆去"⑥。太初元年（前104）"拜李广利为贰师将军，发属国六千骑，及郡

① 《汉书》卷49《晁错传》，中华书局，1962，第2282页。
② 《史记》卷110《匈奴列传》，中华书局，1982，第2879页。
③ 江娜：《汉代属国兵的特点和历史作用》，《南都学坛》2008年第6期。
④ 《汉书》卷94上《匈奴传上》，中华书局，1962，第3783页。
⑤ 《汉书》卷17《景武昭宣元成功臣表》，中华书局，1962，第654页。
⑥ 《史记》卷123《大宛列传》，中华书局，1982，第3173页。

国恶少年数万人,以往伐宛"①。征和三年(前90)"贰师遣属国胡骑二千与战,虏兵坏散,死伤者数百人"②。宣帝时期也有常惠及冯奉世以将军之职领典属国的记载,以上诸多记载反映出属国胡骑在西汉边防中的重要作用以及西汉王朝对属国胡骑的高度重视。但同时也应指出的是,在对外军事行动中属国胡骑主要是配合汉军,几乎没有单独起主导作用的军事行动,这可能是因为属国少数民族吏民时叛时服的行为导致汉廷对其无法给予绝对信任。

除史书上的相关记载外,汉简上也有一些涉及"属国胡骑"的简文:

(1)□属国胡骑兵马名籍　　　　　　　　　　　　　512·35B

(2)以食斥候胡骑二人。五月尽▨　　　　　　　　　182·7

(3)□斡状伯胡骑东去。　　　　　　　　　　　　　187·15

(4)始摸过胡骑外输沈里前　　　　　　　　　　　　515·29

(5)属国胡骑充国佰县泉里呼淦,年廿五,长七尺五寸黑色□□□

73EJT14:2

(6)马千,属国骑千五百,留▨苣苣火即举追,毋出塞□▨

73EJT7:93

(7)入胡骑车粟八十三石八斗▨　　　　　　　　　　EPT52:12

简(1)是记录兵马状况的文书的一部分,其"可以作为汉王朝军队中有'属国胡骑'编制的明确的文物例证"③。而且既然需要造册登记,那么属国胡骑部队应该有相当规模。简(2)说明属国胡骑有时要担任斥候这一特别任务。简(3)与简(4)对于属国胡骑的相关记载由于残断而语义不明,日本学者市川任三根据骑士名籍简的书写格式认为"胡骑"前面的词"可能就是属国中县一级单位的胡名"④。现从简(5)的记载来看确实是有一定可能性的。简(5)的出土地点是金关,其内容应为属国胡骑在通过金关时的过关记录。从简(6)所反映的数字来看,边郡的属国胡骑确实是有相当规模的。简(7)中的"胡骑"即"属于分布在居延地区的属国胡骑"⑤。

综上可知,属国都尉领导下的属国兵是西汉中后期一支重要的军事力量。

① 《史记》卷123《大宛列传》,中华书局,1982,第3174页。

② 《汉书》卷94上《匈奴传上》,中华书局,1962,第3779页。

③ 王子今:《两汉军队中的"胡骑"》,《中国史研究》2007年第3期。

④ 〔日〕市川任三:《论西汉的张掖郡都尉》,吕宗力译,载《简牍研究译丛》第二辑,中国社会科学出版社,1987。

⑤ 李迎春:《居延新简集释(三)》,甘肃文化出版社,2016,第597页。

四　西汉中后期"属国"的设置情况及各属国主要军事任务

从武帝"复增属国"后，西汉王朝根据形势需要置废属国不定，所设置的属国除《汉书》卷28《地理志》所明确记载的五个外，还有散见于纪、传的其他属国，这些属国的设置大都有具体军事、民族任务，值得关注。

上郡属国，由于该属国都尉驻上郡龟兹县，故又称龟兹属国。见于《汉书》卷28《地理志》上郡条："龟兹，属国都尉治。"注引应劭语："龟兹国人来降，因以名县。"又颜师古注曰："龟兹国人来降附者，处之于此，故以名云。"王宗维认为："西汉初年，上郡已有龟兹属国"，但上郡在"秦亡以后，被匈奴占领，汉朝不可能处龟兹归附部落于匈奴管辖地区而设立属国。在此以前，只有秦统一后在此设立郡县，戍守边塞。因此，龟兹属国应是秦王朝为安置龟兹归降部落而设立的"[①]。丁福林认为上郡在文景时期仍然为西汉王朝所有，进而认为"并不能排除在武帝之前汉王朝已在上郡等地设立属国的可能"[②]。即在西汉前期在上郡至少存在安置来降龟兹部落的龟兹属国。笔者认为，该县即以"龟兹"名，可能与早期龟兹人的迁徙有关，然而该县名不见于张家山汉简《二年律令·秩律》，故设置也不可能太早，可能即在文帝时期。至于上郡属国之设，还应该是元狩二年置"五属国"时设立，主要目的是安置河西匈奴降众，为汉保塞，抵御匈奴入侵。据《汉书》卷79《冯奉世传》，元帝时期，"上郡属国归义降胡万余人反去"，《元帝纪》载"上郡属国降胡万余人亡入匈奴"，武沐据相关史料及出土文物论证"归义胡即匈奴"[③]，说明上郡属国虽驻龟兹县，但所辖归义少数民族仍以匈奴为主。当然元帝时尚有上郡属国降胡"万余"，也说明上郡属国至迟在元帝时仍发挥作用。

西河属国，据《汉书》卷28《地理志》载："西河郡美稷县，属国都尉治。"《汉书》卷79《冯奉世传》中记载昭帝末年即元凤六年（前75）或元平元年（前74）"胡伊酋若王亦将众数千人畔"，王宗维据此考证胡伊酋若王"归降的时间不会早于元狩三年，也不会晚于昭帝末年"[④]。而且史书上也记载自汉武帝元狩四年（前119）在对匈奴的大规模军事远征中取得"汉兵得胡首

① 王宗维：《汉代的属国》，《文史》第20辑，中华书局，1983。
② 丁福林：《关于汉代属国的几个问题》，《苏州科技学院学报》2003年第1期。
③ 武沐、王希隆：《汉武帝开发上郡秦故塞以北诸县的量化分析》，《中国经济史研究》2003年第4期。
④ 王宗维：《汉代的属国》，《文史》第20辑，中华书局，1983。

虏凡七万余人"的大胜之后，又曾有几批匈奴南下归附汉王朝，因此，西河属国应是在此期间所设置的。但笔者认为，西河属国都尉应设于元狩三年（前120）"复增属国"之时。《汉书》卷8《宣帝纪》载，五凤三年（前55）"单于阏氏子孙昆弟及呼邀累单于、名王、右伊秩訾、且渠、当户以下将众五万余人来降归义。……置西河、北地属国以处匈奴降者"，说明在宣帝五凤时期西河属国曾重设。而武帝所设置的西河属国可能即在昭帝后期胡伊酋若王将众反叛后被废。汉哀帝时期"莽从弟成都侯王邑为侍中，矫称太皇太后指白哀帝……左迁邑为西河属国都尉，削千户"①。可见第二次设置的西河属国在西汉哀帝时期还存在。

北地属国，和上述西河属国相似，西汉王朝也曾设置过两个北地属国。第一次设置属国的时间应为元狩三年（前120），是为分徙安置降汉的浑邪王部众而设置。第一次设置的北地属国治所在后来所分出的安定郡三水县。《汉书》卷28《地理志》载"安定郡，武帝元鼎三年置"，其由北地郡分置，属县有三水。这次分置把属国治所三水县分于安定郡，即原处于北地郡之属国转属于新分置的安定郡。因此，在宣帝五凤三年（前55）随着匈奴"五万余人来降归义"西汉王朝又"置西河、北地属国以处匈奴降者"。② 即把来降的为数众多的匈奴部众分置于这两处新设置的属国。

安定属国，《汉书》卷28《地理志》载："安定郡，三水，属国都尉治。"安定郡元鼎三年（前114）由北地郡分置，因此，原在北地郡所设置的属国亦分到安定郡内，为安定属国。安定属国在史料中有多次记载，哀帝时刘歆"起家复为安定属国都尉"，其属国的建制一直维持到西汉末。又《后汉书》卷12《卢芳传》载："卢芳，字君期，安定三水人，居左谷中。……王莽末，乃与三水属国羌、胡起兵。"说明在新莽末期安定属国还存在且又被称为三水属国，其属国吏民不仅有匈奴人还安置有羌人部众。后东汉桓帝时期有"安定太守孙俊受取狼籍，属国都尉李翕、督军御史张禀多杀降羌"③ 而受到皇甫规弹劾的记载，这又证明了安定属国的存在一直持续到了东汉后期。

天水属国，《汉书》卷28《地理志》天水郡条有："勇士，属国都尉治。"和上述安定属国所属的安定郡分置于北地郡一样，天水属国所属的天水郡亦于元鼎三年（前114）分置于陇西郡。于是，先前的陇西属国随之也改称为天

---

① 《汉书》卷86《何武传》，中华书局，1962，第3486页。

② 《汉书》卷8《宣帝纪》，中华书局，1962，第267页。

③ 《后汉书》卷65《皇甫规传》，中华书局，1965，第2133页。

水属国。只是北地郡在安定郡分出后，后来在宣帝五凤三年（前55）又设有"北地属国以处匈奴降者"，而陇西郡却在后来不见有设置属国的记载。王宗维认为天水属国的设置是为了安置折兰、卢胡二部民众。① 但武沐根据对相关出土文物的考证分析，认为："汉武帝所设置的陇西属国是当时属国中专门安置一部分降汉的休屠部众的属国，陇西属国安置的休屠部众是内附休屠部众中的主要部分，休屠单于和左右贤王家族均在这部分休屠部众中。"② 两种观点虽然有所不同，但都认为是在武帝时期为安置匈奴降众而设置的。《汉书》卷59《张放传》载汉成帝时，"上不得已，左迁放为北地都尉……出放为天水属国都尉"。可见天水属国的建制至西汉末年还一直存在。

五原属国，《汉书》卷28《地理志》五原郡条载："蒲泽，属国都尉治。"关于五原属国的记载，较早的有《汉书》卷17《景武昭宣元功臣表》，武帝延和（即征和）三年（前90），辉渠忠侯仆朋之子雷电"以五原属国都尉与贰师将军俱击匈奴，没"。同书卷61《李广利传》又载："征和三年，贰师复将七万骑出五原，击匈奴，度郅居水。兵败，降匈奴。"又卷94上《匈奴传上》载："贰师将军将出塞，匈奴使右大都尉与卫律将五千骑要击汉军于夫羊句山峡，贰师遣属国胡骑二千与战。"仆朋封侯是"以校尉从骠骑将军二年再出击匈奴得王功"，后来又"以校尉从骠骑将军二年虏五王功，益封"。③ 元狩二年（前121）夏霍去病与公孙敖再次领兵出北地，"逾居延，遂过小月氏，攻祁连山……获五王"④，上述史料中的"虏五王"应是指的这一事件，则仆朋降汉应在元狩二年（前121）之前。后其子雷电嗣其侯后于征和三年（前90），在击匈奴战死时的官职是"五原属国都尉"。可知至少在征和三年（前90）之前五原属国是存在的，再联系元狩三年（前120）浑邪王率众来降时武帝置属国进行安置的记载，则五原属国的设置应也是在这一时期。《汉书》卷79《冯奉世传》载元帝时冯奉世子"竟宁中以王舅出为五原属国都尉。数年迁五原太守"。及哀帝时刘茂"察孝廉，再迁五原属国候，遭母忧去官"。证明五原属国至西汉末年还存在。

金城属国。与前述属国不同，金城属国的设置主要是为了管理降羌。关于金城属国的设置时间及过程史书有较为明确的记载，《汉书》卷8《宣帝

---

① 王宗维：《汉代的属国》，《文史》第20辑，中华书局，1983。
② 武沐：《汉陇西属国及勇士县考述》，收入王希隆主编《西北少数民族史研究》，民族出版社，2003。
③ 《史记》卷20《建元以来侯者年表》，中华书局，1982，第1040页。
④ 《史记》卷111《卫将军骠骑列传》，中华书局，1982，第2931页。

纪》载，神爵二年（前60）"夏五月，羌虏降服，斩其首恶大豪杨玉、酋非首。置金城属国以处降羌"。同书卷69《赵充国传》也记载有"置金城属国以处降羌"。据王宗维先生考证，金城属国都尉治所最初在金城郡允吾县西。[①]在设置金城属国的同一时期，赵充国向宣帝上奏其屯田之策言："且羌虏易以计破，难用兵碎也。故臣愚以为击之不便。计度临羌东至浩亹，羌虏故田及公田，民所未垦，可二千顷以上……愿罢骑兵，留弛刑应募，及淮阳、汝南步兵与吏私从者，合凡万二百八十一人……至四月草生，发郡骑及属国胡骑伉健各千……为田者游兵。"[②] 把适合于耕种而未开垦的两千顷以上的田地归郡、县编户垦殖，由所在的县进行管理，而河川以外的山谷草场由属国羌民"因其故俗"进行游牧生产，由属国都尉进行管理。

张掖属国，位于张掖郡南部的黑河上河地区，黑河上游的祁连山北麓地带，水草丰盛，冬暖夏凉，正是原匈奴祁连山、焉支（胭脂）山主要牧场所在。由于地处河西走廊中部，北临匈奴，南临羌人，地理位置重要，且少数民族部族较多，故张掖属国的设置在汉王朝的边疆管理上发挥着重要的作用。该属国都尉任务繁重，匈奴和羌降众，皆为其管理对象。《汉书》卷28《地理志》中没有明确关于张掖属国都尉的治所，但在张掖郡条下记载有："日勒，都尉治泽索谷。""番和，农都尉治。""居延，居延泽在东北，古文以为流沙。都尉治。"日本学者市川任三根据这一记载并结合相关史料认为"治于日勒泽索谷的都尉即属国都尉"[③]。这一观点有较大推测成分，暂不取。《续汉书·郡国志》载："张掖属国，武帝置属国都尉，以主蛮夷降者。"据此则张掖属国的设置在武帝时期。关于其具体的设置年代，李并成先生根据居延汉简"征和三年八月戊戌朔己未，第二亭长舒付属国百长千长□"认为在征和三年（前90）张掖属国已存在，因此认为张掖属国的设置时间应在汉武帝征和三年之前。[④] 王宗维先生认为是在太初二、三年（前103～102）置张掖郡不久之后，"为管理张掖地区各少数民族归附部落，在张掖郡设置张掖属国"[⑤]。其他的学者大都也认为属国的设置在郡之后，即先有郡才有郡内的属国。笔者认

①　王宗维：《汉代的属国》，收入氏著《中国西北少数民族史论集》，三秦出版社，2009，第182～203页。

②　《汉书》卷69《赵充国传》，中华书局，1962，第2986页。

③　〔日〕市川任三：《论西汉的张掖郡都尉》，吕宗力译，载中国社会科学院历史研究所编《简牍研究译丛》第二辑，中国社会科学出版社，1987。

④　李并成：《汉张掖属国考》，《西北民族研究》1995年第2期。

⑤　王宗维：《汉代的属国制度与民族关系》，收入氏著《中国西北少数民族史论集》，三秦出版社，2009，第204～214页。

为，元狩三年（前120），汉武帝设五属国中肯定没有张掖属国，当时是把张掖地区的人迁至"边五郡故塞外"而设属国，非在张掖地区设属国。张掖属国的设立应在张掖置郡后不久。除了传统史料所记载，出土的居延汉简中也有关于张掖属国的记载，有如下几条：

（1）三月丙午，张掖长史延行大守事肩水仓长汤兼行丞事，下属国农部都尉小府县官承书从事，下当用者如书。守属宗助府佐定。10·32

（2）张掖属国司马赵□功一劳三岁十月廿六日，渔阳守司马宗室刘护□　　　　　　　　　　　　　　　　　　　　　　　　　　　　　　53·8

（3）□史大夫广明下丞相承书从事下当用者，如诏书，书到言

□□郡大守诸侯相承书从事下当用者，如诏书，书到，明白布告□

□到，令遣害郡县以其行止□如诏书律令，书到言。丞相史□

□下领武校居延属国、部、农都尉县官承书□　　　　　　　65·18

（4）□敢告居延属国部□

□□□里邑□□□　　　　　　　　　　　　　　　　　　　　216·1

（5）□掖大守寿下属□　　　　　　　　　　　　　　　　　314·2

简（1）已与其他7枚简一起被日本学者大庭脩复原为一简册，是宣帝元康、神爵之际的诏书。[①] 简（3）所记大夫广明根据简文诏书格式应为御史大夫田广明，据《汉书》卷19上《百官公卿表上》，田广明为御史大夫在宣帝继位之初至本始三年（前71年）间。由此可证，宣帝时张掖郡下有张掖属国存在。

据简（4）以及简（3）中"居延属国"的记载，陈梦家先生认为西汉时期张掖居延属国至迟在宣帝时已建立。[②] 市川任三认为"居延属国"应训作"居延、属国"。则简文中的"居延属国"分别指的是居延都尉和属国都尉。[③]《中国简牍集成》在对简（3）的简文进行逗断时亦是把"居延""属国"分开，[④] 则西汉时期是否存在居延属国难以确定。简（5）残损严重，年代等信息不明，但根据以上所举简文中的诏书下发格式，此枚简或许可以理解为张掖大守下发给张掖属国都尉的执行命令。从史书上的记载来看，张掖属国的

① 〔日〕大庭脩：《秦汉法制史研究》，林剑鸣等译，上海人民出版社，1991，第193~201页。

② 陈梦家：《两汉都尉考》，收入氏著《汉简缀述》，中华书局，1980，第40~41页。

③ 〔日〕市川任三：《论西汉的张掖郡都尉》，吕静力译，载中国社会科学院历史研究所编《简牍研究译丛》第二辑，中国社会科学出版社，1987，第200页。

④ 中国简牍集成编委会编《中国简牍集成·甘肃省内蒙古自治区卷》，敦煌文艺出版社，2001，第5册第184页。

存在一直持续到东汉时期，并且有了较大的变化。

关于张掖属国内的民族状况，居延新简中有相关记载：

（1）甲渠言部吏，毋作使属国秦胡卢水士民者。　　　　EPF22：696

（2）建武六年七月戊戍朔乙卯☐，☐甲渠鄣守候敢言之。府移大将军
莫府书曰：属国秦胡卢水士民，从兵起以来☐☐困愁苦，多流亡在郡县。
吏☐　　　　　　　　　　　　　　　　　　　　　　　EPF22：42＋322

（3）匿之。明告吏民，诸作使秦胡卢水士民畜牧、田作不遣，有无
四时言。谨案：部吏毋作使属国秦胡卢水士民者。敢言之。　EPF22：43

上述简文中的"属国"即为张掖属国，"府"应为居延都尉府，简文反映的是
居延都尉府传达"大将军莫府书"的相关内容，即要求下属各县以及张掖属
国，不得隐瞒或使役自王莽末年以来因战乱而流亡到河西各郡县的张掖属国
秦胡与卢水士民。对于简文中"秦胡"所指，各专家学者众说纷纭，始终没
有定论，但尽管如此，它是张掖属国所管辖的异于汉民的少数民族则是没有
争论的。虽然上述简文中的时间是建武六年（30），但中间距离西汉灭亡的时
间不长，仍然可以反映出西汉时期张掖属国的民族情况。

综上，西汉的属国主要是在西北边郡地区设置，主要是为了安置匈奴降众，
也存在安置其他少数民族的情况。如上述金城属国就是为安置归降羌民而设置
的，而且有时在同一属国内也安置有多个少数民族民众。另外，属国还存在废
置和复置的情况。正如贾敬颜先生所言，"盖社会有安定，有混乱，对边疆来
说，政治力量有时达得到，有时达不到，而属国的人民，特别是那些内属的匈
奴人、羌人等等，必然有降便有叛"，所以"属国有兴有废，有的需要重建乃至
三建"，① 如西河属国。西汉王朝对归降的少数民族设置属国进行安置，在属国都
尉的领导下不改变其游牧民族的生活方式，"因其故俗"对其进行管理，在一定程
度上恢复了秦的二元体制，强化了汉王朝对边疆少数民族的控制能力。这一民族政
策对西汉王朝边疆的稳定与发展具有重大作用，因而也为后来的东汉王朝所延续。

第四节　"典属国"的裁撤和属国都尉系统的发展

西汉武帝时设置了属国都尉制度，昭宣时期，随着西河、北地属国的复
置，此制度在汉代边防和民族关系中发挥了越来越重要的作用。而与此相反，

---

①　贾敬颜：《汉属国与属国都尉考》，《史学集刊》1982 年第 4 期。

景帝时期的典属国制度，却影响渐微，至成帝河平元年（前28）最终被裁撤，相关职能并入大鸿胪。属国都尉与典属国，从西汉中后期开始，一个继续发挥作用直至东汉，一个迅速废弃。究其原因，当与西汉后期民族关系、边防形势，尤其是西汉王朝的民族政策有密切关系。

有学者认为，典属国的废止和典属国与属国都尉及大鸿胪在职责上的相似性及西汉后期匈奴衰落后汉王朝对匈奴政策的调整有关。关于典属国与属国都尉的职责，前已论述，武帝之后，属国都尉系统主要承担管理少数民族人、组织相关军事力量的任务，而典属国则更侧重于外交。且属国都尉设置于武帝元狩三年（前120）左右，其机构组织在武帝后期和昭宣时期有大的发展，如果是因为其与典属国职责重复而要裁撤典属国的话，应该在武帝或昭宣时期即予以裁撤，怎么会晚至成帝河平年间方才裁撤呢？因此，有的学者提出的属国具体事务"受属国都尉统领，典属国失去了管理对象，遂加裁并"的观点其实尚有可商之处。《汉书》卷19上《百官公卿表上》载："典客，秦官，掌诸侯归义蛮夷，有丞。景帝中六年更名大行令，武帝太初元年更名大鸿胪。"《续汉书·百官志》载："大鸿胪，卿一人，中二千石。本注曰：掌诸侯及四方归义蛮夷。其郊庙行礼，赞导，请行事，既可，以命群司。诸王入朝，当郊迎，典其礼仪。及郡国上计，匡四方来，亦属焉。皇子拜王，赞授印绶。及拜诸侯、诸侯嗣子及四方夷狄封者，台下鸿胪召拜之。王薨则使吊之，及拜王嗣。丞一人，比千石。"由于这些记载，故有学者认为典属国与大鸿胪在对少数民族行使职责方面有相似之处，即典属国"掌蛮夷降者"，大鸿胪"掌诸侯及四方归义蛮夷"，不同之处仅在于前者所掌的"蛮夷降者"是指脱离其本民族部落而率众来降者，后者所掌"归义蛮夷"指的是"成为西汉王朝藩属的边疆民族政权"。由于有相似之处而典属国最终被废。笔者认为，《汉书》卷19上《百官公卿表上》关于典属国与大鸿胪职责上的近似性描述，不排除受河平元年（前28）典属国归并大鸿胪事的影响，河平元年之后，大鸿胪兼行典属国职责，因此掌"四方归义蛮夷"，而在河平元年之前，尤其是武帝后期至昭宣元时期，我们从《汉书》中基本见不到大鸿胪参与少数民族事务的记载，当时大鸿胪的主要职责是管理诸侯礼仪，因此从二者职责相似角度谈典属国废止原因，似乎有本末倒置之嫌。至于说呼韩邪南下"称臣入朝事汉"后，匈奴政权已隶属于西汉王朝，继续设置招徕降众的典属国就会使已接受汉王朝统治的匈奴产生猜忌，不利于双方的往来，因此废止典属国，似乎也不符合历史实际。第一，呼韩邪单于降汉之后，虽然汉匈关系总体改良，但仍有匈奴人继续降汉的事件发生，如元帝时即有左伊秩訾"将其众千余人"降汉；第二，典属国的主要职责并不仅是管理少数民族降众，更多担负的是管理对匈外交的事务，即使在呼韩邪降汉后汉廷真的要考虑匈奴在"招徕降众"方面的感受，似乎应撤销的也是属国都尉而不应是负责外交的典属国。但历史实际却是保留了属国都尉系统而废止了典属国。

属国都尉系统与典属国，无论是设立的背景，还是发挥的作用以及性质都有显著差别。典属国虽也掌归义少数民族，但还担负有较多的外交事务，尤其是管理汉匈间来往使节和组织关市。其成立的背景是汉匈关系尚未完全破裂，双方关系以和亲、关市、使节来往等和平外交活动为主，当时虽有匈奴人因种种原因降汉，但总体来说匈奴降人数量较小，设在中央的典属国可以组织这些降众作为武装力量。但武帝中期之后，汉匈关系破裂，关市关闭，随着大规模战争的展开，匈奴及各族降众数量激增，仅凭中央典属国已不能妥善安置、组织这些降人。元狩三年（前120），数万河西匈奴降人随骠骑将军霍去病进入长安，可能最初打算是由中央典属国对其进行安置、组织，但大量匈奴降众的涌入不仅给汉王朝带来了极大经济压力，更带来了治安、稳定等各方面的问题，因此，汉武帝才决定将他们迁出长安，安置在"边五郡故塞外"，建立属国都尉系统对其管理。新建的属国都尉系统，虽仍以管理归义少数民族事务为主要职责，但如前所述在职能、性质上与典属国已有质的差别。二者应对的外交环境不同，职能也不同，典属国以外交事务为主，兼及管理降人、组织军事力量，而这支军事力量似乎仍以卫戍京师为主要职责，并没有典型的边防军事意义。但属国都尉系统则完全不理外交，行政上受边郡太守节制，以组织管理归义少数民族、组建属国兵、捍卫边疆为主要职责，除了组织属国军队外，还利用少数民族故有组织来管理少数民族民众，兼具地方、军事、民族特征。既适应汉匈战争状态为主的大环境，又成为瓦解、分化匈奴势力，融化大量少数民族降人，开展对匈军事行动的工具，且履行管理外族降人的职责，适应大一统帝国的巩固与发展。

据《汉书》，西汉时期担任过典属国一职者如西汉典属国职任表所示：

表1　西汉典属国职任表

任典属国者	相关记载	史料出处
公孙昆邪	景帝即位……典属国公孙昆邪为上曰……上乃徙广为上郡太守。	《汉书》卷54《李广传》
苏武	前使匈奴，留单于庭十九岁乃还，奉使全节，以武为典属国。	《汉书》卷7《昭帝纪》

任典属国者	相关记载	史料出处
杨谭	元康三年，侯谭嗣，九年，五凤四年，坐为典属国季父恽有罪，谭言诽，免。	《汉书》卷18《外戚恩泽侯表》
常惠	后代苏武为典属国，明习外国事，勤劳数有功。甘露中，后将军赵充国薨，天子遂以惠为右将军，典属国如故。	《汉书》卷70《常惠传》
冯奉世	元帝即位……右将军典属国常惠薨，奉世代为右将军典属国，加诸吏之号。	《汉书》卷79《冯奉世传》
任立	永光二年秋，陇西羌彡姐旁种反……于是遣奉世将万二千人骑，以将屯为名。典属国任立、护军都尉韩昌为偏裨，到陇西，分屯三处。	《汉书》卷79《冯奉世传》

其中除公孙昆邪和任立外，其他人皆有较丰富的外交经验。苏武为典属国的原因颜师古注引如淳曰："以其久在外国，知边事，故令典主诸属国。"① 明确指出，任命典属国首先考虑的是"久在外国，知边事"，即有外交经验。后任者常惠与其相似，亦是因"明习外国事"。常惠曾多次出使乌孙，联合乌孙出击匈奴，迎送乌孙公主，平定乌孙内乱，是汉乌关系史上最为重要的外交家。关于其在汉乌关系中的活动，《汉书》及近出悬泉置汉简中有详细记载，《汉书》主要记叙了常惠的外交活动，而悬泉汉简中悬泉置招待常惠使团、传递来往邮书的记录，则为我们了解常惠的外交活动提供了生动、丰富的史料。悬泉汉简：

> 入糜小石二石。本始五年二月乙卯，县泉厩佐广意受敦煌仓啬夫过送长罗令史。
> 　　　　　　　　　　　　　　　　　　　　Ⅰ 90DXT0209⑤：17②

是悬泉置招待"送长罗令史"的用粮记录，其中"送长罗令史"当是某机构负责迎送长罗侯常惠使团的令史。

> 上书二封。其一封长罗侯，一乌孙公主。甘露二年二月辛未日夕时受平望译（驿）骑当富，县（悬）泉译（驿）骑朱定付万年译（驿）骑。
> 　　　　　　　　　　　　　　　　　　　　Ⅱ 90DXT0113③：65③

---

① 《汉书》卷7《昭帝纪》，中华书局，1962，第223页。

② 郝树声、张德芳：《悬泉汉简研究》，甘肃文化出版社，2016，第40页。

③ 胡平生、张德芳：《敦煌悬泉汉简释粹》，上海古籍出版社，第137页。

是悬泉驿传递来往邮书的记录，其中同时传送了长罗侯和乌孙公主的两份上书，反映了常惠在乌孙与乌孙公主合作的外交活动。

> 鱼离置为长罗侯车吏士，置传一封诏□。　　　Ⅰ91DXT0309③：309①
> 使乌孙长罗侯惠遣斥候恭，上书诣行在所。以令为驾一乘传。甘露二年二月甲戌，敦煌骑司马充行大守事，库令贺兼行丞事，谓敦煌以次为，当舍传舍，如律令。　　　Ⅴ1311③：315②

两简都是敦煌郡、鱼离置等机构为常惠属员的外交活动提供传车的记录。悬泉汉简"县（悬）泉置元康五年正月过长罗侯费用薄"，记录了元康五年（前61）悬泉置招待长罗侯一行的开支情况。敦煌汉简：

> 出茭一钧七斤半斤，以食长罗侯垒尉史官橐他一匹，三月丁未发至煎都行道食，率三食食十二斤半斤。　　　2066

也是敦煌边塞招待长罗侯属员的记录。

关于长罗侯常惠出使乌孙的情况，郝树声、张德芳等学者有详细论述，在此不赘。但据《汉书》卷70《常惠传》，我们可以发现常惠之所以能够担任典属国，除了与他曾跟随苏武在匈奴19年的经历有关外，还与其在宣帝时卓越的外交表现有关：

> 汉五将皆无功，天子以惠奉使克获，遂封惠为长罗侯。复遣惠持金币还赐乌孙贵人有功者，惠因奏请龟兹国尝杀校尉赖丹，未伏诛，请便道击之，宣帝不许。大将军霍光风惠以便宜从事。惠与吏士五百人俱至乌孙，还过，发西国兵二万人，令副使发龟兹东国二万人，乌孙兵七千人，从三面攻龟兹，兵未合，先遣人责其王以前杀汉使状。王谢曰："乃我先王时为贵人姑翼所误耳，我无罪。"惠曰："即如此，缚姑翼来，吾置王。"王执姑翼诣惠，惠斩之而还。

其继任者冯奉世也有多次出使西域的经历，且表现与常惠有相类之处。《汉书》卷79《冯奉世传》载：

> 先是时，汉数出使西域，多辱命不称，或贪污，为外国所苦。是时

---

① 胡平生、张德芳：《敦煌悬泉汉简释粹》，上海古籍出版社，第140页。
② 胡平生、张德芳：《敦煌悬泉汉简释粹》，上海古籍出版社，第142页。

乌孙大，有击匈奴之功，而西域诸国新辑，汉方善遇，欲以安之，选可使外国者。前将军增举奉世以卫候使持节送大宛诸国客。至伊修城，都尉宋将言莎车与旁国共攻杀汉所置莎车王万年，并杀汉使者奚充国。时匈奴又发兵攻车师城，不能下而去。莎车遣使扬言北道诸国已属匈奴矣，于是攻劫南道，与歃盟畔汉，从鄯善以西皆绝不通。都护郑吉、校尉司马意皆在北道诸国间。奉世与其副严昌计，以为不亟击之则莎车日强，其势难制，必危西域。遂以节谕告诸国王，因发其兵，南北道合万五千人进击莎车，攻拔其城。莎车王自杀，传其首诣长安。诸国悉平，威振西域。奉世乃罢兵以闻。宣帝召见韩增，曰："贺将军所举得其人。"奉世遂西至大宛。大宛闻其斩莎车王，敬之异于它使，得其名马象龙而还。上甚说，下议封奉世。

　　不久后，上郡属国归义降胡万余人反去，冯奉世又持节将兵追击。故右将军典属国常惠死后，冯奉世代为右将军典属国，加诸吏之号。冯奉世能接替常惠担任典属国，显然与其出众的外交表现有密切关系。

　　昭宣及元帝前期出任典属国者，主要是在外交上有突出表现者，而非在军事上有突出表现者，这应与属国都尉设置后代替典属国承担了较多组织少数民族降众军队任务有关。昭宣时期，汉匈对峙，双方相争的焦点除了直接对抗外，更重视对西域诸国的争取。在边防军事活动之外，国家尤其重视外交活动，急需表现优异、果敢勇决的使节。因此，虽说由于属国都尉的设立，典属国招徕、管理少数民族人的作用有所下降，但外交上的职能得到强化，仍是不可或缺的重要职位。由于当时朝廷重视外交，任典属国者往往还加"右曹""诸吏""将军"等衔，进入内朝，成为皇帝在外交方面的顾问，影响最高决策，发挥重要作用。当然，典属国大都进入内朝，不仅反映了其地位的提高，还显示了其需要履行的具体庶务确有减少的趋势，只是由于国家对外交的需要，该职仍保持较高地位。

　　呼韩邪降汉，尤其是郅支单于"悬首稿街"之后，东亚政治秩序发生重大变化，汉王朝在东亚、中亚地区的霸主地位再无人可以撼动。随着形势大为好转，汉王朝对匈奴、对西域开始以宗主身份自居。对西域再无须刻意拉拢，对匈奴也无须过度讲究外交技巧。因此，汉王朝外交事务的复杂性、技巧性，以及外交在国家战略中的重要性皆大为下降。外交逐渐成为日常礼仪行为，而非有关国家安全的重大战略。而大鸿胪长期处理与诸侯有关的礼仪行为、日常行政，完全有能力担负起对西域、匈奴的礼仪外交。因此，典属国的存在空间日益萎缩，最终在成帝河平年间并入大鸿胪。

典属国一职并入大鸿胪，并不意味着招徕少数民族降人、利用少数民族军队、管理少数民族部众的战略废弃，相反这些战略在整个汉代都长期维持，甚至在西汉后期更是得到了显著发展。这主要是因为武帝之后负责归义少数民族主要事务的既不是典属国也不是大鸿胪，而是设在边郡的属国都尉系统。

典属国并入大鸿胪以后，边郡属国都尉系统继续发挥作用，其管理少数民族、组建属国兵、捍卫边防的作用继续发挥。汉平帝元始五年（5），中郎将平宪曾上奏言："羌豪良愿等种，人口可万二千人，愿为内臣……宜以时处业，置属国领护。"① 可见即使在西汉末年，设置属国仍是统辖、管理归义少数民族的首选方案。但由于王莽片面追求"致太平"的政治目标，为补有东海郡、南海郡、北海郡而无西海郡的"缺憾"，故在条件不成熟的情况下，径设西海郡而放弃了"因俗而治"的属国方案，最终在一年之后就引发了西海羌人的反叛，不久西海郡得而复失。由此事也可发现，在西汉后期，属国都尉制度在管理少数民族事务方面具有重要价值。

西汉后期，随着与周边民族战争的逐渐平息和国内社会矛盾的尖锐，汉王朝军队的战斗力有下降趋势。在这种情况下，以少数民族居民组成的属国兵在边防中的作用就更为凸显。属国都尉和属国兵的军事地位更是持续提高。在两汉之际的分裂混乱中，我们可以发现属国兵已成为一支重要力量。《后汉书》卷12《卢芳传》载，王莽末，卢芳利用"三水属国羌胡"起兵，更始帝至长安后，鉴于卢芳的军事力量，任命卢芳为骑都尉，使镇抚安定以西。同传载，当时与匈奴联合发动叛乱的驳马少伯也是安定属国胡，其反叛依靠的力量也是"种人"，即安定属国胡。更为人熟知的例子是窦融，《后汉书》卷23《窦融传》载，更始帝准备任命窦融为巨鹿太守：

> 融见更始新立，东方尚扰，不欲出关，而高祖父尝为张掖太守，从祖父为护羌校尉，从弟亦为武威太守，累世在河西，知其土俗，独谓兄弟曰："天下安危未可知，河西殷富，带河为固，张掖属国精兵万骑，一旦缓急，杜绝河津，足以自守，此遗种处也。"兄弟皆然之。融于是日往守萌，辞让巨鹿，图出河西。萌为言更始，乃得为张掖属国都尉。融大喜，即将家属而西。既到，抚结雄杰，怀辑羌虏，甚得其欢心，河西翕然归之。

窦融拒绝巨鹿太守职位，而心仪张掖属国都尉，主要原因即是看中了以羌虏

为主体的"张掖属国精兵万骑",这支军事力量进可进取、建功立业,退也"足以自守"。后来,窦融果以此力量为基础,建立河西五郡联盟,成为"行河西五郡大将军事",在东汉初年群雄逐鹿的环境中成为一支重要力量。在窦融被推举为"行河西五郡大将军事"后,窦融仍"居属国,领都尉职如故,置从事监察五郡"①,终其割据河西之世,从未放弃张掖属国都尉一职,可见这支军事力量对窦融集团的重要意义。

进入东汉后,属国都尉系统仍在发挥重要作用,《后汉书》中关于属国都尉的记载比比皆是。当然,由于东汉民族政策的调整,及属国居民构成的变化和内附匈奴、羌人生活方式的转变,到东汉后期,属国都尉系统逐渐开始了郡县化的历程,至汉末基本完成。属国都尉系统从汉武帝元狩年间设立,至东汉末年退出历史舞台,前后实行近 300 年,在管理归义少数民族、维护汉帝国边防稳定方面发挥了重要作用。

---

① 《后汉书》卷 23《窦融传》,中华书局,1965,第 797 页。

第九章　使职领护管理与羁縻管理

汉代西北地区作为新纳入集权帝国统治的地区，民族成分多样，经济生产方式和文化形态都与中原地区有较大差别。而空间距离，关山阻隔和高成本的交通、通信，更决定了汉王朝对西北地区管理的多样化。河西地区及河湟地区与中原地区联系密切且处于交通要冲，同时又是丝路孔道，汉王朝主要采取了郡县化行政管理以及属国管理的方式。对西域地区、河湟以外的羌人地区则不以基层控制为目的，主要采取了以使职领护为主要特征的军事管理方式。而在国力下降、收缩政策起主导作用的时候，汉王朝对部分偏远地区连稳定的军事管理也难以做到，只能维持以"羁縻"为特征的管理状态。

第一节　汉代的使职领护制度

一个大一统帝国的统治，需考虑主体民族的核心地位、统治能力和行政管理的递远递增成本。《国语·周语上》载，周穆王将征犬戎，祭公谋父反对称：

> 夫先王之制：邦内甸服，邦外侯服，侯卫宾服，蛮夷要服，戎狄荒服。甸服者祭，侯服者祀，宾服者享，要服者贡，荒服者王。日祭、月祀、时享、岁贡、终王，先王之训也。有不祭则修意，有不祀则修言，有不享则修文，有不贡则修名，有不王则修德，序成而有不至则修刑。于是乎有刑不祭，伐不祀，征不享，让不贡，告不王。于是乎有刑罚之辟，有攻伐之兵，有征讨之备，有威让之令，有文告之辞。布令陈辞而又不至，则增修于德而无勤民于远，是以近无不听，远无不服。今自大毕、伯士之终也，犬戎氏以其职来王。天子曰："予必以不享征之，且观之兵。"其无乃废先王之训而王几顿乎！吾闻夫犬戎树，惇帅旧德而守终纯固，其有以御我矣！

这段话明确界定了要服、荒服地区与华夏核心区对王朝承担义务的不同，同时也反映了王朝对他们统治政策的区别。要服、荒服地区承担的义务是"岁贡""终王"，如果它们不承担义务，周王对其惩罚是"让"和"告"，即

"威让之令""文告之辞",而非"刑""伐""征"。即使"布令陈辞而又不至",统治者也必须克制,"增修于德而无勤民于远"。为什么对于要服、荒服地区要如此容忍?究其原因则是要服、荒服地区距离核心统治区太远,武力征服和直接统治成本过高。周穆王拒绝了祭公的谏诤,执意征讨犬戎,最后结果是"得四白狼,四白鹿以归。自是荒服者不至",虽取得胜利,但得不偿失,成为后世镜鉴。

成书于战国时期的《尚书·禹贡》也有类似表述:

> 五百里甸服:百里赋纳总,二百里纳铚,三百里纳秸服,四百里粟,五百里米。五百里侯服:百里采,二百里男邦,三百里诸侯。五百里绥服:三百里揆文教,二百里奋武卫。五百里要服:三百里夷,二百里蔡。五百里荒服:三百里蛮,二百里流。

同样反映了统一帝国的统治边界。

强盛时期的汉帝国国力非周代可比,但同样会有其统治边界。汉武帝元狩二年(前121),河西之战取得决定性胜利,匈奴浑邪王归汉,残余匈奴被迁徙安置于五属国,河西地空。但此时的汉武帝并没有考虑将河西走廊彻底郡县化、完全占领,而是希望能劝说乌孙东归,帮助汉王朝实现"隔绝羌胡"的战略目的。究其原因,显然是汉王朝并不愿意承担统治河西的高昂的行政成本。直到张骞第二次出使西域劝说乌孙东归彻底失败,汉武帝才下定决心对河西走廊实行直接统治。而对于有诸城邦小国和乌孙政权的西域地区、祁连山南麓和陇西塞外的羌人地区以及阴山和内蒙古草原以北的游牧民族地区,直接进行郡县化管理显然并非汉王朝第一选择。对汉王朝来说,如果能对这些地区施加军事影响,通过使职领护等方式保证其稳定、亲汉,为汉王朝国防战略、交通畅通提供支持,至少不为敌对政权所用,应该是最好的选择。正因如此,我们可以发现在两汉的大部分时间内,汉王朝除了通过郡县行政、属国都尉等政军系统管理西北少数民族外,更多则是发挥以使职领护为主的军事管理体系的作用。甚至在王朝势力衰弱时,会采取羁縻等方式以维持最低限度的联系和影响。

专制主义中央集权制度本身存在体制性矛盾。一方面皇帝希望大权独揽,对任何可能会影响其专制的机构、个人怀有不信任感;另一方面皇帝个人的精力和能力有限,必须依靠包括宰相在内的官僚集团执政。关于这一矛盾,学者多有关注,一般关心的问题即是君主专制时期君权、相权矛盾。其实在官僚制度下,这一问题不仅涉及皇权相权,也涉及作为君主近臣的使职的派出以及官僚化。廖伯源《使者与官制演变——秦汉皇帝使者考论》曾关心过汉代使者转变为行政官员的过程，对作为皇帝代表的使者"出而监督、指导各级行政官员，或越过行政系统直接执行皇帝的命令……甚至长期代替行政官员行使职权，而终于演变为行政官员"的现象予以分析。[1] 廖伯源认为汉王朝在正常的行政系统外，有大量"使职"。这些使职大都为重要的临时性事务而设，使者常持节代表皇帝处理特定方面政务，具有高效、灵活的特征。有些使职类官员因事而设，事止即罢，但也有些使职类官员长期存在，在某些事务方面发挥了持续的影响力。如大家熟知的刺史，即是典型的使职官员，由于国家对地方监察一直很重视，故该职从武帝元封年间设置后一直持续到汉朝灭亡。廖伯源认为部分使职拥有"监军领兵、领护外族"的责任，并对"使匈奴中郎将""护羌校尉""护乌桓校尉""西域都护"等长期拥有专职使者身份之官员进行了详述。[2]

其实，对"使匈奴中郎将""护羌校尉""护乌桓校尉""西域都护"等官职在经营周边少数民族过程中发挥作用的关注，早在东汉时期范晔的《后汉书》中就已着意。《后汉书·西南夷传》"论"曰：

> 汉氏征伐戎狄，有事边远，盖亦与王业而终始矣。至于倾没疆垂，丧师败将者，不出时岁，卒能开四夷之境，款殊俗之附。若乃文约之所沾渐，风声之所周流，几将日所出入处也。著自山经、水志者，亦略及焉。虽服叛难常，威泽时旷，及其化行，则缓耳雕脚之伦，兽居鸟语之类，莫不举种尽落，回面而请吏，陵海越障，累译以内属焉。故其录名中郎、校尉之署，编数都护、部守之曹，动以数百万计。若乃藏山隐海之灵物，沉沙栖陆之玮宝，莫不呈表怪丽，雕被宫帷焉。又其賨幏火毳，驯禽封兽之赋，軿积于内府。夷歌巴舞殊音异节之技，列倡于外门。岂柔服之道，必足于斯？然亦云致远者矣。蛮夷虽附阻岩谷，而类有土居，连涉荆、交之区，布护巴、庸之外，不可量极。然其凶勇狡算，薄于羌狄，故陵暴之害，不能深也。西南之徼，尤为劣焉。故关守永昌，肇自远离，启土立人，至今成都焉。

章怀太子注"中郎、校尉"称："谓护匈奴中郎将及戊己校尉等。"而其中

---

① 廖伯源：《使者与官制演变——秦汉皇帝使者考论》，文津出版社，2006，第9页。

② 参廖伯源《使者与官制演变——秦汉皇帝使者考论》卷6和卷11，文津出版社，2006，第133~162、281~320页。

"都护"显然是西域都护。这段话对护匈奴中郎将、戊己校尉、西域都护等专职使者在柔服、致远方面发挥的作用予以高度评价,应该说与前引班彪上奏一样,都反映了古代有识之士对"使职领护"制度意义的认识。廖伯源的成果则是对这一认识的进一步推进。

笔者认可廖伯源对汉代"使匈奴中郎将""护羌校尉""护乌桓校尉""西域都护"等职官性质——正在向有固定职掌之行政官员转变的专职使者——的界定,并进一步认为这些以周边少数民族为主要职掌的专职使者的存在和运转不仅是皇权扩张的途径,更是汉代对周边少数民族管理多样化的表现。西汉中期之后,随着国家面临的民族和边疆事务增多,为保证皇帝对边疆、民族事务的操控权,也为了弥补羁縻体制的缺陷和适应边疆、民族事务新形势,汉王朝开始派遣"使者"从事相关事务,推行"使职领护"制度。在汉中央少数民族管理体制中,"使职领护"体制的推行是对郡县体制和属国体制的重要补充,是汉帝国在综合考量统治成本、效率等因素后,追求对周边少数民族管理利益最大化的选择,在汉王朝少数民族管理体制中具有重要地位。

第二节　护羌校尉

护羌校尉是汉代设置的以领护西羌、处理羌人事务为主要职责的使职官员。

一　汉羌关系的特点

在两汉时期的西北民族关系中,由于历史和地域的原因,汉羌关系最为复杂。羌作为部族称号,在甲骨文中就已多次出现。商末聚集在周武王麾下参与"翦商"的"牧誓八国"中有"羌"。至战国时,河湟间的羌人与中原王朝已有密切联系。《后汉书·西羌传》所记载的秦厉公时期的无弋爱剑,秦献公时期的忍、舞、卬,秦孝公时期的研,与两汉时期影响颇大的研种羌、烧当羌,族系关系非常明确,这是史实,而非传说。对华夏族来说,羌族、匈奴和西域诸国虽然在生产方式上都与华夏族有一定差别,但华夏族已能从文化心理认同方面将"出自三苗,姜姓之别"的羌人与匈奴、西域分离开来,对其有一定的文化认同。

此外,羌人主要分布的河湟区域,北连武威,东连陇西,西北通过鲜水与敦煌、酒泉、张掖相贯通,除西南部赐支河曲、河首地区外,基本已被占有河西走廊的汉王朝的直辖疆域所囊括。且祁连山、青海湖和黄河上游地区地理单元分割严重，羌人种落众多，没有像匈奴那样形成统一强权，在政权组织形式上也较西域城邦诸国落后，客观上也为汉王朝分而击之、分化管理提供了有利条件。

对于这样一个与华夏族有着密切关系，分布区域与汉王朝疆域犬牙交错，政权组织形式分散、落后，对汉王朝国防又有着重要战略意义的部族，汉王朝对其统治方式的选择，无疑会非常慎重。

在经营河湟、统治羌人的过程中，我们可以发现汉王朝并未完全放弃郡县化——通过行政手段直接管理——的方式，这是汉王朝管理西北民族中的一个特例。汉武帝中期以后河西郡县化进程开始。需注意的是，河西郡县化并非对原有匈奴民众的郡县化管理，而是在驱逐河西地区原有匈奴部落基础上实行的郡县化，其编户齐民主要是内地迁徙来的汉族民众，是一种移民体制的郡县化。但通过悬泉汉简，我们发现，在河西郡县化进程中，汉王朝虽基本排除了匈奴人的参与，却给羌人以编户民的地位。据前文所述，悬泉汉简中有大量羌人居住于敦煌郡内，甚至为敦煌郡官方行政机构服务，承担御、驿等责任的记载。《后汉书》中也经常可见到河西四郡中羌人活动的记录，如《西羌传》载："肃宗建初元年，安夷县吏略妻卑湳种羌妇，吏为其夫所杀，安夷长宗延追之出塞，种人恐见诛，遂共杀延，而与勒姐及吾良二种相结为寇。"为安夷县吏所略的卑湳种羌妇及卑湳种人显然是居住于塞内安夷县境的。《后汉书·西羌传》还记载："至王莽辅政，欲耀威德，以怀远为名，乃令译讽旨诸羌，使共献西海之地，初开以为郡，筑五县，边海亭燧相望焉。"王莽时期设置的西海郡，显然以羌人为主要居民。此外，西汉赵充国、东汉马援在镇压羌乱后，都曾经大量徙羌人于内郡，所谓"昔先零作寇，赵充国徙令居内，煎当乱边，马援迁之三辅，始服终叛，至今为鲠"[1]。这些徙入内郡甚至三辅的羌人，显然应属于郡县制下的编户民。除了郡县直接管理外，汉王朝设计的属国都尉制度，同样适用于降汉的羌人。汉宣帝神爵年间羌乱被镇压后，

其秋，羌若零、离留、且种、兒库共斩先零大豪犹非、杨玉首，及

---

[1] 《后汉书》卷65《段颎传》，中华书局，1965。章怀太子注赵充国事称："宣帝时，充国击西羌，徙之于金城郡也。"注马援事称："迁置天水、陇西、扶风，见《西羌传》也。"《后汉书》卷87《西羌传》载："（建武）十一年夏，先零种复寇临洮，陇西太守马援破降之。后悉归服，徙置天水、陇西、扶风三郡。"

诸豪弟泽、阳雕、良兒、靡忘皆帅煎巩、黄羝之属四千余人降汉。封若
零、弟泽二人为帅众王，离留、且种二人为侯，兒库为君，阳雕为言兵
侯，良兒为君，靡忘为献牛君。初置金城属国以处降羌。①

其中金城属国的设置无疑是为了管理神爵二年（前60）羌乱后降汉的羌人。

当然由于羌人情况的复杂，尤其是遍布汉塞内外，支属种落众多，故单
纯的郡县体制和属国体制在管理羌人方面皆有未及之处，故以护羌校尉和护
羌校尉营为代表的使职领护制度也建立起来。

二　护羌校尉的使职性质

校尉是武职，原为一校之尉。《说文·木部》：“校，木囚也。”校原指类
似于枷械的木制刑具，后引申为栅栏，再引申则为军营。《集韵·效韵》：
“校，木为栏格，军部及养马用之，故军尉、马官皆以校为名。”由军营而引
申为军队建制，《释名·释兵》：“校，号也，将帅号令之所在也。”颜师古注
《汉书·卫青传》称：“校者，营垒之称，故谓军之一部为一校。”作为军队建
制的“校”，至少战国时已经出现，只是当时的主官尚不称“校尉”。《战国
策·中山策》：“五校大夫王陵将而伐赵。”《史记》卷48《陈涉世家》载：
“秦左右校复攻陈，下之。”至迟到秦末，校尉作为一校之主官开始出现于史
籍。《史记》卷7《项羽本纪》载，项梁起兵时“部署吴中豪杰为校尉、候、
司马”。卷89《张耳陈馀列传》载：“于是陈王以故所善陈人武臣为将军，邵
骚为护军，以张耳、陈馀为左右校尉，予卒三千人，北略赵地”，“至邯郸，
张耳、陈馀闻周章军入关，至戏却。又闻诸将为陈王徇地，多以谗毁得罪诛，
怨陈王不用其策不以为将而以为校尉”。

至汉初，校尉已成为将军之下的高级武官，一般随将军出征。《史记》卷
95《樊郦滕灌列传》载：

> 楚骑来众，汉王乃择军中可为骑将者，皆推故秦骑士重泉人李必、
> 骆甲习骑兵，今为校尉，可为骑将。汉王欲拜之，必、甲曰：“臣故秦
> 民，恐军不信臣，臣愿得大王左右善骑者傅之。”灌婴虽少，然数力战，
> 乃拜灌婴为中大夫，令李必、骆甲为左右校尉，将郎中骑兵击楚骑于荥
> 阳东，大破之。

---

① 《汉书》卷69《赵充国传》，中华书局，1962，第2993页。

张家山汉简《二年律令·秩律》："御史大夫，廷尉，内史，典客，中尉，车骑尉，大仆，长信詹事，少府令，备塞都尉，郡守、尉，（卫）将军，（卫）尉，汉中大夫令，汉郎中、奉常，秩各二千石。"校尉秩级仅比二千石九卿级官员略低。据《史记》卷 20《建元以来侯者年表》，武帝时期校尉多从将军征伐并常因功封侯，是随从将军的高级武官，如："李敢以校尉从骠骑将军击胡左贤王，力战，夺左贤王鼓旗，斩首多，赐爵关内侯，食邑二百户，代广为郎中令。"① 又《续汉书·百官志一》"将军"条载：

> 其领军皆有部曲。大将军营五部，部校尉一人，比二千石。军司马一人，比千石。部下有曲，曲有军候一人，比六百石。曲下有屯，屯长一人，比二百石。其不置校尉部，但军司马一人。又有军假司马、假候，皆为副贰。

则校尉是将军属下军事建制"部"的负责人，秩比二千石。《史记》卷 114《东越列传》载："东越素发兵距险，使徇北将军守武林，败楼船军数校尉，杀长吏。"楼船将军属下有"数校尉"，则校尉确是分部治兵的武官，《续汉书》所叙东汉制度大体适用于西汉。唯西汉中期前校尉所治之军事组织一般称"校"而不称"部"。大通上孙家寨汉简载："☑□干行，五百将斩；以曲干行，候斩；以部干行，司马斩；以校干行，军尉斩。"（44、56、27、232、218、354 号简）② 其中"军尉"当即"校尉"，所辖建制为"校"，高于司马所辖之"部"。《史记》卷 111《卫将军骠骑列传》载："护军都尉公孙敖三从大将军击匈奴，常护军，傅校获王。"司马贞《索隐》引顾秘监云："五百人谓之校。"

校尉本是随从将军出征之武官。但汉武帝时，开始设置有专门职掌的校尉。《汉书》卷 19 上《百官公卿表上》载：

> 城门校尉掌京师城门屯兵，有司马、十二城门候。中垒校尉掌北军垒门内，外掌西域。屯骑校尉掌骑士。步兵校尉掌上林苑门屯兵。越骑校尉掌越骑。长水校尉掌长水宣曲胡骑。又有胡骑校尉，掌池阳胡骑，不常置。射声校尉掌待诏射声士。虎贲校尉掌轻车。凡八校尉，皆武帝初置，有丞、司马。

---

① 《史记》卷 109《李将军列传》，中华书局，1982，第 2876 页。
② 青海省文物考古研究所编《上孙家寨汉晋墓》，文物出版社，1993，第 193 页。

这些校尉有专司职掌，且直接听命于皇帝，"秩皆二千石"，与将军下属掌一校之军的校尉已有不同，其设置是汉武帝革新军事体制的重大举措。汉武帝不仅通过调整"校尉"一职改革了军制，还创造性地利用"校尉"一职强化了代表皇帝意志的"使职"系统，使含有监察、领护职能意蕴的以保障专制皇权为主要目的的使职与军事职能通过"校尉"而紧密联系起来。

汉武帝征和四年（前89）为应对巫蛊之祸后的复杂政治局势，设置了以"中都官徒千二百人"为基本军事力量、以"捕巫蛊，督大奸猾"为主要职责的司隶校尉。局势平稳后，虽"罢其兵"，但保留了"察三辅、三河、弘农"的监察职责。司隶校尉之所以名"校尉"，显然是因为其领有军队，但与一般"校尉"不同的是，其使职特点明确。首先，其"察三辅、三河、弘农"，以打击豪强和监察为主要职能，与一般被尊称"使君""使者"的十三州刺史职能接近；其次，司隶校尉"持节"，使职特点鲜明。

司隶校尉在两汉历史上发挥了重要作用，历来为研究者关注。其实，与"司隶校尉"类似的使职校尉还有同样设置于汉武帝时期以领护周边少数民族为主要职责的"护乌桓校尉"和"护羌校尉"。《后汉书·乌桓传》载："武帝遣骠骑将军霍去病击破匈奴左地，因徙乌桓于上谷、渔阳、右北平、辽西、辽东五郡塞外，为汉侦察匈奴动静。其大人岁一朝见，于是始置护乌桓校尉，秩二千石，拥节监领之，使不得与匈奴交通。"以"拥节"为特点的护乌桓校尉在元狩四年（前119）霍去病击破匈奴左地后不久就得以设置，是最早的以领护外族为主要职掌的使职官员。当然，除了这段记载，西汉护乌桓校尉再未出现于史籍。相反，护羌校尉则较为常见。检阅《汉书》，共计五处。

《续汉书·百官志五》："护羌校尉一人，比二千石。本注曰：主西羌。"刘昭注引应劭《汉官》曰："拥节。长史、司马二人，皆六百石。"[①] 同志载："使匈奴中郎将一人，比二千石。本注曰：主护南单于。置从事二人，有事随事增之，掾随事为员。护羌、乌桓校尉所置亦然。"[②] 则护羌校尉属官除长史、司马外，还有"从事"。

关于护羌校尉一职的性质，学界曾有较多讨论。荣宁认为护羌校尉的性质经历了"由开始的羁縻为主，经中期以剿匪为主，发展到后期变成一种虚衔"[③] 的过程。王宗维认为护羌校尉由于治金城，故兼行金城属国都尉职权。[④]

① 《续汉书·百官志五》，见范晔《后汉书》，中华书局，1965，第3626页。
② 《续汉书·百官志五》，见范晔《后汉书》，中华书局，1965，第3626页。
③ 荣宁：《试论护羌校尉制度性质的变化》，《青海民族研究》1998年第2期，第91页。
④ 王宗维：《汉代的属国》，《文史》（第20辑），中华书局，1983，第56～57页。

边章（胡小鹏）更进一步认为护羌校尉就是金城属国都尉的异称，[①] 而马兰州则认为护羌校尉是"既主军事、又理民情的管理河湟羌人的边疆行政机构"，就是臣属于中央民族管理机构典属国的金城属国都尉。[②] 赵云田、高荣认为护羌校尉是管理汉代河西地区民族事务的地方行政机构。[③] 李大龙认为其属于管理边疆少数民族的特设机构，是汉代四种不同类型的藩属体制之一。[④] 廖伯源认为其是具有固定职掌、常设性的专职使者，[⑤] 刘国防基本同意廖伯源的意见，认为"其前身就是汉朝政府临时性派出的使者"[⑥]。丁树芳则认为护羌校尉管理区域不属于任何一级正式行政区划，"为履行治理羌族的特殊职能所划分的区域，应视为汉代地方行政区划体系中的'边缘机构'"[⑦]。

　　这些意见中，将护羌校尉与金城属国都尉联系起来的说法显然是不正确的，属国系统主管降人，有自己的都尉府辖区，这些情况与领护西羌的护羌校尉皆有较大差异。至于为论证此点而提出的"护羌校尉治金城"与金城属国驻地相同，二者品秩相同，设置年代相同等论据，更是不足为凭。如护羌校尉治所，曾在狄道、安夷、临羌、张掖、令居间迁移，并不曾稳定于金城郡某县。至于以史料中未见某人担任金城属国都尉而论证其职即是护羌校尉，更是匪夷所思。不见于《汉书》的某属国都尉、都尉甚至郡守比比皆是，我们是否可以以此判断这些职官都是其他职官的异称。相对而言，笔者认为护羌校尉是以领护西羌、处理羌人事务为主要职责的使职官员的观点则较为可取。前文已经论证，汉武帝时期对汉初以来领兵的校尉一职进行了较多改革，通过设置某些以使者身份处理与军事有关的特殊事务的专职校尉来强化皇帝集权、提高办事效率。护羌校尉作为设于此时的使职校尉，特征非常明显。

　　第一，与司隶校尉一样拥节。秦汉时期，使者最重要的特征即是持节。《集韵·屑韵》："节，信也。"《周礼·地官》有"掌节"一职："掌节掌守邦节而辨其用，以辅王命。守邦国者用玉节，守都鄙者用角节，凡邦国之使节，山国用虎节，土国用人节，泽国用龙节，皆金也。以英荡辅之，门关用符节，货贿用玺节，道路用旌节，皆有期以反节。凡通达于天下者必有节，以传辅

① 边章：《两汉的护羌校尉》，《西北师范大学学报》1991年第1期，第21~23页。
② 马兰州：《护羌校尉与金城属国》，《历史教学》2002年第12期，第66~68页。
③ 赵云田：《中国边疆民族管理机构沿革史》，中国社会科学出版社，1993，第74页；高荣：《汉代河西的行政区划、职官设置及其特点》，《西北史地》1997年第1期。
④ 李大龙：《汉唐藩属体制研究》，中国社会科学出版社，2006，第88~89页。
⑤ 廖伯源：《使者与官制演变——秦汉皇帝使者考论》，文津出版社，2006，第291~301页。
⑥ 刘国防：《西汉护羌校尉考述》，《中国边疆史地研究》2010年第3期。
⑦ 丁树芳：《两汉护羌校尉研究述评》，《南都学坛》（人文社会科学学报）2014年第2期。

之。无节者,有几则不达。"征诸两《汉书》,关于使者持节的记载比比皆是,张骞"持汉节不失"①,苏武"杖汉节牧羊,卧起操持,节旄尽落"②。《史记》卷123《大宛列传》载:"吏卒亦辄复盛推外国所有,言大者予节,言小者为副,故妄言无行之徒皆争效之。""予节"即为使臣。除出使外国外,凡接受皇帝使命者,皆为使者,皆有"节"可持。吕后死后,功臣集团"诛吕安刘"时,"帝命谒者持节劳朱虚侯。朱虚侯欲夺节信,谒者不肯,朱虚侯则从与载,因节信驰走,斩长乐卫尉吕更始"③。谒者接受皇帝"劳朱虚侯"的使命持节"劳"朱虚侯刘章,刘章在未得到皇帝命令时,为消灭长乐卫尉,竟欲夺"节信",究其目的无非是借用"节信"成为"使者"以便矫诏。《史记》卷106《吴王濞列传》载:

> 周丘者,下邳人,亡命吴,酤酒无行,吴王濞薄之,弗任。周丘上谒,说王曰:"臣以无能,不得待罪行间。臣非敢求有所将,愿得王一汉节,必有以报王。"王乃予之。周丘得节,夜驰入下邳。下邳时闻吴反,皆城守。至传舍,召令。令入户,使从者以罪斩令。

周丘之所以不求"有所将"而仅愿得一"汉节",就是看中了"汉节"具有的代表皇帝、成为使者的意义。后来果然以"汉节"驰入已城守的下邳,并召"令"而杀之,鼓动下邳参加了吴楚叛军阵营。关于持节者的使者身份,史籍中所见甚多,在此不赘。如前所述,汉初的武职校尉并不具备使者性质,但汉武帝时期对"校尉"一职已进行了重大变革。其中为镇压反叛、监督京畿而特别设置的直属皇帝的司隶校尉使职特点鲜明。作为同样设置于汉武帝时期且领有特殊使命的护羌校尉一职,已然"拥节"。《续汉书·百官志五》"护羌校尉"条刘昭注引应劭《汉官》曰:"拥节。"④《后汉书》卷1下《光武帝纪下》:"复置护羌校尉官。"章怀太子注引《汉官仪》曰:"武帝置,秩比二千石,持节以护西羌。"《后汉书》卷87《西羌传》:"汉遣将军李息、郎中令徐自为将兵十万人击平之始置护羌校尉,持节统领焉。"诸条史料都已明确指出护羌校尉自设置时即"持节"或"拥节",是汉王朝为灵活处理西羌事务而设置的直接领命于皇帝的使职官员。

---

① 《史记》卷123《大宛列传》,中华书局,1982,第3157页。
② 《汉书》卷54《苏武传》,中华书局,1962,第2463页。
③ 《史记》卷9《吕太后本纪》,中华书局,1982,第410页。
④ 《续汉书·百官志五》,见范晔《后汉书》,中华书局,1965,第3626页。

第二，属官有从事。从事，又称从事史，是一种属吏，出现于西汉中期之后。据两《汉书》可知，除将军下属有从事中郎外，两汉时期的从事基本上皆是司隶校尉、刺史、护羌校尉、使匈奴中郎将等使职官员的属吏，尤以司隶校尉和刺史的从事最为常见。① 史籍从来不见中央九卿和地方行政系统之郡太守、县令长有称为"从事"的属吏。②《续汉书·百官志四》载，司隶校尉有从事史十二人。本注曰："都官从事，主察举百官犯法者。功曹从事，主州选署及众事。别驾从事，校尉行部则奉引，录众事。簿曹从事，主财谷簿书。其有军事，则置兵曹从事，主兵事。其余部郡国从事，每郡国各一人，主督促文书，察举非法，皆州自辟除，故通为百石云。"③ 明确指出司隶校尉的最主要属吏即从事（史）。汉末建安年间置司直，"诏司直比司隶校尉，坐同席在上，假传，置从事三人，书佐四人"④。比司隶校尉的属官同样有从事。《续汉书·百官志五》载州刺史属吏，亦称："皆有从事史、假佐。"本注曰："员职略与司隶同，无都官从事，其功曹从事为治中从事。"⑤ 不仅东汉如此，自汉武帝开创司隶校尉和刺史制度后，从事作为其属吏，就已活跃起来。《汉书》卷74《丙吉传》载，在武帝后期，丙吉即"为州从事"。三国时，司马懿回顾汉制也称："汉家虽有刺史，奉六条而已，故刺史称传车，其吏言从事，居无常治，吏不成臣，其后转更为官司耳。"EPT52：405 号简载："居延杨齐印诣从事赵掾在所。"薛英群、何双全、李永良认为从事是州刺史之佐吏，主管文书，察举非法，代表刺史督察郡国文书法令之事，并指出郡国太守、都尉等无从事佐吏。⑥《居延新简集释》注"从事"称"作为专职官名在汉代多指使职官员的属吏，其中以刺史和司隶校尉的从事最为常见"，肯定了其和刺史、司隶校尉等使职官员的关系，并进一步指出"此处从事赵掾很可能就是同探方三九号简的'刺史赵掾'，应是凉州刺史派驻于居延负责某种具体事务的从事"。可见，从事为使职官员属吏已基本是学界共识。《续汉书·

① 关于刺史使职官员的性质，廖伯源《使者与官制演变——秦汉皇帝使者考论》一书有非常详细的论述，可看参，本书不赘。
② 尹湾汉简《集簿》《东海郡吏员簿》《东海郡属吏设置簿》全面记录了西汉末年郡、县之中在编和不在编的属吏名目，然其中未见"从事"名目，究其原因，盖尹湾汉简出自东海郡功曹师饶之墓，其保留的皆是东海郡和下属各县完整官职名单，却没有州府吏员名单，故不见"从事"。
③ 《续汉书·百官志四》，见范晔《后汉书》，中华书局，1965，第3613～3614页。
④ 《续汉书·百官志一》引《献帝起居注》，见范晔《后汉书》，中华书局，1965，第3560页。
⑤ 《续汉书·百官志五》，见范晔《后汉书》，中华书局，1965，第3618页。
⑥ 薛英群、何双全、李永良：《居延新简释粹》，兰州大学出版社，1988，第61页。

《百官志五》载："使匈奴中郎将一人，比二千石。本注曰：主护南单于。置从事二人，有事随事增之，掾随事为员。护羌、乌桓校尉所置亦然。"①《后汉书》卷87《西羌传》载："建康元年春，护羌从事马玄遂为诸羌所诱，将羌众亡出塞，领护羌校尉卫瑶追击玄等，斩首八百余级，得牛马羊二十余万头。"都记载了护羌校尉下确有"从事"。悬泉汉简出土后，这一点更为明确：

> 入东合檄一，护羌从事马掾印，诣从事府掾□□□☑。
>
> Ⅱ90DXT0214②：535
>
> 绥和元年五月乙亥，县泉置啬夫庆受敦煌厩佐并，送护羌从事。
>
> Ⅱ90DXT0111①：303
>
> □□□□护羌从事治所。　　　Ⅱ90DXT0215①：22

这些"护羌从事"与"护羌从事马玄"一样皆为护羌校尉之从事。护羌校尉既然与州刺史、司隶校尉一样，皆以"从事"为主要属吏，显然是使职官员。

　　第三，护羌校尉可被称为"使者""使君"。在汉代，使职类官员例称"使者"，有时也可尊称"使君"。使者、使君，是彰显使者身份的典型称谓。《续汉书·百官志四》刘昭注引蔡质《汉仪》曰："（司隶校尉）职在典京师，外部诸郡，无所不纠。封侯、外戚、三公以下，无尊卑。入宫，开中道称使者。每会，后到先去。"②司隶校尉入宫称"使者"。《汉书》卷83《朱博传》载，成帝时冀州刺史朱博行部，"出就车见自言者，使从事明敕告吏民：欲言县丞尉者，刺史不察黄绶，各自诣郡。欲言二千石墨绶长吏者，使者行部还，诣治所"，刺史可称"使者"。至于"使君"称谓作为使职官员的尊称，使用更为普遍，《后汉书》卷31《郭伋传》载，西河美稷小儿称并州牧郭伋为"使君"；卷41《第五种传》载，孙斌称故兖州刺史第五种为"第五使君"；卷42《崔瑗传》载，崔瑗称司隶校尉陈禅为"使君"，等等。而据《后汉书》卷16《邓训传》，护羌校尉邓训为湟中诸胡爱戴，诸胡曰："汉家常欲斗我曹，今邓使君待我以恩信，开门内我妻子，乃得父母。"并表示"唯使君所命"。可见，护羌校尉与司隶校尉、州刺史一样，也可被称为"使君"，是使职无疑。悬泉汉简中有不少关于"护羌使者"的记载：

> ☑移护羌使者移刘危种南归责臧耶芷种零虞马一匹、黄金耳县青碧

---

① 《续汉书·百官志五》，见范晔《后汉书》，中华书局，1965，第3626页。
② 《续汉书·百官志四》，见范晔《后汉书》，中华书局，1965，第3613页。

一，会月十五日已言决。　　　　　　　　　　　Ⅱ90DXTT0112①B：63

　护羌使者莫府移羌男子狼对日责忘归，马已毕　·第廿□☑

　　　　　　　　　　　　　　　　　　　　Ⅰ90DXT0112②：39A

　护羌使者莫府移羌男子狼对责忘归，马已毕　·第☑

　　　　　　　　　　　　　　　　　　　　Ⅰ90DXT0112②：39B

　☑护羌使者行期有日，传舍不就☑　　　Ⅱ90DXT0314②：72

　护羌使者方行部，有以马为盗，长必坐论。过广至，传马见四匹，皆瘦。问厩吏，言十五匹送使者，大守用十四。　　Ⅱ90DXT0215③：83

　以食鼓下官奴口凤等十五人，迎护羌使者☑　　I90DXT0116②：7

　入东合檄四，其二从事田掾印，二敦煌长印。一诣牧君治所，一诣护羌使者莫府。　　　　　　　　　　　　　　　Ⅱ90DXT0214①：74

　护羌使者传车一乘，黄铜五美一具，伏兔两头，枙两头，㡓带二带，鞧靼、纬书簿各一。出故皂复盖蒙，完；盛具毋金承；鞍勒二，完；中靳对各一，完；传三韅；□韦把杠二，有阳；鞅鞦各一，靷鞚各二；于于少四；韦口一，赤鞿各两少，穿；铜管一具。河平二年七月癸巳，县泉徒赵齐付遮要佐赵忠。　　　　　　　　　　　　I90DXTO110①：53

　鸿嘉三年九月壬戌，县泉置啬夫叩头死罪，迫护羌使者良到，入☑

　　　　　　　　　　　　　　　　　　　　Ⅱ90DXT0215②：42

关于简中的"护羌使者"，胡平生、张德芳、李正周认为其设有幕府，开府治事，可巡行各部，似有相当秩级，非护羌校尉属官，但并未肯定其为何官。[1] 薛海波则根据用车情况，推断护羌使者秩次在三百石和千石之间，地位低于护羌校尉。[2] 初世宾认为其是比二千石的独立官职，为官制失载，应即《汉书》所载义渠安国担任过的"行羌使者"。[3] 谢绍鹢、刘国防、高荣认为，护羌使者与护羌校尉秩次、职掌、职官性质皆相同，且在悬泉汉简中二者未同时出现，应即一官。[4]

---

[1]　参胡平生、张德芳《敦煌悬泉汉简释粹》，上海古籍出版社，2001，第156～157页；张德芳《悬泉汉简羌族资料辑考》，收入《简帛研究二〇〇一》，广西师范大学出版社，2001，第360页；李正周《从悬泉简看西汉护羌校尉的两个问题》，《鲁东大学学报》2009年第5期，第50～53页。

[2]　薛海波：《试论敦煌悬泉汉简中的羌》，《通化师范学院学报》2004年第3期。

[3]　初世宾：《悬泉汉简羌人资料补述》，载中国文物研究所编《出土文献研究》（第6辑），上海古籍出版社，2004，第184～186页。

[4]　谢绍鹢：《两汉护羌校尉杂考》，载黄留珠、魏全瑞主编《周秦汉唐文化研究》（第5辑），三秦出版社，2007，第152～154页；刘国防：《西汉护羌校尉考述》，《中国边疆史地研究》2010年第3期；高荣：《敦煌悬泉汉简所见河西的羌人》，《社会科学战线》2010年第10期。

丁树芳补充三者观点，认为护羌使者开幕府治事，军事属性很强，与校尉相符，完全可能是护羌校尉的异称，"论执掌、官阶则称'校尉'，论身份、职责则称'使者'"①。笔者认为谢绍鹢、刘国防、高荣、丁树芳的论证非常有力，悬泉简护羌使者是护羌校尉异称无疑。护羌校尉可明确称为"使者"，自然具有使职属性。

第四，无固定治所。使职类官员由于是以使命为主要职掌，故与地方行政官员不同，大部分无固定治所。当然，像州刺史这种使者由于已长期设置，且职责是分区负责地方上的常规检查，故在逐渐发展中也有了治所。② 护羌校尉，起初并无固定治所，而是哪个地方有需要，就驻扎在哪个地方处理事务。史籍未见关于西汉护羌校尉的治所，盖当时使职特点非常鲜明，故时设时废，没有治所概念。东汉之后，护羌校尉居处无常，据《后汉书·西羌传》有令居、狄道、安夷、临羌、张掖等地。而居处之迁移，主要与镇压羌乱及当时形势有关。如《后汉书》卷87《西羌传》载：

> 肃宗建初元年，安夷县吏略妻卑湳种羌妇，吏为其夫所杀，安夷长宗延追之出塞，种人恐见诛，遂共杀延，而与勒姐及吾良二种相结为寇。陇西太守孙纯遣从事李睦及金城兵会和罗谷，与卑湳等战，斩首虏数百人。复拜故度辽将军吴棠领护羌校尉，居安夷。二年夏，迷吾遂与诸众聚兵，欲叛出塞。金城太守郝崇追之，战于荔谷，崇兵大败，崇轻骑得脱，死者二千余人。于是诸种及属国卢水胡悉与相应，吴棠不能制，坐征免。武威太守傅育代为校尉，移居临羌。

建初（76~84）之前，护羌校尉从未驻扎于安夷（今青海平安），光武帝时曾驻于令居（今甘肃永登西北），明帝时曾驻于狄道（今甘肃临洮）。但由于建初元年安夷县吏处置羌人不当，引发叛乱，后战事紧张，故朝廷派吴棠领护羌校尉驻扎于安夷。随着战事的进行，汉朝军队败绩连连，"诸种及属国卢水胡悉与相应"，金城郡西部情势危急，处于金城郡与河西及金城南部塞交通交往枢纽位置的临羌县（今青海湟源）战略位置陡升，故武威太守傅育代为校尉后便"移居临羌"。从此例可看出，护羌校尉并没有类似于郡治的固定治所，而是因势因时选择驻地，这正是其作为使职官员灵活性的体现。

---

① 丁树芳：《两汉护羌校尉研究述评》，《南都学坛》（人文社会科学学报）2014年第2期。
② 西汉州刺史制度施行之初，刺史无治所，后来"因实际需要或习以为常"才逐渐发展出有固定治所。关于这点可参安作璋、熊铁基《秦汉官制史稿》，齐鲁书社，2007，第522~523页。

　　第五，可以低级职位指挥高级官员。最显著者即六百石之刺史可监察、弹劾二千石之郡太守，比二千石之司隶校尉可弹劾中二千石之京兆尹、河南尹、九卿，乃至三公、丞相。究其原因，无非是刺史、司隶校尉皆为使职官员，负有皇帝赋予之专职使命。据前所述，司隶校尉"持节"，拥有作为皇权凭信的"节"是其权力的保证。护羌校尉，秩比二千石，地位低于郡太守，甚至大郡都尉，但在处理与羌有关事务时，却可以"持节"指挥郡太守。《后汉书》卷87《西羌传》载，章和元年（87），羌人七千人入金城塞，护羌校尉"张纡遣从事司马防将千余骑及金城兵会战于木乘谷"，护羌校尉可指挥金城兵。同传载，永元十二年（100），迷唐复将兵向塞，护羌校尉"周鲔与金城太守侯霸，及诸郡兵、属国湟中月氏诸胡、陇西牢姐羌，合三万人，出塞至允川，与迷唐战"，护羌校尉可指挥诸郡、属国军队，自然在镇压羌乱中，有节制郡守、属国都尉的权力。高荣说，护羌校尉"时常作为征伐叛羌的组织者和最高指挥官，统一部署行动方案，协调、指挥各郡县武装"，应是符合历史实际的。

　　综上所述，护羌校尉是接受皇帝特殊使命的使职官员，而其特殊使命，无疑即是领护西羌，代表皇帝对羌人实行军事领护管理，强化国家对羌人的管控。

三　护羌校尉的设置过程及职掌

　　护羌校尉的设置，与汉王朝的西进和羌族事务日益繁杂紧密相关。汉初，汉王朝西部边界主要维持在黄河以东，除了在陇西郡下狄道、氐道、羌道诸县对县境所辖氐羌予以正常行政管理外，① 并没有特别关注西羌事务。至景帝时，虽有"研种留何率种人求守陇西塞"等归义行为，但汉王朝的反应仍是"徙留何等于狄道、安故，至临洮、氐道、羌道县"②，将这些归义少数民族徙于陇西塞内汉境，纳入旧有管理体制之中。直至武帝时，汉王朝开疆拓土，积极向外进取，羌族及其盘踞地区因有重要国防价值而日益为汉廷重视。汉王朝治理、管控羌人的方式也日益多元化。羌人，既有居住于塞内，受郡县控制，形同编户齐民者；更有散布于塞外，时叛时服者；加之其社会发展阶段总体较为落后，既不像西域城邦诸国那样有严密的政治体制，也不像匈奴

---

　　① 氐道、狄道，见于张家山汉简《二年律令·秩律》，说明在吕后二年（前186）即已设置。《秩律》中未见"羌道"，但《汉书》卷3《高后纪》载，吕后二年"春正月乙卯，地震，羌道、武都道山崩"，如此则吕后二年有羌道县。

　　② 《后汉书》卷87《西羌传》，中华书局，1965，第2876页。

那样形成了庞大的民族统一体，针对这些特点，汉王朝在控制羌人方略上与控制匈奴不同，采取了分化瓦解领护镇压的方式。而代表汉王朝实现这一方略的就是专门的护羌官员——护羌校尉。

关于护羌校尉的设置时间，学界有较大争议，据丁树芳总结，大概有三种观点：第一，武帝元鼎六年（前 111）说，"断代史、民族史、制度史等论著一般都迳采此说，然未有考证"①，有考证者主要有李大龙、高荣；第二，宣帝神爵二年（前 60）说，边章（胡小鹏）、马兰州、日本学者久保靖彦等支持此说，其中边章等学者还进一步认为护羌校尉即是金城属国都尉；第三，元鼎六年后出现类似护羌校尉的官职，正式设置在神爵三年，主要支持者有谢绍鹢、刘国防、李正周和丁树芳本人。② 与第一、二种观点非此即彼不同，第三种观点可视为一种调和观点。这个观点出现于悬泉汉简部分材料公布之后。悬泉汉简有不少关于"护羌使者"的内容，故如前所述不少学者在此基础上接受了廖伯源此前提出的护羌校尉是使职官员的说法。持第三种观点者大都承认护羌校尉的使职性质，认为"护羌校尉的设置确有一个发展变化的过程"③，"在护羌校尉正式设立前，存在与其职掌类似的临时使者类官职"④，"具有护羌校尉性质的官职可能在武帝元鼎六年就出现，正式设置在宣帝神爵二年"⑤。概括点说，就是他们基本认为，元鼎六年后开始有与后来护羌校尉职责略同的以护羌为使命的使职，只是此时还是临时选派，事毕则罢，因此还不算真正的护羌校尉，只是护羌校尉的前身。待神爵二年赵充国镇压羌乱后，"西汉管理西羌事务的官职正式以护羌校尉之名见之于文献"⑥，护羌校尉一职才正式产生。

三种观点中，笔者并不赞成第三种这一主流观点，而认为护羌校尉始设于元鼎六年。第三种观点注意到护羌校尉的"使职"特点，无疑是正确的，但问题是其支持者似乎是将"使职"概念只局限在了护羌校尉的"前身"上，而否定了护羌校尉本身的"使职"性质，这种对使职的理解，并不符合廖伯源《使者与官制演变》一书的原意，也不符合史实。廖伯源《使者与官制演变》一书非常精辟地分析了汉代使职官员的特点，其对汉代"护羌校尉"的

---

① 丁树芳：《两汉护羌校尉研究述评》，《南都学坛》2014 年第 2 期。
② 参丁树芳《两汉护羌校尉研究述评》，《南都学坛》2014 年第 2 期。
③ 刘国防：《西汉护羌校尉考述》，《中国边疆史地研究》2010 年第 3 期。
④ 丁树芳：《两汉护羌校尉研究述评》，《南都学坛》2014 年第 2 期。
⑤ 谢绍鹢：《两汉护羌校尉略考》，《人文杂志》2009 年第 1 期。
⑥ 刘国防：《西汉护羌校尉考述》，《中国边疆史地研究》2010 年第 3 期。

定位一直是"专职使者",而非由使者演变而成的正式行政官员。廖伯源《使者与官制演变》一书的重点确实是揭示专制集权制度下官制演变的原则之一——"君主近臣,代起执政,品位已高,退居闲曹"中"皇帝之使者为官制演变之媒介"的现象——"某些使者甚至长期代替行政官员行使职权,而终于演变为行政官员"。① 但廖伯源也指出,"使者演变为行政官员,其演变之时间必甚长,长达数十百年乃至数朝代,且可能经历若干中间阶段之演变,间接地最后演变成为行政官员",并明确说包括护羌校尉在内的"有固定职掌而长期拥有使者身份与权力之专职使者","或可说是此中间阶段演变之一形态",他们"长期一直保持使者之身份,可谓是使者之变态","此变态显示使者转变为行政官员过程中之某一阶段。假如使者转变为行政官员之一途径是:使者转变为有固定职掌、任期之专职使者,再转变为完全没有使者性格之行政官员。则专职使者可谓是此转变过程尚未完成之形态。因其尚未完成转变,故仍保留若干使者之性格,为说明使者转变为正式官员过程之佳例"。② 廖伯源不厌其烦地申论"专职使者"之性质,就是担心大家误解其原意,避免大家产生汉代的"专职使者"已转化为行政官员的认识。为了强调此点,廖伯源更进一步称:"使者转变为专职使者再演变为正式之行政官员,完成转变之全程者,刺史为一佳例",而刺史性质的彻底转变则已到了魏晋南北朝时期。③ 然而,仍有大批学者认为护羌校尉在西汉神爵二年就已完成转变,不能不说是巨大的遗憾。

如廖伯源所述,护羌校尉的"使者"性质一直未发生根本改变,并非神爵二年前其是"使者",神爵二年后就成了正式行政官员。因此也并非元鼎六年至神爵二年间,有一个所谓的从"护羌使者"到"护羌校尉"转变的过程。整个西汉时期,护羌校尉的使者身份非常明显,且极偏重于临时性,连"专职使者"都算不上,故翻检所有传世文献只能找到关于辛汤、辛临众、辛通、窦况、尹岑五个护羌校尉的材料,④ 而《汉书·百官公卿表》中也没有"护羌校尉"一职的只言片语记载。直到东汉,护羌校尉才逐渐成为"专职使者",《后汉书》记载护羌校尉30位左右,已较详细,但翻检史料仍可发现,其设置至少在东汉后期之前仍不具有连贯性。刘秀时期由于经营陇西的需要,曾

---

① 廖伯源:《使者与官制演变——秦汉皇帝使者考论》,文津出版社,2006,第9页。
② 廖伯源:《使者与官制演变——秦汉皇帝使者考论》,文津出版社,2006,第317~318页。
③ 廖伯源:《使者与官制演变——秦汉皇帝使者考论》,文津出版社,2006,第318~319页。
④ 如据悬泉汉简Ⅱ90DXT0215㉑:42和Ⅰ90DXT0112㉑:39中关于"护羌使者良"的记载,可知成帝鸿嘉三年(前18)九月(悬泉汉简Ⅱ90DXT0215㉑:42)有名"良"的"护羌使者"。

先后两次任命温序、牛邯为护羌校尉，但每次设置时间极短暂，仅存在于建武六年（30）和建武九年、十年间的几个月中。此后，明帝初年设此官，由窦林、郭襄担任，时间可能在两年左右。之后间隔十六七年，再次设置已到了章帝建初元年（76）。从建初元年到顺帝永和四年（139），由于羌乱不已，故护羌校尉一职延续不绝。永和四年，护羌校尉马贤"将湟中义从兵及羌胡万余骑掩击那离等，斩之，获首虏千二百余级，得马骡羊十万余头"①，羌乱暂时平息。朝廷"征贤为弘农太守，以来机为并州刺史，刘秉为凉州刺史，并当之职"。大将军梁商谓机等曰：

> 戎狄荒服，蛮夷要服，言其荒忽无常。而统领之道，亦无常法，临事制宜，略依其俗。今三君素性疾恶，欲分明白黑。孔子曰："人而不仁，疾之已甚，乱也。"况戎狄乎。其务安羌胡，防其大故，忍其小过。②

据此，则护羌校尉马贤被征为弘农太守后，朝廷似乎曾短暂停止过护羌校尉的设置，而以并州刺史、凉州刺史共同监理羌族事务。可见，直至此时，护羌校尉的设置仍不具有稳定性。但由于来机等"到州之日，多所扰发"，故永和五年（140）羌乱再次爆发。应对这次羌乱，东汉朝廷先后以征西将军马贤，骑都尉耿叔，侍御史、中郎将庞浚，督河西四郡兵为节度的武威太守赵冲，行车骑将军执金吾张乔率兵或屯或拒，并再次任命胡畴为护羌校尉。③ 汉

---

① 《后汉书》卷87《西羌传》，中华书局，1965，第2895页。
② 《后汉书》卷87《西羌传》，中华书局，1965，第2895页。
③ 关于胡畴任护羌校尉事，不见于《后汉书·西羌传》的记载，只见于《后汉书·马融传》，且具体时间不明，"时西羌反叛，征西将军马贤与护羌校尉胡畴征之，而稽久不进"。李大龙认为："胡畴任护羌校尉的时间当是在永和四年马贤卸任之后……汉安元年胡畴离任，武威太守赵冲'代为校尉。'"按照李大龙的观点，则永和四年至汉安元年间，胡畴一直担任护羌校尉，马贤、胡畴、赵冲在护羌校尉任上具有连续性。笔者认为，史料关于该时段护羌校尉的记载具有模糊性，李大龙的观点虽有相当可能性，但并不能以此排除胡畴只是在永和五年羌乱爆发后短暂担任过护羌校尉、护羌校尉一职在永和四年至汉安元年间有所中断的可能性。原因如下。第一，如胡畴任护羌校尉只见于《马融传》，不见于以护羌校尉为主要叙事线索的《西羌传》。第二，《后汉书·西羌传》叙述连续设置的护羌校尉的任免迁转时，往往用"代为"一词，说明护羌校尉的延续性。李大龙对此点无疑是认同的，故其文中强调"武威太守赵冲'代为校尉'"。但征诸其所引用的《后汉书·西羌传》，则记为"汉安元年，以赵冲为护羌校尉"，无"代"字。故按照《后汉书·西羌传》的记载，我们很难认为马贤、胡畴、赵冲的任职是连续的。第三，如前所述，永和四年马贤卸任后，大将军梁商关于羌人事务对并州刺史来机、凉州刺史刘秉予以特别交代，似乎也可佐证当时对羌事务，已主要移交并、凉二州负担。参李大龙《东汉王朝护羌校尉考述》，《民族研究》1996年第2期。

安元年（142）朝廷以赵冲为护羌校尉。此后直至永康、建宁之际（167～168），《后汉书》中关于护羌校尉的记载都是延续的。永康、建宁之际，段颎离任护羌校尉后，[①]《后汉书》关于护羌校尉的记载再次失去连贯性，仅出现零星记载，如《乌桓鲜卑传》有护羌校尉田晏、《西羌传》载中平元年（184）有"护羌校尉泠征"、《盖勋传》有护羌校尉夏育。这三任护羌校尉是否连续任职，已不可考。李大龙认为当有连续任期，[②]但笔者认为建宁以来，羌乱的规模逐渐减小，虽仍有零星羌人勾结并、凉二州汉人反叛朝廷，但毕竟已非主流，故以"消弭羌乱"为主要职责的护羌校尉可能已非常设，只是在偶尔有叛乱发生的时候设置，事后即止。综之，东汉章帝前，护羌校尉的设置无连续性，绝非常职，使者的特征非常明显。章帝至灵帝时期，由于羌乱日炽，护羌校尉的设置开始有连续性，但其间可能仍有间断，充其量只能算得上较稳定的"专职使者"，灵帝之后随着羌乱在国家政治、军事生活中重要性下降，护羌校尉的设置可能又回归至"因事而设""不常厥职"的状态。

既然两汉护羌校尉使职的性质未发生根本改变，因此我们不能以是否由使职转为常设职官作为判断护羌校尉始设年代的标志，前述第三种说法是不合适的。

《汉书》关于护羌校尉的记载，最早见于神爵二年（前60），而《后汉书·西羌传》关于护羌校尉的设置却追溯至汉武帝元鼎六年（前111），前述关于护羌校尉始设时间的第一和第二种观点的分歧即在于此。《汉书·赵充国传》载，神爵二年羌乱平息后，"诏举可护羌校尉者，时充国病，四府举辛武贤小弟汤"。边章（胡小鹏）、马兰州、日本学者久保靖彦等学者多据此认为，神爵二年羌乱平定后，朝廷才设置护羌校尉。甚至有学者根据《赵充国传》神爵二年"初置金城属国以处降羌"的记载，认为护羌校尉和金城属国都尉为一职，如边章（胡小鹏）所言："按照汉代的制度，属国的最高军政长官是都尉，但是遍查两汉书，金城属国都尉一官从未出现过，更不用说有什么人担任过这一职务，而其他属国绝无此现象。这就说明护羌校尉就是金城属国都尉，不仅其职责一致：都是领护西羌部落；而且品秩相同，比二千石；驻

---

① 《后汉书》卷87《西羌传》记载，段颎在永康元年已是破羌将军，当已离护羌校尉任。但《后汉书》卷8《孝灵帝纪》却记载，建宁元年初段颎仍是护羌校尉，故李大龙认为，段颎卸护羌校尉任当在建宁元年二月。参李大龙《东汉王朝护羌校尉考述》，《民族研究》1996年第2期。

② 李大龙：《东汉王朝护羌校尉考述》，《民族研究》1996年第2期。

地相同：护羌校尉治金城郡令居塞。因此护羌校尉最早设置的时间应是在汉宣帝神爵二年。"① 此后，马兰州对边章的观点又予以详细申论，在此不赘。

笔者认为，神爵二年始设护羌校尉和护羌校尉同于金城属国都尉的观点都是站不住脚的。

第一，《汉书》虽然未提及元鼎六年设置护羌校尉的事，但其在神爵二年的叙事中称："诏举可护羌校尉者。"从文意看只是要确定护羌校尉的人选，而非始设护羌校尉一职，因此与《后汉书·西羌传》武帝时"始置护羌校尉，持节统领焉"的记载并无矛盾，以前者否定后者不但无依据，更无必要。

第二，《资治通鉴》和《资治通鉴音注》从未明确支持过神爵二年说，边章（胡小鹏）、马兰州等学者称《资治通鉴》和《资治通鉴音注》支持神爵二年说是不符合实际的。丁树芳以讹传讹也不可取。边章称："《资治通鉴》不从范晔……胡三省于此注曰：'护羌校尉之官，始见于此。'虽然他也引了范晔的说法，但未予置评，可见也是不赞成的。"② 马兰州称："《资治通鉴》与《汉书》所载护羌校尉设置年代，与《后汉书》所载有所分歧。《资治通鉴》认为前 60 年'诏举可护羌校尉者'，本注曰'护羌校尉之官，始见于此'。"③ 丁树芳虽认为"对于护羌校尉始置于元鼎六年的说法尚有探讨的余地，不应急于否定"④，但受边章、马兰州影响，也认同"《资治通鉴》摒弃元鼎六年说，采信《汉书》的记载"⑤。根据这些学者的意见，似乎《汉书》与《后汉书》关于护羌校尉的始设时间问题有过对立观点，《资治通鉴》以及后来的胡注曾经面临两说必取一说的抉择，而最终两者采取了《汉书》之说，摒弃了《后汉书》之说。然而，细读史料我们可以发现，所谓的对立和抉择其实都是今人的无中生有。如前所述，《汉书》《后汉书》关于护羌校尉的记载本就无丝毫矛盾。《资治通鉴》"神爵二年"条，用《汉书》"诏举可护羌校尉者"语，胡三省注："护羌校尉之官，始见于此。范晔曰：汉武帝时，诸羌与匈奴通，攻令居、安故，围枹罕，遣李息、徐自为击定之，始置护羌校尉。"⑥《资治通鉴》编年西汉史事，自然会以《汉书》为主要资料。既然《汉书·赵充国传》有神爵二年"诏举可护羌校尉者"的记事，《资治通鉴》

①　边章：《两汉的护羌校尉》，《西北师范大学学报》1991 年第 1 期。
②　边章：《两汉的护羌校尉》，《西北师范大学学报》1991 年第 1 期。
③　马兰州：《护羌校尉与金城属国》，《历史教学》2002 年第 12 期。
④　丁树芳：《两汉护羌校尉研究述评》，《南都学坛》2014 年第 2 期。
⑤　丁树芳：《两汉护羌校尉研究述评》，《南都学坛》2014 年第 2 期。
⑥　司马光编著、胡三省音注《资治通鉴》卷 26《汉纪十八》，中华书局，1956，第 856 页。

抄录下来非常正常。分析《资治通鉴》文意，根本就没有考证护羌校尉始设时间的意思，所谓《资治通鉴》面临抉择、"采信""摒弃"云云更是不知从何说起。胡三省注提及"护羌校尉之官，始见于此"，只是说明《资治通鉴》一书中"护羌校尉"第一次出现于此处，也丝毫没有考证护羌校尉一职始设时间的意思。其后文补充"范晔"之说，就是利用《后汉书》给读者说明护羌校尉始设于武帝时期，只是《资治通鉴》中第一次出现此职是在神爵二年的此条史料中。看《资治通鉴》原文及胡注可知，在司马光、胡三省等人眼中，护羌校尉始设年代根本就没有争议。而我们今天的学者生造出此问题，并以《资治通鉴》和胡注为据否定武帝设置说，不能不说是对史料的"过度"解读。

第三，持神爵二年说观点的学者最主要的理由，就是如果武帝元鼎年间就已设置护羌校尉，为什么至神爵年间未见护羌校尉的任职者。笔者认为，此理由站不住脚。如前所述，西汉时期护羌校尉是典型使职，如非羌人方面有重大事务，不会常设。武帝后期至宣帝元康神爵年间，羌人并没有大的举动，故作为使职的护羌校尉有无人担任并不好说。但未见此职此人，不能构成否定武帝元鼎时期有护羌校尉的证据。此外，西汉200余年的政治、军事、经济、思想、文化汇聚《汉书》一书，我们怎么可能要求《汉书》中对护羌校尉这样一个临时因事而设的使职有详细记载。与匈奴、西域问题相比，羌乱在西汉时期并非主要民族问题，其重要性远不如其他少数民族问题，《汉书》中没有《西羌传》，《百官公卿表》中也没有关于"护羌校尉"的记载。所以，即使武帝后期至宣帝中期有人曾担任护羌校尉，《汉书》失载也很正常，我们绝不能因《汉书》未记载这几十年中的护羌校尉，就否定《后汉书·西羌传》武帝中期始设护羌校尉的记载。此外，神爵二年羌乱前，义渠安国两次巡行羌地，《汉书》称其为"使者"，了解到护羌校尉的使职性质和悬泉置汉简中多次称"护羌校尉"为"护羌使者"的情况，我们认为义渠安国曾作为护羌校尉的可能性不能排除。

第四，《汉书》中是否真的没有神爵二年之前护羌校尉的相关记载还不一定。据《汉书·赵充国传》，神爵年间镇压羌乱时，赵充国曾上书宣帝，"校尉临众幸得承威德，奉厚币，拊循众羌，谕以明诏，宜皆乡风"，其中校尉辛临众既以"拊循众羌"为主要责任，又官居校尉，有很大的可能即是"护羌校尉"。[①] 在镇压羌乱过程中，汉宣帝还曾下辛武贤书给前线的赵充国，"令与校

---

① 丁树芳也注意到此点，故虽一方面认为护羌校尉正式设立于神爵二年，另一方面又称："对于护羌校尉始置于元鼎六年的说法尚有探讨的余地，不应急于否定。"参丁树芳《两汉护羌校尉研究述评》，《南都学坛》2014年第2期。

尉以下吏士知羌事者博议"。文中"校尉"虽未明确称是何校尉，但既在镇压羌乱前线，也不排除有护羌校尉的可能。

第五，护羌校尉与金城属国都尉是性质完全不同的两种职官，不能混同，也不能因史书中未见某人担任此职而推论其由护羌校尉兼职行使其职权，更不能以金城属国都尉设置于神爵二年而论证护羌校尉也设置于神爵二年。王宗维曾以护羌校尉治金城、金城属国都尉未见有人担任，而推测金城属国不设属国都尉，由护羌校尉兼职行使职权。刘国防、丁树芳都在一定程度上认可王宗维观点，认为汉廷不设金城属国都尉，由护羌校尉兼行其管理羌族的部分职能。边章、马兰州则进一步指出护羌校尉就是金城属国都尉。关于护羌校尉和属国都尉的性质，本书前文已有论证。护羌校尉是代表中央的使职官员，往往在汉羌关系紧张时设置，主要职能是镇压羌乱、安抚羌人，管辖范围不限于金城郡，甚至不限于凉州刺史部，所谓的治所并不固定，因事而迁。属国都尉是常设官职，职责是以少数民族故俗管理少数民族，有固定的管辖区域和较固定的治所。居延汉简 10·32 号简载："三月丙午，张掖长史延行大守事肩水仓长汤兼行丞事，下属国、农、部都尉小府县官承书从事，下当用者如诏书。守属宗助府佐定。"从文书传递关系及文书用语"下"字看，属国都尉与农都尉、部都尉一样，应受郡的领导。而金城属国都尉，既以"金城"为名，就说明其至少在某些领域应受地方行政机构金城郡控制，职权范围绝不会超出"金城属国"的领地。因此，无论存不存在护羌校尉兼行金城属国都尉事的史实，其与护羌校尉都是完全不同的两个职官。而征诸两《汉书》，我们也未明确发现护羌校尉长期兼行金城属国都尉的事实。至于史籍中未记载何人担任金城属国都尉，笔者认为应是非常正常的失载，与兼行职责并无必然联系。

第六，联系汉武帝时期增设了多种校尉官员，尤其是设置了不少以护乌桓、屯田西域为责任的使职校尉来看，笔者认为元鼎年间汉武帝设使职护羌校尉是非常可能的。校尉本是将军之下管理一校军队的武职。西汉之后，校尉虽有独立带兵者，但仍以协助将军分部带兵为主，即《续汉书·百官志》所谓"其领军皆有部曲。大将军营五部，部校尉一人"①，故《史记》中卫青、霍去病、李广利征伐匈奴、西域多有大量校尉相从，并因功封侯。至汉武帝时，开始刻意设置某些独立于将军的以某种事务为主要职任的校尉，如《汉书·百官公卿表》记载的司隶校尉、城门校尉和中垒、屯骑、步兵、越

---

① 《续汉书·百官志一》，见范晔《后汉书》，中华书局，1965，第3564页。

骑、长水、胡骑、射声、虎贲八校尉。① 这些校尉各有所领，独立于将军，是汉武帝加强军事中央集权的重要措施，其中"司隶校尉"有属官从事，是典型的使职官员。此外，为灵活处理民族事务，汉武帝还设置了护乌桓校尉、西域屯田校尉等职。《后汉书·乌桓传》："及武帝遣骠骑将军霍去病击破匈奴左地，因徙乌桓于上谷、渔阳、右北平、辽西、辽东五郡塞外，为汉侦察匈奴动静。其大人岁一朝见，于是始置护乌桓校尉，秩二千石，拥节监领之，使不得与匈奴交通。"可见武帝在击破匈奴左地后，设置护乌桓校尉。《汉书·郑吉传》："自张骞通西域，李广利征伐之后，初置校尉，屯田渠黎。"《汉书·西域传》也载："自武帝初通西域，置校尉，屯田渠犁。"可见武帝时西域已有屯田校尉，后来西域都护副职正式官名副校尉，应是对武帝时校尉屯田西域制度的沿袭。既然武帝曾改革校尉制度、增设了许多专职校尉，那么在同时期设置以羌人事务为主要职责的使职护羌校尉也就顺理成章。

第七，尽管《后汉书·西羌传》成书较晚，但范晔的相关论述必有所据，不会无中生有，元鼎年间护羌校尉始设的观点不可轻易否定。《后汉书》卷87《西羌传》载："汉遣将军李息、郎中令徐自为将兵十万人击平之。始置护羌校尉，持节统领焉。"这是两《汉书》中唯一提到护羌校尉始设情况的史料，其中并未明确说护羌校尉设置的具体时间。后来学者联系《汉书》卷6《武帝纪》"（元鼎）六年冬十月，发陇西、天水、安定骑士及中尉，河南、河内卒十万人，遣将军李息、郎中令徐自为征西羌，平之"的记载，认为护羌校尉置于元鼎六年。《后汉书》和《汉书》记载完全相合，且《汉官仪》也有护羌校尉"武帝置，秩比二千石，持节，以护西羌"的记载，应该说史料依据是较强的。

综上所述，《后汉书·西羌传》所提及的护羌校尉始设于武帝时期的观点，符合汉武帝时期改革"校尉"制度的历史背景，得到了《汉书·武帝纪》《汉官仪》等史料的支撑，与《汉书·赵充国传》、新出悬泉汉简等文献并无任何矛盾，也从未被司马光、胡三省等古代学者所质疑，至少从目前史料来看是完全没有问题的。相反，近代以来部分学者对护羌校尉设置过程的重新解读大都存在误读或过度解读史料的现象，结论完全站不住脚，不足为据。

根据现有史料，我们可勾勒汉代护羌校尉一职的发展情况：武帝元鼎后期，西羌叛乱，朝廷置使者护羌校尉，持节统领羌人；宣帝神爵二年，经历

---

① 据《汉书》卷7《昭帝纪》，昭帝时范明友曾担任"羌骑校尉"，其职责当与越骑校尉、胡骑校尉相似，是领羌人降为兵者。

大规模羌人叛乱之后的汉王朝一度强化了护羌校尉一职，但该职仍不常设；东汉建立后，根据需要曾两次短暂设置此职；东汉章帝后由于羌乱日炽，护羌校尉的设置具有连续性，该职逐渐成为"专职使者"，但灵帝之后随着羌乱的平息以及中央王朝权威的下降，护羌校尉一职逐渐又淡出史籍。

而关于护羌校尉的职掌，边章（胡小鹏）、赵明、李大龙、高荣、谢绍鹢、刘国防、赵红梅等学者利用传世文献和悬泉汉简等出土材料讨论已多，大都关注到了其巡行理事、抚绥羌人、警备边境、保护交通、监理屯田、镇压羌乱、拱卫河西、隔绝羌胡的职掌，① 应该说争议不大。至于刘国防将护羌校尉的职责划分为针对塞内羌人的"岁时巡行，理其恩怨"和针对塞外羌人的"为耳目"，则略嫌拘泥，似无必要。其实，护羌校尉既以"护羌"为名，那么其职责用一句话概括就是护羌以安定边塞，当然具体到"护羌"的手段，则可根据实际情况恩威并用、复杂多样，既可利用巡行、抚绥等以"护"为主的和平手段，又可利用武力、屯田等手段实现以"领"为主的军事威慑乃至征服。

第三节　西域都护

与护羌校尉一样，西域都护的设置也是汉王朝利用使职职官领护少数民族事务，对之施行军事管辖的重要举措。由于西域地区在丝绸之路对外交往方面的重要地位，相对护羌校尉来说，西域都护更为引人注目。而对汉王朝来说，由于西域地区与羌族地区在地理位置、政治和文化传统方面有明显差异，故对两地的管理尽管都以使职领护、军事管理为主，但具体管理目标、措施仍有较大差异。探索汉代西域都护府的性质、职责及发展演变规律，不仅有助于我们理解汉代西北少数民族管理的具体情况，更有利于深化我们对汉代使职领护管理制度的认识。

一　汉王朝西域管理的目标

西域地区地域辽阔，政治、文化面貌多样，并不统一，与汉王朝统治中

---

① 参边章《两汉的护羌校尉》，《西北师范大学学报》1991 年第 1 期；赵明《东汉对西羌长期作战的原因与教训》，《中国史研究》1994 年第 1 期；高荣《汉代护羌校尉述论》，《中国边疆史地研究》1995 年第 3 期；李大龙《汉唐藩属体制研究》，中国社会科学出版社，2006，第 88～89 页；谢绍鹢《两汉护羌校尉略考》，《人文杂志》2009 年第 1 期；刘国防《西汉护羌校尉考述》，《中国边疆史地研究》2010 年第 3 期；赵红梅《汉代边疆民族管理机构比较研究》，《黑龙江社会科学》2014 年第 5 期。

心相距遥远。因此，先秦时期，中原政权、人民虽与西域地区有经济文化方面的交流，但控制该地区，却是中原王朝从未考虑过的问题，"秦始皇攘却戎狄，筑长城，界中国，然西不过临洮"①。

汉武帝之后，随着汉王朝对匈奴战略的全面变化，西域的重要性才逐渐被汉王朝所关注，故建元初汉武帝派遣张骞出使西域。但此时汉王朝只是想和西域强国联盟，并没有管控的意味。直至汉王朝驱逐匈奴出河西走廊后，也没有考虑要管理西域，元狩四年（前119）张骞第二次出使西域，使命仍然是劝乌孙东返河西走廊，以实现"隔绝羌胡"的战略。张骞第二次出使使命失败后，汉王朝为国防计才决定直接管理河西，"孝武之世，图制匈奴，患其兼从西国，结党南羌，乃表河西，列四郡，开玉门，通西域，以断匈奴右臂，隔绝南羌、月氏"②，但此时对于管理、经营西域，汉王朝仍没有明确计划。然而由于此后汉王朝疆域与西域直接接壤，且汉匈关系持续恶化、汉与西域诸国的商贸往来日趋增多，故汉王朝对于控制西域，尤其是控制交通、战略要地如楼兰、车师等地的需求渐增，因此不仅使节往返日趋频繁，武帝后期还发生了赵破奴破楼兰、车师，李广利远征大宛等针对西域的军事行动。应该说至少在武帝后期，汉王朝已有了影响、控制西域诸国的设想，具体行动就是一方面和亲西域大国乌孙，在西域扶持亲汉政权，另一方面在西域军事交通要地组织屯田、安排军队，以军事威慑管控相关小国。《汉书·西域传》载："自贰师将军伐大宛之后，西域震惧，多遣使来贡献，汉使西域者益得职。于是自敦煌西至盐泽，往往起亭，而轮台、渠犁皆有田卒数百人，置使者校尉领护，以给使外国者。"说的就是这种情况。至武帝晚期，汉王朝国力消耗、衰损严重、匈奴势力复振，武帝为节省民力计下《轮台诏》放弃了进一步扩大西域屯田的计划。但《轮台诏》只是权宜之举，汉王朝整体上管控西域的设想并未发生根本变化，故昭帝时霍光同意傅介子刺杀楼兰王，实际上就是对管控西域的一次尝试。至宣帝时，汉王朝联合乌孙夹击匈奴的策略最终获得成功，将匈奴势力驱逐出了西域中南部。为巩固对匈战争成功的果实、保障丝绸之路的畅通，汉王朝正式设置西域都护，不久又设置戊己校尉，开启了系统化、制度化管控西域的新阶段。西域都护的设置，通过政治、军事、经济、文化等综合手段，强化了汉王朝对西域的影响力。从宣帝至王莽天凤年间，汉王朝取得了诛杀郅支单于、西域慑服的成果，西域战略比较成

① 《汉书》卷96《西域传》，中华书局，1962，第3872页。
② 《汉书》卷96《西域传》，中华书局，1962，第3872页。

功，应该说都与都护制度有密切关系。王莽之后直到东汉，西域"三绝三通"，中原王朝对西域的管控能力下降，除东汉和帝时期外，基本对西域西部、北部无法实现有效、连续性管理，这显然与都护制度无法有效发挥作用有关。安帝之后，随着战略目标的转变，东汉王朝直接放弃了以使职领护为特点的都护制度，以西域长史负责西域事务，显示了中原王朝对西域关注度的下降和控制西域的力不从心。

综观汉王朝管理西域的历史，可发现以西域都护为代表的使者领护制度是汉王朝管理西域方式的正确选择，有助于汉王朝西域战略目标的实现，持续、有效发挥了作用。我们要全面了解、论述、评价西域都护制度，首先应了解汉王朝西域管理的特点和目标。

西域地区的特点，主要表现在以下几个方面。第一，有重要的军事和交通价值，但直接经济价值可以忽略。第二，距离中原王朝过于遥远，与汉人主要居住区悬隔。《后汉书》卷 88《西域传》称："自敦煌西出玉门、阳关，涉鄯善，北通伊吾千余里，自伊吾北通车师前部高昌壁千二百里，自高昌壁北通后部金满城五百里，此其西域之门户也。"由敦煌至西域门户已近三千里，可见其辽阔程度，所谓"逖矣西胡，天之外区。土物琛丽，人性淫虚。不率华礼，莫有典书"[①]。第三，内部不统一，小政权林立且地理、政治、经济、军事、文化差异较大，《汉书》卷 96《西域传》载："西域以孝武时始通，本三十六国，其后稍分至五十余，皆在匈奴之西，乌孙之南。南北有大山，中央有河，东西六千余里，南北千余里……与汉隔绝，道里又远。"尤其是西域各个绿洲国家间距离较远，中间有塔克拉玛干沙漠等戈壁大漠间隔，连片管理非常困难。

中原王朝对边疆少数民族地区能采取的管理形式，大体有郡县化直接行政管理，属国都尉府、部都尉府间接行政管理，领护管控，羁縻管理几种形式。羁縻管理多发生在中原王朝力有不逮之时，暂且不论。而其他几种方式的选择，主要需考虑王朝的战略目标和实际投入成本。

从战略目标来说，西域军事和交通价值重要，但对中原王朝来说直接经济意义并不大，这就决定了汉王朝控制它主要是出于战略目的而非经济目的，因此对汉王朝来说，并没有必要采取郡县化乃至以都尉府治理的管理方式。以筑亭鄣、修道路的方式保障交通线，在核心地区组织屯田，在战略要地屯兵驻扎威慑周边，保证在中原王朝国力强大时能干预西域事务、保持强大影

---

① 《后汉书》卷 88《西域传》，中华书局，1962，第 2934 页。

响力，就算是达到了战略目的。

由于西域地区与中原距离远、直接管理成本极高，且区域内部因地理所隔政治不统一，郡县化管理无从开展，也很难扶持稳定的代理人，故汉王朝只能采取使职领护的军事管理方式，而不能实施直接或间接的行政管理。葛剑雄曾提出汉代西域绿洲不具备大规模发展农业的条件，不能供养行政机构和军队，无法接纳大量移民，汉朝军队即使征服那里，也不能设置常规的行政区。① 胡鸿在此基础上分析制约秦汉帝国扩张，对边疆地区实施郡县管理的因素，明确指出"华夏帝国的扩张受到地理环境及与之相关的经济生态的制约"，并强调当汉王朝面对"玉门关外的西域绿洲诸国时，地理和交通的制约更为重要"。② 班固《汉书·匈奴传·赞》称：

> （夷狄）与中国殊章服，异习俗，饮食不同，言语不通，辟居北垂寒露之野，逐草随畜，射猎为生，隔以山谷，雍以沙幕，天地所以绝外内也。是故圣王禽兽畜之，不与约誓，不就攻伐；约之则费赂而见欺，攻之则劳师而招寇。其地不可耕而食也，其民不可臣而畜也，是以外而不内，疏而不戚，政教不及其人，正朔不加其国；来则惩而御之，去则备而守之。其慕义而贡献，则接之以礼让，羁縻不绝，使曲在彼，盖圣王制御蛮夷之常道也。

其虽重在论说匈奴，但就其中"天地所以绝外内"的情况来说，西域与匈奴并无不同，既然"约之则费赂而见欺，攻之则劳师而招寇。其地不可耕而食也，其民不可臣而畜也"，那么直接实行郡县行政管理显然是不合适的。尤其是，历史证明，从少数民族的政治组织形态来说，最适合被整合入华夏的少数民族，是南越国、卫氏朝鲜那种较小型的华夏式政治体，最难整合的则是"分散的、序阶化不发达的政治体，甚至尚无稳定政治体的松散人群"。西域地区原始政治组织形式以绿洲小国为主，"各有君长，兵众分弱，无所统一"③，虽有一定"序阶化"政权组织，但显然符合"分散"这一特征，因此对于这些"土物琛丽，人性淫虚。不率华礼，莫有典书"的少数民族政体，利用其旧有组织形式，以点控面，实施领护管理也是最明智之举。

---

① 葛剑雄：《论秦汉统一的地理基础》，载中国秦汉史研究会编《秦汉史论丛》第六辑，江西教育出版社，1994，第135～140页。
② 胡鸿：《能夏则大与渐慕华风》，北京师范大学出版社，2017，第61～66页。
③ 《汉书》卷96下《西域传下》，中华书局，1962，第3930页。

二　西域都护的性质

在西域地区设置职官，并不始于汉朝，而始于匈奴。《汉书·西域传》载："西域诸国大率土著，有城郭田畜，与匈奴、乌孙异俗，故皆役属匈奴。匈奴西边日逐王置僮仆都尉，使领西域，常居焉耆、危须、尉犁间，赋税诸国，取富给焉。"当然，这段记载中匈奴职官"僮仆都尉"以"都尉"为名颇为奇怪，想来应是汉译的结果，西汉后期在西域地区设置西域都护，多由"骑都尉"充任，故汉文文献译匈奴管控西域之长官为"都尉"。匈奴的僮仆都尉，以"赋税诸国"为主要职责，与后来西汉设置的西域都护有一定差别，但其"居焉耆、危须、尉犁间"，管控诸国，则同样是以点控面的管理形式，后来汉王朝设置西域都护屯驻乌垒城，应该是受了匈奴的影响。但与匈奴相比，汉王朝的政治制度显然更为复杂。

《汉书·百官公卿表》载："西域都护，加官，宣帝地节二年初置，以骑都尉、谏大夫使护西域三十六国，有副校尉，秩比二千石，丞一人，司马、候、千人各二人。"《后汉书·西域传》载："武帝时，西域内属，有三十六国。汉为置使者、校尉领护之。宣帝改曰都护。"章怀太子注称："《前书》曰，自李广利征讨大宛之后，屯田渠犁，置使者领护营田，以供使外国也。"由于两《汉书》对西域都护一职的情况记载较清楚，故学界关于西域都护一职的性质，争议不大，一般都认为其与武帝时始设的使者校尉有前后相继关系，是具有使职性质的加官。安作璋、熊铁基说西域都护"开始并非固定官名，着重是一个'护'字，'护'即'领护'、'卫护'、'监护'之'护'，以校尉、或骑都尉、或卫司马、或其他官为持节使者，护西域各国；'都'者，都总南、北道二也"①。余太山称："西域都护的前身是李广利伐宛后所置'使者校尉'。"②廖伯源称："西域都护为皇帝之使者……为加官……以'骑都尉'为本官……其后从加官转变为实官，其转变之时间无考，东汉之西域都护则可确定为非加官。"③李大龙称："西域都护源于西汉最初向西域派遣管理屯田的使者。"④丁忠林称："'西域都护'一职汉代属于'加官'，即具有临时的性质。它属于武帝时设置的八校尉之一的中垒校尉管辖，其职责相当

---

① 安作璋、熊铁基：《秦汉官制史稿》，齐鲁书社，2007，第 783 页。
② 余太山：《两汉魏晋南北朝与西域关系史研究》，商务印书馆，2011，第 322 页。
③ 廖伯源：《使者与官制演变——秦汉皇帝使者考论》，文津出版社，2006，第 313 页。
④ 李大龙：《西汉西域都护略论》，《中国边疆史地研究》1991 年第 2 期，第 70 页。

于内地的郡守，俸禄同二千石。"① 尽管西域都护归中垒校尉管辖的观点不准确，但其强调了西域都护"临时"的性质，应该也算是对"使职"的另一种表达。

西域都护具有使者、"加官"性质，是汉代领护边疆少数民族的使职之一，也得到了出土文献的证明。悬泉汉简载：

> 五月壬辰，敦煌大守彊、长史章、丞敞下使都护西域骑都尉、将田车师戊己校尉、都都尉、小府官县，承书从事下当用者。书到白大扁书乡亭市里高显处，令亡人命者尽知之，上敕者人数大守府别之，如诏书。
>
> Ⅱ90DXT0115②：16

据张德芳研究，简中"敦煌太守彊"任职敦煌太守的时间大概在元帝建昭年间左右，② 在宣帝神爵之后，故简中"使都护西域骑都尉"是西域都护的正式官名无疑，其中"骑都尉"是任职者的本官，"都护西域"是职责所在，而"使"则突出了使职性质。其实，由于西域地区事务繁多，故中央除了在西域设置"西域都护"这一正使外，还有副使的设置。《汉书·百官公卿表》载："西域都护，加官，宣帝地节二年初置，以骑都尉、谏大夫使护西域三十六国，有副校尉，秩比二千石，丞一人，司马、候、千人各二人。"《汉书·元帝纪》载："使护西域骑都尉甘延寿、副校尉陈汤挢发戊己校尉屯田吏士及西域胡兵攻郅支单于"，二人后因攻郅支单于功，"封骑都尉甘延寿为列侯，赐副校尉陈汤爵关内侯"。《陈汤传》载陈汤，"久之，迁西域副校尉，与甘延寿俱出"。关于文献中的"副校尉"，有学者认为是"都护副职"③，也有学者认为是"都护属官"④，其实这两种理解都不是特别准确。副校尉，并不是副的"校尉"，也不是一般意义上的都尉属官，其秩比二千石，与一般校尉相同，所谓的"副"是指其为中央派驻西域之副使。《汉书·萧育传》载："大将军王凤以育名父子，著才能，除为功曹，迁谒者，使匈奴副校尉。"颜师古注曰："时令校尉为使于匈奴而育为之副使，故授副校尉也。"⑤ 明确指出"副校尉"为"副使"。廖伯源注意到20 世纪30 年代地湾出土居延汉简：

---

① 丁忠林：《汉代西域都护设置年代考》，《历史教学问题》1988 年第 3 期，第 22 页。

② 张德芳：《两汉时期的敦煌太守及其任职时间》，载《简牍学研究》第五辑，甘肃人民出版社，2014，第 156～179 页。

③ 安作璋、熊铁基：《秦汉官制史稿》，齐鲁书社，2007，第 785 页。

④ 李大龙：《汉代中国边疆史》，黑龙江教育出版社，2014，第 122 页。

⑤ 《汉书》卷 78《萧望之传》颜注，中华书局，1962，第 3289 页。

元康四年二月己未朔乙亥，使护鄯善以西校尉吉、副卫司马富昌、丞庆、都尉宣建都▢乃元康二年五月癸未，以使都护檄书遣尉丞敕将施刑士五十人送致将车▢发。

118·17

都应是"副使"之意，故"加'副'于其官名之上"。① 据此，廖伯源论证："副校尉为西域都护之副贰……汉廷外遣领护属国之使者，以副校尉为副贰。按汉官制无以'副'为名者，'副校尉'之得名，盖其以校尉官为使匈奴中郎将或西域都护之副贰，乃使者之副使，其地位高于其他校尉，因加'副'字于其官名校尉之上。"② 唯如廖伯源之解释，我们才能理解作为"副校尉"的陈汤也可独当一面，有权力动员、组织西域各国力量，讨伐郅支单于。如前所述，校尉一职在武帝时开始大量作为新设使职官员之官称，护羌校尉、护乌桓校尉、屯田校尉皆是如此。西域副校尉以"校尉"为称，也从侧面肯定了其和西域都护的"使职"身份。当然，由于常驻西域使职具有稳定性，故正史骑都尉、副使校尉的搭配也较为稳定，故将西域副校尉理解为西域都护之"副职"虽不太严谨，也未为不可。

西域都护作为使职应无可疑，但其与护羌校尉、州刺史等使职从形式来说却有区别，如其属官只有丞以及候、司马、千人等军事官员，而没有作为使职官员必备的"从事"。这可能与其任职、监领区域位于郡县之外，完全以军事、政治手段监领少数民族为职，不像其他使职如州刺史、司隶校尉那样以监察郡县为主要职责有关。使者一般肩负专门使命，使命单一不必复杂，而完成使命后使职即撤，使者回复本职，故一般意义上的使职是不需要属吏的。武帝之后，使职越来越普遍，大多以监察为职，监察事务头绪繁多，且时间相对较长，故有设置属吏以协助完成使命的需要。但早期监察使者在制度上仍非常设之吏，如有固定属吏，则一旦使职撤销，属吏何去何从必成问题，故早期监察使者之属吏盖从所监察之郡中选择，临时协助使者使命的履行。《汉书》卷71《隽不疑传》载，武帝末年暴胜之为直指使者，"门下诸从事皆州郡选吏"，颜师古注曰："选州郡吏之最者乃得为从事。"《汉书》卷76《王尊传》："复召署守属治狱，为郡决曹史。数岁，以令举幽州刺史从事。"颜师古注引如淳曰："《汉仪》注：刺史得择所部二千石卒史与从事。"这些材料都反映了以监察为主要责任的使者早期属吏的构成情况，"从事"之所以得

①　廖伯源：《使者与官制演变——秦汉皇帝使者考论》，文津出版社，2006，第315页。
②　廖伯源：《使者与官制演变——秦汉皇帝使者考论》，文津出版社，2006，第315页。

名，本身也有临时随从办事，事毕即返回原职的意思在内。后来，随着刺史、司隶校尉等使职监察制度的稳定，其从事也渐成为固定职位，但受习惯影响，仍以"从事"为称。不独司隶校尉、州刺史，即使是前文所述以领护少数民族为主要职任的护羌校尉也有从事，这应是护羌校尉虽以"护羌"为职，但由于羌人分布区与汉武帝之后的郡县辖区有较大重合，故护羌校尉履行职责的区域也与郡县相邻甚至相合，因此其可能也会选州郡吏以从事，所以后来在官制上就体现为护羌校尉有属吏从事。当然，护羌校尉的军事职任很重，故其下也设有长史、司马。① 而西域都护面临的管控对象，再无郡县地区官吏，其远在绝域，完全以军事手段作为履行职责的保障，故其属官只有"司马""候""千人"等固定武职，而没有从辖区所选之从事吏。通过对比西域都护和护羌校尉、使匈奴中郎将属吏"从事"的有无也可发现，尽管他们都是领护少数民族的武职，但由于面对少数民族情况的不同，执行使命、履行职任的方式也会有所差别。

三　西域都护的设置

如前所述，由于两《汉书》对西域都护一职有较详细记述，故关于"西域都护"问题总体上来说学界争论不多。② 但由于史料的多元性，学者们关于西域都护建制的准确时间、职责等问题仍有一些争论，有些争论会影响到我们对西域都护领护西域诸国体制运行的理解，故本书仍将略为辨析。

关于西域都护正式设置的时间，由于《汉书》各篇记载的不同，故学界此前主要有四种观点，分别是据《汉书·宣帝纪》说的"神爵二年"（前60）、《汉书·百官公卿表》所叙"地节二年"（前68）、据《西域传》说的"神爵三年"（前59）和《冯奉世传》的"元康元年"（前65）。其中第一种观点影响最大。居延汉简出土后，有些学者发现此前影响最大的第一种观点与简牍材料有些矛盾，故又不断有以弥合史料矛盾为主的新观点出现，如哈建华提出初建于地节二年而正式建置是在神爵三年，③ 刘洪波提出不迟于元康二年，④ 殷晴提出地节、元康年间郑吉"始建"此职为汉廷默认，至神爵二年

① 安作璋、熊铁基：《秦汉官制史稿》，齐鲁书社，2007，第794页。
② 关于近些年西域都护设置时间研究的成果，主要参洪涛《汉代西域都护府研究述评》，《新疆师范大学学报》2007年第2期。
③ 哈建华：《有关西域都护建置的年代问题》，《历史教学》1983年第3期。
④ 刘洪波：《关于西域都护的始置问题》，《中国史研究》1986年第3期。

该官号被汉廷确认，正式设官置守。① 这些学者综合传世文献和出土文献，注意到西域都护一职形成的历史过程，是其所长。但即使西域都护一官的形成有漫长过程，"西域都护"（或按照简牍中的称呼"使西域都护骑都尉"）作为一明确官称，毕竟应有准确的设立年份，不应该以职务形成的长期性来否认官称确立的即时性。至于有些学者所提出的西域都护由郑吉个人"始建"、汉廷默认到汉廷确认该官的进程，则匪夷所思，不合逻辑。

神爵二年说和神爵三年说其实并无绝对矛盾，只是在时间节点的选择上略有不同。《汉书·宣帝纪》"神爵二年"条"秋，匈奴日逐王先贤掸将人众万余来降。使都护西域骑都尉郑吉迎日逐，破车师，皆封列侯"的记载是神爵二年说的史料来源。《汉书·西域传》："至宣帝时，遣卫司马使护鄯善以西数国。及破姑师，未尽殄，分以为车师前后王及山北六国。时汉独护南道，未能尽并北道也，然匈奴不自安矣。其后日逐王畔单于，将众来降，护鄯善以西使者郑吉迎之。既至汉，封日逐王为归德侯，吉为安远侯。是岁，神爵三年也。乃因使吉并护北道，故号曰都护。都护之起，自吉置矣。"这条记载是神爵三年说的史料来源，且叙事更详，将"都护"何以为称的理由都讲出来了，神爵三年后郑吉"并护北道"，故称"都护"。颜师古受此影响注"都护"曰："都犹总也，言总护南北之道。"② 由于匈奴日逐王降汉从西域到敦煌再到长安要有一个过程，到长安后与郑吉并受封赏也非一朝一夕可以完成，因此说"神爵二年"是因其始，说"神爵三年"是论其"终"，并无矛盾。悬泉汉简载：

> 神爵二年十一月癸卯朔乙丑，县泉厩佐广德敢言之，爰书：厩御、千乘里畸利谨告曰：所葆养传马一匹，骓，牡，左剽，入坐肥，齿二岁，高六尺一寸，□头，送日逐王来至冥安，病亡。即马起张乃始冷定，杂诊。马死，身完，毋兵刃、木索迹，病死审，证之。它如爰书。敢言之。
>
> 1301
>
> 广至移十一月谷薄（簿），出粟六斗三升，以食县（悬）泉厩佐广德所将助御效谷广利里郭市等七人，送日逐王，往来]［三食，食三升。桉（案）广德所将御□禀食县（悬）泉而出食，解何？
>
> I90DXT0309③：167－168

两简皆与敦煌地区传送日逐王至长安事有关，1301 号简是对在悬泉置至

---

① 殷晴：《悬泉汉简和西域史事》，《西域研究》2002 年第 3 期。
② 《汉书》卷 96 上《西域传上》颜注，中华书局，1962，第 3874 页。

冥安区间送日逐王所用传马病死一事的调查文书，该调查应在马死之后立即展开，因此"神爵二年十一月癸卯朔乙丑"应在日逐王通过悬泉置、冥安之后，但相距时日一定不多。当月癸卯朔，则乙丑为廿三日，十一月下旬过敦煌，按照张德芳先生的研究，汉代"正常情况下官员的出使，利用沿途驿站提供的车辆，从长安到敦煌，需要一个多月到两个月"[1]，则日逐王到长安应已至神爵三年。《汉书·郑吉传》处理这段史料称："神爵中，匈奴乖乱，日逐王先贤掸欲降汉，使人与吉相闻。吉发渠黎、龟兹诸国五万人迎日逐王，口万二千人、小王将十二人随吉至河曲，颇有亡者，吉追斩之，遂将诣京师，汉封日逐王为归德侯。吉既破车师，降日逐，威震西域，遂并护车师以西北道，故号都护。都护之置自吉始焉。""神爵中"模糊了神爵二年、三年的界限，应该是较科学的处理办法。颜师古注称："并护南北二道，故谓之都。都犹大也，总也。"[2] 认为"都护"之"都"是"总"的意思，"都护"以总南北二道为称，更从理论上为神爵中说予以阐释，益发使神爵说深入人心。宋代司马光编撰《资治通鉴》卷26"神爵二年"条写道："吉既破车师，降日逐王，威震西域，遂并护车师以西北道，故号都护。都护之置，自吉始焉。"《资治通鉴》继承颜师古观点，认可西域都护置于神爵年间，并考异："《百官表》曰'西域都护，加官，地节二年初置'，盖误以神爵为地节也，《西域传》又云神爵三年，亦误。"清代学者徐松《汉书西域传补注》卷上称："按郑吉既破车师，即并护北道，故封侯之诏已称都护，是都护之置在神爵二年秋，《百官表》作地节二年初置，误以神爵为地节，此传作神爵三年，亦误。"[3] 王先谦称："据《宣纪》《西域传》，都护加官始于郑吉，当是神爵二年，非地节也。《吉传》亦云神爵中。而赞又误为地节。"[4] 可见受颜师古《汉书注》和《资治通鉴》影响，徐松、王先谦等学者都认为西域都护始置于神爵中而非地节年间。后来，曾问吾、安作璋、郭沫若、翦伯赞等皆持此说。[5] 应该说在相当长的一段时间内，此说是占有绝对优势的，相反《汉书·百官公卿表》的

---

① 张德芳：《古代从长安到敦煌走多长时间》，《甘肃日报》2016年9月20日第6版。

② 《汉书》卷70《郑吉传》颜师古注，中华书局，1962，第3006页。

③ （清）徐松：《汉书西域传补注》，中华书局，1985，第479页下。

④ （清）王先谦：《汉书补注》，上海古籍出版社，2008，第900页。

⑤ 参曾问吾《中国经营西域史》，商务印书馆，1936；安作璋《西域都护的建置及其作用》，收入氏著《汉史初探》，上海人民出版社，1957，第121页；郭沫若主编《中国史稿》，人民出版社，1963，第2册第104页；范文澜《中国通史简编》（修订本），人民出版社，1964，第2编第86页；翦伯赞主编《中国史纲要》，人民出版社，1983，第156页。其中，曾问吾、安作璋、翦伯赞主张神爵二年，郭沫若、范文澜主张神爵三年。

"地节二年说"则几无人响应。

但 20 世纪 30 年代居延汉简的出土，增加了问题认识的难度。地湾出土居延汉简记有：

> 元康四年二月己未朔乙亥，使护鄯善以西校尉吉、副卫司马富昌、
> 丞庆、都尉宣建都☐乃元康二年五月癸未，以使都护檄书遣尉丞敕将施刑
> 士五十人送致将车☐发。　　　　　　　　　　　　　　118 · 17

明确记载，元康二年（前 64）就有"使都护檄书"，不能不说是对西域都护始置于神爵年间的挑战。就此，部分学者联系《百官公卿表》"地节二年说"提出折中的说法。张维华《西汉都护通考》认为西域都护建号于地节二年，立府施政则在神爵二年，即所谓："余按《公卿表》之文，非出误载，实有所据。前引元康四年简文，内有'元康二年五月癸未以使都护檄书遣卫尉丞敕将施刑士五千人送致将车☐☐☐'一语，则元康二年已有都护之号矣，何得谓自神爵始。以意度之，必是汉颁都护之号在先，而立府在后，后人未加深察，遂混而为一。郑吉初田渠犁，官为侍郎，后迁卫司马，位甚低微，不足膺此尊秩，故都护虽颁，而仍以校尉名官，简文称'以使都护檄书'者，当即言郑吉以校尉之职，而行都护之事，盖以位卑不可居其名也。吉由校尉而擢居都护之名，亦见《公卿表》，为郎中令属官，秩比二千石，较诸以往，位既尊贵，职权亦重，可以当都护之尊称矣。"[1] 此说出现后，获得了余太山、刘锡淦、哈建华等学者的认可。[2] 当然也有学者直接放弃神爵说，而认为"都护建号于地节二年的说法是可信的"[3]。

但不同意见仍然存在，神爵说仍有市场。新疆社会科学院民族研究所编写的《新疆简史》即仍主张神爵三年说，即："西域都护初设年代，《汉书·百官公卿表》作地节二年，同书《傅常郑甘陈段传赞》亦作地节二年，这显然是以它的前身护鄯善以西使者的设置年代作为它的设置年代了。同书《宣帝纪》记载神爵二年（前 60 年）郑吉迎日逐王时，其职衔已作西域都护，这也是由上述原因造成的。同书《郑吉传》作神爵中，《西域传》作神爵三年。

---

① 张维华：《西汉都护通考》，收入氏著《汉史论集》，齐鲁书社，1980，第 255 页。
② 余太山：《两汉西域都护考》，收入氏著《两汉魏晋南北朝与西域关系史研究》，商务印书馆，2011；刘锡淦：《关于西域都护与僮仆都尉问题的质疑》，《新疆大学学报》1983 年第 1 期；哈建华：《关于西域都护建制的年代问题》，《历史教学》1983 年第 3 期。
③ 刘国防：《汉西域都护的始置及其年代》，《西域研究》2002 年第 3 期。

考虑到此事是发生在匈奴日逐王归属汉朝之后，神爵三年的说法是可取的。"①
这种观点认为不应将护鄯善以西使者的始置时间等同于西域都护，虽说有合
理性，但并未正面处理居延 118·17 号简中的"使都护"职衔，因此并不具
备充分说服力。此外，马国荣、李大龙、洪涛等学者也持神爵说，② 其中李炳
泉的观点较具代表性。李炳泉认为"地节二年说的论据不充分"，郑吉是在神
爵二年才由护鄯善以西数国的校尉变为使都护西域骑都尉。其论证大抵有三
端。（1）基本理论根据在于"都护"不等于"西域都护"，地节二年说是班昭、
马续受班固《汉书·西域传赞》中"至于地节，郑吉建都护之号"的影响，误
解了此中"都护"为"西域都护"而在《汉书·百官公卿表》中做出了错误结
论。（2）从当时的形势看，神爵之前汉王朝势力只对鄯善以西南道有影响，不
能影响北道。元康年间，匈奴还控制着西域北道尤其是车师以西北道，故汉朝
没有设官"都护"西域南北道的可能和必要。（3）从仕宦经历看，郑吉在地节
三年至元康四年一直"使护鄯善以西南道"，并未担任"西域都护"一职。③

　　这个论证中，第三点是最没有说服力的，因为地节二年西域都护设置可能
性的提出，本身即承认了《汉书》有失载相关史实的可能，故以《汉书》中郑
吉的履历反对地节说并不合适。第二点论据也有问题，地节元康中，虽然汉王
朝并未控制车师以西北道，但其时汉王朝与匈奴五争车师，并且曾一度占据上
风，故以神爵之前汉王朝无力影响北道而否定西域都护设置于神爵之前的可能
性，也不可行。并且尽管地节元康中汉王朝尚未完全控制车师，但对于西域北
道的控制却是较为稳固的。西域北道不同于车师以西北道，《汉书·西域传》谈
到西域北道时，称"自车师前王廷随北山，波河西行至疏勒，为北道"，似乎北
道中车师是重要枢纽。但这段记载只是西汉晚期或东汉之后学者根据后来情况
所做的总结。实际上在宣帝神爵之前，汉王朝虽未直接控制车师，但对西域北
道则有强大影响力。当时的北道由鄯善、居卢訾仓直接到尉犁、渠犁，然后经
轮台、龟兹至疏勒，车师并非北道必经之地。宣帝时汉王朝与匈奴五争车师，
主要是看中了车师与匈奴、乌孙临近的地理优势。西汉后期重点开辟了由尉犁、
渠犁经焉耆至车师的道路，将车师与此前的北道联系在了一起。后来随着车师

---

① 新疆社会科学院民族研究所编《新疆简史》，新疆人民出版社，1980，第 41 页。

② 马国荣：《汉朝统一新疆及其管理措施》，《喀什师范学院学报》1987 年第 4 期；李大龙：
《西汉西域都护略论》，《中国边疆史地研究》1991 年第 2 期；洪涛：《汉西域都护府的建
立及其历史地位》，《西域研究》1999 年第 3 期；李炳泉：《关于汉代西域都护的两个问
题》，《民族研究》2003 年第 6 期。

③ 李炳泉：《关于汉代西域都护的两个问题》，《民族研究》2003 年第 6 期。

经伊吾至敦煌的道路得以开辟和车师至乌孙原有道路的开拓使用，车师既是汉匈相争的焦点，又是汉王朝进入西域的另一条通道，地位日益重要，而传统北道东段也分化为敦煌—伊吾—车师—焉耆—尉犁—渠犁道和敦煌—鄯善—尉犁—渠犁道。到了东汉初年，汉匈竞争主要围绕东天山地区展开，伊吾车师道重要性陡升，故《汉书·西域传》介绍北道时，对车师予以了特别关注。但我们不能仅以《汉书·西域传》的这个记载，就否认地节元康前汉王朝对渠犁、尉犁、龟兹、姑墨、疏勒等北道地区的影响力。其实汉王朝早期屯田的渠犁、轮台地区都属于北道，汉王朝对北道地区有着严密控制。《汉书》卷70《常惠传》载，宣帝前期常惠责"龟兹国尝杀校尉赖丹"事，"发西国兵二万人，令副使发龟兹东国二万人，乌孙兵七千人，从三面攻龟兹"，龟兹位于北道，其东国、西国皆是北道诸国无疑，常惠能调动北道诸国兵，并迫使北道大国龟兹最终杀掉"贵人"姑翼，则汉王朝对北道的影响可见一斑。《汉书》卷79《冯奉世传》载元康元年（前65），莎车叛乱，当时"都护郑吉、校尉司马意皆在北道诸国间"，"莎车遣使扬言北道诸国已属匈奴矣，于是攻劫南道"。情况危急之时，卫候冯奉世"以节谕告诸国王，因发其兵，南北道合万五千人进击莎车"。郑吉、司马意都在北道，莎车"扬言"北道已属匈奴，冯奉世发"南北道"军平定莎车叛乱。这都说明，元康元年时，汉王朝不仅控制着南道，也牢牢控制着北道。宣帝时，汉匈西域之争，争的是"车师"，而非"北道"。说匈奴此时力图控制车师和车师以西通往乌孙的道路是可以的，但要说匈奴控制着西域北道，汉朝没有设官"都护"西域南北道的可能和必要，则显然不符合史实。

　　相对来说，李炳泉的核心依据在第一点，即力证居延汉简118·17号简中的"使都护"并非"西域都护"，而是"并护车师以西北道"之前的"都护"，"西域"与"鄯善以西"是不同的概念。郑吉在任西域都护前，"护鄯善以西数国"时也是"都护"但非"西域都护"。① 笔者认为，从目前史料来看，这一观点站不住脚。首先，"使都护"并非西域都护的观点并没有史料依据。其次，将"西域"和"鄯善以西"等概念截然区分也未必成立。"西域"概念最初指匈奴西境，后来此概念被汉人借用。② 关于汉人观念中"西域"所指，可参考《汉书·西域传》的记载：

　　　　西域以孝武时始通，本三十六国，其后稍分至五十余，皆在匈奴之

———————

① 李炳泉：《关于汉代西域都护的两个问题》，《民族研究》2003年第6期。
② 余太山：《两汉魏晋南北朝正史西域传要注》，中华书局，2005，第60页。

西，乌孙之南。南北有大山，中央有河，东西六千余里，南北千余里。东则接汉，阨以玉门、阳关，西则限以葱岭。其南山，东出金城，与汉南山属焉。其河有两原：一出葱岭山，一出于阗。于阗在南山下，其河北流，与葱岭河合，东注蒲昌海。蒲昌海，一名盐泽者也，去玉门、阳关三百余里，广袤三百里。其水亭居，冬夏不增减，皆以为潜行地下，南出于积石，为中国河云。

　　自玉门、阳关出西域有两道。从鄯善傍南山北，波河西行至莎车，为南道。南道西逾葱岭则出大月氏、安息。自车师前王廷随北山，波河西行至疏勒，为北道。北道西逾葱岭则出大宛、康居、奄蔡焉。

可见，泛称"西域"可指匈奴以西，乌孙以南的地区，具体则指阳关、玉门关以东，葱岭以西，南北两山（即今天的昆仑山和天山）所夹的区域。这些区域从武帝后期开始，至迟在昭帝时期已受到中原政权的强烈影响。武帝后期已以渠犁为中心屯田，《汉书》卷96《西域传下》载："自武帝初通西域，置校尉，屯田渠犁。"征和中，桑弘羊建议屯田轮台，"遣屯田卒诣故轮台以东，置校尉三人分护，各举图地形，通利沟渠，务使以时益种五谷"[1]，为汉武帝所拒。但至迟在昭帝前期，已"以杅弥太子赖丹为校尉，将军田轮台，轮台与渠犁地皆相连也"[2]，渠犁、轮台屯田皆已实现，所谓"皆有田卒数百人，置使者校尉领护，以给使外国者"[3]。渠犁、轮台位于北道，故汉王朝对北道的经营、控制绝不晚于武帝后期。前引《西域传》介绍南北二道，"从鄯善傍南山北，波河西行至莎车，为南道。南道西逾葱岭则出大月氏、安息。自车师前王廷随北山，波河西行至疏勒，为北道"，似乎南道始于鄯善，北道始于车师。然而实际情况并非如此。因为在伊吾道开通之前的西汉时期，中原王朝抵达车师也要首先经过鄯善，而在西汉王朝争夺车师成功之前，北道更是无须途经车师，而是经鄯善直抵尉犁、轮台。《后汉书》卷88《西域传》载："自鄯善逾葱领出西诸国，有两道。傍南山北，陂河西行至莎车，为南

①　《汉书》卷96下《西域传下·渠犁》，中华书局，1962，第3912页。
②　《汉书》卷96上《西域传下·渠犁》，中华书局，1962，第3916页。
③　《汉书》卷96上《西域传上》，中华书局，1962，第3873页。《汉书》卷96下《西域传下》载征和中，桑弘羊建议武帝在"轮台东捷枝、渠犁"等"饶水草"之地屯田，"置校尉三人分护"。汉武帝拒绝了这一建议。但昭帝时，轮台屯田最终得以实现，据《汉书》卷96下《西域传下》"胡骑引去，吉乃得出，归渠犁，凡三校尉屯田"的记载，可知宣帝时渠犁附近屯田正是由"三校尉"领护。我们有理由相信，昭宣至少宣帝时，汉王朝的西域屯田，正是根据武帝时桑弘羊的建议勾画设计的。

道。南道西逾葱领，则出大月氏、安息之国也。自车师前王庭随北山，陂河西行至疏勒，为北道。北道西逾葱领，出大宛、康居、奄蔡焉。"以鄯善为南北两道分离点，反映了西汉大部分时期内西域的交通情况，当更为科学。《汉书》卷79《冯奉世传》载：

> 前将军增举奉世以卫候使持节送大宛诸国客。至伊修城，都尉宋将言莎车与旁国共攻杀汉所置莎车王万年，并杀汉使者奚充国。时匈奴又发兵攻车师城，不能下而去。莎车遣使扬言北道诸国已属匈奴矣，于是攻劫南道，与歙盟畔汉，从鄯善以西皆绝不通。都护郑吉、校尉司马意皆在北道诸国间。奉世与其副严昌计，以为不亟击之则莎车日强，其势难制，必危西域。遂以节谕告诸国王，因发其兵，南北道合万五千人进击莎车，攻拔其城。莎车王自杀，传其首诣长安。

宣帝时冯奉世出使应经北道的大宛，途径伊修城。伊修城即伊循城，颜师古称："伊修城在鄯善国，汉于其中置屯田吏士也。"可见鄯善国不但在南道上，也在北道上，恰可证《后汉书·西域传》的记载。既然鄯善国处于南北两道交汇点，则"护鄯善以西"就不仅是护南道，也可护北道，并且据前引《冯奉世传》，都护郑吉当时就在北道渠犁，冯奉世可调动北道诸国兵，也说明宣帝神爵之前，汉王朝的"护鄯善以西"实际上也是包括"北道"在内的。至于《汉书·西域传》"汉独护南道，未能尽并北道也，然匈奴不自安矣"的记载，只是说由于车师（可能也包括焉耆、危须等国）以及车师西北通乌孙的道路尚未被汉王朝完全控制，[①] 因此汉朝尚未"尽"并北道，而非完全不控制北道。对汉王朝来说，敦煌玉门关、阳关以西即为"西域"，至于"西域"的准确地理范围则随着汉王朝对外影响力的变化而逐渐扩大。在宣帝以前，汉王朝通向新疆地区的道路基本要依靠从敦煌至鄯善的交通孔道。因此，"鄯善以西"的地理概念与汉王朝的"西域"地理概念并无实质差别。学

---

① 汉代存在着一条经车师向西北至乌孙的道路。《汉书》卷96下《西域传下·车师后国传》载："匈奴闻车师降汉，发兵攻车师，吉、熹引兵北逢之，匈奴不敢前。吉、熹即留一候与卒二十人留守王，吉等引兵归渠犁。车师王恐匈奴兵复至而见杀也，乃轻骑奔乌孙，吉即迎其妻子置渠犁。"当时西域北道和渠犁等地都在汉王朝牢牢控制之中，车师王逃往乌孙并未得到郑吉等支持，其能顺利逃至乌孙，一定未经过渠犁等地，即未经西域北道，这可证明由车师不经渠犁而至乌孙的道路当时就存在，这条道路很可能即史籍所记"车师以西北道"，与西域"北道"并不相同。考虑到，宣帝地节、元康年间即是汉乌关系发展的重要时期，又是汉匈车师之争的关键时期，我们似乎有理由怀疑，当时汉王朝与匈奴"五争车师"，可能主要目的即是打通一条不用途径渠犁、龟兹、温宿的乌孙之路。

者要辨析此时"护鄯善以西"不同于"都护西域",既无必要,也无可能。在笔者看来,居延汉简和传世文献中都有元康年间的"都护",此"都护"与后来的"西域都护"虽在具体管辖区域上有所差别,如元康年间的"都护"不能完全控制车师,但从概念上来说,都是当时完整意义上的"西域都护",并无本质不同。传世史书记载中之所以要突出神爵二年在"西域都护"一职设置上的重要性,主要是因为神爵二年之前西域地区还属于汉匈争夺、争议地区。当时汉朝虽有"都护",并实际控制了西域南道、北道,但匈奴日逐王下属之"僮仆都尉"也一样存在。汉王朝想渗透车师以及车师通往乌孙的车师西北道,匈奴也同样想以车师为据点重新夺回包括渠犁、尉犁、龟兹在内的西域北道诸国。[1] 可以说,鹿死谁手还未知。神爵二年,随着匈奴日逐王降汉、车师彻底被汉王朝占领,匈奴在西域的主体势力基本瓦解,"僮仆都尉由此罢,匈奴益弱,不得近西域"[2]。既然匈奴在西域的行政机构已经撤除,可以理解为匈奴在事实上已退出了对西域的竞争。这时汉王朝的西域都护已成为周边大国在西域的唯一军政机构,为迎合这种局面,汉王朝对"西域都护"也进行了一些改造,《汉书》卷96上《西域传》载:

> 于是徙屯田,田于北胥鞬,披莎车之地,屯田校尉始属都护。都护督察乌孙、康居诸外国动静,有变以闻。可安辑,安辑之。可击,击之。都护治乌垒城,去阳关二千七百三十八里,与渠犁田官相近,土地肥饶,于西域为中,故都护治焉。

西域都护不仅对西域南北道诸国进行领护监管,还统一管辖了包括屯田机构在内的汉王朝在西域的其他机构。权力范围也突破传统南北道诸国,而延及乌孙、康居等大国和由车师向西北通往乌孙的"车师以西北道"。并且拥有了固定治所,领护和军政职能得以强化。可以说,神爵二年之后的西域都护的权威性和对西域影响的普遍性得到大大加强。明确了此点,我们即可理解传世文献称西域都护建立于神爵二年的合理性,而此记载与元康年间已存在西域都护并无本质矛盾。

综观汉王朝西域都护的设置,我们可以发现其并非一蹴而就,而是一个

---

[1] 《汉书》卷96上《西域传上》载"匈奴西边日逐王置僮仆都尉,使领西域,常居焉耆、危须、尉犁间,赋税诸国,取富给焉",可见宣帝前期,车师是匈奴的基本盘,焉耆受匈奴影响很深,连汉王朝控制的尉犁仍是匈奴主要觊觎的目标。《汉书》,中华书局,1962,第3872页。

[2] 《汉书》卷96上《西域传上》,中华书局,1962,第3873页。

漫长过程，是随着汉王朝对西域地区渗透和管控的加强而逐步建立起来的。汉武帝派张骞两次出使西域，希望能联系西域大国共同抗击匈奴。张骞使命虽未完全成功，但扩大汉王朝在西域的影响力、联系西域各国尤其是乌孙等大国牵制匈奴的战略仍取得了一定成效。此后汉王朝一方面和亲乌孙，另一方面则巩固自己在西域的势力，开始经营南北两道，重点是保障交通线的畅通。为此，汉王朝在交通枢纽地区如伊循、渠犁、轮台、龟兹地区相继组织屯田，并设置屯田校尉。这样宣帝之前汉王朝对西域的管控，主要由持节负有特殊使命的临时性使者和屯田校尉实现，其中使者的本官有校尉、侍郎、卫司马、卫候等。宣帝初年五将军伐匈奴之后，汉王朝对西域地区的管控力度到了一个新高度，在稳定南道、北道，同盟乌孙的基础上，开始进一步挤压匈奴在西域的生存空间，向匈奴在西域的最后堡垒，位于北道之北的焉耆、车师渗透，试图构建以渠犁、轮台为中心的西域控制体系。随着这一战略调整，宣帝地节、元康间尉犁、渠犁两地的军事战略地位陡升，而尉犁以北的车师也成为汉匈争夺的焦点。《汉书·西域传》记载，尉犁国"西至都护治所三百里，南与鄯善、且末接"，焉耆国"南至尉犁百里，北与乌孙接"，山国"西至尉犁二百四十里，西北至焉耆百六十里，西至危须二百六十里，东南与鄯善、且末接"，渠犁"东北与尉犁、东南与且末、南与精绝接。西有河，至龟兹五百八十里""东通尉犁六百五十里"，乌垒"与都护同治。其南三百三十里至渠犁"，且末"西北至都护治所二千二百五十八里，北接尉犁，南至小宛可三日行"。根据这些记载，可知尉犁、乌垒正处于北道核心地位，由尉犁向东可经山国、居卢訾仓到鄯善进入敦煌，向西可沿北道三百余里至都护治所乌垒城进而至龟兹、姑墨、疏勒等国，向南可至且末切换入南道，向北百里则至焉耆，进入通往车师乃至匈奴、乌孙的道路。而乌垒城向南三百三十里可至生态绝佳的屯田重镇渠犁，再向南由渠犁也可连通南道。这样的话，尉犁、乌垒、渠犁就构成了北道的铁三角。其中渠犁偏南虽不在北道主路上，但交通方便且屯田价值非常大，尉犁东西南北四通八达，交通便利，更是北向争夺焉耆、车师的前哨阵地，乌垒城居于西域中央，交通便利。在地节、元康年间争夺车师的过程中，粮草补给至关重要，因此具有屯田、交通之利的渠犁、尉犁地位最为重要，成为名副其实的北道甚至西域核心。地节二年之后，争夺车师成为汉王朝西域战略的重中之重，"侍郎郑吉、校尉司马憙将免刑罪人田渠犁，积谷，欲以攻车师"①。此时，为了争夺车师的战略目标，

---

①　《汉书》卷96上《西域传上》，中华书局，1962，第3922页。

汉朝管控西域的两套系统开始交叉、汇合，汉王朝屯田系统和使职系统在西域的权力中心汇聚于渠犁。地节二年，郑吉、司马憙一度占有车师，但由于匈奴力量紧逼，不能稳守车师，故迎车师王妻子置渠犁而打算放弃车师。这一方略，不被汉朝廷认可，"有诏还田渠犁及车师，益积谷以安西国，侵匈奴"①，随着前方军事行动的成功，彻底拔掉匈奴在西域的据点已成为汉宣帝的进一步目标。然而，由于车师是匈奴必争之地，故元康年间，双方在此的争夺颇为胶着。在与匈奴争夺车师的过程中，郑吉因战功由侍郎升至卫司马，并获得了"使护鄯善以西南道"②的称号。然而对于卫司马郑吉所领护的范围，《西域传》其实有不同记载，称"遣卫司马使护鄯善以西数国"③，"其后日逐王畔单于，将众来降，护鄯善以西使者郑吉迎之"④，都未强调"南道"，而是以"护鄯善以西"为称，与此相同的还有居延汉简118·17号简"元康四年二月己未朔乙亥，使护鄯善以西校尉吉"的记载。由此可知，元康年间，无论郑吉本职是卫司马还是校尉⑤，其正式领护范围都应该是"鄯善以西"，而非仅是我们今天理解的"南道"。⑥ 至于《郑吉传》所说"使护鄯善以西南道"，笔者认为其实质同于"护鄯善以西数国"，这里的"鄯善以西南道"并非我们惯常所说的与西域北道对应的经鄯善、且末、精绝、于阗、莎车的西域南道，而与"车师以西北道"概念对应。⑦ "车师以西北道"并非途径鄯善、尉犁、乌垒、龟兹的西域北道（由西域北道经龟兹向北可抵达乌孙），而是途径车师向西北通往乌孙的一条道路，汉匈五争车师，对汉王朝来说既有

---

① 《汉书》卷96上《西域传上》，中华书局，1962，第3923页。
② 《汉书》卷70《郑吉传》，中华书局，1962，第3005页。
③ 《汉书》卷96上《西域传上》，中华书局，1962，第3873页。
④ 《汉书》卷96上《西域传上》，中华书局，1962，第3873页。
⑤ 应该先是卫司马，后又升迁为校尉。
⑥ 李炳泉认为："'西域'与'鄯善以西'并非一个地理概念，'西域'这一概念所包括的范围大，而'鄯善以西'所包括的范围小。具体而言，西域在汉宣帝时包括'匈奴以西，乌孙以南'的三十六国，而'鄯善以西数国'则只包括'鄯善以西南道'上的'数国'。"（李炳泉：《关于汉代西域都护的两个问题》，《民族研究》2003年第6期）笔者认为，李炳泉的说法不合适，根本错误即在于混淆了"鄯善以西南道"与"西域南道"两概念，对于汉王朝来说，五争车师之前的"西域"实际上就是"鄯善以西"的西域。相对而言，余太山"郑吉于地节二年初建'都护'之号时，不可能只提护南道之国，其含义一定是兼护西域诸国或南北二道之国"的论断，则更为科学。余太山：《两汉西域都护考》，载氏著《两汉魏晋南北朝与西域关系史研究》，商务印书馆，2011。
⑦ 《汉书》卷96上《西域传上》又称："时汉独护南道，未能尽并北道也，然匈奴不自安矣。"其实据前文可知当时汉朝在渠犁、尉犁、龟兹等北道地区有极大影响力，并非不能控制西域北道，只是由于未彻底占有车师，未打通经车师至乌孙的道路，故称"未能尽并"北道。

驱逐匈奴势力出西域的目的，也有打通一条去往乌孙捷径的意义。西域北道对西域南道来说是"北"，但相对于更北的"车师以西北道"来说则已属于南，故"鄯善以西南道"实质上包括了由鄯善向西的两条道路——西域南道和西域北道——上的诸国，即元康年间汉王朝在西域的所有实际控制区域。朝廷为支持郑吉在西域与匈奴竞争车师的活动，赋予其极大权力，大概在地节元康之际其"护鄯善以西数国"时，已授予其"使都护""西域都护"的称号，西域都护已经建置。《汉书》卷70《傅常郑甘陈段传赞》称"自元狩之际，张骞始通西域，至于地节，郑吉建都护之号，迄王莽世，凡十八人，皆以勇略选，然其有功迹者具此"，明确指出，地节年间，郑吉已有"都护"之号。因此，《冯奉世传》载元康元年冯奉世平定莎车叛乱时已有"都护"，居延汉简118·17号简载元康二年事时已有"使都护檄书"，都是非常正常的。这时的都护，虽不能控制"车师以西北道"，但已可调动汉王朝当时"西域"辖境的所有资源，不仅可支配渠犁、尉犁地区的粮草，还可调动西域地区的军事力量，连遥远的西域南道理论上也在其控制范围之内。①《汉书》卷8《宣帝纪》载，神爵二年"使都护西域骑都尉郑吉迎日逐"，尤其是神爵三年汉宣帝嘉郑吉功劳，下诏曰"都护西域骑都尉郑吉，拊循外蛮，宣明威信，迎匈奴单于从兄日逐王众，击破车师兜訾城，功效茂著。其封吉为安远侯，食邑千户"，说明郑吉在"迎日逐"之前就已是"使都护西域"，而非神爵三年始接受"西域都护"之职。神爵二年，匈奴僮仆都尉取消后，汉王朝占有"车师"，开通"车师以西北道"，对西域的控制大为加强，在此基础上对"西域都护"的职责范围予以规范、扩大，正式开府于乌垒城，"西域都护"制度日益完善。

西域都护一职始设时间聚讼纷纭，关于此问题的前后脉络，至此已辨析完毕。回顾这段学术史，我们发现班固的记载本身并无大的问题，问题在于颜师古等学者在解释历史时犯下的混淆概念错误。《汉书》卷70《郑吉传》"吉既破车师，降日逐，威震西域，遂并护车师以西北道，故号都护"的记载，强调了日逐王降汉带来的"车师以西北道"属汉的效果，本无问题。但由于颜师古"并护南北二道，故谓之都"的解释，让后代学者误认为"鄯善以西南道"和"车师以西北道"即是习惯上说的"西域南道"和"西域北道"，因此造成了学界关于西域都护一职的争论。

---

① 《汉书》卷79《冯奉世传》载，冯奉世之所以担起平乱莎车的责任，是因为"都护郑吉、校尉司马意皆在北道诸国间"，无暇南顾，而非都护不领西域南道。

四　西域都护职责的发挥

如前所述，西域都护设置时间问题曾在学界引起了极大争论。与此相比，关于西域都护的职责问题，学界虽围绕西域都护究竟是"护国"还是"护道"、领护国家究竟有多少等问题有所争论，但总体来讲分歧不大。①

西域都护作为使职，以领护西域诸国、服务汉王朝西域战略为主要职责。学界关于西域都护的"领护"职责并无大的争议，职责之争关键在于"护国"还是"护道"。认为"护道"者，主要从确保丝绸之路畅通角度谈西域都护的职责，颜师古所说"并护南北二道"是其滥觞。持"护国"观点者，则主要是从汉王朝对属国的管控、监督、镇抚，以及在西域行使行政权力等角度立论。还有部分学者认为护国、护道职责兼有。如卢苇称："西域都护府在西域地区的主要任务，除颁布和推行中央政府的各项政令，防止匈奴奴隶主贵族的掠扰，组织生产，稳定社会秩序，兼护南北两道中西交通安全以确保'丝绸之路'的畅通外，保护和管理屯田，也是西域都护府的重要职责之一。"②洪涛说："西域都护作为汉朝政府派驻西域的最高军政长官，其职责一是维护社会安定，征调西域各地武装力量，反击匈奴奴隶主贵族势力；二是安抚西域诸国，代表汉中央政府，掌管地方首领的任免奖惩；三是发展屯田事业，确保丝绸之路畅通。"③

笔者认为，"护国"和"护道"皆非西域都护职责的重点，关于西域都护职责问题的重点应着眼于汉王朝的西域战略。汉王朝对西域的渗透、管理，曾经变换过很多形式，但无论是采取和亲、和平交往，还是战争、设官管控的形式，其中心目的却一以贯之，即为汉王朝的匈奴战略服务。作为汉王朝匈奴战略的一部分，控制西域主要目的是"断匈奴右臂"。虽然西汉晚期，匈奴臣服后，汉王朝的西域经营日益有扩大政治影响的目的在内，但究其主流

① 可参洪涛《汉代西域都护府研究述评》，《新疆师范大学学报》2007 年第 2 期；张维华《西汉都护通考》，收入氏著《汉史论集》，齐鲁书社，1980；余太山《西域通史》，中州古籍出版社，1996，第 57 页；贾应逸《汉代西域都护的由来——兼谈郑吉的历史功绩》，《新疆大学学报》1977 年第 3 期；安作璋《西域都护的建置及其作用》，载《汉史初探》，上海人民出版社，1957；刘锡淦《关于西域都护与僮仆都尉问题的质疑》，《新疆大学学报》1983 年第 1 期；李大龙《西汉西域都护略论》，《中国边疆史地研究》1991 年第 2 期；李炳泉《关于汉代西域都护的两个问题》，《敦煌研究》2003 年第 6 期；卢苇《论两汉西域都护府》，载《新疆历史论文集》，新疆人民出版社，1977。
② 卢苇：《论两汉西域都护府》，载《新疆历史论文集》，新疆人民出版社，1977。
③ 洪涛：《汉西域都护府的建立及其历史地位》，《西域研究》1999 年第 3 期。

仍是以服务匈奴战略为主。对汉王朝来说，经营西域的最低目标是西域诸国不能被匈奴控制，因此在鄯善、车师等汉匈势力交错的战略要地，汉王朝不计成本与匈奴进行争夺；较高目标是拉拢、控制西域各国对抗和孤立匈奴，因此宣帝时拉拢乌孙进攻匈奴，平帝时王莽"会西域诸国王"，陈军斩车师后王姑句、去胡来王唐兜于匈奴、西域界上，以示威服。对汉王朝来讲，丝绸之路的畅通非常重要，但这个畅通不是以贸易为主要目的的，而是要以此道路加强汉王朝与西域诸国联系以便保障对西域的严密管控。从这个意义上讲，以西域都护为代表的汉王朝驻西域官僚机构自然会特别关注交通线的畅通，会重视"护道"。武帝晚期在渠犁屯田设置据点是为了"护道"；昭帝时期迁楼兰于鄯善、设置伊循都尉是为了"护道"；宣帝时期五争车师，目的是打通车师以西北道，也是为了护道；而平帝时期不惜诛杀车师后王，目的同样是"护道"——开拓"五船道"。但"护道"的目的又是什么？只能是在道路畅通的前提下，强化对西域各国的控制，"拊循外蛮，宣明威信"①，即"护国"。只有道路畅通，汉王朝的使节才能深入西域各个角落，增强汉王朝的影响力与控制力；只有道路畅通，西域都护的政令畅达，才能有效调动西域各国的经济、军事力量为汉王朝的军事战略服务；只有道路畅通，"狂王"事件等西域诸国发生的有可能影响汉王朝战略目标的政治危机才能被迅速处理消弭，甘延寿、陈汤等针对"郅支单于"的军事行动才能顺利开展。归结起来，西域都护领护西域的职责就是通过"护道"实现"护国"，通过"护国"最终实现汉王朝打击、孤立进而迫匈奴臣服的战略目标。

至于西域都护府具体职责的履行方式，则可参考《汉书·西域传》和《郑吉传》的记载。《汉书》卷96上《西域传上》载："于是徙屯田，田于北胥鞬，披莎车之地，屯田校尉始属都护。都护督察乌孙、康居诸外国动静，有变以闻。可安辑，安辑之。可击，击之。都护治乌垒城，去阳关二千七百三十八里，与渠犁田官相近，土地肥饶，于西域为中，故都护治焉。"《郑吉传》载："吉于是中西域而立莫府，治乌垒城，镇抚诸国，诛伐怀集之。汉之号令班西域矣，始自张骞而成于郑吉。"概括起来，有以下五方面。

第一，代表汉朝廷对西域诸国国王和官吏进行册封、奖惩，扶持亲汉政权。汉朝既以"镇抚诸国""断匈奴右臂"战略为西域经营之中心目的，故尤重对西域各国的控制，而控制的方式除军事管理、镇压外，更多的则是以"抚"为主的赏赐、册封。汉武帝时就曾经"因使使赂赐镇抚"大宛王蝉封，

---

① 《汉书》卷70《郑吉传》，中华书局，1962，第3006页。

促使"宛王蝉封与汉约，岁献天马二匹"，在一定程度上实现了大宛与汉朝的臣属关系。悬泉汉简载：

> 元平元年十一月己酉，□□□使户籍民迎天马敦煌郡，为驾一乘传，载奴一人。御史大夫广明下右扶风，以次为驾，当舍传舍，如律令。
>
> Ⅱ90DXT0115④：37

郝树声认为简中记录的即是元平元年（前74）大宛向汉王朝献天马，汉王朝派人迎接的史实。由此简可知，从汉武帝太初年间大宛战争结束至元平元年的20多年中，大宛"岁献天马二匹"的约定一直践行，汉与大宛始终保持了贡使来往关系。① 至西域都护建立之后，西域都护更是积极履行对西域诸国的奖惩职责，如《汉书》卷96下《西域传下·乌孙》载"都护韩宣奏，乌孙大吏、大禄、大监皆可以赐金印紫绶，以尊辅大昆弥，汉许之"，即是西域都护代表中央奖励乌孙官吏的反映。

第二，西域都护负有安定西域各国和平息各国政治风波的重任。汉王朝对西域的管理，不同于郡县体系的直接行政管理，而是要借助于各国国王实现。如果西域国家发生内乱，影响安定，显然不符合汉王朝政治利益。故平息各国政治风波，安定西域诸国也是西域都护的重要责任。如成帝时，乌孙政局不稳，大小昆弥政治斗争尖锐，此时的西域都护段会宗即多次安辑乌孙，定其国，册立昆弥，诛杀叛汉势力，稳定了乌孙局势。

第三，西域都护有权征调、指挥各国军队，为汉王朝的军事战略目标服务。如元帝时，西域都护甘延寿、副校尉陈汤发动远征郅支单于的战争，即"矫制发城郭诸国兵"，这次军事行动动员了西域各国庞大的军事力量，军队"别为六校"，"三校从南道逾葱岭径大宛"，"三校都护自将，发温宿国，从北道入赤谷，过乌孙，涉康居界，至阗池西"。② 此外，元延中，西域都护段会宗诛乌孙末振将太子番丘，也曾发"诸国兵"。③ 苗普生、田卫疆《新疆史纲》称："西域都护除直接掌握领导汉朝在西域的驻军外，还可以调动西域各国军队，打击来犯之敌，维护地方安宁，保障丝路畅通。"④

第四，督察乌孙、康居等外国动静。《汉书》卷96上《西域传上》载：

---

① 郝树声：《汉简中的大宛和康居——丝绸之路与中西交往研究的新资料》，《中原文化研究》2015年第2期。

② 《汉书》卷70《段会宗传》，中华书局，1962，第3030页。

③ 《汉书》卷70《段会宗传》，中华书局，1962，第3030页。

④ 苗普生、田卫疆主编《新疆史纲》，新疆人民出版社，2004，第72页。

"都护督察乌孙、康居诸外国动静，有变以闻。可安辑，安辑之。可击，击之。"对于这段话的理解历来有争议，关键即在"有变以闻"之后的断句，是用逗号，还是用句号，"安辑"和"击"的对象包不包括乌孙、康居等国。对此，李大龙认为："西域都护的职责应是'督察'乌孙、康居诸西域外围大国，'有变以闻'，而对西域三十六国则负有'可安辑，安辑之，可击，击之'的职责……但随着西域形势的变化，西域都护的职责也有所变化，'诸国'的范围有所扩大，其中主要是由'督察'乌孙，改为在使者的帮助下管理乌孙。"[1] 笔者认为，李大龙的分析较有说服力。《汉书》卷96上《西域传上》明确记载，康居"不属都护"，可见在汉王朝眼中，葱岭之外的康居与西域城邦诸国地位不同。成帝时西域都护郭舜上书：

> 康居骄黠，讫不肯拜使者。都护吏至其国，坐之乌孙诸使下，王及贵人先饮食已，乃饮啖都护吏，故为无所省以夸旁国。以此度之，何故遣子入侍？其欲贾市为好，辞之诈也。匈奴百蛮大国，今事汉甚备，闻康居不拜，且使单于有自下之意，宜归其侍子，绝勿复使，以章汉家不通无礼之国。敦煌、酒泉小郡及南道八国，给使者往来人马驴橐驼食，皆苦之。空罢耗所过，送迎骄黠绝远之国，非至计也。[2]

虽然康居有侍子在汉，且双方有官吏使节往来，但康居让都护吏坐于乌孙诸使下，显然康居并不认可其与汉王朝有领护臣属关系。面对康居的无礼，郭舜提出"宜归其侍子，绝勿复使"的处理方式，这与汉王朝对车师后王国、龟兹、莎车、去胡来王国的态度大相径庭，也说明汉朝处理与康居关系的原则与其他西域小国不同。大抵来说，汉王朝对天山以南、葱岭以西西域小国以管控、领护为主，而对康居则是"羁縻"。当然，西域都护初建时对于天山以北的乌孙的态度应与康居相似，但随着汉与乌孙关系经历了由邻国、盟国到属国的变化，[3] 故如李大龙所说发生了变化，由督察动静"有变以闻"，变为了"可安辑，安辑之。可击，击之"的领护、管控策略。

    第五，整合汉王朝驻扎西域的各种力量，统一领导，为实现汉王朝的西域、匈奴战略服务。在汉王朝经略西域早期，派驻西域者主要是各种承担具体出使之命的使者和驻扎在重要屯田区领护屯田的"校尉"。后来随着汉匈竞

---

① 李大龙：《西汉西域都护略论》，《中国边疆史地研究》1991 年第 2 期。

② 《汉书》卷96上《西域传上》，中华书局，1962，第3892页。

③ 张德芳：《西北汉简一百年》，《光明日报》2010 年 6 月 17 日第 10 版。

争的白热化, 汉王朝的西域力量逐步凝聚, 西域都护逐渐成为汉王朝管控西域的中枢核心, 拥有了调动汉王朝各方面西域资源的权力。笔者认为, 其称"都护", 不仅指空间上总南北二道, 也指权力上的总括。据《汉书》卷19上《百官公卿表上》可知, 居于西域正中、处于枢纽地位的西域都护府直辖官吏"有副校尉, 秩比二千石, 丞一人, 司马、候、千人各二人"。除直辖官吏外, 西域都护对汉王朝在西域的各屯田、军事机构也有管辖权。《汉书》卷96上《西域传上》载, 宣帝神爵年间, 日逐王降汉不久, 在西域已存在将近半个世纪的屯田校尉正式归都护管理。① 有部分学者认为, 《西域传》中的"屯田校尉"仅指"西域都护治所附近和北胥鞬一带的屯田校尉, 如渠犁屯田校尉和北胥鞬屯田校尉"②, 而不包括"戊己校尉"等在西域其他地方屯田的校尉。③ 笔者认为, 这一说法不能成立。渠犁田官是西域都护的基本盘, 西域都护府之所以选在"乌垒", 很大程度上就是因为此地接近渠犁田官, 而郑吉在担任"都护"时本身即监领渠犁屯田校尉, 因此渠犁屯田和《西域传》记载的比胥鞬屯田归都护管理自然没有问题。但既然"披莎车之地"、距离都护府非常遥远的比胥鞬屯田都归都护管理, 我们为什么要怀疑西汉时期戊己校尉对西域都护府的从属关系呢? 敦煌汉简 MC.144 号简载"都护诸部吏", 西北汉简中的"部"往往指"部都尉""校尉"府, 故西域都护"诸部"不排除即是各屯田校尉。西汉后期, 西域都护的几次大规模军事行动都调动了戊己校尉的军队, 如元帝时"使护西域骑都尉甘延寿、副校尉陈汤挢发戊己校尉屯田吏士及西域胡兵攻郅支单于"④, 元延中西域都护段会宗"发戊己校尉诸国兵, 即诛末振将太子番丘"⑤, 天凤三年"遣五威将王骏、西域都护李崇将戊己校尉出西域, 诸国皆郊迎, 送兵谷"⑥。《汉书》卷70《段会宗传》载: "会宗发戊己校尉兵随司马受降。司马畏其众, 欲令降者皆自缚, 保苏匿怨望, 举众亡去。会宗更尽还, 以擅发戊己校尉之兵乏兴, 有诏赎论。"由于此次军事行动, 段会宗因"擅发戊己校尉之兵乏兴"受到处罚, 故会让部分学者误认为西域都护无权发"戊己校尉之兵", 无权节制戊己校尉。实际上, 在

① 参《汉书》卷96上《西域传上》, 中华书局, 1962, 第3874页。
② 据悬泉汉简"守府卒人安远侯遣比胥健"(Ⅱ90DXT0214③:83A号简)的记载可知, 《汉书》"北胥鞬"当为"比胥健"之讹, 其确实归西域都护管辖。
③ 李大龙: 《西汉西域都护略论》, 《中国边疆史地研究》1991年第2期。
④ 《汉书》卷70《陈汤传》, 中华书局, 1962, 第3010页。
⑤ 《汉书》卷70《段会宗传》, 中华书局, 1962, 第3030页。
⑥ 《汉书》卷96下《西域传下》, 中华书局, 1962, 第3927页。

汉代发兵是重事,大规模调动军队一定要得到皇帝许可。段会宗被称为"擅发"不是其不能节制戊己校尉,而是未履行正常手续。当然,由于戊己校尉距西域都护治所有一定距离,且地位较高,故其在职责上受西域都护节制的同时,也保留一定独立地位。《汉书》卷19上《百官公卿表上》载:"中垒校尉掌北军垒门内,外掌西域。"颜师古曰:"掌北军垒门之内,而又外掌西域。"说明在汉代北军与西域驻军有关,而通过悬泉汉简可知,西域都护掌握的军队,可能即是北军。

> 元始二年二月癸未,西域都护史猥、司马令史赵严,罢诣北军,为驾一封轺传,有请诏。御律▨　　　　　　　　　　 Ⅰ90DXT0112①：58

西域都护属官史、司马令史结束在西域的服役后,"罢诣北军",可见其编制当从属北军。西域都护通过行政、军事手段统领汉王朝在西域力量,直接向皇帝负责。故悬泉汉简中多有中央直接或通过敦煌郡与西域都护文书往来的记载。

> 五月壬辰,敦煌太守彊、长史章、丞敞下使都护西域骑都尉、将田车师戊己校尉、都都尉、小府官县,承书从事下当用者。书到白大扁书乡亭市里高显处,令亡人命者尽知之,上赦者人数太守府别之,如诏书。
> 　　　　　　　　　　　　　　　　　　　　　　　 Ⅱ90DXT0115②：16

是敦煌太守府转达朝廷赦令诏书与西域都护的记录。

> 出绿纬书一封,西域都护上,诣行在所,公车司马以闻,绿纬孤署缊检皆完,纬长丈一尺,元始五年三月丁卯,日入时,遮要马医王竟、奴铁柱付县泉佐马赏。　　　　　　　 Ⅱ90DXT0114②：206

是元始年间,西域都护给皇帝上书途径敦煌遮要、悬泉置的记录。

> 西诏一封,檄二。诏书一封,车骑将军印,诣都护;合檄一,酒泉丞印,诣大守府;一檄,龙勒守尉业庆印,诣贼曹敞。二月戊子,日入时,鱼离御使以来,实时付遮要。　　　　　 Ⅱ90DXT0115②：58

"西诏"即向西发送的诏书,即简文中所说以车骑将军印所封的发给西域都护的诏书,反映了朝廷直接下达诏令给西域都护的情况。

初元五年十一月，左将军光禄大夫臣嘉、右将军典属国臣奉世，承制诏侍御史曰：都护西域校尉军司马令史窦延

年、武党、充国、良诣部，为驾一封。御史大夫万年下▢当舍传舍，如律令。　　V92DXTl512③：11

制诏侍御史曰：都护口骑都尉书佐薪温邮田□□□赏库车□□□□□□□□□为驾一封轺传，驾八乘。

御史大夫定国下扶风厩，承书以次为驾，当舍传舍，如律令。　　Ⅱ90DXT0214③：70

两简也都是朝廷以诏书形式发给西域都护的命令。

西域都护除了向皇帝上书外，还与凉州刺史部有文书往来关系。

出西合檄三。其二，都护郎将印章，诣使者匡君、魏君；一诣犠和公孙掾；其一广至丞印，诣大将军司马储夫子。

始建国三年十月癸酉日未出，县御徐骏付遮要佐董永。　　Ⅲ92DXT0907③：3

以"都护郎将印章"封印的文书，向东传递诣使者，其中的使者很可能是凉州牧。

悬泉汉简中有大量西域与朝廷的文书往来记载，但代表西域发文的机构基本都是西域都护府。由此也可见西域都护府代表中央统领西域的职责发挥之一斑。

《汉书》卷70《傅常郑甘陈段传》是对西汉中期以来在西域建功立业者的合传，其中大部分传主曾担任过西域都护或使西域副校尉。在这篇传记的最后，班固历数王莽前的历任西域都护，称："自元狩之际，张骞始通西域，至于地节，郑吉建都护之号，讫王莽世，凡十八人，皆以勇略选，然其有功迹者具此。廉褒以恩信称，郭舜以廉平著，孙建用威重显，其余无称焉。"西汉中后期的西域都护人选"皆以勇略选"，可见国家对西域事务的重视，而18任西域都护中郑吉、甘延寿、段会宗、廉褒、郭舜、孙建功绩尤著，各有特点，即使"其余无称"，西域都护的优秀率也远高于其他职官。至于东汉陈睦、班超、任尚、段禧等西域都护，虽任职不长，但也都功勋卓著。尤其是班超，在西域隔绝的情况下，"以一身转侧绝域，晓譬诸国，因其兵众，每有攻战，辄为先登，身被金夷，不避死亡"[1]，延续汉王

---

[1]　《后汉书》卷47《班超传》，中华书局，1965，第1584页。

朝对西域的统治30年，居功至伟。可以说，两汉历史上的西域都护大都名垂
青史，既是其个人能力的体现，也是当时情况下实施使者领护体制优越性的
反映，值得重视。

当然，虽同为对西北少数民族的使职领护式管理，但西域都护与护羌校
尉的职责发挥却有所区别。羌族生活区域部分与汉王朝接壤，距离不算太远，
随着移民的深入，有直接管理或至少间接行政管理的可能性，故能够与郡县、
属国体制配合。东汉之后，羌乱日趋严重，护羌校尉军事职责则日益加重，
几乎成为镇压羌乱之专职军事将领。而西域都护，虽也有较重的军事职责，
但主要是借助西域各国现有统治机构实现对西域的管控，故对西域地区之民
政和一般行政较少干预。军事方面西域都护由于直接管辖的中原将士人数不
多，故主要依靠西域当地军事力量，因此也仅侧重于对重大突发事件的干预，
而非日常对西域地区的管控、弹压。

作为针对西北少数民族管理的使者领护体制，应该说两汉时期护羌校尉
和西域都护都发挥了较好的作用，职责能够正常履行。而朝廷着意西北少数
民族事务的复杂性，看重使者领护体制的灵活性，在保持护羌校尉、西域都
护等常设使职机构正常运行的基础上，也往往会从其他方面对这种使者领护
体制予以强化、补充。如在护羌校尉、西域都护难以应对复杂局面时，朝廷
就会派遣深受皇帝信任的临时使者出使西羌、西域，以弥补常设使职机构的
不足。在军事事务繁杂胶着时，朝廷则会建置临时将军以助力护羌校尉、西
域都护的军事行动，如破羌将军、大使五威将等职的设置即是如此。① 从制度
上来讲，这些临时设置的官员机构，与护羌校尉、西域都护体制同属于使者
领护的大框架内，故能够互相配合、互相支撑，共同促进了汉王朝对西北少
数民族地区的有效管控，意义深远。

当然我们在积极评价使者领护制度意义的同时，也应注意到东汉中期之
后，随着民族关系发生转变，使者领护的管理模式也遇到了新问题。由于东
汉时期羌乱频繁且规模浩大，归义羌和叛羌界限不够分明，故护羌校尉的职
责越来越军事化。由于西域在东汉王朝的边疆秩序中地位降低，且越来越难
以直接控制，故西域都护日益地方官化。安顺之后，东汉王朝更是彻底放弃
西域都护和使者领护体制，而将西域委于敦煌郡，成为敦煌郡管理之特定行
政区域。这大大降低了汉王朝管控西域的能力。东汉后期，西域西部与中原
王朝渐行渐远，不能不归咎于东汉王朝西域管理体制的变动。总体来说，东

---

① 与此类似的还有东汉时补充"使匈奴中郎将"领护南匈奴职能的"度辽将军"。

汉中期之后，西汉确立的使职领护少数民族制度受到破坏，一部分少数民族开始脱离汉王朝控制。而另一部分少数民族则被纳入军事化或郡县行政化管理体制之中。在军事化或郡县行政化管理体制下，因俗而治的方针被破坏，严密的控制与镇压取代了少数民族本享有的自主性，遭到了少数民族居民的强烈反对。同时长期以来的民族冲突，尤其是汉族统治者对少数民族的文化歧视、政治压迫，生活区域接近的汉族居民与少数民族居民不但不能形成共同心理、共同文化，完成民族融合，反而导致了双方心理裂痕的加剧。同受郡县管理、居处接近，但文化面貌迥异、仇视心理强烈的汉民族与西北少数民族，在东汉时期关系越来越紧张。最终不但引发了东汉后期的民族冲突，更埋下了西晋末年少数民族进入中原的伏笔。由这段历史可以看出，在特定历史发展条件下，使者领护这一管理体制可以发挥巨大的作用，超出历史条件限制，在条件不成熟的情况下，强制实行郡县化体制或进行僵硬、酷烈的军事压制，不但不能促进民族融合，反而会激化民族矛盾，导致严重灾难的发生。

第四节　汉王朝对少数民族的"羁縻"管理

如前所述，汉王朝对处于"绝域"的少数民族，并不一味追求直接行政管理，而是以使者领护体制实现对其管控，以服务于汉王朝的整体国家战略。但使者领护体制并不能无限延伸，也有其适用的边界范围。这个边界，既包括地域、地形等空间上的边界，也包括国家不同时期力量盈缩的边界。以西域都护为例，如前所述，康居即是其空间上的边界，而东汉时期西域"三绝三通"，西域都护府时置时废，则受制于力量上的边界。那么，对于使者领护体制边界之外的少数民族，以中央王朝自居的汉朝廷又采取了何种管理方式呢？笔者认为，可以概括为"羁縻管理"。

一　汉代的"羁縻"

"羁縻"作为历代中央王朝管理周边少数民族的方式，在学界有较多讨论，马大正《中国古代边疆政策研究》《中国边疆经略史》，田继周《中国古代民族政策研究》，周平等《中国边疆治理研究》，尤其是彭建英《中国古代羁縻政策的演变》，李大龙《从"天下"到"中国"：多民族国家疆域理论解构》《关于中国古代治边政策的几点思考——以"羁縻"为中心》，郭声波《圈层结构视阈下的中国古代羁縻政区与部族》等论述都曾对中国古代的羁縻政策予以论说。① 但大部分论著都是从通史层面对"羁縻"政策予以解读，而针对汉王朝与周边少数民族"羁縻"关系的系统论述则较为少见。相对而言，彭建英《中国古代羁縻政策的演变》，李大龙《从"天下"到"中国"：多民族国家疆域理论解构》《关于中国古代治边政策的几点思考——以"羁縻"为中心》等论述对汉代羁縻制度梳理详尽，着墨较多，代表了今天学界关于汉王朝对周边少数民族"羁縻"管理研究的主流观点，值得关注。

　　彭建英等学者曾提出西汉属国制度"实际上是西汉王朝管理匈奴降众的一种羁縻政策"。李大龙曾详细辨析"羁縻"的含义，从先秦时期的"天下观"和"夷夏之别"谈起，认为其是基于二元族群结构统治理念而形成的补充治理方式，是中原王朝对边疆民族的一种"控制"统治方式，② 并称："'羁縻'具有一定的差异和灵活性，但其要义却是指用不同形式对不同对象进行控制"，"'羁縻'一词的要义就是'控制'，只是因为'控制'的程度因实施羁縻的主体和客体之间实力对比的不同而有很大差别，所以古人将'羁縻'一词用于指称历代王朝的治边政策时往往在使用上表现出十分宽泛和灵活的特点，仅仅保持名义上的'朝贡'联系可以称为'羁縻'，但设置机构进行非直接或直接管理也可以称为'羁縻'，差别甚大，不可一概视之，更不可将其等同于'笼络'"。③ 具体到对汉代史籍中的"羁縻"理解，李大龙则认为灵活度更高，"只要是在'外夷稽首称藩，中国让而不臣'与保持称臣纳贡、接受册封等关系之间，在《汉书》的作者看来都可以用'羁縻'称之"④，从管理方式上来说，作为郡县体制补充的包括西域都护、护羌校尉、护乌桓校尉、属国都尉在内的以"典客""典属国""道""外臣邦""臣邦"

①　马大正：《中国古代边疆政策研究》，中国社会科学出版社，1990；马大正主编《中国边疆经略史》，中州古籍出版社，2000；田继周：《中国古代民族政策研究》，青海人民出版社，1990；周平等：《中国边疆治理研究》，经济科学出版社，2011；彭建英：《中国古代羁縻政策的演变》，中国社会科学出版社，2004；李大龙：《从"天下"到"中国"：多民族国家疆域理论解构》，人民出版社，2015；李大龙：《关于中国古代治边政策的几点思考——以"羁縻"为中心》，《史学集刊》2014年第4期；郭声波：《圈层结构视阈下的中国古代羁縻政区与部族》，中国社会科学出版社，2018。

②　李大龙：《关于中国古代治边政策的几点思考——以"羁縻"为中心》，《史学集刊》2014年第4期。

③　李大龙：《关于中国古代治边政策的几点思考——以"羁縻"为中心》，《史学集刊》2014年第4期。

④　李大龙：《关于中国古代治边政策的几点思考——以"羁縻"为中心》，《史学集刊》2014年第4期。

等为主构成的专门管理"四夷"的机构都可称为羁縻统治方式。①

笔者认为李大龙对历史上"羁縻"一词语义的辨析、对"控制"不同层次的界定都非常有见地。但与彭建英将"羁縻"扩大到汉代属国制度相似，李大龙将"羁縻"统治方式外延扩大到汉代西域都护、护羌校尉、护乌桓校尉、属国都尉等几乎所有涉及"四夷"的机构的观点，笔者并不能完全赞同。《史记》卷117《司马相如列传》载："盖闻天子之于夷狄也，其义羁縻勿绝而已。"司马贞《索隐》称："羁，马络头也；縻，牛缰也。《汉官仪》云：'马云羁，牛云縻。'言制四夷如牛马之受羁縻也。"②认为羁縻是就中央王朝与周边少数民族的关系而言的，意思是制约控制少数民族，但又不直接管理。《史记》卷25《律书》称："高祖厌苦军事，亦有萧、张之谋，故偃武一休息，羁縻不备。"泷川资言考证："言控制夷狄如羁縻牛马也。不备，不设边戍也。"③"不设边戍"的控制显然只是笼络和方向性把握，而非严密控制，此"羁縻"显指古代中央王朝对边疆少数民族拉拢、笼络的政策，使之不生异心。在实施的过程中所采取的原则是"怀之以恩信，惊之以威武"，使之处在中原王朝的影响控制之下。《史记》卷28《封禅书》载："公孙卿之候神者，犹以大人之迹为解，无有效。天子益怠厌方士之怪迂语矣，然羁縻不绝，冀遇其真。"《汉书》卷25下《郊祀志下》载："方士之候神入海求蓬莱者终无验，公孙卿犹以大人之迹为解。天子犹羁縻不绝，几遇其真。"颜师古注曰："羁縻，系联之意。马络头曰羁也。牛靷曰縻。"颜师古强调了"羁縻"的"系联"之意，《史记》指出"羁縻"是天子在"益怠厌方士之怪迂语"情况下之举，也说明汉代语境中的"羁縻"仅是维持联系，而非着意经营。这几条史料分别说"羁縻不绝""羁縻勿绝"，可见汉代"羁縻"的要义在"不绝"，即使我们将这个"不绝"理解为"控制"，也只能是潜移默化的影响，而非军事、行政方面的强力、严密管控。尤其是《史记·律书》直接提出"羁縻不备"，既然"羁縻"指的是藩属之礼皆可"不备"，就更证明了"羁縻"状态下中原王朝与周边少数民族关系的松弛状态，仅仅是"不绝"而已。《汉书》卷61《张骞传》载："大宛以西皆自恃远，尚骄恣，未可诎以礼，羁

---

① 李大龙：《关于中国古代治边政策的几点思考——以"羁縻"为中心》，《史学集刊》2014年第4期。

② 《史记》卷117《司马相如列传》司马贞索隐，中华书局，1982，第3049页。《后汉书》卷25《鲁恭传》章怀太子注也称："《字书》曰：'羁，马络头也。'《苍颉篇》曰：'縻，牛缰也。'"中华书局，1965，第876页。

③ 〔日〕泷川资言：《史记会注考证》，上海古籍出版社，2015，第1417页。

縻而使也。"不能"诎以礼",即不能将大宛以西诸国纳入以汉王朝为中心的政治秩序、礼仪系统中,即连表面的臣属关系也做不到。"羁縻而使"则指在不能建立臣属关系的前提下,只能通过使节往来,保持一定联系而已。

总之,汉代史籍中的"羁縻"就是"系联"不绝之意,是指对没有完全属于自己的周边少数民族采取的拉拢、稳定政策,被羁縻者有较强独立性,保存有自己的政权形式。羁縻只是中央王朝在力有不逮的情况下间接控制周边少数民族的手段。至于属国都尉制度则是汉中央通过设置属国的方式直接管理少数民族降人的制度,属国都尉系统的主要官员如属国都尉、丞、候、千人、司马大都为汉人,即使有少数民族人担任,也是代表汉廷管理降人,其虽部分保留了少数民族降人的下层组织,但这些组织完全受汉帝国的基层行政组织控制,没有任何独立性。而管理的对象即为降人,也不同于周边少数民族政权。因此,汉王朝对属国民、属国兵是直接管理而非羁縻管理。至于护羌校尉、西域都护等使职领护下的羌人和西域诸国,尽管未完全被郡县以及属国制度管理,但据前文所说,在汉代的大部分时间内他们都已被纳入了汉王朝国家安全战略的布局之中,汉王朝为国防安全计不可能对他们采取放任的态度,故派遣常设使职、屯田驻军、镇压叛乱,对他们进行颇为严密的管控。应该说,汉王朝在治理西域都护和护羌校尉领护下的少数民族方面,只是出于距离、地形、种族等因素采取了与治理中原地区编户齐民不同的方式,而非对其地区放任自流。西域都护、护羌校尉这种使职领护的管理方式,在当时绝不属于"羁縻"的范畴。

二　汉代"羁縻"管理的对象

如前所述,汉代对周边少数民族的"羁縻"统治方式,不同于使职领护制度,更不同于属国制度,而是以维持最低限度的"不绝"为目标的交往、管理方式。这种交往方式,既包含汉王朝与一些鞭长莫及、难以实际控制的名义上的"藩属"的交往,也包括与一些连名义上都没有"臣属"关系的"敌国"间的交往。前者尚可理解为一种疏略的控制方式,后者则连最基本的控制都难以达到,只能算是交往式的"管理"了。

作为交往、管控方式的"羁縻"是汉王朝对一些难以力控的周边少数民族的联络手段。至于对哪些少数民族要采取"羁縻"这种方式予以联络、管理,则主要视汉王朝军政力量的"边界"而定。这个"边界"并不是一以贯之,在不同时期、不同历史环境下,会有盈缩变化。

（一）汉初的南越、朝鲜、匈奴

《史记》卷25《律书》载：

> 高祖有天下，三边外畔。大国之王虽称蕃辅，臣节未尽。会高祖厌
> 苦军事，亦有萧、张之谋，故偃武一休息，羁縻不备。
>
> 历至孝文即位，将军陈武等议曰："南越、朝鲜自全秦时内属为臣
> 子，后且拥兵阻阨，选蠕观望。高祖时天下新定，人民小安，未可复兴
> 兵。今陛下仁惠抚百姓，恩泽加海内，宜及士民乐用，征讨逆党，以一
> 封疆。"孝文曰："……今匈奴内侵，军吏无功，边民父子荷兵日久，朕
> 常为动心伤痛，无日忘之。今未能销距，愿且坚边设候，结和通使，休
> 宁北陲，为功多矣。且无议军。"

《史记会注考证》引沈家本说，认为"三边"是指南、北、东三边，具体而言
指南越、朝鲜、匈奴，根据下文陈武与汉文帝的奏对，此说可从。根据《史
记》的看法，从高祖至文帝时，南越、朝鲜、匈奴"三边"即是"羁縻"对
象。当时，南越国对汉朝的义务是去帝号、"和集百越，毋为南边患害""长
为藩臣，奉贡职"。[1] 朝鲜的情况则是"约满为外臣，保塞外蛮夷，无使盗边。
诸蛮夷君长欲入见天子，勿得禁止"[2]。至于匈奴，更是"南与中国为敌国"。
由汉初与三国的关系，可知"羁縻"关系并不代表较强的控制力，而只是有
联系，至多是保持表面的臣属关系。

《史记》卷117《司马相如列传》载，汉武帝开西南夷，修建从蜀郡至夜
郎的道路，当地耆老大夫荐绅先生之徒二十有七人通过司马相如进言：

> 盖闻天子之于夷狄也，其义羁縻勿绝而已。今罢三郡之士，通夜郎
> 之涂，三年于兹，而功不竟，士卒劳倦，万民不赡，今又接以西夷，百
> 姓力屈，恐不能卒业，此亦使者之累也，窃为左右患之。且夫邛、筰、
> 西僰之与中国并也，历年兹多，不可记已。仁者不以德来，强者不以力
> 并，意者其殆不可乎？今割齐民以附夷狄，弊所恃以事无用，鄙人固陋，
> 不识所谓。

明确指出，"羁縻"就是"仁者不以德来，强者不以力并"，对于汉武帝要与

---

① 《史记》卷113《南越列传》，中华书局，1982，第2967~2970页。
② 《史记》卷115《朝鲜列传》，中华书局，1982，第2986页。

西南夷发展超出"羁縻"关系的做法，不以为然。

(二) 西汉中后期的匈奴

当然随着汉武帝时期汉朝扩张势头的增强，南越、朝鲜先后被征服，完成了郡县化，最终从"羁縻"名单中被除去。而匈奴的情况，则较为复杂。汉武帝之前，汉匈为"敌国"。武昭时期，双方摩擦不断，在辽西、蒙古高原直至西域的广阔范围内展开竞争，双方"敌国"关系未变。《汉书》卷94上《匈奴传上》载，昭帝时，匈奴"欲和亲而恐汉不听，故不肯先言，常使左右风汉使者。然其侵盗益希，遇汉使愈厚，欲以渐致和亲，汉亦羁縻之"。此处"羁縻"就是继续保持使节来往，关系不中断而已。宣帝之后，匈奴先是在西域竞争中落败，不久之后呼韩邪单于向汉王朝称臣，由"敌国"关系正式变为"臣属"关系。但从史料来看，似乎无论是"敌国"还是"臣属"，双方之间的"羁縻"关系性质并未发生根本改变。《汉书》卷78《萧望之传》载：

> 初，匈奴呼韩邪单于来朝，诏公卿议其仪，丞相霸、御史大夫定国议曰："圣王之制，施德行礼，先京师而后诸夏，先诸夏而后夷狄。《诗》云：'率礼不越，遂视既发；相土烈烈，海外有截。'陛下圣德充塞天地，光被四表，匈奴单于乡（向）风慕化，奉珍朝贺，自古未之有也。其礼仪宜如诸侯王，位次在下。"望之以为："单于非正朔所加，故称敌国，宜待以不臣之礼，位在诸侯王上。外夷稽首称藩，中国让而不臣，此则羁縻之谊，谦亨之福也。《书》曰'戎狄荒服'，言其来服，荒忽亡常。如使匈奴后嗣卒有鸟窜鼠伏，阙于朝享，不为畔臣。信让行乎蛮貉，福祚流于亡穷，万世之长策也。"天子采之，下诏曰："盖闻五帝三王教化所不施，不及以政。今匈奴单于称北藩，朝正朔，朕之不逮，德不能弘覆。其以客礼待之，令单于位在诸侯王上，赞谒称臣而不名。"

匈奴单于虽然称藩，但汉王朝出于谦让和担心日后匈奴再叛、难以力服的考虑，却是"让而不臣"，仍以"羁縻之谊"待之。既然"让而不臣"可称"羁縻"，则汉代"羁縻"的实际控制意义确实非常小。

《汉书》卷94下《匈奴传下》载，哀帝建平四年（前3），匈奴求朝五年，汉廷欲拒绝。黄门侍郎扬雄上书表示反对，称：

> 逮至元康、神爵之间，大化神明，鸿恩溥洽，而匈奴内乱，五单于争立，日逐、呼韩邪携国归化，扶伏称臣，然尚羁縻之，计不颛制。自

　　此之后，欲朝者不距，不欲者不强。

颜师古注曰："颛与专同。专制谓以为臣妾也。"扬雄这段话再次佐证，呼韩邪归化后的汉匈关系，仍是"羁縻"关系。这种关系的实质就是"欲朝者不距，不欲者不强"，保持联系而已。真正试图改变中原王朝与匈奴羁縻关系的则是王莽，王莽改匈奴称号、分封"十五单于"、强迫匈奴单于交出车师后王和去胡来王等行为都可视为对"羁縻"关系的突破。然而这种突破不能为匈奴接受，在一定程度上刺激了天凤年间双方关系的破裂。

　　除了称藩的呼韩邪单于和南匈奴外，与呼韩邪并立、与汉王朝敌对的郅支单于，也与汉朝有"羁縻"关系。《汉书》卷70《陈汤传》载，初元四年（前45），匈奴郅支单于遣使奉献，因求侍子。

　　　　汉议遣卫司马谷吉送之。御史大夫贡禹、博士匡衡以为《春秋》之义"许夷狄者不壹而足"，今郅支单于乡（向）化未醇，所在绝远，宜令使者送其子至塞而还。吉上书言：中国与夷狄有羁縻不绝之义，今既养全其子十年，德泽甚厚，空绝而不送，近从塞还，示弃捐不畜，使无乡（向）从之心，弃前恩，立后怨，不便。

据谷吉所言，似乎将郅支单于之子送到汉匈塞上，不再赴单于之庭，"空绝而不送，近从塞还"，即表示"弃捐不畜"，是断了"羁縻"之义。而要将其子送至单于庭，就是"羁縻不绝之义"未断。这也表明，汉人在使用"羁縻"一词时，重点不在于使用缰绳"控制"牛马，而在于缰绳的联系作用。

　　（三）东汉的北匈奴

　　与郅支单于情况相似的则是东汉与北匈奴的关系。建武二十四年（48）匈奴分裂为南、北匈奴。建武二十五年南匈奴内附，"复遣使诣阙，奉藩称臣，献国珍宝，求使者监护，遣侍子，修旧约"。建武二十六年，

　　　　遣中郎将段郴、副校尉王郁使南单于，立其庭，去五原西部塞八十里。单于乃延迎使者。使者曰："单于当伏拜受诏。"单于顾望有顷，乃伏称臣。

建武二十六年，汉廷分裂之后的南匈奴，为求自保，希望能入居云中、西河郡，扩大对抗北匈奴的战略空间，并获得东汉王朝的保护、支持，因此在"遣侍子，修旧约"、恢复呼韩邪单于事汉故事的基础上，更主动提出"求使

者监护"的请求。这一请求的实质是变汉匈之间的"羁縻"关系为"使者领护"关系，放弃南匈奴作为独立政权的自主性。如前所述，在匈奴地区设置类似于西域都护、护羌校尉、护乌桓使者的使职，变汉匈关系为"使者领护"关系，是西汉末年尤其是王莽以来的重要战略目标。现在，随着南、北匈奴分裂，这一目标唾手可得。尽管东汉建国以来在与周边民族关系上以"收缩"政策为主，但面对这样的大好局面，汉王朝难以拒绝，故"诏乃听南单于入居云中"，不久又"诏单于徙居西河美稷，因使中郎将段郴及副校尉王郁留西河拥护之，为设官府、从事、掾史"。① 汉王朝在南匈奴地区设置"主护南单于"的常设使职"使匈奴中郎将"，② 后设度辽将军，对南匈奴予以管理、控制。此时汉王朝对南匈奴的管理，就已达到了类似西域都护、护羌校尉、护乌桓校尉管理西域诸国、羌人和乌桓鲜卑的层次，即建立了使者领护管理体制，而再非"羁縻"了。

南匈奴内附后，北匈奴感到危机，出于经济及安全考虑，也向汉王朝示好，试图能维持与汉王朝的"羁縻"关系。建武二十七年至二十八年，北匈奴连续两次"乞和亲"，二十九年至三十一年连续两次"遣使奉献"。对于北匈奴的示好，汉王朝同意接受，汉与北匈奴的"羁縻"关系继续维持。《后汉书》卷89《南匈奴传》载：

> 二十八年，北匈奴复遣使诣阙，贡马及裘，更乞和亲，并请音乐，又求率西域诸国胡客与俱献见。帝下三府议酬答之宜。司徒掾班彪奏曰："臣闻孝宣皇帝敕边守尉曰：'匈奴大国，多变诈。交接得其情，则却敌折冲。应对入其数，则反为轻欺。'今北匈奴见南单于来附，惧谋其国，故数乞和亲，又远驱牛马与汉合市，重遣名王，多所贡献，斯皆外示富强，以相欺诞也。臣见其献益重，知其国益虚，归亲愈数，为惧愈多。然今既未获助南，则亦不宜绝北，羁縻之义，礼无不答。谓可颇加赏赐，略与所献相当，明加晓告以前世呼韩邪、郅支行事。"

班彪认为"羁縻之义"不当断绝，"帝悉纳从之"。

其后，北匈奴与东汉、南匈奴和、战不定，永平七年（84），"北单于欲

---

① 《后汉书》卷89《南匈奴传》，中华书局，1965，第2942～2945页。
② 《后汉书》，中华书局，1965，第3625页。使匈奴中郎将一职，在西汉就已出现，但西汉的"使匈奴中郎将"大多是临时设置的出使匈奴的使职，东汉时该职演变为固定、常设使职，负责朝廷对匈奴的监管，与西汉情况不同。具体论述可参廖伯源《使者与官制演变——秦汉皇帝使者考论》，文津出版社，2006。

合市，遣使求和亲，显宗冀其交通，不复为寇。乃许之"①。八年，显宗遣众持节使匈奴。②

> 众至北庭，虏欲令拜，众不为屈。单于大怒，围守闭之，不与水火，欲胁服众。众拔刀自誓，单于恐而止，乃更发使随众还京师。朝议复欲遣使报之，众上疏谏曰："臣伏闻北单于所以要致汉使者，欲以离南单于之众，坚三十六国之心也。又当扬汉和亲，夸示邻敌，令西域欲归化者局促狐疑，怀土之人绝望中国耳。汉使既到，便偃蹇自信。若复遣之，虏必自谓得谋，其群臣驳议者不敢复言。如是，南庭动摇，乌桓有离心矣。南单于久居汉地，具知形势，万分离析，旋为边害。今幸有度辽之众扬威北垂，虽勿报答，不敢为患。"帝不从，复遣众。众因上言："臣前奉使不为匈奴拜，单于恚恨，故遣兵围臣。今复衔命，必见陵折。臣诚不忍持大汉节对毡裘独拜。如令匈奴遂能服臣，将有损大汉之强。"帝不听，众不得已，既行，在路连上书固争之。诏切责众，追还系廷尉，会赦归家。③

郑众第一次出使遭遇挫折，明帝继续派遣其第二次出使。由于郑众不愿前行，"在路连上书固争之"，而遭重责，"系廷尉"。由此可见，明帝时东汉朝廷与北匈奴继续保持"羁縻"关系的意志仍很坚决。

章帝时，北单于遣使贡献，求欲和亲。章帝诏问群僚，大家有一番争论。议者或以为"匈奴变诈之国，无内向之心，徒以畏汉威灵，逼惮南虏，故希望报命，以安其离叛。今若遣使，恐失南虏亲附之欢，而成北狄猜诈之计，不可"。班固认为：

> 汉兴已来，旷世历年，兵缠夷狄，尤事匈奴。绥御之方，其涂不一，或修文以和之，或用武以征之，或卑下以就之，或臣服而致之。虽屈申无常，所因时异，然未有拒绝弃放，不与交接者也。故自建武之世，复修旧典，数出重使，前后相继，至于其末，始乃暂绝。永平八年，复议通之。而廷争连日，异同纷回，多执其难，少言其易。先帝圣德远览，瞻前顾后，遂复出使，事同前世。以此而推，未有一世阙而不修者也。今乌桓就阙，稽首译官，康居、月氏，自远而至，匈奴离析，名王来降，

---

① 《后汉书》卷89《南匈奴传》，中华书局，1965，第2949页。
② 《后汉书》卷36《郑众传》，中华书局，1965，第1224页。
③ 《后汉书》卷36《郑众传》，中华书局，1965，第1224～1225页。

三方归服，不以兵威，此诚国家通于神明自然之征也。臣愚以为宜依故事，复遣使者，上可继五凤、甘露致远人之会，下不失建武、永平羁縻之义。虏使再来，然后一往，既明中国主在忠信，且知圣朝礼义有常，岂可逆诈示猜，孤其善意乎？绝之未知其利，通之不闻其害。设后北虏稍强，能为风尘，方复求为交通，将何所及？不若因今施惠，为策近长。①

班固回顾了汉王朝与匈奴、北匈奴的交往过程，指出尽管汉匈关系随着形势不同，有"或修文以和之，或用武以征之，或卑下以就之，或臣服而致之"等诸多表象，但"未有拒绝弃放，不与交接者也"，这种遣使往来的"交接"即是"建武、永平羁縻之义"。

章和二年（88），南单于请与东汉一起出兵北伐北匈奴，东汉诸多大臣表示反对，认为与北匈奴保持"羁縻"关系即可，而不用大兵征讨、耗费国力。当时，侍御史鲁恭上疏："夫戎狄者，四方之异气也。蹲夷踞肆，与鸟兽无别。若杂居中国，则错乱天气，污辱善人，是以圣王之制，羁縻不绝而已。"②尚书宋意上疏："夫戎狄之隔远中国，幽处北极，界以沙漠，简贱礼义，无有上下，强者为雄，弱即屈服。自汉兴以来，征伐数矣，其所克获，曾不补害。光武皇帝躬服金革之难，深昭天地之明，故因其来降，羁縻畜养，边人得生，劳役休息，于兹四十余年矣。"③明确指出从光武帝以来至章帝时期40余年间，东汉与北匈奴的关系就是"羁縻"。当然，面对征伐北匈奴、建万世之功的大好机会，东汉王朝并未采纳鲁恭、宋意等人的意见，而是支持了耿秉等人的征讨意见。此后，东汉与北匈奴大规模战争爆发，北匈奴遭遇严重打击，继续西迁，汉王朝与北匈奴的"羁縻"关系断绝。

（四）不受西域都护"领护"的西域国家

汉武帝尤其是宣帝之后，为了"断匈奴右臂"，汉王朝加强了对西域诸国的控制，设置西域都护府，对天山以南、葱岭以东的大部分西域国家采取了使者领护的管理方式，管控颇为严格。但两汉时期，受地理、经济等条件制约，在西域地区，汉王朝能直接领护、管理的边界基本限于葱岭以东，对葱岭以西的国家实难有效干预，只能采取"羁縻"方式维持基本联系。

① 《后汉书》卷40下《班固传下》，中华书局，1965，第1374页。
② 《后汉书》卷25《鲁恭传》，中华书局，1965，第876页。
③ 《后汉书》卷41《宋意传》，中华书局，1965，第1415～1416页。

《汉书》卷61《张骞传》载："大宛以西皆自恃远，尚骄恣，未可诎以礼，羁縻而使也。"汉武帝时对大宛以西诸国不能"诎以礼"，只能"羁縻而使"。其中"羁縻"指在不能建立臣属关系的前提下，只能通过使节往来，保持一定联系而已。这种关系，与汉初与匈奴的关系类似，尚不如汉初与朝鲜、南越的关系。

从史书记载来看，汉与葱岭外西域大国的"羁縻"关系以康居最为典型。《汉书》卷96上《西域传上·康居》载：

> 至成帝时，康居遣子侍汉，贡献，然自以绝远，独骄嫚，不肯与诸国相望。都护郭舜数上言："本匈奴盛时，非以兼有乌孙、康居故也。及其称臣妾，非以失二国也。汉虽皆受其质子，然三国内相输遗，交通如故，亦相候司，见便则发。合不能相亲信，离不能相臣役。以今言之，结配乌孙竟未有益，反为中国生事。然乌孙既结在前，今与匈奴俱称臣，义不可距。而康居骄黠，讫不肯拜使者。都护吏至其国，坐之乌孙诸使下，王及贵人先饮食已，乃饮啖都护吏，故为无所省以夸旁国。以此度之，何故遣子入侍？其欲贾市为好，辞之诈也。匈奴百蛮大国，今事汉甚备，闻康居不拜，且使单于有自下之意，宜归其侍子，绝勿复使，以章汉家不通无礼之国。敦煌、酒泉小郡及南道八国，给使者往来人马驴橐驼食，皆苦之。空罢耗所过，送迎骄黠绝远之国，非至计也。"汉为其新通，重致远人，终羁縻而未绝。

由于康居在西域都护使者面前妄自尊大，有辱汉朝国体，故西域都护郭舜以汉与康居"合不能相亲信，离不能相臣役"为据，提出中断与康居"羁縻"关系的建议。但汉廷拒绝了郭舜的意见，决定继续保持这种仅仅是名义上的"羁縻"关系。

《汉书》卷96上《西域传上》载："都护督察乌孙、康居诸外国动静，有变以闻。"对于这些汉王朝控制能力难以达到的国家，西域都护的职责也仅是"有变以闻"而非"可安辑，安辑之。可击，击之"。[①] 可见，保持基本交通、"有变以闻"即是"羁縻"的最低边界。

当然，随着汉朝国力变化以及战略调整，汉王朝对于个别西域国家的战略定位和管理方式也会发生变化。这里面最典型的就是天山以北的乌孙。如前所述，乌孙与汉朝的关系经历过由"邻国"到"盟国"再到"属国"的变化。宣帝中期以前，汉朝不能控制乌孙，故在西域都护府初建时，"乌孙"与

---

① 李大龙：《西汉西域都护略论》，《中国边疆史地研究》1991年第2期。

"康居"并列，都是"督察"对象。但宣帝中期之后，随着稳定占有"车师"战略目标的实现和匈奴的迅速衰落，汉朝势力向西域天山以北地区的渗透大大加快。通过处理乌孙大、小昆弥分裂和"狂王事件"，汉王朝对乌孙事务的干预力度空前加强，在这种情况下，乌孙与汉朝的关系逐渐由"羁縻"关系变为受西域都护直接控制的"使者领护"关系。

王莽时期力图进一步加强对西域的控制，但天凤年间焉耆战争失败，西域都护败没，中原王朝与西域的官方交往一度停滞，西汉中期以来建立的"使者领护"关系中止。东汉建国后，不愿意过度干预西域事务，虽与西域诸国保持联系，但以西域都护为代表的"使者领护"制度并未恢复。东汉王朝与西域大部分国家的关系都调整为"羁縻"关系。《汉书》卷96下《西域传下》称：

> 自建武以来，西域思汉威德，咸乐内属。唯其小邑鄯善、车师，界迫匈奴，尚为所拘。而其大国莎车、于阗之属，数遣使置质于汉，愿请属都护。圣上远览古今，因时之宜，羁縻不绝，辞而未许。虽大禹之序西戎，周公之让白雉，太宗之却走马，义兼之矣，亦何以尚兹。

对于西汉时西域都护领护的莎车、于阗诸国，东汉王朝都以"羁縻"关系与之相处。永平末年，西域都护重建，东汉王朝欲加强对西域诸国的控制力度，但随着建初年间政策的再次收缩，西域都护陈睦败没，与西域诸国尤其是北道诸国超越"羁縻"的关系并未真正建立。当时，班超在南道虽仍保持一定控制力，但真正意义上的西域都护制度并未恢复。和帝永元初年，窦宪征北匈奴大获全胜，东汉王朝开始重新经营西域，重建西域都护府，班超出任西域都护，类似于西汉的使职领护管理制度才算真正建立。但安帝之后，西域都护府再次撤销，使职领护制度又受到破坏。

至安帝元初六年（119），敦煌太守曹宗，

> 遣行长史索班，将千余人屯伊吾以招抚之，于是车师前王及鄯善王来降。数月，北匈奴复率车师后部王共攻没班等，遂击走其前王。鄯善逼急，求救于曹宗，宗因此请出兵击匈奴，报索班之耻，复欲进取西域。邓太后不许，但令置护西域副校尉，居敦煌，复部营兵三百人，羁縻而已。其后北虏连与车师入寇河西，朝廷不能禁，议者因欲闭玉门、阳关，以绝其患。①

---

① 《后汉书》卷88《西域传》，中华书局，1965，第2911页。

汉王朝与西域诸国的关系已是"羁縻而已"。当时，"复敦煌郡营兵三百人，置西域副校尉居敦煌。虽复羁縻西域，然亦未能出屯"①。甚至这种"羁縻"都没有保证，有些人建议封闭玉门、阳关，是连"羁縻"联系也要废止。

延光之后，班勇以西域长史的身份出屯柳中，恢复了对西域东部国家如鄯善、车师的领护管理，但对于西域西部，汉王朝的影响力则不可挽回地呈下降趋势，可能只能维持"羁縻"关系。

三　"羁縻"的效果与意义

"羁縻"关系是汉王朝在力有不逮情况下，与周边少数民族保持联系的一种政治手段。据上文可知，由于具体情况有别，羁縻还可分为多种情况。有承认汉朝宗主国地位、向汉朝称臣的羁縻关系，如西汉前期的朝鲜、南越，以及西汉后期的匈奴；有遣侍子、贡献，希望和汉朝保持经贸往来的羁縻关系，如西汉的康居、东汉前期的北匈奴；也有仅仅不绝联系而无其他政治甚至经济意义的羁縻关系，如东汉初年对西域各国的态度。各种情况的"羁縻"关系虽具体情态不同，但在维系周边少数民族与汉王朝关系方面却有相同作用。"羁縻"虽不是开疆拓土，也不是直接管理，但并不是毫无意义的。相反，在汉代，维持与周边少数民族的"羁縻"关系不仅在稳定乃至扩大汉王朝的政治经济文化影响力方面有重要作用，更对构建以汉王朝为中心的东亚政治秩序，开拓汉文化圈有巨大帮助，此举还能为以后的进取集聚条件，并能够缓和当时的紧张局势，帮助汉王朝休养生息，弥补直接行政管理和使者领护体制缺陷，最终降低汉王朝经营边疆成本。正因为这些意义的存在，汉成帝才不愿意放弃与"康居"的羁縻关系，汉明帝才要两派郑众、积极维系与北匈奴的"羁縻"关系。

综上，汉王朝在周边少数民族管理方面极具灵活性，在不同时期根据不同情况，构建了性质不同却又能够互相配合的多重管理体制。如果把汉帝国看作一同心圆的话，圆心及其周边地区显然是以汉族为主体的中原郡县体制地区。而圆的外周——周边少数民族居住地区——则呈现出多个层次的管理系统。对于与汉族交错居住、受汉族影响较大的地区，汉王朝对其采取郡县体制管理方式。而对于投降汉族的少数民族地区，则设立属国都尉，在"因其故俗"的同时，用军事组织形式将他们组织、管理起来。这样既能发挥这些少数民族的军事优势，又能扼制叛乱的发生。对于距汉族中心地区较远，

---

① 《后汉书》卷47《班勇传》，中华书局，1965，第1587页。

但对于汉王朝有较大战略意义的地区，则采用使者领护的方式加强管理、控制，并进行引导，在保持其原有部落、国家组织甚至统治者治权的基础上，由中央派遣专职使者统领、控制，使这些少数民族能为汉王朝的边疆战略服务。而对于距离汉王朝统治中心遥远，战略地位不够突出的周边部族，汉王朝为构建以自己为中心的政治秩序考虑，一般也不会完全放弃，而是采用"羁縻"的方式通过政治、经济手段维持最基本的联系，使其能支持以汉王朝为中心的政治秩序，维护汉王朝的影响力。可以说，郡县管理、属国管理、使职管理和羁縻管理是汉代同时并存的四种少数民族管理方式，其各有特点，适应于不同情况下对少数民族人的管理。四者配合使用，具有分化、瓦解、安定少数民族和巩固边防的作用，四者结合的模式在汉代民族管理中具有重要意义，值得重视。

第十章　汉王朝与西北诸族的经济文化交流

先秦时期，中原与河西走廊、西域就开始了经济文化交流。西汉占据河西走廊和张骞出使大月氏、乌孙之后，河西与西域地区更成为汉文明与西北诸族及中亚、西亚地区交往的孔道和前沿阵地。河西汉简的出土，深化了我们对两汉时期中西经济文化交流史的认识。

第一节　汉王朝经济文化的西进

西汉中期之后，随着汉王朝国境的西拓，经济、文化也开始向西北地区传播。

一　汉代物质文明与河西移民社会的建构

汉王朝占领河西、开拓西域后，采取了遣军戍守、移民屯田、建设交通传置设施、开辟郡县等多种措施，强化对新占领区的统治。随着大批中原戍卒、田卒，尤其是中原移民的不断涌入，汉文化随之传播到了河西走廊及西域地区。由于汉武帝之后，河西走廊已成为汉王朝疆域，汉朝在河西地区设立郡县、移民实边，大量汉族人民、士兵涌入河西，逐渐形成了河西移民社会。在这一过程中，汉王朝的大量物资和精神文明成果进入河西，河西几乎完全复制了中原汉文明。

汉人大量移民后，河西地区完成了由汉初的游牧经济向农业经济的转型。大量出土汉简表明，从西汉中期开始，河西地区的农业快速发展。主要农作物有粟、黍、穈、麦，除个别适应特殊气候的青稞类植物外，品种基本与中原相同；河西人蓄养的家畜、家禽主要有牛、羊、猪、鸡、狗，品种也与中原大体相同。

居延汉简记载，汉代派遣至河西地区的戍卒多携带私衣物等物品至戍所，在河西地区进行"行道贳卖"等经贸活动。王子今《汉代丝路贸易的一种特殊形式：论"戍卒行道贳卖衣财物"》、李振宏《汉代居延地区屯戍吏卒的经济生活》等文都注意到了在河西屯戍活动的推动下，中原地区物资大量进入河西地区的现象。① 对这种经济现象，汉王朝官方通过帮助追债等方式予以支持。而边塞屯戍地区，则有一些中间商人，甚至是专门从事这种贸易的"衣功所"的存在，也说明了这种现象的普遍性。大量中原地区物资产品进入河西和西域地区，在一定程度上改变了该地区的经济文化面貌。肩水金关汉简中有大量普通中原人民出入河西的关传及名籍，反映了当时内地居民到河西地区"为家私市"这一普遍现象，如：

> 甘露四年二月己酉朔丙辰，南乡有秩过佐赖敢告尉史，宛当利里公乘陈贺年卌二，自言为家私市张掖居延，案：毋官征事，当为传移过所关邑毋苛留。尉史幸谨案：毋征事。谨案：年爵　　　73EJT10：121A
> 章曰宛丞印。　　　　　　　　　　　　　　　　　　73EJT10：121B

该简是一份汉代过所文书的抄件，通过简背面"章曰宛丞印"的记录可知，持传出入金关者（即正面的当利里公乘陈贺）是南阳宛人。甘露四年（前50），宛人陈贺"为家私市张掖居延"，即到居延地区进行贸易和物资交流活动。这种简文在金关汉简中大量存在，可以说"为家私市"是汉代中原地区与河西甚至更遥远地区物质文化交流的一种重要手段。

除了生活物资外，中原地区以铁器为代表的先进生产工具也大量进入河西。居延汉简520·1号简载："始元六年二月乙卯朔☐移铁器簿一编。"310·19号简载："第五丞别田令史信元凤五年四月铁器出入集簿。"这两枚简都出土于汉代驿马田官所在地大湾遗址，可见汉代张掖肩水地区的屯田早在昭帝时期就已使用铁器，"铁器簿"和每月统计的"铁器出入集簿"的存在则说明了当时铁器使用的规模。关于河西地区铁器的普遍使用，不仅有简牍文献可资证明，考古发现也可佐证。在20世纪以来的居延地区考古发掘中，出土了大量的铁制品。以甘肃居延考古队1974年对破城子（A8遗址）的发掘为例，此次发掘出土的除简牍以外的遗物总计881件，主要有弓弩、铜镞、转射、铁甲、辘轳、货币、铁农具、网坠、猎具、仓印、木柱斗、木板画、竹笛等，"铁甲""铁农具"赫然在列。② 居延汉简EPT52：15号简载："狼田以铁器为本，北边郡毋铁官。印器内郡，令郡以时博卖予细民，毋令豪富吏民得多取

---

① 王子今：《汉代丝路贸易的一种特殊形式：论"戍卒行道贯卖衣财物"》，收入氏著《秦汉社会史论考》，商务印书馆，2006；李振宏《汉代居延地区屯戍吏卒的经济生活》，收入氏著《居延汉简与汉代社会》，中华书局，2003。

② 甘肃居延考古队：《居延汉代遗址的发掘和新出土的简册文物》，《文物》1978年第1期。

贩卖细民。"从文意看，该简当是一封诏书的抄件。由于包括河西在内的北边郡没有铁官，不具备大规模生产铁器的能力，须"印器内郡"，故国家通过行政手段调节，"令郡以时博卖予细民"。通过该简可以看出国家在重要战略物资供应上，对河西走廊地区的关注、支持。肩水金关汉简载：

延延水丞就迎铁器大司农府移肩水金关□□□　　　73EJT37：182A

君前啬夫丰　　　73EJT37：182B

这枚汉简是居延地区官员延水丞雇人从中央大司农府"迎铁器"，途经肩水金关时留下的过关文书。"啬夫丰"是金关啬夫，通过有该人记录的金关73EJT37：530 号简"建平四年"和73EJT37：788A 号简"建平三年"的纪年信息，可知丰担任金关啬夫大概在哀帝建平年间。由此可知，至西汉末年，居延地区的铁器供应仍主要依靠国家调节、配送，从中原传输。

不仅生产工具，中原地区先进的生产技术，也总是以较快速度向河西地区传播。据《汉书》卷24 上《食货志上》记载，武帝末年搜粟都尉赵过发明先进农业生产技术"代田法"。国家推广此法，"令命家田三辅公田，又教边郡及居延城"，取得了"用力少而得谷多"的效果。居延汉简记载，居延在全国范围内，即三辅之后率先推广代田法。居延汉简中有"代田亭"（EPT4：5 号简）、"代田仓"（557・5、273・14、273・24、274・23、534・3、557・3 号简）等与"代田"相关的称谓。这些与"代田"有关的机构，显然是居延地区推行代田法的证明。148・47 号简："入糜小石十四石五斗。始元三年正月丁酉朔丁酉，第二亭长舒受代田仓监。"则显示在武帝之后不久的"始元三年"居延地区就有了"代田"，恰可与《汉书・食货志》的记载相印证。

二 汉代政治文明、精神文明向河西地区的传播

汉王朝向河西移民，在河西形成了以汉族为主体包括多民族在内的社会体系。这一社会体系不仅生活方式、生产方式与中原地区相同，同时还以汉朝制度和中原文化为基础构建了政治文明和精神文明的基础。河西地区的基本行政制度是郡县制，其组织构建与中原地区基本一样。河西汉简中有不少法制文献，其中既有律令，又有劾状、爰书等司法文书。据不完全统计，仅以律令文书为例，河西汉简中"律"的性质较明确或自称为"律"的条文有25 条，共涉及《贼律》《盗律》《囚律》《捕律》《田律》《置后律》《厩律》《置吏律》《户律》《行书律》《效律》《杂律》等12 种汉律，其中大部分可与睡虎地秦律和张家山汉律对应。如悬泉汉简载：

囚律：劾人不审为失，以其赎半论之。　　　　Ⅰ90DXT0112①：1

而湖北江陵张家山 247 号汉墓出土汉简《二年律令·具律》载：

劾人不审，为失；其轻罪也而故以重罪劾之，为不直。

两者内容基本一致，证明了在法制文明上，河西对中原制度的全盘接受。此
外，西北汉简大部分通行公文都以"如律令"作为公文结语，也强调了河西
地区行政与中原地区的一致性。

除政治文明外，河西地区在文化方面也与中原地区保持着高度一致。敦
煌、居延屯戍汉简中有不少典籍简，其中以《孝经》《论语》等儒家基础典籍
和《苍颉篇》《急就篇》等字书简为主，间有经子典籍。据常燕娜对 25000 余
枚居延汉简的统计：

书籍简 405 枚，其中六艺类 85 枚，诸子类 22 枚，诗赋类、兵书类各
2 枚，数术类 272 枚，方技类 22 枚。数量最多者无疑是民间实用的数术
类文献，尤其是其中的历谱家 186 枚，蔚为大观。在精英分子阅读、使用
的文献中，六艺类数量最多，除习字小学字书 46 枚外，还有 39 枚典籍，
反映了汉代经学在文化生活中的重要地位。①

其中六艺和诸子书占比如下：

六艺类简牍 85 枚，其中《易》家简 3 枚，《书》家简 4 枚，《诗》家
简 5 枚，《礼》家简 8 枚，《春秋》家简 6 枚，《论语》家简 7 枚（其中 1
枚，与《尚书》同在一简上），《孝经》家 7 枚，小学家 46 枚。小学家
中，《苍颉篇》22 枚，《急就篇》33 枚，未能判断具体书籍者 1 枚。②

诸子类简牍 22 枚，其中儒家书籍简 15 枚，法家和墨家书籍简各 1
枚，小说家书籍简 2 枚，未能判断学派性质者 3 枚。③

这些典籍尤其是六经等儒家典籍在西北地区的传播反映了汉王朝精神文明在
边疆地区的渗透。郝树声《从西北汉简和朝鲜半岛出土〈论语〉简看汉代儒

① 常燕娜：《居延书籍简分类整理与研究》，硕士学位论文，西北师范大学，2015，第 176 页。
据作者自述，统计过程中除先期发表的个别《孝经》简外，未包括论文完成时尚未发表的
《肩水金关汉简（肆）》《肩水金关汉简（伍）》中的材料。
② 常燕娜：《居延书籍简分类整理与研究》，硕士学位论文，西北师范大学，2015，第 80 页。
③ 常燕娜：《居延书籍简分类整理与研究》，硕士学位论文，西北师范大学，2015，第 91 页。

家文化的流布》、邢义田《汉代边塞吏卒的军中教育》等文都注意到了这一现象，值得关注。李振宏《汉代居延戍卒的精神文化生活》中也有较多涉及中原地区对河西地区精神文明的影响的描述，可以参看。①

河西是汉王朝发展与匈奴、西羌、西域等西北民族关系的前沿阵地。汉文化在此生根发芽必然会对周边少数民族地区产生重要影响。1978 年，南距西宁市 14 公里、北距大通县城 21 公里、湟水支流北川河从北向南流过的青海大通上孙家寨 115 号汉墓出土一批残断木简，内容包括汉代的功爵等级制度、军队编制和兵法文献。② 该地处于汉羌交汇区域，这批兵书、兵法、军令简牍的出土在一定程度上反映了汉代制度和精神文明继续向西渗透的趋势。可以说，汉王朝物质、精神文化向河西地区的传播为以河西地区为前哨的中西文化交流奠定了基础。

第二节　汉王朝与匈奴的经济文化交流

汉朝先进的物质和精神文明成果对周边少数民族具有强大吸引力，是汉朝控制周边少数民族的手段之一。在汉代，汉匈关系是东亚大陆最核心的民族关系。因此，利用物质和精神文明成果向匈奴渗透，进而对抗、控制匈奴，是汉王朝对付匈奴的主要手段之一。而对匈奴人来说，汉朝的物质、精神文明成果，更是日益成为其生活中不可或缺的元素。当然，任何经济、文化交流都是相互的，我们在注意到汉王朝在经济、文化领域影响匈奴社会的同时，也应关注到匈奴元素对汉文化的反向渗透作用，虽然这种反作用比起匈奴社会所受汉文化的影响微弱得多。

一　汉匈之间的人员交流

任何经济、文化交流的前提都是人员的交流。人员的交流既包括政府组织的使节往来、民间组织的商旅经贸，也包括战争俘虏、降人。关于两汉与匈奴的使节往来，正史记载很多，其中不乏苏武、常惠等长期居住于匈奴之人。而对于商人，正史中也有叙述，如《史记》卷 110《匈奴列传》载："汉

① 郝树声：《从西北汉简和朝鲜半岛出土〈论语〉简看汉代儒家文化的流布》，《敦煌研究》2012 年第 3 期；邢义田：《汉代边塞吏卒的军中教育》，收入氏著《治国安邦：法制、行政与军事》，中华书局，2011，第 585 ~ 594 页；李振宏：《汉代居延戍卒的精神文化生活》，收入氏著《居延汉简与汉代社会》，中华书局，2003。

② 刘万云：《青海大通县上孙家寨一一五号汉墓》，《文物》1981 年第 2 期。

使马邑下人聂翁壹奸兰出物，与匈奴交，详为卖马邑城以诱单于。"《史记索隐》称："上音干，干兰谓犯禁私出物也。"《史记集解》引《汉书音义》曰："私出塞与匈奴交市。"① 可见汉武帝马邑之谋的执行者聂翁壹即是从事与匈奴走私贸易的商人。

由于使节的派出规模有限，而受汉匈关系起伏变化影响，从事汉匈贸易的商人也难以形成庞大的组织力量，故在汉匈双方经济文化交流方面发挥主要作用的还是双方的降人以及战争俘虏。

汉王朝与北方匈奴政权一直处于战与和的交织状态。汉匈历年征战，汉方所获战俘数量庞大。《汉书》卷55《卫青传》载元朔二年（前127），汉大将军卫青"捕首虏数千，畜百余万"。元朔五年，卫青围匈奴右贤王，得"右贤裨王十余人，众男女万五千人，畜数十百万"。此类记载不绝于《汉书》。此外，尚有相当数量匈奴人降汉，汉设属国安置。如元狩二年（前121），西汉发动"河西之战"，匈奴遭受重创，浑邪王杀休屠王率其众4万人附汉，当时"胡降者数万人皆得厚赏，衣食仰给县官，县官不给，天子乃损膳，解乘舆驷，出御府禁臧以澹之"②。汉朝将匈奴归附之众徙置陇西、北地、上郡、朔方、云中五郡所属的塞外五属国，"乃分处降者于五边郡故塞外，而皆在河南，因其故俗为属国"③。宣帝五凤二年（前56）冬，呼速累及右伊秩訾等将众5万余人附汉，汉王朝在西河、北地二郡设置属国安置。建武六年（30），安定属国的匈奴人起义，在豪帅肥头小卿的率领下，有1万多人归附汉北地太守冯异。

还有一些匈奴人因避战火或天灾而自动徙入汉边郡居住生活。如建武二十六年（50）冬，为避北匈奴之侵扰，南单于各部徙居西河郡美稷等处。永平二年（59），北匈奴护于率千人降。建初二年（77），北匈奴于涿山降者三四千人。建初八年，北匈奴三木楼訾大人稽留斯等率3.8万人至五原塞降。元和二年（85），北匈奴大人车利、涿兵等共73批入塞归附。永元元年（89），汉将耿秉、窦宪及南单于出朔方，大破北匈奴，俘虏20余万。永元八年，南单于部下乌居战率数千人叛出塞，被汉军击败收降，2万余人被安置在安定、北地二郡。两汉时期，匈奴降汉部众数量庞大，汉王朝也以受降、收降为常，汉武帝时特意在塞外建"受降城"。西北汉简中记录边塞

① 《史记》卷110《匈奴列传》，中华书局，1982，第2905页。
② 《汉书》卷24下《食货志下》，中华书局，1962，第1161页。
③ 《汉书》卷55《霍去病传》，中华书局，1962，第2483页。

候官下辖候部、烽燧及边境亭里，其中有不少名字与"受降""收降"有关。如居延候官有"收降亭"，肩水候官、橐他候官都有"收降隧"，肩水候官和敦煌地区都有"受降隧"，居延县有"收降里"。边塞烽、燧、亭、里以"收降""受降"为名，反映了"受降""收降"应是当是边境上的常态事件。

　　除了匈奴降人外，汉王朝也有降人涌向匈奴。例如西汉前期的韩王信、卢绾、中行说，汉武帝时期的李陵、李广利，即是向匈奴投降的汉人的代表。而军事将领因战败或其他原因降匈奴，往往会带去大量归降的士兵。例如，燕王卢绾反时，"率其党且万人降匈奴"①。至于李广利降匈奴时带领多少兵马，为《汉书·李广利传》和《匈奴传》失载，但《汉书》卷69《赵充国传》载："匈奴使人至小月氏，传告诸羌曰：'汉贰师将军众十余万人降匈奴'。"其中虽不免有夸大，但至少反映出向匈奴投降的汉人数量庞大。这些主动或被动投降匈奴的汉人作为先进生产力的代表，自然会对匈奴社会产生深远影响。除了军事行动失败带来汉人向匈奴的流动外，居延汉简中还记载了不少汉人由于犯法或其他原因主动越塞投降匈奴的事例：

> 日迹行廿三里，久视天田中，目玄有亡人越塞出入☐
> 它部界中，候长候史直日迹卒坐匿不言，迹☐　　　　　　EPT51：411

该简记录了一次"亡人越塞"事件。居延 EPT68：31 - 52 号简则记录了建武六年（30）新占民居延临仁里赵良"蘭越甲渠却适隧北塞天田"不成功而遭告劾的案件。不仅戍卒、边民有越塞降匈奴者，下级军官也有越塞者。居延EPT68：108 号简记录了甲渠候官下属的"隧长郑孝、候云亡蘭越塞天田"事件。居延 EPT68：13 - 28 号简则记录了发生在甲渠候官的一次恶性事件。建武五年（29），甲渠候官第四守候长因醉酒后击伤甲渠候官主官令史夏侯谭，"带剑持官弩一、箭十一枚、大革囊一盛糒三斗、米五斗，骑马蘭越隧南塞天田出西南去"，投降匈奴。居延汉简中有大量日迹簿，记录了边塞吏卒每天检查边塞天田有无"越塞出入迹"的情况。这种"日迹"检查的对象虽包括匈奴人犯边的情况，但可能更主要的目的是监视有无汉人越塞、亡降匈奴。黄永美、徐卫民《西汉西北地区长城内防功能初探》曾提出长城具有阻碍汉人外逃的"内防"作用的观点，值得重视。② 敦煌马圈湾汉简 518 号简记载"塞

---

①　《汉书》卷94 上《匈奴传上》，中华书局，1962，第3754 页。

②　黄永美、徐卫民：《西汉西北地区长城内防功能初探》，《社会科学战线》2012 年第10 期。

曹言守候长赵嘉劾亡卒杨丰蘭越塞，移龙勒"，其中出现塞曹，张德芳认为"塞曹"是专门负责塞防的官员，① 根据简文可推测其应以处理亡人越塞降匈奴事件为主要职责。张家山汉简《二年律令·津关令》中有大量关于"越塞"行为的处理措施，并多次提及"越塞令""越塞阑关令"，可能汉代针对边塞亡人越塞降匈奴等现象出台有专门法律。长城内防功能的突显，塞曹职官和越塞令的出现，这些现象都反映了汉人叛逃匈奴在当时绝非偶然现象。

人员的流动，必然会推动经济文化交流。再加上汉王朝与匈奴政治、军事行动的促动，汉、匈间的经贸文化往来在两汉时期一直保持了活跃态势。

二　汉与匈奴的经贸交流

以游牧为主要生产方式的匈奴，经常"逐水草迁徙，毋城郭常处耕田之业"，经济发展模式较为单一，对中原地区的粮食、丝绸、铁器等生活产品和生产工具具有很大依赖性，不可避免需要与农耕民族进行经济交流。由于这种交流的单向性，匈奴对中原地区的物资有极大需求，故很多时候这种交流需要依靠战争方式得以实现，客观来讲汉匈战争爆发的主要原因即是匈奴要对中原地区进行物资掳掠。《史记》卷 110《匈奴列传》载，匈奴人在战争中，"所得卤获因以予之，得人以为奴婢。故其战，人人自为趣利，善为诱兵以冒敌。故其见敌则逐利，如鸟之集"，道出了匈奴对汉战争的经济目的。《史记》卷 110《匈奴列传》载：

> 匈奴好汉缯絮食物，中行说曰："匈奴人众不能当汉之一郡，然所以强者，以衣食异，无仰于汉也。今单于变俗好汉物，汉物不过什二，则匈奴尽归于汉矣。其得汉缯絮，以驰草棘中，衣袴皆裂散，以示不如旃裘之完善也。得汉食物皆去之，以示不如湩酪之便美也。"于是说教单于左右疏记，以计课其人众畜物。

"好汉缯絮食物"反映了匈奴对中原物质文明的向往和依赖。而中行说为了让匈奴保持独立性，建议匈奴人尽弃汉人缯絮食物的举措显然是不切实际的。

西汉前期，国家休养生息，对匈奴采取了"和亲"政策。而"和亲"政策的实质即是汉王朝通过物品馈赠和开放"关市"推动自由贸易的达成，满

---

① 张德芳：《敦煌马圈湾汉简集释》，甘肃文化出版社，2013，第 511 页。

足匈奴对汉王朝物产的需求，从而消弭战争。所谓"义动君子，利动贪人，如匈奴者，非可以仁义说也。独可说以厚利，结之于天耳"①。汉文帝前元六年（前174）的汉匈和亲中，汉王朝即赐匈奴"服绣袷绮衣、绣袷长襦、锦袷袍各一，比余一，黄金饰具带一，黄金胥纰一，绣十匹，锦三十匹，赤绨、绿缯各四十匹"②。汉武帝征和四年（前89）匈奴单于遣使遗汉书云："南有大汉，北有强胡。胡者，天之骄子也，不为小礼以自烦。今欲与汉闿大关，取汉女为妻，岁给遗我蘖酒万石，稷米五千斛，杂缯万匹，它如故约，则边不相盗矣。"③匈奴主动提出"和亲"请求，重点是向汉王朝要大量物资，并且单于特意提到这个条件是"如故约"。我们据此可知，元光二年（前133）马邑之谋前的汉匈"和亲"的实质即在于汉王朝对匈奴的物资馈赠。《汉书》卷94下《匈奴传下》班固赞语称："昔和亲之论，发于刘敬。是时天下初定，新遭平城之难，故从其言，约结和亲，赂遗单于，冀以救安边境。孝惠、高后时遵而不违，匈奴寇盗不为衰止，而单于反以加骄倨。逮至孝文，与通关市，妻以汉女，增厚其赂，岁以千金。"明确指出"和亲"的实质即在于"赂遗单于"，可谓至论。

呼韩邪单于臣服汉朝后，汉王朝与匈奴关系发生变化，"和亲"尤其是以物资换和平的和亲基本绝迹，汉王朝对匈奴的物资馈赠则通过"赏赐"的方式得以延续。《汉书·匈奴传》记载，神爵三年（前51），呼韩邪单于朝汉，汉宣帝赏赐"马十五匹，黄金二十斤，钱二十万，衣被七十七袭，锦绣绮縠杂帛八千匹，絮六千斤"。不久，"又转边谷米糒，前后三万四千斛，给赡其食"。在赏赐呼韩邪单于的同时，对于郅支单于汉王朝也予以拉拢。"是岁，郅支单于亦遣使奉献，汉遇之甚厚。"第二年，"两单于俱遣使朝献，汉待呼韩邪使有加"。黄龙元年（前49），"呼韩邪单于复入朝，礼赐如初，加衣百一十袭，锦帛九千匹，絮八千斤"④。元帝竟宁元年（前33），呼韩邪单于复入朝，"礼赐如初，加衣服锦帛絮，皆倍于黄龙时"。成帝河平四年（前25）正月复株累若鞮单于入朝，"加赐锦绣缯帛二万匹，絮二万斤，它如竟宁时"。哀帝元寿二年（前1）乌留珠单于来朝，"加赐衣三百七十袭，锦绣缯帛三万匹，絮三万斤，它如河平时"。由此可见，汉匈关系"和亲"也好，"称臣"也好，匈奴得到物资馈赠的实质并没有发生变化。可以说，与汉朝进行经贸

①　《汉书》卷94下《匈奴传下》，中华书局，1962，第3831页。
②　《史记》卷110《匈奴列传》，中华书局，1982，第2897页。
③　《汉书》卷94上《匈奴传上》，中华书局，1962，第3780页。
④　《汉书》卷94下《匈奴传下》，中华书局，1962，第3798页。

交流，获得汉朝的物资馈赠，是匈奴开展对汉关系的最高原则，其对汉政策无不是以此目的的实现为准的。在其强盛时通过"和亲"实现，在其衰落时以"称臣"实现，在其继续衰落完全难以与汉朝抗衡时，则以彻底投降内附来实现。如果汉王朝彻底中断了对匈奴的物资馈赠，而匈奴又无力反抗时，汉匈的交往关系也就随之终结，东汉和帝之后北匈奴逐渐退出汉人视野，即与此有关。

除了"和亲"和"臣服"带来的馈赠、赏赐外，汉匈和平时期的"关市"贸易也是促进汉匈间经贸物资交流的主要方式。据《汉书》卷94下《匈奴传下》，汉文帝时，汉朝官方与匈奴开始进行关市贸易。景帝时"复与匈奴和亲，通关市，给遗匈奴，遣公主，如故约"，得到了"时小入盗边，无大寇"的客观效果。① 武帝即位"明和亲约束，厚遇关市，饶给之。匈奴自单于以下皆亲汉，往来长城下"②。马邑之谋后，汉匈关系已经破裂，但"关市"仍对匈奴有巨大吸引力。由于"匈奴贪，尚乐关市，嗜汉财物"，为羁縻匈奴，"汉亦尚关市不绝以中之"，③ 取得了良好效果。元朔元年（前128），"汉使四将军各万骑击胡关市下"，拉开了主动、大举进攻匈奴的帷幕。初战即选"关市"，看中的可能是匈奴人聚集于此易于消灭。汉王朝的这次军事行动，对汉匈间的"关市"打击严重，此后近80年，我们在文献中再找不到汉匈间正常关市贸易的记载。至宣元时期匈奴臣服后，关市当有所恢复。东汉南、北匈奴分裂后，南匈奴内附，可通过馈赠等正常手段获取汉地物资，而北匈奴由于与汉王朝关系恶劣，在物资供应上遭遇严重危机。因此，我们在《后汉书·南匈奴传》中经常可以见到，北匈奴遣使乞求汉王朝与之"合市"的记载。光武帝时，"北匈奴见南单于来附，惧谋其国，故数乞和亲，又远驱牛马与汉合市"，明帝时，"北单于欲合市，遣使求和亲"，明帝"冀其交通，不复为寇，乃许之"。记载最详细的一例发生在章帝元和元年（84），

> 武威太守孟云上言北单于复愿与吏人合市，诏书听云遣驿使迎呼慰纳之。北单于乃遣大且渠伊莫訾王等，驱牛马万余头来与汉贾客交易。诸王大人或前至，所在郡县为设官邸，赏赐待遇之。

关于关市的组织形式，目前还不太清楚。河西简牍中，有不少内地居民至河

---

① 《史记》卷110《匈奴列传》，中华书局，1982，第2904页。
② 《史记》卷110《匈奴列传》，中华书局，1982，第2904页。
③ 《史记》卷110《匈奴列传》，中华书局，1982，第2905页。

西地区"为家私市"的记载，其中不少会通过金关，进入边塞的居延都尉府辖区从事经贸活动，一些学者如王子今、李禹阶等推测，这些经贸活动不排除有与匈奴"关市"的可能。[①] 笔者认为这种可能性虽不能完全排除，但应该不大。《汉书》卷94上《匈奴传上》载武帝初年为了对付单于，"汉使马邑人聂翁壹间阑出物与匈奴交易，阳为卖马邑城以诱单于"。"间阑出物与匈奴交易"指犯禁私自出塞与匈奴交易。由此可见汉朝廷似乎禁止民间商贾与匈奴之间的私市行为。此外，肩水金关出土大量与"为家私市"有关的通关文书和名籍，在登记这些人的随身物品时，都是只记录带了几匹作为运力的牛马、几辆车和防身武器，而从未对携带商品本身详细记载。参考张家山汉简《二年律令》中对与周边少数民族交易物品的严格限制，如果内地人至居延地区"为家私市"是为了与匈奴"关市"，似乎金关不应该不记录他们所携带的商品。而肩水金关汉简的时代，也正是传世文献中有关汉匈"关市"失载的时代。因此，内地居民至河西包括酒泉、居延等地"为家私市"，更可能是看准了河西作为一新移民社会物资匮乏的情况而从事长途贩运贸易，不一定与"关市"有关。至于真正"关市"的组织形式，我们目前只知道是政府组织而由具体商贾实施的，元和元年的关市即是匈奴大且渠伊莫訾王等驱马牛来到汉地与"汉贾客"通商。《汉书·匈奴传》曾载，匈奴向乌桓征税时，"匈奴人民妇女欲贾贩者皆随往焉"，可见普通匈奴民众是有贸易权利的，可能关市中由匈奴贵族带领匈奴民众来到关市所在地（一般在汉朝郡县内），与汉人商贾进行贸易。但其中详情，还有待学界进一步研究。

由于边防需要，即使在汉匈双方互通关市时期，汉王朝对一些特殊物资的贸易也是有限制的，如汉代对铜铁兵物及马匹牛羊等军事战略物资即明令禁止交易。《汉书》卷5《景帝纪》载："御史大夫绾奏禁马高五尺九寸以上，齿未平，不得出关。"张家山汉简《津关令》亦有对私马出入关的规定。敦煌汉简载：

☐禁毋出兵谷马牛羊☐☐掌故事以便宜出家☐　　　　1845

此简上下皆残，具体文义不明，但"禁毋出兵谷马牛羊"应该和当时禁止兵物马匹流入外塞的政策有关。既然存在通过正常贸易无法获得的物品，那就有可能还存在不受官府保护的走私贸易，河西汉简中常见戍卒"毋人马蘭越塞天田出入迹"的巡视记录语，这种"蘭越塞"除了包括前文论述的汉人叛

逃现象外，不排除也有至匈奴进行走私贸易的行为。

关于中原地区向匈奴输送的物资，据前文可发现，主要是粮食谷物和衣服、被絮等生活必需品，以及金钱、丝绸、武器、车舆等。这些物资的涌入对匈奴人的生产、生活方式也造成了一定影响。匈奴墓葬和城址出土遗物中有较多秦汉时期文物，不仅中国境内匈奴墓葬中出土有大量铜镜、织物、漆器、货币等汉式文物，即使是远离中原地区的蒙古—西伯利亚地区匈奴墓葬和城址出土遗物中，来自汉王朝的文物也比较多见。① 据中国社会科学院考古研究所编著《中国考古学·秦汉卷》一书，蒙古—西伯利亚地区匈奴遗址出土有五铢钱、货泉，铜镜、铜器皿、铁器，包括马车在内的车马器、玉器，包括朱书"上林"文字和"建平五年"纪年的漆耳杯在内的漆器，丝织品、铜弩机等汉朝文物。② 以蒙古国色楞格河畔诺颜乌拉出土物品为例。该墓地是公元前1世纪至公元1世纪的匈奴墓地，曾出土不少有汉文化因素的物资。苏联学者鲁波－列斯尼切尼克等就曾对该墓地出土的中国丝织品进行了细致研究，并有相关论著。③ 而据苏联学者鲁金科《匈奴文化与诺颜乌拉巨冢》一书所附《艾尔米塔什国立博物馆收藏的诺颜乌拉巨冢出土物品清单》，其中有大量丝织品、铁器，这些物资中至少有一部分当与中原地区有关。仅以M6为例，外椁外侧通道上出土有1片"绣有很大的图案装饰和汉字的丝织物"（序号52），回廊东半部出土有1片绘有飞龙形象图案的红色面料织物（序号54），1片形状为菱形上面绣有龙、两只鸟头以及天鹅等动物形象的丝织物（序号64），5片绣有鸟和汉字的丝织物（序号65），3片器底有汉字的漆器残片，2条绣有汉字的丝绸花布裤子（序号128a，图版一二1），2块绣有汉字的丝绸花布（序号136），4块绣有骑手、马以及汉字的丝织物残片（序号141，插图59），内椁角落出土有2块有鸟图案及汉字的丝绸花布（序号166），外椁顶部有5块有汉字和锯齿形边饰的丝绸花布（序号213），内椁北部有1块带汉字的织物（序号253）和1块有汉字的黑红色丝绸花布残片（序号256）。④ 此外，M23出土的漆耳杯也极具汉式风格，应由汉地制作并输入匈奴。⑤ M1出土带

① 参乌恩《论匈奴考古研究中的几个问题》，《考古学报》1990年第4期；潘玲《伊沃尔加城址和墓地及相关匈奴考古问题研究》，科学出版社，2007；单月英《匈奴墓葬研究》，《考古学报》2009年第1期等。

② 中国社会科学院考古研究所编著《中国考古学·秦汉卷》，中国社会科学出版社，2010，第943~953页。

③ 据〔苏〕鲁金科《匈奴文化与诺颜乌拉巨冢》，孙危译，中华书局，2012，第115页。

④ 〔苏〕鲁金科：《匈奴文化与诺颜乌拉巨冢》，孙危译，中华书局，2012，第141~153页。

⑤ 〔苏〕鲁金科：《匈奴文化与诺颜乌拉巨冢》，孙危译，中华书局，2012，第115页图版四八。

有有翼怪兽、骑马仙人图案和"新神灵广成寿万年"汉字的云气仙人纹锦。[1]
除了大量具有汉文化色彩的文物外，通过考古发掘，我们还可发现部分匈奴
腹地的建筑也明显受到汉文化影响。俄罗斯南西伯利亚地区哈卡斯共和国阿
巴坎宫殿遗址是台基式四阿重檐建筑，屋顶用瓦覆盖，房檐有竖向反书"天
子千秋万岁常乐未央"汉字的圆形瓦当，出土有铜铺首和玉耳杯等汉式器物，
整个建筑具有典型汉式风格。[2] 匈奴地区汉地文物和汉式建筑的出现是汉匈经
济文化交流的直接体现。

　　以"和亲""臣服"形式实现的馈赠和"关市"带来的贸易是和平时期
汉匈经贸交流的主要实现手段，在一定程度上满足了匈奴与汉王朝进行物资、
贸易交流的需求，减少了战争的频率，客观上也促进了汉匈奴间的经济文化
交流。但在汉匈对抗时期，对中原物资有着极大需求的匈奴往往还要通过战
争手段达成经济目的，两汉时期匈奴对汉王朝主动发动的军事行动，大都以
物资获取为主要目的。班固称："单于咸弃其爱子，昧利不顾，侵掠所获，岁
巨万计，而和亲赂遗，不过千金，安在其不弃质而失重利也？"道出通过军事
行动，匈奴也可获得巨大的利润，值得探讨汉匈关系者注意。

　　汉匈之间经济文化的影响是相互的。除了匈奴军事掠夺和汉王朝馈赠促
使物资由汉王朝流向匈奴外，匈奴"贡献"和匈奴人降汉也会促成匈奴物资
向汉地的流动。《后汉书》卷89《南匈奴传》中即有不少北匈奴贡献的记载，
如建武二十八年（52）"北匈奴复遣使诣阙，贡马及裘"。从匈奴传入中原地
区的东西可能主要以牛马、皮毛等物资为主。此外，文献中被称为"胡物"
的一些物品可能也是通过匈奴转输至中原地区。《后汉书·五行志》载："灵
帝好胡服、胡帐、胡床、胡坐、胡饭、胡空侯、胡笛、胡舞，京都贵族皆竞为
之。"在河西汉简中亦可见以"胡"称之的各种物品和"胡人"之称：

　　　　乃永始二年正月中禹病，禹弟宗自将驿牝胡马一匹来视禹。

　　　　　　　　　　　　　　　　　　　　　　　　　　229·1，229·2

　　　　藉晏胡鞍一，直二百五十。　　　　　　　　　　　74EPT40：6A

　　　　出藏廿枚，五年正月癸未佐梁买胡人梳板四枚，付御史夏赏官马下
用。　　　　　　　　　　　　　　　　　　　　　　　　　　　557

---

① 中国社会科学院考古研究所编著《中国考古学·秦汉卷》，中国社会科学出版社，2010，
　　第953页。
② 中国社会科学院考古研究所编著《中国考古学·秦汉卷》，中国社会科学出版社，2010，
　　第939～940页。

所寄张千人舍器物记：胡狗一。　　　　　　　　　73EJT24：247A

此"胡马"应即来自匈奴的马匹。胡鞍，指匈奴人所配置的马鞍。胡人，很可能是匈奴人。胡狗，也不排除来自匈奴。由于匈奴骑兵在汉匈战争中发挥了巨大作用，因此汉王朝大量引入与骑兵作战有关的匈奴装备，故简中有"胡马""胡鞍"等称谓。

汉王朝除了在物资方面大量引进匈奴骑兵装备外，在军事技术方面也向匈奴学习，还吸收了匈奴将领和士兵参与汉朝军队，这些也是特殊形式的文化交流。从传世文献和出土汉简中，我们可以发现，"胡人"作为游牧民族擅长骑射的特长为西汉政府所利用。早在文帝时，晁错曾建议："今降胡义渠蛮夷之属来归谊者，其众数千，饮食长技与匈奴同，可赐之坚甲絮衣，劲弓利矢，益以边郡之良骑……两军相为表里，各用其长技。"[1] 汉武帝时设胡骑校尉专管由匈奴人组成的骑兵。东汉顺帝时送诸王时所遣骑兵，"皆北军胡骑，便兵善射，弓不空发，中必决眦"[2]。这些胡骑在河西的张掖郡边塞大量存在，如前文所述主要由属国管理，其中仅张掖属国就有"精兵万骑"。

三　汉匈之间生产生活方式和精神文明交流

两汉时期，汉族与匈奴联系紧密，双方或和平或战争，互相影响。其中汉族农业生产方式对匈奴的影响值得关注。秦汉时期，匈奴因其生活的地方"少草木，多大沙"，这就决定了他们"随畜牧而转移""鞍马为居，射猎为业"，以畜牧、射猎作为主要生产方式。但随着与汉王朝的交往，其"有逐渐学习并掌握了农耕生产方式的迹象"[3]。《续汉书·郡国志》"参繺故属安定"条注"有青山"，并引《谢忱书》："属国降羌胡数千人，居山田畜。"[4] 说明安定属国的羌人和匈奴人在青山从事耕田和畜牧。当然，除了东汉时内迁匈奴人从事农业生产，我们还能找到西汉时期匈奴土著居民从事农业生产的史证。《史记》卷111《卫将军骠骑列传》载，武帝元狩四年（前119）卫青"至寘颜山赵信城，得匈奴积粟食军"，从匈奴有粮食储备的情况来看，匈奴很可能已有了农业生产。汉武帝后元元年（前88），"会连雨雪数月……谷稼不熟，单于恐"，也可证明匈奴控制地区有农业生产。在鄂尔多斯、桃红巴

① 《汉书》卷49《晁错传》，中华书局，1962，第2282～2283页。
② 《后汉书》卷42《光武十王传》，中华书局，1965，第1449页。
③ 王子今：《匈奴经营西域研究》，中国社会科学出版社，2016，第138页。
④ 《后汉书》卷113《郡国志五》，中华书局，1965，第3520页。

拉、毛庆沟、西丰西岔沟和前苏联、蒙古等地的匈奴墓地中，多有鹤嘴镐、铁锄和犁铧出土，从考古方面证明了匈奴使用铁农具的情况。而大量谷物、村落遗址及与定居生活有关的陶器，与农业生产有关的石磨盘、石臼的出土，则进一步证明了匈奴人从事农业生产的事实。① 王子今等学者分析匈奴农耕经济方式的由来，提出应当采取"多源的"考察视角，不能排除匈奴在耕作技术和农产经营方面也学习了西域的可能性。② 但作为与匈奴接触最广泛的农耕社会，汉族地区对匈奴的影响仍不容小觑，林幹"匈奴人的农业受到了汉族很大的影响"③ 的观点仍值得重视。

除了生产、生活方面的影响外，中原地区的政治文明、精神文明对匈奴人也有一定影响。汉文帝时，

> 汉遗单于书，牍以尺一寸，辞曰"皇帝敬问匈奴大单于无恙"，所遗物及言语云云。中行说令单于遗汉书以尺二寸牍，及印封皆令广大长，倨傲其辞曰"天地所生日月所置匈奴大单于敬问汉皇帝无恙"，所以遗物言语亦云云。④

虽然匈奴人是与汉人争长，但其扩大简牍尺寸及印封，却都是对汉制乃至汉人政治理念的效仿。与汉王朝对立的匈奴，经常以"不为小礼以自烦"⑤ 自居，但阅读史料，我们也可发现随着匈奴与汉朝的交往，其观念中"礼义"因素也在不断滋生、成长。《汉书》卷94上《匈奴传上》载：

> 汉遣使者报送其使，单于使左右难汉使者，曰："汉，礼义国也。贰师道前太子发兵反，何也？"使者曰："然。乃丞相私与太子争斗，太子发兵欲诛丞相，丞相诬之，故诛丞相。此子弄父兵，罪当笞，小过耳。孰与冒顿单于身杀其父代立，常妻后母，禽兽行也。"单于留使者，三岁乃得还。

匈奴人能够就巫蛊之祸中"太子发兵反"破坏汉王朝统治阶层"君君臣臣父父子子"纲常的行为提出"礼义"批判，可见"礼义"观念对他们有一定

---

① 这些考古材料主要参考王子今《匈奴经营西域研究》，中国社会科学出版社，2016，第138～139页。
② 王子今：《匈奴经营西域研究》，中国社会科学出版社，2016，第139～140页。
③ 林幹：《匈奴通史》，人民出版社，1986，第137页。
④ 《史记》卷110《匈奴列传》，中华书局，1982，第2899页。
⑤ 《汉书》卷94上《匈奴传上》，中华书局，1962，第3780页。

影响。

西汉末年，王莽曾劝诱匈奴单于改名。《汉书》卷94下《匈奴传下》载：

> 莽奏令中国不得有二名，因使使者以风单于，宜上书慕化，为一名，汉必加厚赏。单于从之，上书言："幸得备藩臣，窃乐太平圣制，臣故名囊知牙斯，今谨更名曰知。"

《汉书》卷99上《王莽传上》载同一史实：

> 莽念中国已平，唯四夷未有异，乃遣使者赍黄金币帛，重赂匈奴单于，使上书言："闻中国讥二名，故名囊知牙斯今更名知，慕从圣制。"

尽管匈奴单于接受儒家"不二名"观念，上书要求"慕从圣制"是受了王莽影响，但此后直到东汉中期匈奴单于的名字一般皆单字。联系西汉前期匈奴贵族经常抨击"礼义之敝"的行为，① 这至少在一定程度上体现了匈奴上层贵族对儒家思想由抗拒到逐步接受的转变。

第三节　汉王朝与西域的经济文化交流

从传世文献来看，西汉在经营与周边少数民族关系时，最重视匈奴，对匈战略是汉王朝考虑"北边"民族关系的核心。而在西域范围内，从军事目的出发，汉王朝首先重视的是在实力上与匈奴接近、战略上有重要价值的乌孙，及交通节点鄯善、车师，对其他国家的关注度似乎不是太高。但随着悬泉汉简等简牍的出土，我们发现，汉王朝与西域其他国家的经贸、文化交往，仍是比较频繁的。汉王朝经营西域的首要目标虽是为断匈奴右臂，但保持丝路畅通、发展与西域国家的政治经济文化关系仍是汉王朝的目标之一。

一　汉王朝与西域诸族的经济文化交往

张骞凿空西域极大地促进了汉王朝与西域乃至西亚、欧洲地区的经济、文化交流，促成了"丝绸之路"的开辟。众所周知，通过丝绸之路，西域的葡萄、苜蓿、石榴、良马进入中原，汉朝的丝绸、黄金等物品，以及凿井、筑城等技术则走向中亚、西亚，双方经济文化都得到了广泛交流。《史记》卷

---

① 《史记》卷110《匈奴列传》，中华书局，1982，第2899页。

123《大宛列传》载，丝绸之路开辟对中原和西域的影响：

> 汉使取其实来，于是天子始种苜蓿、蒲陶肥饶地。及天马多，外国
> 使来众，则离宫别观旁尽种蒲萄、苜蓿极望。自大宛以西至安息，国虽
> 颇异言，然大同俗，相知言。其人皆深眼，多须髯，善市贾，争分铢。俗
> 贵女子，女子所言而丈夫乃决正。其地皆无丝漆，不知铸钱器。及汉使
> 亡卒降，教铸作他兵器。得汉黄白金，辄以为器，不用为币。

关于离宫别馆种植葡萄，还可从上林苑"蒲陶宫"的记载得到进一步证明。[①]
由上述记载可知，双方经济物资的互补性很强。而"大宛以西至安息"的西
域各国，其人"善市贾，争分铢"，善于经商也自然会进一步推动经济交流的
发展。除了物资之外，西域各国的技巧、游戏、音乐也都传入中国，"大宛诸
国发使随汉使来，观汉广大，以大鸟卵及犁靬眩人献于汉"[②]。

从武帝后期开始直到昭宣时期，汉王朝经略西域的目标主要是联合乌孙
制约匈奴，其间也取得了五将军出塞汉乌联兵大破匈奴的成功壮举。除了军
事、政治上的联合外，随着双方的互相了解，相关经济文化交流也逐渐深入。
如《汉书》卷96下《西域传下》所载，乌孙公主就曾"遣女来至京师学鼓
琴"。而随着汉文化逐渐向西域渗透，西域其他国家间也出现了一股向化汉文
明、效仿汉文化之风。如龟兹国即对汉文化非常向往。龟兹王绛宾多次请求
和亲，未获应允，后强留乌孙公主之女为夫人，总算"尚汉外孙为昆弟"，其
后称乌孙公主为汉公主，虽是自欺欺人之举，但也反映了其对汉文化的欣羡。
元康元年（前65），龟兹王绛宾与夫人来汉朝贺，

> 王及夫人皆赐印绶。夫人号称公主，赐以车骑旗鼓，歌吹数十人，
> 绮绣杂缯琦珍凡数千万。留且一年，厚赠送之。后数来朝贺，乐汉衣服
> 制度，归其国，治宫室，作徼道周卫，出入传呼，撞钟鼓，如汉家仪。外
> 国胡人皆曰："驴非驴，马非马，若龟兹王，所谓骡也。"绛宾死，其子
> 丞德自谓汉外孙，成、哀帝时往来尤数，汉遇之亦甚亲密。

可见汉文化对龟兹国影响之深远。

由于汉王朝以强大的国力保障丝绸之路的畅通，以开放的姿态促进丝路
贸易的开展，故西汉中期之后丝绸之路上的物质和精神文化交流极其频繁。

---

① 《汉书》卷94下《匈奴传下》，中华书局，1962，第3817页。
② 《汉书》卷61《张骞传》，中华书局，1962，第2696页。

奇台县石城子出土有西汉初年半两钱，尼雅遗址东汉墓中出土过中原的纸和木箸，罗布泊、尼雅、焉耆、若羌都出土过漆器和铜镜。① 焉耆盆地"黑圪垯"墓地出土有汉代铜镜、包金铁剑、金带扣等汉式器物，有学者推测其中金带扣可能是东汉皇室赏赐。② 1993～1995 年，中日尼雅遗址学术考察队在新疆民丰县尼雅遗址发现大量汉式文物，N3、N14、N26、N5 等地发现有货泉、五铢钱、铜镜、汉锦等文物。③ 在贵族夫妻合葬墓 M3 和 M8 中分别出土了覆盖于尸体身上的"王侯合昏千秋万岁宜子孙"锦、"五星出东方利中国"文字织锦护膊及"讨南羌"残锦。④ 这些浓聚了汉族文化因素的丝织品出现在新疆地区贵族墓葬中，正是当时政治经济文化深度交融的体现。更典型的例子是新疆汉晋墓葬中经常出土的和阗汉佉二体钱，其形制、制造技术、佉卢文是西方文化，图案中马的形象是牧业文化的象征，骆驼形象是绿洲贸易经济的体现，汉字则是中原文化因素的反映。⑤ 除了新疆境内，汉朝文物还在中亚、西亚、欧洲出土较多，据统计这些地区出土汉朝文物的遗址近 20 处，尤以中亚的费尔干纳盆地和里海至黑海一带最为集中，如阿富汗北部希比尔甘蒂利亚山墓地和哈萨克斯坦西北部列别杰夫卡墓地都出土了铜镜和丝绸、服装。叙利亚帕尔米拉遗址出土了带有汉字的绢，阿富汗贝格拉姆遗址出土了汉代漆盘残片。⑥ 不仅汉朝物品经过丝绸之路传入西域，汉朝的农业、筑城、穿渠、凿井、建筑等技术也通过丝绸之路西传。尼雅遗址曾出土过中原地区最早培育成功的水果桃和杏，⑦ 说明中原与西域的农作物交流不仅是葡萄、苜蓿的东传，也包括中原物种的西进。西域地区早期城市的布局、规划多受中亚地区影响，多为圆城、多重城墙结构，但受汉文化影响后，开始出现方城。罗布泊北的孔雀河北岸，发现有用柳条覆土筑成的河堤，楼兰城东郊发现有农田开垦痕迹，库车、洛浦等地及民丰尼雅遗址发现有冶铁遗迹，库车、拜

① 中国社会科学院考古研究所编著《中国考古学·秦汉卷》，中国社会科学出版社，2010，第 885 页。
② 中国社会科学院考古研究所编著《中国考古学·秦汉卷》，中国社会科学出版社，2010，第 875 页。
③ 于志勇：《尼雅遗址的考古发现与研究》，《新疆文物》1998 年第 1 期。
④ 俞伟超：《尼雅 95MNⅠ号墓地 M3 与 M8 墓主身份试探》，《西域研究》2000 年第 3 期。
⑤ 中国社会科学院考古研究所编著《中国考古学·秦汉卷》，中国社会科学出版社，2010，第 883 页。
⑥ 中国社会科学院考古研究所编著《中国考古学·秦汉卷》，中国社会科学出版社，2010，第 930～931 页。
⑦ 中国社会科学院考古研究所编著《中国考古学·秦汉卷》，中国社会科学出版社，2010，第 885 页。

城发现有炼铜遗迹，楼兰古城发现有很多中原风格的建筑构件。① 这些遗址及其出土的遗物，反映了中原农业、水利灌溉、金属冶炼和建筑技术的西传。任何经济文化的交流都是双向的，在中原地区汉墓和汉代遗址中也经常会有来自西域的文物出土。如江苏邗江甘泉 2 号汉墓出土有 3 块罗马玻璃和 1 件带有西亚文化因素的"空心金球"及多件异域风格的金饰件，② 广州南越王墓出土有水滴纹凸瓣银盒和产自非洲的象牙、产自红海沿岸的乳香。③

　　除了物质文明方面的交流外，通过丝绸之路，中原与西域地区在精神文明方面也相互影响，有较多交流。罗布泊西汉烽燧遗址出土过《论语》简，海头遗址出土有东汉末年的《战国策》残卷及算术《九九术》残简，尼雅遗址 N14 出土有《苍颉篇》残简，都反映了以经学为主体的汉文化在西域的传布。④ 英籍探险家斯坦因 1906 年在尼雅 N. XIV. Ⅲ 遗址曾发现汉代木简，其内容是"精绝王公贵族相互送礼问候的贺词"⑤。西域精绝国内部贵族通达信息的书信贺词竟以汉文写就，可见汉文化对西域政治、经济、文明生态影响之深。林梅村甚至据尼雅遗址东汉墓葬中出土的"司禾府印"印章，怀疑尼雅遗址 719 号简"臣承德叩头谨以玫瑰再拜致问大王"中的"承德"可能与新疆拜城"刘平国作关亭诵"刻石中的"龟兹左将军刘平国"一样，是任职于精绝的中原人士。⑥ 如果此推测成立，则汉代随着丝绸之路的开辟和汉王朝对西域管理的重视，双方间的交流已突破了一般的政治、经济、文化层面。⑦ 正是在这种繁荣、开放的经济文化交流中，思想的火花被点燃，不仅语言、物

---

① 中国社会科学院考古研究所编著《中国考古学·秦汉卷》，中国社会科学出版社，2010，第 884 ~ 885 页。

② 南京博物馆：《江苏邗江甘泉二号汉墓》，《文物》1981 年第 11 期。

③ 广州市文物管理委员会、中国社会科学院考古研究所、广东省博物馆编《西汉南越王墓（上）》，文物出版社，1991，第 69、138 ~ 140、209、210、217、252、272 页。

④ 中国社会科学院考古研究所编著《中国考古学·秦汉卷》，中国社会科学出版社，2010，第 885 页。

⑤ 林梅村：《汉代精绝国与尼雅遗址》，原载《文物》1996 年第 12 期，后收入氏著《汉唐西域与中国文明》，文物出版社，1998，第 247 页。

⑥ 林梅村：《汉代精绝国与尼雅遗址》，原载《文物》1996 年第 12 期，后收入氏著《汉唐西域与中国文明》，文物出版社，1998，第 247 页。

⑦ 其实，这批尼雅汉简中还经常见"春君"称谓，如林梅村编《楼兰尼雅出土文书》718 号简背面有"夫人春君"，721 简载"奉谨以琅玕致问春君，幸毋相忘"，此外，723、724 号简也有"春君"。而居延汉简中也常见作为女性人名的"春君"，如 283·6、EPT1：503 和 73EJT30：28B 号简皆有"春君"，由此可知"春君"也是汉人之名。尼雅汉简中的"夫人春君"应即王夫人名"春君"，如此则不排除简中"春君"有汉王朝"赐妻"尼雅的可能。

资、技术的交流越来越频繁，宗教也开始沿丝绸之路由西域向东传播。关于佛教传入中原，学界一般认为始自两汉之际的景卢，《三国志》卷30《魏书·乌丸鲜卑东夷传》裴松之注引鱼豢《魏略》载："天竺又有神人，名沙律。昔汉哀帝元寿元年，博士弟子景卢受大月氏王使伊存口受《浮屠经》，曰复立者其人也。"佛教在西汉末年通过大月氏来华使者传入中原，这条传播道路正是西汉后期极为繁荣的陆上丝绸之路。悬泉汉简载：

> 少酒薄乐，弟子谭堂再拜请。会月廿三日，小浮屠里七门西入。
>
> Ⅵ91DXF13C②：30[1]

该简出现了"小浮屠里"，被郝树声、张德芳称为"悬泉浮屠简"，并从F13遗址纪年简信息、书法风格等角度分析了该简的年代，大致认为该简当属于"公元1世纪下半叶"，并推测"这支简很可能是遗落在悬泉置的一封僧徒之间的来往信件，或者是一件佛弟子要求拜见长老的名刺"，认为该简"不仅反映了佛教早期传入敦煌的情况，也反映了早期佛教传入敦煌的情况"。[2] 该简是东汉简，不仅从书法、同遗址出土纪年简可得到证明，就是其用语"少酒""七门西入"等也与居延出土两汉之际简非常接近，再考虑到"弟子"称谓，更是早期佛教、道教修道者的称谓。该简显示东汉前期，效谷县已有"浮屠里"，里以浮屠命名，显然在本简产生时代之前效谷县中就有佛塔，可见在公元1世纪之前，佛教在敦煌地区已有相当长的传布时期，恰好印证了《魏略》的说法。

二　汉王朝与西域诸国的朝贡贸易

关于汉王朝与西域诸国在经济、文化上的往来，除了传世文献的记载外，近出悬泉汉简中有大量相关记录，为我们提供了当时西域与汉朝贸易的种种细节。

> □□□□遣守候李□送自来大月氏休密合候
> □□□国贵人□□□国贵人□□□□□□□弥勒弥□□
> □□□□□乌孙国客皆奉献诣　☑三月戊申，东。　（以上为第一栏）
> 建昭二年三月癸巳朔辛丑。敦煌大守强长史□守部候脩仁行丞事谓

①　郝树声、张德芳：《悬泉汉简研究》，甘肃文化出版社，2009，第186页。
②　郝树声、张德芳：《悬泉汉简研究》，甘肃文化出版社，2009，第191页。

敦煌以次为驾。如律令。（以上为第二栏）　　　Ⅱ90DXT0216②：702①

该简记载了建昭二年（前37）"大月氏""乌孙国客"来汉"奉献"，进行经济交流的情况，其中的"客"当是不具备官方背景的乌孙民间商人。这种以"客"为主导的民间贸易不仅存在于关系密切的汉与乌孙之间，也存在于汉与许多其他西域国家间。

悬泉汉简载：

> ☑校尉丞义，使送大月氏诸国客。从者一人，凡二人，人一食，食三升。东。　　　V92DXT1311③：129
>
> 出粟三升，以食守属因送大月氏客，一食，食三升，西。　　　V92DXT1311③：140
>
> 黄龙元年六月壬申，使臣宏、给事中侍谒者臣荣☑制诏侍御史，自使送康居诸国客卫候义与□□☑为驾二封诏傅，二人共载。　　　Ⅱ90DXT0114④：277
>
> 传送康居诸国客卫候臣弘、副□池阳令臣忠上书一封。黄龙元年☑　　　Ⅱ90DXT0214③：109②
>
> 建始二年八月丙辰朔壬申，敦煌大守延、守部候强行长史事、丞义谓县，言胡客数遣在道马谷使外国，今少恐乏调给有书大司农□□□□　　　Ⅱ90DXT0114②：291③

这些"大月氏诸国客""大月氏客""康居诸国客"等"胡客"在汉朝境内从事民间贸易，竟可得到汉朝官方的护送、接待，也显示了当时汉王朝对丝路贸易的支持和保护。对于民间性质的"胡客"，汉王朝尚给予支持，那么带有一定官方色彩的"朝贡贸易"，更是受到汉王朝的重视。

悬泉汉简载：

> 使大月氏副右将军史柏圣忠，将大月氏双靡翖侯使者万若、山副使苏赣皆奉献言事，诣在所，以令为驾一乘传。永光元年四月壬寅朔壬寅，敦煌大守千秋、长史章、仓长光兼行丞事，谓敦煌以次为驾，当传舍，

---

① 简文见张俊民《悬泉汉简所见人名综述（四）——以敦煌郡太守人名为中心的考察》，收入氏著《简牍学论稿》，甘肃教育出版社，2014，第396页。

② 郝树声、张德芳：《悬泉汉简研究》，甘肃文化出版社，2009，第205、206、196页。

③ 简文见张俊民《悬泉汉简所见人名综述（四）——以敦煌郡太守人名为中心的考察》，收入氏著《简牍学论稿》，甘肃教育出版社，2014，第398页。

如律令。四月丙午过东。　　　　　　　　　　　V92DXT1210③：132A①

该简记录了元帝永光元年（前43）大月氏、山国使者至汉"奉献言事"，其中"奉献"显然是经贸方面的友好交往。由使者来"奉献"当是有官方色彩的朝贡贸易，这些"使者"也得到了"以次为驾""当传舍"的高规格接待。

很多明确记载来汉"奉献"的使节，往往在身份上有"自来"作为点缀。如：

> 鸿嘉三年正月壬辰，遣守属田忠送自来鄯善王副使姑龀、山王副使乌不朕，奉献诣行在所，为驾一乘传。敦煌长史充国行大守事、丞晏谓敦煌，为驾，当舍传舍、郡邸，如律令。六月辛酉，西。
>
> 　　　　　　　　　　　　　　　　　　　Ⅱ90DXT0214②：78②

> 建平五年十一月庚申，遣卒史赵平，送自来大宛使者侯陵奉献，诣□□以☐　　　　　　　　　　　　　　　　　Ⅱ90DXT0114④：57A③

> 鸿嘉三年三月癸酉，遣守属单彭，送自来乌孙大昆弥副使者薄侯、左大将掾使敝单，皆奉献诣行在所，以令为驾一乘传，凡二人。三月戊寅东。敦煌长史充国行大☐六月，以次为驾，如律令。
>
> 　　　　　　　　　　　　　　　　　　Ⅱ90DXT0214③：385④

上述三枚简中的西域使者，分别是"自来鄯善王副使姑龀、山王副使乌不朕""自来大宛使者""自来乌孙大昆弥副使者薄侯、左大将掾使敝单"，都被称为"自来"，任务皆为"奉献"。既然是"自来奉献"，则并非该国统治者主动派遣，故不能代表该国国王的意志，而只能将他们理解为中亚、西亚地区的商团组织，他们自发以"奉献"为名，穿越丝绸之路，来到汉朝进行贸易。汉王朝虽知晓其身份，但仍然开关通行，甚至利用悬泉置等置系统予以招待，为其贸易活动提供"驾一乘传""当舍传舍、郡邸"等方便。汉王朝对这些自来使者的招待，既反映了汉王朝对丝绸之路贸易的态度，更体现了汉王朝经营河西和西域后在沟通东西方市场、方便东西方交通方面对丝绸之路经贸交流的极大推动作用。从这个意义上说，张骞的凿空之功，汉王朝为维护丝绸之路而付出的努力，无论如何都不能低估。

此外，悬泉汉简中还有一枚简值得注意：

---

① 郝树声、张德芳：《悬泉汉简研究》，甘肃文化出版社，2009，第202页。
② 胡平生、张德芳：《敦煌悬泉汉简释粹》，上海古籍出版社，2001，第108页。
③ 胡平生、张德芳：《敦煌悬泉汉简释粹》，上海古籍出版社，2001，第113页。
④ 胡平生、张德芳：《敦煌悬泉汉简释粹》，上海古籍出版社，2001，第138页。

客大月氏、大宛、疎（疏）勒、于阗、莎车、渠勒、精绝、扜弥王使者十八人，贵人□人□　　　　　　　　　I91DXT0309③：97①

从该简可知，当时西域地区一次至汉通使即有来自 8 个国家的使者 18 人和贵人若干。虽然简中未提及这些使节至汉的使命，也未强调他们是"自来"，但从简中提供的其他信息还是可以推断这些使节大部分应是从事朝贡贸易的商团，而不是带有明确政治任务的正式外交使团。该简涉及国家有大月氏、大宛、疏勒、于阗、莎车、渠勒、精绝、扜弥，这些国家皆位于西域南道，处在同一条丝绸之路交通动脉之上。一条交通动脉之上的 8 个国家不约而同向汉朝同时派遣正式使节的可能性是微乎其微的。最大的可能是，简中使者与前述"自来使者"性质相同，他们常年穿梭在丝绸之路大动脉上，与汉王朝进行朝贡贸易。由于穿梭在同一条道路上，所以极易汇聚。简文即是八国商人在敦煌汇聚，一起进入汉朝从事经贸活动的记录。

三　从汉与康居的关系看汉王朝开展朝贡贸易的动因

汉王朝控制丝绸之路东段后，对丝路贸易采取了保护、支持态度。但我们应注意到的是这种官方提供的保护、支持，最终目的还是要为汉王朝的政治目的服务，西汉中期主要为"断匈奴右臂"之战略服务，而西汉后期可能更多是为实现汉王朝"海内皆臣"的政治理念服务。

出土西汉砖铭"海内皆臣，岁登成熟，道毋饥人，践此万岁"，曾得到学界的关注。熊龙对安邑和杨县出土的类似砖名详细考证，认为其为宫廷用砖，该砖铭体现了西汉时中央集权、归农著本、保障民生等治国思想。② 笔者认为，"海内皆臣"砖铭中的"海内皆臣"所反映的不仅是一般意义上在中原地区的中央集权，更反映了西汉统治者"混一海内"、建构以汉王朝为中心的政治秩序的宏伟蓝图。而西汉后期，在已征服朝鲜、南越，匈奴称臣的情况下，"海内皆臣"的主要目标就是使通过丝绸之路连接的中亚、西亚国家称臣。由于距离遥远，对于这些国家，很难用武力将其纳入以汉王朝为中心的秩序中，故汉王朝尝试用经济往来作为达成"海内皆臣"局面的工具，这既是中西贸易之所以会采取"朝贡贸易"形式的原因，也是汉王朝保障丝绸之路贸易的动力所在。但对于一些在政治上不能配合汉王朝西域、匈奴

---

① 胡平生、张德芳：《敦煌悬泉汉简释粹》，上海古籍出版社，2001，第 133 页。
② 熊龙：《西汉"海内皆臣"砖研究》，《四川文物》2011 年第 6 期。

战略，坚持拒绝进入以汉王朝为中心的政治秩序的国家来说，汉王朝对其朝贡贸易的态度则会有所转变。悬泉汉简中，有体现这种态度转变过程的简文，如有关康居与汉朝关系的简文，就对我们理解西汉时期朝贡贸易的实质，极具裨益。

《汉书》卷96上《西域传上》："康居国，王冬治乐越匿地。到卑阗城。去长安万二千三百里。不属都护。至越匿地马行七日，至王夏所居蕃内九千一百四里。户十二万，口六十万，胜兵十二万人。东至都护治所五千五百五十里。与大月氏同俗。东羁事匈奴。"西汉时期的康居国，是西域大国，人口众多，兵力强盛，虽不属都护羁縻，但由于其交通地位及与匈奴的关系，故一举一动皆在都护的严密监察之下，所谓"都护督察乌孙、康居诸外国动静，有变以闻。可安辑，安辑之。可击，击之"[1]。西汉与康居交往由来已久，据本书前文所述，张骞通使西域前汉王朝可能与康居即有一定交往。武帝时，张骞两次出使西域也都曾与康居接触。《汉书》卷96上《西域传上》载，武帝太初年间李广利伐大宛，康居国曾支持大宛做殊死抵抗。元帝建昭年间甘延寿和陈汤攻郅支，康居国也曾援助郅支。此后，康居又收容乌孙小昆弥叛臣日贰，支持卑爰疐，与汉王朝关系一直不太紧密，直到成帝时《汉书》才出现康居王遣子侍汉、贡献方物的记载。但从近出悬泉汉简来看，至少在宣帝甘露年间，康居国和西汉王朝就有了贡使关系，远远早于《汉书》记载的成帝时期。

> 甘露二年正月庚戌，敦煌大守千秋、库令贺兼行丞事，敢告酒泉大守府卒人：安远侯遣比胥犍罘军候丞赵千秋上书，送康居王使者二人、贵人十人、从者六十四人。献马二匹、橐他十匹。私马九匹、驴卅一匹、橐他廿五匹、牛一。戊申入玉门关，已阅［名］籍、畜财、财物。
>
> Ⅱ90DXT0213：6[2]

该简是宣帝甘露二年（前52）正月庚戌（二十日），敦煌太守千秋与库令丞贺联署向酒泉太守府发文，言康居使者、贵人等一行已于戊申（十八日）进入玉门关，将于近期经停酒泉郡。从简文记载可知，康居使者一行东来时还有马、驴、橐他和牛等畜物。这些畜物应该都是贡献王朝之物。此外，

> 黄龙元年六月壬申，使臣宏、给事中侍谒者臣荣☐制诏侍御史，自使

---

① 《汉书》卷96上《西域传上》，中华书局，1962，第3874页。

② 郝树声、张德芳：《悬泉汉简研究》，甘肃文化出版社，2009，第220页。部分释文据张德芳《悬泉汉简中的中西文化交流》（《光明日报》2016年10月13日11版）一文改释。

送康居诸国客卫候义与□□□为驾二封轺传，二人共载。

Ⅱ90DXT01l4④：277①

传送康居诸国客卫候臣弘、副□池阳令臣忠上书一封。黄龙元年□。

Ⅱ90DXT0214③：109②

也都记载了黄龙元年（前49）汉王朝传送康居等国使者返国的信息，反映了宣帝时期其实是汉、康交往的重要时期。③

关于成帝时康居王遣子侍汉一事，悬泉汉简中也有反映：

阳朔四年四月庚寅朔戊戌□送康居王质子乘□如律令。

Ⅱ90DXT0215④：17④

《汉书》卷96上《西域传上·康居》载："至成帝时，康居遣子侍汉，贡献，然自以绝远，独骄嫚，不肯与诸国相望。"简文所记成帝阳朔四年（前21）"送康居王质子"正与史籍记载相符合。袁延胜《悬泉汉简所见康居与西汉的关系》据该简认为成帝时康居国曾有两次遣质子入汉的记载，第一次是成帝继位之初，至少在建始三年（前30）之前，对应史料即《汉书》卷70《陈汤传》"成帝初即位，丞相衡复奏：'汤以吏二千石奉使，颛命蛮夷中，不正身以先下，而盗所收康居财物，戒官属曰绝域事不覆校。虽在赦前，不宜处位。'汤坐免。后汤上书言康居王侍子非王子也。按验，实王子也。汤下狱当死"⑤ 的记载。第二次则是本简所记阳朔四年的遣质子入汉。

成帝时，除了康居国主动遣质子入汉外，从近年来敦煌博物馆在玉门关附近掘得汉简看，还有其他方式的交往：

阳朔二年四月辛丑朔甲子，京兆尹信、丞义下左将军、使送康居校尉，承书从事下当用者如诏书。四月丙寅，左将军丹下大鸿胪、敦煌大守，承书从事下当用者如诏书。⑥

---

① 胡平生、张德芳：《敦煌悬泉汉简释粹》，第113页。释文据郝树声、张德芳《悬泉汉简研究》（第196页）有较大改动。

② 郝树声、张德芳：《悬泉汉简研究》，甘肃文化出版社，2009，第196页。

③ 郝树声：《简论敦煌悬泉汉简〈康居王使者册〉及西汉与康居的关系》，《敦煌研究》2009年第1期。

④ 郝树声、张德芳：《悬泉汉简研究》，甘肃文化出版社，2009，第199页。

⑤ 袁延胜：《悬泉汉简所见康居与西汉的关系》，《西域研究》2009年第2期。

⑥ 玉门关汉简尚未公布，该条简文见郝树声《简论敦煌悬泉汉简〈康居王使者册〉及西汉与康居的关系》一文（《敦煌研究》2009年第1期）的引用。

"使送康居校尉"，应是专为送康居使者而设的临时官职，以"校尉"这种高级别官员送康居使者，可见这次外交活动得到了汉王朝的重视。郝树声认为，从此简可以看出，"康居和汉朝的关系在消灭北匈奴以后一段时间又恢复如前，直到汉末，终羁縻而未绝。所以从张骞出使西域受到康居友好接待以来，在西汉后期的一个世纪里，基本上保持了使节往来和朝贡羁縻"①。

　　从悬泉汉简看，宣帝以来康居与西汉王朝一直保持使节往来，即使在宣元之际郅支单于与康居保持蜜月期关系时，也不例外。这与《汉书》所载双方较冷淡的外交关系并不一致。这种传世文献和出土文献的差异性是如何造成的呢？笔者认为这应与《汉书》撰者的思想意识和汉王朝的西域战略有较大关联。康居派遣使节和质子来汉，从出土汉简来看是客观事实，其存在不容置疑，之所以未书于《汉书·西域传》，只能是《汉书》撰者对史料的主观性遗失。为什么会出现这种主观性遗失？主要是因为《汉书》的撰者从西汉的西域战略出发，认为康居并未积极配合汉王朝之西域战略，既不向汉称臣，又依违于汉匈之间，尤其是康居长期支持郅支单于和乌孙卑爰寁的行为可能被汉朝君臣及《汉书》撰者都认为是不恭顺不友好的表现。既然康居对汉王朝未持恭顺、友好态度，那么其与汉王朝的日常使节交往，在《汉书》撰者眼中，也就是没有意义、无须记载的了。那么，康居与汉的交往果真是无意义的吗？答案显然是否定的。汉、康交往反映了丝绸之路开辟时期，汉王朝与中亚国家正常的经济贸易往来。这种现象不会被 2000 多年前汉王朝的史家重视，但在今天却是极为重要的丝绸之路史研究资料。

　　当然，从汉王朝角度来说，经济、贸易交流是次要的，中原王朝在经济上对中亚、西亚国家做出让步，目的是让他们在政治上支持汉王朝的西域战略，至少不能破坏以西汉为中心的东亚秩序。但对很多与汉王朝距离较远的中亚、西亚国家来说，它们对于汉王朝的西域经略和东亚政治秩序没有兴趣，它们只对通过丝绸之路与汉王朝进行经贸往来有兴趣。这是双方在立场上的巨大差距。在汉王朝看来，支持西汉还是匈奴，这是要站队的。但对康居等国来说，从经济上它对汉朝（作为商品原产地）和匈奴（作为重要的商品中转者）都有依赖。它们希望能与两国都进行和平交往，不愿意按照西汉王朝的意志站队。这就是康居既与匈奴交好，又不愿与汉朝决裂，而不断与西汉发展外交关系的原因，甚至为了向汉王朝示好，它们在经济贸易关系中接受了汉王朝朝贡贸易的规则。

---

① 郝树声：《简论敦煌悬泉汉简〈康居王使者册〉及西汉与康居的关系》，《敦煌研究》2009年第 1 期。

从出土简牍来看，我们可以发现，康居与汉朝的使节往来确实掺杂有很多经济因素。如前述悬泉Ⅱ90DXT0213③：6号简载甘露二年（前52）康居王使团赴汉至少携带有"马九匹、驴卅一匹、橐他二十五匹、牛一"，携带如此多的牲畜，显然是为朝贡贸易而准备，这些牲畜入玉门关后，已为敦煌地方行政机构"评估收纳"①，也就是汉王朝接受了其朝贡贸易的请求。

但康居在交往中以经济利益为主，忽略汉王朝的政治需求，长此以往必会遭到汉王朝的不满和反感。《汉书》卷96上《西域传上·康居》载：

> 至成帝时，康居遣子侍汉，贡献，然自以绝远，独骄嫚，不肯与诸国相望。都护郭舜数上言："本匈奴盛时，非以兼有乌孙、康居故也。及其称臣妾，非以失二国也。汉虽皆受其质子，然三国内相输遗，交通如故，亦相候司，见便则发。合不能相亲信，离不能相臣役。以今言之，结配乌孙竟未有益，反为中国生事。然乌孙既结在前，今与匈奴俱称臣，义不可距。而康居骄黠，讫不肯拜使者。都护吏至其国，坐之乌孙诸使下，王及贵人先饮食已，乃饮啖都护吏，故为无所省以夸旁国。以此度之，何故遣子入侍？其欲贾市为好，辞之诈也。匈奴百蛮大国，今事汉甚备，闻康居不拜，且使单于有自下之意，宜归其侍子，绝勿复使，以章汉家不通无礼之国。敦煌、酒泉小郡及南道八国，给使者往来人马驴橐驼食，皆苦之。空罢耗所过，送迎骄黠绝远之国，非至计也。"汉为其新通，重致远人，终羁縻而未绝。

文中说到康居"骄嫚"，"都护吏至其国，坐之乌孙诸使下，王及贵人先饮食已，乃饮啖都护吏"，正是康居不完全顺从汉王朝主导的政治秩序的表现。这不是成帝时期出现的新情况，而是表现在整个西汉中后期。成帝时，深谙西域政治、经济形势的西域都护郭舜，对康居之需求、态度有较深刻了解，故提出断绝与康居关系，但被担心"重致远人"的皇帝拒绝。

虽然此次断绝与康居关系的提议未被汉廷采纳，但康居这种外交态度自然也会影响其朝贡贸易的效果。悬泉汉简《康居王使者册》为我们理解康居和汉王朝的外交关系提供了生动的案例。

> 康居王使者杨佰刀、副扁阗，苏𦐇王使者姑墨副沙囷、即贵人为匿等

---

① 郝树声：《简论敦煌悬泉汉简〈康居王使者册〉及西汉与康居的关系》，《敦煌研究》2009年第1期。

皆叩头自言：前数为王奉献橐佗入敦煌]［关，县次购食至酒泉，昆归官太守与杨佰刀等杂平直肥瘦。今杨佰刀等复为王奉献橐佗入关，行直不得，]［食至酒泉，酒泉太守独与小吏直畜，杨佰刀等不得见所献橐佗，姑墨为王献白牡橐佗一匹，牝二匹，以为黄，及杨佰刀]［等献橐佗皆肥，以为瘦，不如实，冤。

永光五年六月癸酉朔癸酉，使主客谏大夫汉侍郎当移敦煌太守，书到验问言状。事当奏闻，毋留，如律令。

七月庚申，敦煌太守弘、长史章、守部候脩仁行丞事，谓县：写移书到，具移康居、苏薤王使者杨佰刀等献橐佗食用谷数，会月廿五日，如律令。／掾登、属建、书佐政光。

七月壬戌，效谷守长合宗、守丞敦煌左尉忠，谓置：写移书到，具写传马止不食谷，诏书报，会月廿三日，如律令。／掾宗、啬夫辅。

Ⅱ90DXT0216②：877－883①

该册书由7枚简组成，主要讲汉元帝永光五年（前39）间康居王使者和苏薤王使者及贵人前来贡献，在汉境受到"不公正"对待，朝廷令敦煌郡和效谷县调查上报。从简文可知，杨佰刀、副扁阗、苏薤王使者、姑墨副沙困、即贵人为匿五人此次来奉献骆驼不是第一次。以前他们每次从敦煌入关，东至酒泉，沿途食宿都有地方官府妥善安排。到酒泉后，太守及下属官员要会同朝贡者一起对贡物进行评估。此次他们沿途缺乏地方官府的食物供应。到酒泉后，酒泉太守和手下人没有让当事人杨佰刀等现场参加对骆驼的评估。杨佰刀带来的骆驼本来皆肥，但是酒泉太守及其下属却以为瘦，杨佰刀等认为"不如实，冤"，因而上告汉廷相关部门，要求处理此事。

张德芳先生《悬泉汉简中若干西域资料考论》认为《康居王使者册》"生动地记述了康居王及其下属小王派遣使者不远万里，来中国贡献的艰难情形"②。王素《悬泉汉简所见康居史料考释》认为该简册"从一个侧面，反映了汉王朝对康居等使有意怠慢刁难的情况"③。袁延胜认为该简册的重要价值

① 郝树声、张德芳：《悬泉汉简研究》，甘肃文化出版社，第197页。

② 张德芳：《悬泉汉简中若干西域资料考论》，载荣新江、李孝聪主编《中外关系史：新史料与新问题》，科学出版社，2004。

③ 王素：《悬泉汉简所见康居史料考释》，收入氏著《汉唐历史与出土文献》，故宫出版社，2011。

在于反映了元帝时期由于康居王联合郅支单于与汉为敌，康居与汉朝出现了不和谐的政治关系。① 笔者认为，袁延胜的分析颇具深度，永光五年正是康居收留郅支单于与汉为敌的时期，康居在这种情况下开展与汉王朝的朝贡贸易，无怪乎汉王朝会对其有"不公正"之对待。但需补充说明的是，袁延胜认为此时康居之所以会发展与汉王朝的外交关系，主要是因为康居此时已与郅支单于有矛盾。② 笔者认为，仅凭这次朝贡贸易，不能证明康居此时在发展与汉王朝的政治关系，因为此次康居使者并无意进入长安，只是留在酒泉进行商贸活动，其外交活动的目的很明确，仅朝贡贸易，而不愿与汉廷有实质性的外交接触。不进入长安、连正常的外交活动都不愿开展，自然不能说明康居有与汉联合制服郅支单于的动向，也无怪乎汉王朝会对其冷漠。

建昭三年（前36），郅支单于被甘延寿、陈汤消灭，康居向东开展经济贸易交流的对象只有汉朝，故在成帝初通过陈汤遣侍子入汉。但由于其对汉朝本就不恭顺，居然派遣假侍子。后来又当众侮辱都护使者，使双方关系不能得到大的发展。其间原因无他，只是双方开展外交活动的目标本就不在一个层面之上。

西汉中期占领河西走廊后，汉王朝的影响力迅速进入西域，并渗透到葱岭以西的中亚、西亚国家。汉王朝与西域国家的交往，促成了丝绸之路的真正、完全形成。而汉王朝从政治和军事目的出发，长期致力于保障丝绸之路畅通，维护丝路朝贡贸易正常开展。在这种情况下，丝绸之路上朝贡使节络绎不绝，显现出一番繁荣景象。但不容忽视的是，汉王朝保障丝绸之路贸易，并非从经济目的出发，根本上还是为实现其政治目的，尤其是为建构以汉王朝为中心的政治秩序服务，一旦某些国家不接受这一秩序，汉王朝会通过贸易予以压制。可以说，汉王朝对西北民族关系的重视促使了丝绸之路的繁盛，而丝路贸易在一定程度上也成为汉朝维护西域政治、经济秩序的手段。

---

① 袁延胜：《悬泉汉简所见康居与西汉的关系》，《西域研究》2009 年第 2 期。
② 袁延胜：《悬泉汉简所见康居与西汉的关系》，《西域研究》2009 年第 2 期。

参考文献

（一）传世文献

1. 司马迁：《史记》，中华书局，1982。
2. 班固：《汉书》，中华书局，1962。
3. 范晔：《后汉书》，中华书局，1965。
4. 陈寿：《三国志》，中华书局，1982。
5. 〔日〕泷川资言考证、水泽利忠校补《史记会注考证附校补》，上海古籍出版社，1986。
6. 陈直：《史记新证》，天津人民出版社，1979。
7. 陈直：《汉书新证》，天津人民出版社，1979。
8. 王先谦：《汉书补注》，中华书局，1983。
9. 王先谦：《后汉书集解》，中华书局，1984。
10. 卢弼：《三国志集解》，中华书局，1982。
11. 张烈点校《两汉纪》，中华书局，2002。
12. 司马光：《资治通鉴》，中华书局，1956。
13. 岑仲勉：《墨子城守各篇简注》，中华书局，1958。
14. 孙诒让：《周礼正义》，中华书局，1987。
15. 许慎撰、徐铉校定《说文解字》，中华书局，1963。
16. 段玉裁：《说文解字注》，上海古籍出版社，1988。
17. 刘熙撰、毕沅疏证、王先谦补《释名疏证补》，中华书局，2008。
18. 贾谊著，阎振益、钟夏校注《新书校注》，中华书局，2000。
19. 桓宽编、王利器校注《盐铁论校注》，中华书局，2015。
20. 王充著、张宗祥校注、郑邵昌标点《论衡校注》，上海古籍出版社，2013。
21. 应劭著、王利器校注《风俗通义校注》，中华书局，2010。
22. 王符：《潜夫论校注》，张觉校注，岳麓书社，2010。
23. 杜佑：《通典》，中华书局，1988。
24. 李昉等编、夏剑钦等点校《太平御览》，中华书局，2011。
25. 王钦若等编、周勋初等校订《册府元龟》，中华书局，1970。

26. 洪迈:《容斋随笔》,上海古籍出版社,1978。

27. 顾炎武:《日知录》,黄汝城集释,栾保群、吕宗力点校,上海古籍出版社,2006。

28. 赵翼:《廿二史札记校正》(订补本),王树民校正,中华书局,1984。

29. 徐松著、朱玉麒整理《西域水道记》,中华书局,2005。

30. 徐松:《汉书西域传补注》,中华书局,1985。

31. 杨守敬、熊会贞疏《水经注疏》,江苏古籍出版社,1989。

(二) 出土文献

1. 睡虎地秦墓竹简整理小组编《睡虎地秦墓竹简》,文物出版社,1990。

2. 张家山二四七号汉墓竹简整理小组编《张家山汉墓竹简 [二四七号墓]》,文物出版社,2001。

3. 张家山二四七号汉墓竹简整理小组编《张家山汉墓竹简 [二四七号墓](释文修订本)》,文物出版社,2006。

4. 彭浩、陈伟、〔日〕工藤元男:《二年律令与奏谳书——张家山二四七号汉墓出土法律文献释读》,上海古籍出版社,2007。

5. 劳榦:《居延汉简考释·释文之部》,商务印书馆,1949。

6. 劳榦:《居延汉简·图版之部》,史语所专刊之21,1957。

7. 中国科学院考古研究所编《居延汉简甲编》,科学出版社,1959。

8. 中国社会科学院考古研究所编《居延汉简甲乙编》,中华书局,1980。

9. 简牍学会编辑部《居延汉简新编》,《简牍学报》1981年第9期。

10. 谢桂华、李均明、朱国炤:《居延汉简释文合校》,文物出版社,1987。

11. 中研院历史语言研究所简牍整理小组编《居延汉简补编》,史语所专刊之99,1998。

12. 劳榦、陶元甘、陈邦福、张凤:《汉简研究文献四种》(《居延汉简考释》、《居延汉简笺证》、《汉魏木简义证》、《汉晋西陲木简汇编》),书目文献出版社,2007。

13. 薛英群、何双全、李永良:《居延新简释粹》,兰州大学出版社,1988。

14. 甘肃省文物考古研究所、甘肃省博物馆、文化部古文献研究室、中国社会科学院历史研究所编《居延新简——甲渠候官与第四燧》,文物出版社,1990。

15. 甘肃省文物考古研究所、甘肃省博物馆、中国文物研究所、中国社会科学院历史研究所编《居延新简——甲渠候官》,中华书局,1994。

16. 甘肃简牍博物馆、甘肃省文物考古研究所、甘肃省博物馆、中国文化遗产研究院古文献研究室、中国社会科学院简帛研究中心编《肩水金关汉简》（一）—（五），中西书局，2011～2016。

17. 魏坚主编《额济纳汉简》，广西师范大学出版社，2005。

18. 孙家洲主编《额济纳汉简释文校本》，文物出版社，2007。

19. 张德芳主编《居延新简集释》（一）—（七），甘肃文化出版社，2016。

20. 甘肃省文物考古研究所编《敦煌汉简》，中华书局，1991。

21. 胡平生、张德芳：《敦煌悬泉汉简释粹》，上海古籍出版社，2001。

22. 张德芳：《敦煌马圈湾汉简集释》，甘肃文化出版社，2013。

23. 中国简牍集成编委会编《中国简牍集成》（第一辑），敦煌文艺出版社，2001。

（三）考古调查、发掘报告

1. Bo Sommarström, Folke Bergman. *Archaeological Researches in The Edsen - Gol Region Inner Mongolia*, part Ⅰ, part Ⅱ. Stockholm: States Etnografiska Museum, 1956, 1958.

2. 甘肃居延考古队：《居延汉代遗址的发掘和新出土的简册文物》，《文物》1978年第1期。

3. 甘肃省文物工作队：《额济纳河下游汉代烽燧遗址调查报告》，载《汉简研究文集》，甘肃人民出版社，1984。

4. 岳邦湖：《额济纳河流域汉代长城烽燧调查综述》，载关西大学出版部编《92年汉简研究国际讨论会报告书——汉简研究的现状与展望》，1993。

5. 吴礽骧：《河西汉塞调查与研究》，文物出版社，2005。

（四）专著、论文集

1. 安作璋：《汉史初探》，上海人民出版社，1957。

2. 安作璋、熊铁基：《秦汉官制史稿》，齐鲁书社，2007。

3. 〔日〕白鸟库吉：《匈奴民族考》，何健民译，中华书局，1939。

4. 陈邦怀：《居延汉简考略》，载《中华文史论丛》第二辑，上海古籍出版社，1980。

5. 陈梦家：《汉简缀述》，中华书局，1980。

6. 陈槃：《汉晋遗简识小七种》，史语所专刊之63，1975。

7. 陈序经：《匈奴史稿》，中国人民大学出版社，2007。

8. 陈直：《居延汉简研究》，天津古籍出版社，1986。

9. 陈直：《文史考古论丛》，天津古籍出版社，1988。

10. 〔日〕大庭脩：《秦汉法制史研究》，林剑鸣等译，上海人民出版社，1991。

11. 〔日〕大庭脩：《汉简研究》，徐世虹译，广西师范大学出版社，2001。

12. 〔美〕狄宇宙：《古代中国与其强邻》，贺严、高书文译，中国社会科学出版社，2010。

13. 方豪：《中西交通史》，岳麓书社，1987。

14. 甘肃省文物工作队、甘肃省博物馆编《汉简研究文集》，甘肃人民出版社，1984。

15. 甘肃省文物考古研究所编《秦汉简牍论文集》，甘肃人民出版社，1989。

16. 郝树声、张德芳：《悬泉汉简研究》，甘肃文化出版社，2009。

17. 何双全：《简牍》，敦煌文艺出版社，2004。

18. 胡小鹏：《中国西北少数民族通史·东汉、三国卷》，民族出版社，2009。

19. 黄文弼著、黄烈编《黄文弼历史考古论集》，文物出版社，1989。

20. 〔美〕拉铁摩尔：《中国的亚洲内陆边疆》，唐晓峰译，江苏人民出版社，2016。

21. 劳榦：《居延汉简考证》，史语所专刊之40，1960。

22. 黎虎：《汉唐外交制度史》，兰州大学出版社，1998。

23. 李并成：《河西走廊历史地理》，甘肃人民出版社，1995。

24. 李大龙：《汉代中国边疆史》，黑龙江教育出版社，2014。

25. 李大龙：《汉唐藩属体制研究》，中国社会科学出版社，2006。

26. 李大龙：《两汉的边政与边政》，黑龙江教育出版社，1996。

27. 李均明：《初学录》，兰台出版社，1999。

28. 李均明、刘军：《简牍文书学》，广西教育出版社，1999。

29. 李均明：《居延汉简编年——居延编》，新文丰出版公司，2004。

30. 李均明：《秦汉简牍文书分类辑解》，文物出版社，2009。

31. 李天虹：《居延汉简簿籍分类研究》，科学出版社，2003。

32. 李振宏：《居延汉简与汉代社会》，中华书局，2003。

33. 李振宏、孙英民：《居延汉简人名编年》，中国社会科学出版社，1997。

34. 廖伯源：《使者与官制演变——秦汉皇帝使者考论》，文津出版社，2006。

35. 林幹：《匈奴通史》，人民出版社，1986。

36. 林梅村：《汉唐西域与中国文明》，文物出版社，1998。

37. 林梅村：《古道西风——考古新发现所见中外文化交流》，上海三联书店，2000。

38. 〔苏〕鲁金科：《匈奴文化与诺彦乌拉巨冢》，孙危译，中华书局，2012。

39. 罗振玉、王国维：《流沙坠简》，中华书局，1993。

40. 吕思勉：《秦汉史》，上海古籍出版社，2003。

41. 马长寿：《北狄和匈奴》，广西师范大学出版社，2006。

42. 马长寿：《氐与羌》，广西师范大学出版社，2006。

43. 马先醒：《汉居延志长编》，"国立"编译馆编译，2001。

44. 〔英〕迈克尔·鲁惟一：《汉代行政记录》，于振波、车今花译，西师范大学出版社，2005。

45. 蒙文通：《周秦少数民族研究》，上海龙门联合书局，1958。

46. 彭卫、杨振红：《中国风俗通史·秦汉卷》，上海文艺出版社，2002。

47. 冉光荣、李绍明、周锡银：《羌族史》，四川人民出版社，1984。

48. 饶宗颐、李均明：《新莽简辑证》，新文丰出版公司，1995。

49. 饶宗颐、李均明：《敦煌汉简编年考证》，新文丰出版公司，1995。

50. 任乃强：《羌族源流探索》，重庆出版社，1984。

51. 〔日〕杉山正明：《游牧民的世界史》，黄美蓉译，中华工商联合出版社，2014。

52. 石云涛：《汉代外来文明研究》，中国社会科学出版社，2017。

53. 宋超：《汉匈战争三百年》，华夏出版社，1996。

54. 特日格乐：《简牍所见汉匈关系史料整理与研究》，北京交通大学出版社，2015。

55. 田继周：《秦汉民族史》，四川民族出版社，1996。

56. 〔日〕藤田丰八：《西域研究》，杨炼译，山西人民出版社，2015。

57. 汪桂海：《汉代官文书制度》，广西教育出版社，1999。

58. 汪桂海：《秦汉简牍探研》，文津出版社，2009。

59. 王炳华、王明哲：《乌孙研究》，新疆人民出版社，1983。

60. 王钟翰主编《中国民族史》，中国社会科学出版社，1994。

61. 王子今：《秦汉交通史稿》，中共中央党校出版社，1994。

62. 王子今：《秦汉边疆与民族问题》，中国人民大学出版社，2011。

63. 王子今：《匈奴经营西域研究》，中国社会科学出版社，2016。

64. 武沐：《匈奴史研究》，民族出版社，2009。

65. 武沐：《中国西北少数民族通史·秦、西汉卷》，民族出版社，2009。

66. 肖小勇：《西域考古研究——游牧与定居》，中央民族出版社，2015。

67. 《新疆通史》编辑委员会编《新疆历史研究论文选编·两汉卷》，新疆人民出版社，2008。

68. 薛英群：《居延汉简通论》，甘肃教育出版社，1991。

69. 严耕望：《中国地方行政制度史·秦汉地方行政制度》，上海古籍出版社，2007。

70. 严耕望：《两汉刺史太守表》，上海古籍出版社，2007。

71. 杨建华等：《欧亚草原东部的金属之路》，上海古籍出版社，2017。

72. 杨建新：《中国西北少数民族史》，民族出版社，2003。

73. 〔日〕羽田亨：《西域文明史概论》，中华书局，2005。

74. 余英时：《汉代的贸易与扩张》，邬文玲译，上海古籍出版社，2014。

75. 余太山：《塞种史研究》，中国社会科学出版社，1992。

76. 余太山主编《西域通史》，中州古籍出版社，2003。

77. 余太山：《古族新考》，中华书局，2000。

78. 余太山：《两汉魏晋南北朝与西域关系史研究》，商务印书馆，2011。

79. 〔日〕永田英正：《居延汉简研究》，张学锋译，广西师范大学出版社，2007。

80. 〔日〕泽田勳：《匈奴》，王庆宪、丛晓明译，内蒙古人民出版社，2014。

81. 张俊民：《简牍学论稿——聚沙篇》，甘肃教育出版社，2014。

82. 张俊民：《悬泉置出土文书研究》，甘肃教育出版社，2015。

83. 中国社会科学院历史所战国秦汉史研究室编《简牍研究译丛》（第一辑），中国社会科学出版社，1983。

84. 中国社会科学院历史所战国秦汉史研究室编《简牍研究译丛》（第二辑），中国社会科学出版社，1987。

85. 中国社会科学院简帛研究中心编《简帛研究译丛》（第一辑），湖南出版社，1996。

86. 中国社会科学院历史所战国秦汉史研究室编《简帛研究译丛》（第二辑），湖南人民出版社，1998。

87. 周振鹤、李晓杰、张莉：《中国行政区划通史·秦汉卷》，复旦大学出版社，2016。

88. 孙占鳌、尹伟先：《河西简牍综论》，甘肃人民出版社，2016。

（五）主要学术论文

1. 曹怀玉：《商周秦汉时期甘肃境内的氐羌月氏和乌孙》，《西北师范大学学报》（社会科学版）1964年第1期。

2. 陈力：《试论秦国之"属邦"与"臣邦"》，《民族研究》1997年第4期。

3. 陈公柔、徐苹芳：《大湾出土的西汉田卒簿籍》，《考古》1963年第3期。

4. 陈公柔、徐苹芳：《瓦因托尼出土廪食简的整理与研究》，《文史》第13辑，中华书局，1982。

5. 初师宾：《秦人、秦胡蠡测》，《考古》1983年第3期。

6. 初世宾：《悬泉汉简羌人资料补述》，载《出土文献研究》第 6 辑，上海古籍出版社，2004。

7. 丁福林：《关于汉代属国的几个问题》，《苏州科技学院学报》2003 年第 1 期。

8. 方诗铭：《释"秦胡"——读新出居延汉简"甲渠言部吏毋作使属国秦胡卢水士民书札记》，《中国历史博物馆馆刊》1979 年第 1 期。

9. 冯家昇：《匈奴民族及其文化》，《禹贡》1937 年第 7 期。

10. 冯家昇：《大月之民族及其研究之结论》，《禹贡》1936 年第 8～9 期。

11. 高荣：《月氏、乌孙和匈奴在河西的活动》，《西北民族研究》2004 年第 3 期。

12. 管东贵：《汉代的羌族》，《食货月刊》（复刊）1971 年第 1 期。

13. 郝树声：《论月氏在河西的几个问题》，《甘肃社会科学》1994 年第 6 期。

14. 郝树声：《汉河西四郡设置年代考辨》，《开发研究》1997 年第 3 期。

15. 郝树声：《汉河西四郡设置年代考辨（续）》，《开发研究》1997 年第 3 期。

16. 郝树声：《简论敦煌悬泉汉简〈康居王使者册〉及西汉与康居的关系》，《敦煌研究》2009 年第 1 期。

17. 郝树声：《从西北汉简和朝鲜半岛出土〈论语〉简看汉代儒家文化的流布》，《敦煌研究》2012 年第 3 期。

18. 郝树声：《汉简中的大宛和康居——丝绸之路与中西交往研究的新资料》，《中原文化研究》2015 年第 2 期。

19. 何海龙：《从悬泉汉简谈西汉与乌孙的关系》，《求索》2006 年第 3 期。

20. 何双全：《汉与楼兰（鄯善）车师交涉史新证》，载《国际简牍学会会刊》第 4 号，兰台出版社，2002。

21. 何双全：《西汉与乌孙交涉史新证——悬泉汉简所见西域关系史之一》，载台北第一届简帛学术讨论会论文集，中国文化大学，1999。

22. 胡宏起：《汉代兵力论考》，《历史研究》1996 年第 3 期。

23. 胡平生：《敦煌马圈湾木简中关于西域史料的辨证》，载《胡平生简牍文物论集》，文津出版社，2000。

24. 胡平生：《匈奴日逐王归汉新资料》，《文物》1992 年第 2 期。

25. 胡小鹏：《两汉的金城属国与护羌校尉》，载西北师范大学历史系编《西北史研究》，兰州大学出版社，1997。

26. 胡小鹏、安梅梅：《"秦胡"研究评说》，《敦煌研究》2005 年第 1 期。

27. 黄文弼：《古代匈奴民族问题之研究》，《边政公论》1943 年第 3～5 期。

28. 黄文弼：《古楼兰国历史及其在西域交通上之地位》，《史学集刊》1947 年第 5 期。

29. 季羡林：《敦煌学、吐鲁番学在中国文化史上的地位和作用》，载氏著《佛教与中印文化交流》，江西人民出版社，1990，第 148 页。

30. 贾丛江：《关于西汉时期西域汉人的几个问题》，《西域研究》2004 年第 4 期。

31. 贾丛江：《两汉时期西域人汉式姓名探微》，《西域研究》2006 年第 4 期。

32. 贾丛江：《西汉戊己校尉的名和实》，《中国边疆史地研究》2006 年第 4 期。

33. 贾丛江：《西汉伊循职官考疑》，《西域研究》2008 年第 4 期。

34. 贾敬颜：《汉代的属国和属国都尉考》，《史学集刊》1982 年第 4 期。

35. 金少英：《汉简臆谈》，《简牍学研究》2004 年第 1 期。

36. 〔日〕驹井义明：《前汉匈奴与西域的关系》，《字纸篓》1931 年第 1 期。

37. 劳榦：《两汉政府在西域的经营》，收入《劳榦学术论文集甲编》，艺文印书馆，1976。

38. 李大龙：《两汉时期中央王朝派往匈奴的使者述论》，载《中国民族史学会第 4 次学术讨论会论文集》，中央民族学院出版社，1993。

39. 李炳泉：《关于汉代西域都护的两个问题》，《民族研究》2003 年第 6 期。

40. 李炳泉：《十年来大陆两汉与西域关系史研究综述》，《西域研究》2009 年第 4 期。

41. 李炳泉：《西汉西域渠犁屯田考论》，《西域研究》2002 年第 1 期。

42. 李炳泉：《两汉戊己校尉建置考》，《史学月刊》2002 年第 6 期。

43. 李炳泉：《西汉中垒校尉"外掌西域"新证》，《西域研究》2004 年第 3 期。

44. 李开元：《论汉代大宛和汉朝的西方政策》，《西北史地》1985 年第 1 期。

45. 李蕾：《汉代戊己校尉隶属问题再探》，《淮南师范学院学报》2006 年第 6 期。

46. 李正周：《从悬泉简看西汉护羌校尉的两个问题》，《鲁东大学学报》（哲学社会科学版）2009 年第 5 期。

47. 李志敏：《支胡考——兼谈秦胡在史册消失的原因》，《西北民族研究》1995 年第 1 期。

48. 林幹：《乌孙及其与西汉王朝的关系》，《新疆社会科学》1981 年第 4 期。

49. 刘国防：《西汉比胥鞬屯田与戊己校尉的设置》，《西域研究》2006 年第 4 期。

50. 刘国防：《汉西域都护的始置及其年代》，《西域研究》2002 年第 3 期。

51. 刘国防：《西汉护羌校尉考述》，《中国边疆史地研究》2010 年第 3 期。

52. 刘瑞：《秦"属邦"、"臣邦"与"典属国"》，《民族研究》1999 年第 4 期。

53. 罗见今：《居延汉简"无朔简"年代考释》，载李学勤、谢桂华主编《简帛研究二〇〇二　二〇〇三》，广西师范大学出版社，2005。

54. 罗帅：《悬泉汉简所见折垣与祭越二国考》，《西域研究》2012 年第 2 期。

55. 马智全：《肩水金关汉简中的"葆"探论》，《西北师范大学学报》2013 年第 1 期。

56. 蒙文通：《古代民族迁徙考》，《禹贡》1936 年第 7 期。

57. 孟宪实：《西汉戊己校尉新论》，《广东社会科学》2004 年第 1 期。

58. 钱伯泉：《西域的羌族》，《西北史地》1984 年第 1 期。

59. 〔日〕森鹿三：《关啬夫王光》，《东洋史研究》第 12 卷 3 号，1953。

60. 〔日〕市川任三：《汉代居延甲渠战线的展开》，《大东文化大学汉学会志》1963 年第 1 期。

61. 〔日〕市川任三：《论西汉的张掖郡都尉》，吕宗力译，载中国社会科学院历史所战国秦汉史研究室编《简牍研究译丛》第二辑，中国社会科学出版社，1987。

62. 苏治光：《东汉后期至北魏对西域的管辖》，《中国史研究》1984 年第 2 期。

63. 孙言诚：《秦汉的属邦和属国》，《史学月刊》1987 年第 2 期。

64. 孙毓棠：《汉与匈奴西域东北及南方诸民族的关系》，《孙毓棠学术论文集》，中华书局，1995。

65. 孙占宇：《马圈湾汉简所见一次发生在车师的战争》，《敦煌学辑刊》2006 年第 3 期。

66. 孙占宇：《敦煌汉简王莽征伐西域战争史料研究综述》，《西域研究》2006 年第 3 期。

67. 特日格乐：《简牍所见汉匈关系史料概述》，《内蒙古大学学报》（人文社会科学版）2006 年第 4 期。

68. 特日格乐：《简牍所见王莽对匈奴采取的政策》，《中央民族大学学报》（哲学社会科学版）2006 年第 6 期。

69. 汪桂海：《从汉简看汉人逃亡匈奴之现象》，《史学月刊》1993 年第 6 期。

70. 汪桂海：《从出土资料谈汉代羌族史的两个问题》，《西域研究》2010 年第 2 期。

71. 汪桂海：《敦煌汉简所见汉朝与西域的关系》，载《简帛》第 1 辑，上海古籍出版社，2006。

72. 王北辰：《古代居延道路》，《历史研究》1980 年第 3 期。

73. 王德昭：《汉匈关系史初稿》，《治史杂志》1937 年第 1 卷第 1 期。

74. 王国维：《鬼方昆夷猃狁考》，《观堂集林》卷十三，中华书局，1959。

75. 王力：《两汉时期西羌内迁浅析》，《青海民族研究》2004 年第 3 期。

76. 王力、王希隆：《东汉时期羌族内迁探析》，《中国边疆史地研究》2007 年第 3 期。

77. 王青：《也论卢水胡以及月氏胡的居处和族源》，《西北史地》1997 年第 2 期。

78. 王庆宪：《从两汉简牍看匈奴与中原之间的经济文化交流》，《中央民族大学学报》（哲学社会科学版）2004 年第 3 期。

79. 王庆宪：《西汉属国地理位置中的时间概念及社会背景》，《中央民族大学学报》2008 年第 5 期。

80. 王素：《高昌戊己校尉的设置》，《新疆师范大学学报》（哲学社会科学版）2005 年第 3 期。

81. 王素：《悬泉汉简所见康居史料考》，荣新江、李孝聪主编《中外关系史：新史料与新问题》，科学出版社，2004。

82. 王旺祥：《敦煌悬泉置汉简所记永光五年西域史事考论》，《西北师范大学学报》（社会科学版）2009 年第 1 期。

83. 王子今：《汉代河西的"葵"——汉代植被史考察札记》，《甘肃社会科学》2004 年第 5 期。

84. 王子今：《论贾谊〈新书〉"备月氏、灌窳之变"》，载《社会科学》2010 年第 3 期。

85. 王子今：《汉代丝路贸易的一种特殊形式：论"戍卒行道贳卖衣财物"》，收入氏著《秦汉社会史论考》，商务印书馆，2006。

86. 王子今、李禹阶：《汉代北边的"关市"》，《中国边疆史地研究》2007 年第 3 期。

87. 王宗维：《秦汉之际河西地区的民族及其分布》，《兰州大学学报》（社会科学版）1985 年第 3 期。

88. 王宗维：《秦胡别议》，《西北历史资料》1984 年第 1 期。

89. 王宗维：《居延与朐衍之戎》，《西北历史资料》1984 年第 2 期。

90. 王宗维：《汉代的属国》，载《文史》第 20 辑，中华书局，1983。

91. 王宗维：《西戎八国考述》，载西北大学历史系编《西北历史研究》，三秦出版社，1987。

92. 吴礽骧、余尧：《居延新获建武秦胡册再析》，《西北师范学院学报》1984
　　年第 4 期。

93. 吴礽骧、张俊民：《新获马圈湾汉简中的西域资料》，《西北史地》1991 年
　　第 1 期。

94. 谢彦明：《西汉中垒校尉"外掌西域"考辨》，《晋阳学刊》2007 年第 1 期。

95. 谢彦明：《西汉中垒校尉职掌考辨》，《中南民族大学学报》（人文社会科
　　学版）2008 年第 1 期。

96. 邢义田：《"秦胡"小议——读新出居延汉简札记》，载傅乐成教授纪念论
　　文集《中国史新论》，学生书局，1985。

97. 邢义田：《汉代边塞吏卒的军中教育》，收入氏著《治国安邦：法制、行政
　　与军事》，中华书局，2011。

98. 熊龙：《西汉"海内皆臣"砖研究》，《四川文物》2011 年第 6 期。

99. 薛海波：《试论敦煌悬泉汉简中的羌》，《通化师范学院学报》2004 年第
　　3 期。

100. 杨建新：《关于汉代乌孙的几个问题》，《新疆大学学报》（哲学社会科学
　　 版）1980 年第 2 期。

101. 〔日〕伊藤道治：《汉代居延战线的展开》，《东洋史研究》第 12 号 1953
　　 年第 1 期。

102. 殷晴：《悬泉汉简和西域史事》，《西域研究》2002 年第 3 期。

103. 〔日〕永田英正：《居延汉简公文研究》，杨富学译，《甘肃社会科学》
　　 1995 年第 1 期。

104. 〔日〕永田英正：《汉简的古文书学研究》，张学锋译，载中国社会科学
　　 院简帛研究中心编辑《简帛研究》（第三辑），广西教育出版社，1998。

105. 余嘉锡：《汉武伐大宛为改良马政考》，《辅仁学志》1940 年第 1 期。

106. 〔日〕羽田亨：《大月氏及贵霜》，《日法会馆公报》1933 年第 13 期。

107. 袁延胜：《也谈〈过长罗侯费用薄〉的史实》，《敦煌研究》2003 年第
　　 1 期。

108. 袁延胜：《西汉分立两昆弥为甘露二年辨》，《洛阳工学院学报》2002 年
　　 第 3 期。

109. 袁延胜：《悬泉汉简所见汉代乌孙的几个年代问题》，《西域研究》2005
　　 年第 4 期。

110. 袁延胜：《悬泉汉简所见康居与西汉的关系》，《西域研究》2009 年第

2 期。

111. 张德芳：《悬泉汉简中的"悬泉置"》，载卜宪群、杨振红主编《简帛研究二〇〇六》，广西师范大学出版社，2008。

112. 张德芳：《〈长罗侯费用簿〉及长罗侯与乌孙关系考略》，《文物》2000 年第 9 期。

113. 张德芳：《从悬泉汉简看楼兰（鄯善）同汉朝的关系》，《西域研究》2009 年第 4 期。

114. 张德芳：《郑吉"数出西域"考论》，《西域研究》2011 年第 2 期。

115. 张德芳：《从悬泉汉简看两汉西域屯田及其意义》，《敦煌研究》2001 年第 3 期。

116. 张德芳：《悬泉汉简中若干西域资料考论》，载荣新江、李孝聪主编《中外关系史：新史料与新问题》，科学出版社，2004。

117. 张德芳：《敦煌悬泉汉简中的"大宛"简以及汉朝与大宛关系考论》，载《"丝绸之路上的哈萨克斯坦"国际学术讨论会论文集》，2009。

118. 张德芳：《悬泉汉简羌族资料辑考》，载《简帛研究二〇〇一》，广西师范大学出版社，2001。

119. 张德芳：《西北汉简中的丝绸之路》，《中原文化研究》2014 年第 5 期。

120. 张德芳：《悬泉汉简中的中西文化交流》，载《光明日报》2016 年 10 月 13 日 11 版。

121. 张俊民：《"北胥鞬"应是"比胥鞬"》，《西域研究》2001 年第 1 期。

122. 张俊民：《秦汉简牍文书反映的少数民族资料》，《甘肃民族研究》1998 年第 1 期。

123. 张俊民：《敦煌悬泉出土汉简所见人名综述（二）——以少数民族人名为中心的考察》，《西域研究》2006 年第 4 期。

124. 张耀庚：《汉代之边患》，《新亚细亚》1934 年第 4 期。

125. 赵向群：《卢水胡起源考论》，《西北历史资料》1984 年第 1 期。

126. 赵永复：《关于卢水胡的族源与迁移》，《西北史地》1986 年第 4 期。

后 记

本书为国家社会科学基金后期资助项目（项目编号：17FZS021）。在本课题研究过程中，得到了田澍、李迎春、危义浩等专家的指导帮助，国家社会科学基金后期资助项目匿名评审专家也提出了宝贵的修改意见。借出版之际，一并表示诚挚的谢意！

作 者

2019 年 1 月

图书在版编目（CIP）数据

河西汉简所见汉代西北民族关系研究／孙占鳌，张

瑛著 . -- 北京：社会科学文献出版社，2019.8

国家社科基金后期资助项目

ISBN 978 - 7 - 5201 - 4938 - 9

Ⅰ.①河… Ⅱ.①孙… ②张… Ⅲ.①敦煌（历史地名

）- 简（考古）- 研究 - 汉代 ②民族关系 - 民族历史 - 研究

- 西北地区 - 汉代 Ⅳ.①K877. 54 ②K280. 4

中国版本图书馆 CIP 数据核字（2019）第 098864 号

· 国家社科基金后期资助项目 ·

河西汉简所见汉代西北民族关系研究

著 者／孙占鳌 张 瑛

出 版 人／谢寿光
组稿编辑／宋月华
责任编辑／胡百涛

出 版／社会科学文献出版社 · 人文分社（010）59367215
地址：北京市北三环中路甲 29 号院华龙大厦 邮编：100029
网址：www. ssap. com. cn
发 行／市场营销中心（010）59367081 59367083
印 装／三河市龙林印务有限公司

规 格／开 本：787mm × 1092mm 1/16
印 张：22 字 数：391 千字
版 次／2019 年 8 月第 1 版 2019 年 8 月第 1 次印刷
书 号／ISBN 978 - 7 - 5201 - 4938 - 9
定 价／168.00 元